»Wie mach ich das«

Rainer Hattenhauer

»Wie mach ich das«

Leichte Rezepte für den digitalen Alltag

Markt+Technik

Bibliografische Information Der Deutschen Nationalbibliothek
Die Deutsche Nationalbibliothek verzeichnet diese Publikation in der Deutschen Nationalbibliografie; detaillierte bibliografische Daten sind im Internet über http://dnb.dnb.de abrufbar.

10 9 8 7 6 5 4 3 2 1

14 13 12

ISBN 978-3-8272-4775-9

ein Imprint der Pearson Deutschland GmbH,
Martin-Kollar-Straße 10–12, D-81829 München/Germany

Einbandgestaltung: Marco Lindenbeck, webwo GmbH, (mlindenbeck@webwo.de)
Lektorat: Birgit Ellissen, bellissen@pearson.de
Korrektorat: Marita Böhm, München
Herstellung: Elisabeth Prümm, epruemm@pearson.de
Satz: Cordula Winkler, mediaService, Siegen (www.mediaservice.tv)
Druck und Verarbeitung: Firmengruppe APPL, aprinta druck, Wemding
Printed in Germany

Inhaltsverzeichnis

Information & Bildung

Vernetzung & Kommunikation

Reisen & Navigation

Büro & Organisation

Hard- & Software

Handel & Finanzen

Multimedia & Fun

Wie mach ich das?

Sie suchen das ultimative Handbuch für eine Reise durch den Dschungel des Digitalzeitalters? Hier ist es! Und wie Sie damit umgehen, erfahren Sie in der folgenden Einleitung …

Geeks und Nerds
Geeks bzw. Nerds sind Computerfreaks im landläufigen Sinn: hochintelligent, der modernen Technik zugewandt, oft allerdings sozial schlecht integriert. Bekannte Vertreter der Spezies: Bill Gates und Steve Jobs vor ca. 30 Jahren.

Gadget
Ein Gadget ist ein technisches Spielzeug von genialer, oft nicht direkt erkennbarer Funktionalität. Merke: *Geeks lieben Gadgets.*

Auch wenn Werbung und Medien das Gegenteil behaupten: Der alltägliche Umgang mit der Technik wird immer komplexer. Die digitalen Spielzeuge (*Gadgets*) und Möglichkeiten des 21. Jahrhunderts überfordern den Durchschnittsanwender zunehmend. Die berühmt-berüchtigte Programmierung des guten alten VHS-Videorekorders aus den 80er-Jahren ist im Vergleich zu den Aufgaben, mit denen wir uns heute herumplagen müssen, ein Kinderspiel. E-Mail-Accounts auf dem Smartphone wollen konfiguriert, der Facebook-Account will mit Neuigkeiten gefüttert werden. Beim Shopping wird der günstigste Laden der Stadt per GPS angesteuert, und die Hege und Pflege des heimischen PCs fordert nach wie vor die ganze Frau bzw. den ganzen Mann, bis alles wirklich so rund läuft, wie es uns die Softwarehersteller versprechen. Das technische Fachwissen, das zur Bewältigung der genannten Aufgaben erforderlich ist, wird in Schule, Studium und Beruf selten bis gar nicht vermittelt. Bedienungsanleitungen und Fachbücher sind in einem Kauderwelsch verfasst, von dem sich der lernwillige, aber müde Bürospätheimkehrer mit Grausen abwendet. Das zielgerichtete Suchen von nutz- und gewinnbringenden Informationen im Internet gerät in Anbetracht des exponentiellen Wachstums von Datenmüll im globalen Netz zum »Stecknadel im Heuhaufen«-Spiel.

Ein Leitfaden für Menschen, die nicht ihre gesamte Freizeit mit Konfigurationsorgien an PC und Handy und/oder vergeblichem Suchen in den Untiefen des Internets verschwenden wollen, muss her. Kurz: ein Wegweiser durch den technischen Dschungel, der auch Laien und Mitglieder des Ü50-Klubs nicht überfordert und dennoch am bunten Treiben unserer digitalen Welt teilhaben lässt.

Das vorliegende Buch präsentiert Ihnen im Stil eines Kochbuchs schmackhafte Technik-Rezepte, die Ihnen das Überleben in unserer digitalen Welt erleichtern werden. Dabei soll insbesondere das große Heer der technisch Unbedarften, die sich »in den besten Jahren« befinden, angesprochen werden, und nicht die jungen Nerds und Geeks, die bereits im Kindergartenalter mit der Welt der Bits und Bytes konfrontiert wurden. Dabei wurde insbesondere auch der Tatsache Rechnung getragen, dass der moderne Mensch in hohem Maße mobil ist und auch unterwegs auf die Segnungen des Internetzeitalters nicht verzichten möchte: Wann immer es sinnvoll erscheint, werden auch Lösungen für Smartphone-Besitzer vorgestellt, die das digitale Leben vereinfachen.

Das Buch enthält die nachfolgend beschriebenen ständig wiederkehrenden Elemente, die Ihnen den Einstieg in die Thematik so einfach wie möglich machen sollen. Wie bei jedem guten Rezept beginnen wir mit der Liste der Zutaten. Welche technische Ausstattung und welche Voraussetzungen sind zur erfolgreichen Bewältigung der folgenden »Tour de Force *digitale*« erforderlich?

Was braucht man...

- **Neugier für Technisches:** Neugier ist immer eine gute Antriebsfeder, wenn es darum geht, Neues kennenzulernen und später anzuwenden.
- **Ein spezielles Betriebssystem** ist im Prinzip nicht erforderlich, die meisten Rezepte funktionieren gleichermaßen unter Windows, Mac OS und Linux. Gleichwohl wurden die meisten Screenshots unter dem am weitesten verbreiteten Betriebssystem Windows (hier in der Variante Windows 7) erstellt, damit sich der Großteil der Leser sogleich heimisch fühlt.
- **Spezielle Software:** Für einige Rezepte benötigen Sie zusätzlich zum Betriebssystem spezielle Software. Nach Möglichkeit stelle ich Programme aus dem Bereich der freien bzw. quelloffenen Software (Open Source) vor. Werden kommerzielle Programme verwendet, so liegt meine persönliche Schmerzgrenze je nach Anwendungszweck bei maximal 50,– €.
- **Spezielle Hardware** ist in der Regel ebenfalls nicht erforderlich. Das Billigsmartphone tut‘s genauso wie der 08/15-PC und das ALDI-Navi, um die beschriebenen Rezepte auszuprobieren. Nichtsdestotrotz werden an einigen Stellen Anregungen gegeben, mit welchen nicht alltäglichen Spielzeugen man die alltägliche Produktivität steigern kann.

Was muss man können...

In diesem Kasten wird erläutert, welche Anforderungen Sie zur erfolgreichen Umsetzung des Rezepts erfüllen müssen. Wirklich harte Nüsse gibt es im Buch nicht; die meisten Rezepte können auch von weniger versierten Anwendern in Angriff genommen werden.

Zum Mitmachen: die Schritt-für-Schritt-Anleitungen

Im Praxisteil werden Sie an die Hand genommen und in Form von kurzen Schritt-für-Schritt-Anleitungen zum Erfolg geführt, z.B. so:

1. Suchen Sie den Einschaltknopf Ihres PCs.
2. Drücken Sie beherzt auf den Einschaltknopf, bis Sie ein leises Surren der Lüfter vernehmen und eine Leuchtdiode den Betrieb des PCs anzeigt.
3. Warten Sie zwischen 10 Sekunden (Linux-Netbook mit SSD-Festplatte oder iPad) bis zu 3 Minuten (Windows-Desktop-PC), bis Ihr Betriebssystem arbeitsbereit ist.

An wichtigen Stellen werden die Anleitungen durch Abbildungen ergänzt (Abbildung E.1).

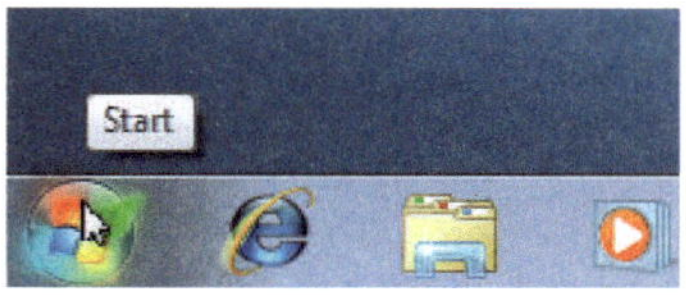

Abbildung E.1: Was ich nie verstanden habe:
Warum wird Windows eigentlich über den **Start**knopf **beendet**?

Am Ende eines Kapitels werden die wichtigsten Begriffe noch einmal im Web-2.0-Stil in Form einer Begriffswolke (*Tag Cloud*) und der *NetTags* zusammengefasst. Letztere dienen dazu, dass sich der Leser über die Suchmaschine seines Vertrauens tiefer gehende Informationen zum aktuellen Thema verschaffen kann. Diese Ansammlung von Begriffen erscheint uns etwas zeitloser als die Angabe von statischen Internetlinks der Form `www.Link_zur_Information.de`. Diese sind stets der Dynamik des Internets ausgesetzt. Variable Inhalte werden innerhalb der NetTags in »spitze Klammern« gesetzt.

NetTags

- anleitung »thema«
- bücher »thema« markt+technik
- alternative »Programmname« linux
- alternative »Programmname« mac os

WIE MACH ICH DAS
Schritt für Schritt WINDOWS
Software was muss man können
Tag Cloud NetTags

Damit sind Sie nun bestens eingestimmt, um mit mir auf die Reise durch das digitale Wunderland zu gehen. Viel Spaß dabei!

Rainer Hattenhauer, Bad Sachsa

1 Googles Geheimnisse

Die Informationsstecknadel in Googles Datenheuhaufen finden – mit ein paar Tricks klappt das im Handumdrehen. Und was viele Anwender nicht wissen: Google bietet weit mehr als schnödes Suchen und Finden …

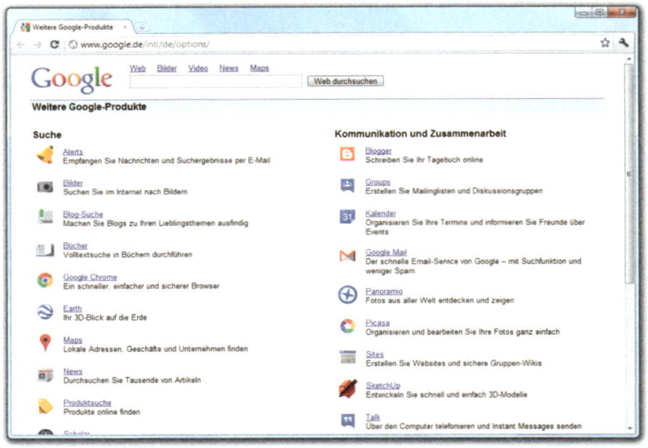

Google

Der Name Google entstammt dem Wort *Googol* – das ist eine Eins mit 100 Nullen. Die Gründer der Suchmaschine, Sergej Brin und Larry Page, wollten damit wohl auf die enorme Anzahl der von Google erfassten Internetseiten anspielen.

Google Hacks

Mit sogenannten Google Hacks kann man auf versteckte oder zumindest nicht ganz offensichtliche Funktionen der Suchmaschine zugreifen.

Indexgröße

Momentan umfasst die Anzahl der von Google erfassten Seiten mehr als eine Billion URLs, das ist eine Eins mit 12 Nullen. Vom angepeilten Googol ist man also noch ein gutes Stück entfernt.

Die Antwort auf das Leben, das Universum und den ganzen Rest zu finden ist mit Google, dem Nonplusultra aller Suchmaschinen, ein Kinderspiel: Sie lautet schlicht und einfach »42«. Glauben Sie nicht? Dann geben Sie mal in Google den Suchstring *the answer to life, the universe and everything* ein – das Ergebnis verblüfft (Abbildung 1.1).

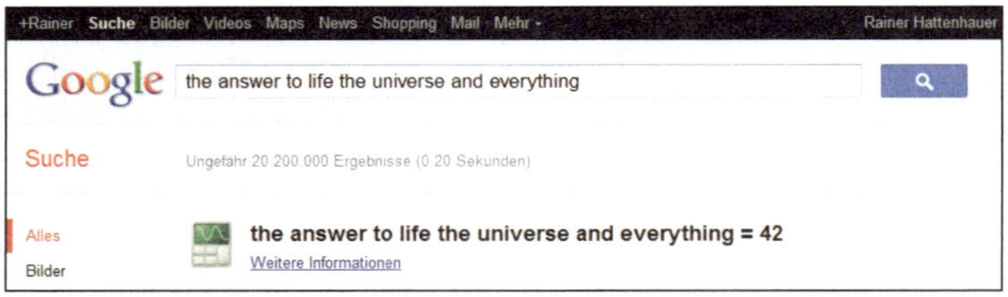

Abbildung 1.1: Google weiß Rat in allen Lebenslagen

Die unkonventionelle Antwort ist eine Hommage an Douglas Adams' Kultbuch *Per Anhalter durch die Galaxis* (Original: *The Hitchhiker's Guide to the Galaxy*) und funktioniert nur bei Eingabe des englischen Textfragments. Es handelt sich dabei um ein sogenanntes *Easter Egg*, eine versteckte Funktion. Das Beispiel zeigt bereits eines: Google hat mehr versteckte Features, als man denkt. Das folgende Kapitel steht daher ganz im Zeichen der Google-Tipps, -Tricks und -Hacks, die Ihnen das Leben bei der Suche leichter machen. Das Adams'sche Beispiel der obigen Frage, die dem Supercomputer *Deep Thought* im Buch gestellt wird, verdeutlicht außerdem: Die Antworten, die Sie von Google bekommen, hängen sehr stark von der Qualität der Fragestellung ab.

Was braucht man...

- **Browser mit Internetzugang:** Die Fähigkeit, die Adresse `www.google.de` fehlerfrei in den Browser einzugeben, ist die Grundvoraussetzung für die ersten Schritte beim Suchmaschinengiganten. Wahrlich keine große Hürde ...
- **Logisches Denkvermögen:** Kann beim Googeln nie schaden – insbesondere sollte man sich den Unterschied zwischen den beiden Verknüpfungen *und* und *oder* klarmachen.
- **Vorwissen:** Sie sollten sich schon grob in der Thematik, die Sie zu recherchieren gedenken, auskennen, um die Qualität der *Treffer* gut *einordnen* zu können.
- **Skepsis:** Wenn Sie zwecks unabhängiger Kaufberatung nach bestimmten Produkttests suchen, so bedenken Sie: Viele Firmen investieren stattliche Summen, um ihre Produkte bei einer Google-Suche ganz nach oben zu platzieren. Das Ranking bei einer Google-Suche hat also selten etwas mit der Qualität, oft aber mit dem Webbudget der Anbieter der Ware zu tun.

Was muss man können...

Man muss Suchanfragen mit wenigen Begriffen zielgerecht umschreiben können.

Allgemeine Tipps zur Recherche

In Ausbildung und Beruf kommt es oft darauf an, seriöse und zitierbare Informationen zu einem bestimmten Thema zu finden. Im Folgenden stelle ich Ihnen einige grundlegende Tipps zur Suche mit Google vor.

Seriöse Informationen zu Bildungsthemen finden Sie bei `wikipedia.de`. Anstatt umständlich zur Wikipedia zu navigieren und dort den Begriff einzugeben, können Sie das Ganze auch direkt von Google aus angehen.

Google ist bei den gängigen Browsern in der Regel nur einen Mausklick entfernt:

1. Klicken Sie mit der Maus in das kleine Suchfenster Ihres Browsers, das sich in der rechten oberen Ecke des Browserfensters befindet.
2. Geben Sie den Suchbegriff, gefolgt vom Wort *wiki* ein: Der erste Link zeigt sofort auf die entsprechende Wikipedia-Seite.

Ein Beispiel: *evolution wiki* führt Sie auf die Seite zur Evolution in der Wikipedia und rettet Ihrem Sprössling unter Umständen das Biologiereferat.

Sie finden den gesuchten Begriff innerhalb des Links nicht wieder?

3. Nutzen Sie zur Suche innerhalb einer dargestellten Seite die browserinterne Suchfunktion, die Sie bei den meisten Browsern mit [Strg]+[F] aufrufen.

Ein häufiges Problem bei Google-Recherchen ist die Vermischung von wichtigen und unwichtigen Ergebnissen infolge unscharfer Suchanfragen. Wenn der Junior ein Geschichtsreferat zu Homer halten soll, findet er dazu allzu viele Informationen zum gelben Protagonisten einer bekannten Comicserie. Gehen Sie in solch einem Fall folgendermaßen vor:

4. Filtern Sie unerwünschte Treffer mit einem vorangestellten Minuszeichen heraus, z.B.: *homer -simpson.*

Etliche wissenschaftliche Schätze sind in den Untiefen des Webs in Form von qualitativ hochwertigen PDF-Dokumenten verborgen: Diese werden zwar von Google indiziert und bei einer Suche berücksichtigt, gehen aber meist im Rauschen der Informationsflut unter. Auch Handbücher von technischen Geräten, die meist als PDF-Dateien daherkommen, sind im Labyrinth der Supportbereiche versteckt. Das Schöne dabei ist, dass auch alte Handbuchschätzchen von Google brav gespeichert werden, was Ihnen das Stöbern in Keller und Dachboden erspart (Abbildung 1.2).

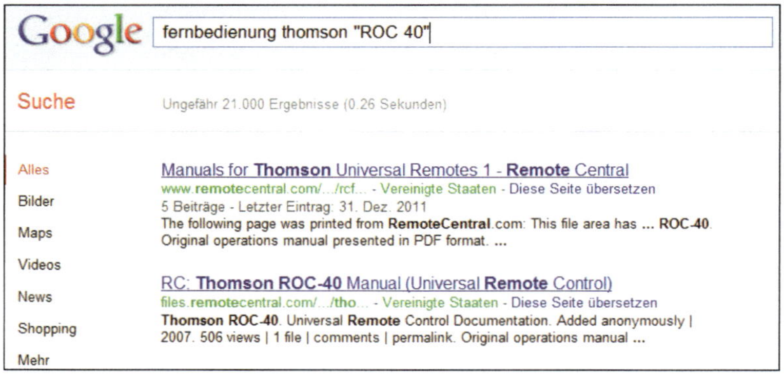

Abbildung 1.2: Google – der digitale Dachboden: Wer hätte gedacht, dass man bei der Suche nach einer Anleitung zu einer antiken Fernbedienung ausgerechnet bei Google fündig wird – solide Englischkenntnisse können dabei mitunter nicht schaden

5. Zum Beschränken der Suche auf bestimmte Dokumenttypen geben Sie am Schluss der Suchabfrage *ext:»Typkürzel«* ein. Im Falle von PDF-Dokumenten also: *ext:pdf.* »ext« steht hierbei für *Extension.*

Auch hierzu ein Recherchebeispiel: Sie suchen das Manual zu einem Handy, z.B. dem Galaxy S von Samsung. Geben Sie in die Google-Suchmaske *manual galaxy s ext:pdf* ein. Falls nicht automatisch schon geschehen: Beschränken Sie die Suche auf deutsche Seiten.

6. Google kann auch hervorragend zum Durchsuchen einzelner Webpräsenzen genutzt werden: Geben Sie dazu nach der Suchabfrage den Begriff *site:»Domainname«* ein.

Möchten Sie z.B. etwas über die Konfiguration eines IMAP-Mailzugangs bei GMX in Erfahrung bringen, so geben Sie folgende Suchabfrage ein: *imap site:gmx.de.*

Die Qualität der Treffer steht und fällt oft mit dem sachgerechten Einsatz von Anführungszeichen.

7. Geben Sie zusammenhängende Phrasen in Anführungszeichen ein.

Wer z.B. nach dem Ursprung des Zitats »Durch diese hohle Gasse muss er kommen« fahndet, tut gut daran, die Phrase in Anführungszeichen zu setzen. Apropos Deutschunterricht: Google erkennt bereits während der Suchanfrage Rechtschreibfehler und weist den Suchenden per *»Meinten Sie …«* auf korrekte Alternativen hin (Abbildung 1.3). Klicken Sie den zugehörigen Link an, so wird eine alternative Suche mit korrigierter Rechtschreibung gestartet.

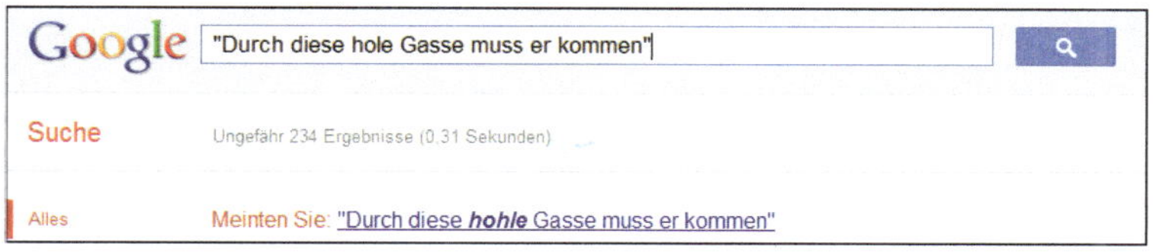

Abbildung 1.3: Die Generation PISA ist bei Google in guten Händen: Rechtschreibfehler werden erbarmungslos entlarvt

Schließlich noch ein letzter Tipp zur Suchlogik:

8. Google verwendet standardmäßig das logische UND (engl.: AND) zur Suche bei mehreren eingegebenen Begriffen. Wenn Sie alle Seiten, die entweder das eine oder das andere Wort enthalten, finden möchten, so geben Sie *»Begriff 1« OR »Begriff 2«* ein.

Zusätzlich können Klammern und die AND-Verknüpfung genutzt werden. Ein Beispiel: Sie möchten sich über Shops, die Akkus für mobile Computer anbieten, möglichst umfassend informieren. Geben Sie bei einer derartigen Suche *(laptop OR notebook) AND akku* ein.

Google ganz fix

Ihnen geht die Suche bei Google nicht schnell genug? Dann probieren Sie doch einmal die Google Instant-Suche. Diese steht Ihnen dann zur Verfügung, wenn Sie bei Google ein Konto angelegt und sich mit Ihrer Benutzerkennung eingeloggt haben, vgl. Abschnitt Ein Google-Konto anlegen. Jeder in der Suchmaske eingegebene Begriff wird sofort als Suchanfrage ausgewertet (Abbildung 1.4).

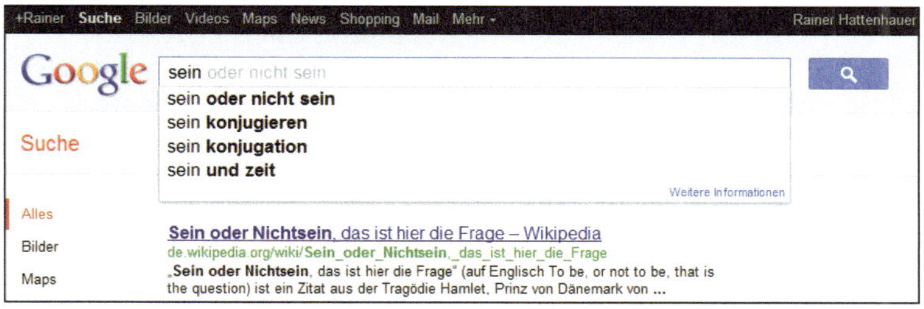

Abbildung 1.4: Schneller, als die Internet-Polizei erlaubt: Die Google Instant-Suche wertet jeden Suchbegriff sofort aus und verfügt über hellseherische Fähigkeiten. So kann man sich zu relevanten Dokumenten »hangeln«

Spezielle Suchprobleme

Google bietet Möglichkeiten an, die Suche auf bestimmte Spezialgebiete zu beschränken. So können Sie beispielsweise sämtliche Nachrichten zu einem bestimmten Thema, die in der jüngeren Vergangenheit erschienen sind, mithilfe der Google News-Suche ausfindig machen.

1. Begeben Sie sich in den Bereich *Google News* und geben Sie dort das Thema ein, das Sie interessiert (Abbildung 1.5). Es werden sämtliche Artikel, die sich mit dem Thema beschäftigen, mit absteigender Aktualität aufgelistet.

Abbildung 1.5: Nichts ist älter als die Zeitung von gestern – bei Google bleiben Sie up to date!

2. Möchten Sie sofort nach Erscheinen einer Neuigkeit zu einem bestimmten Thema benachrichtigt werden, haben Sie die Möglichkeit, einen sogenannten *Google Alert*, der das Suchwort enthält, zu definieren. Dies erfordert allerdings einen Google-Account.

Ein Feature von Google, das ich persönlich nicht missen möchte, ist die Spezialsuche nach Bildern.

3. Suchen Sie ein bestimmtes Bild bei Google, wählen Sie den Link *Bilder* im oberen linken Bereich des Browserfensters. Mithilfe der *erweiterten Bildsuche* können Sie sogar den Dateityp und die gewünschte Bildgröße angeben (Abbildung 1.6).

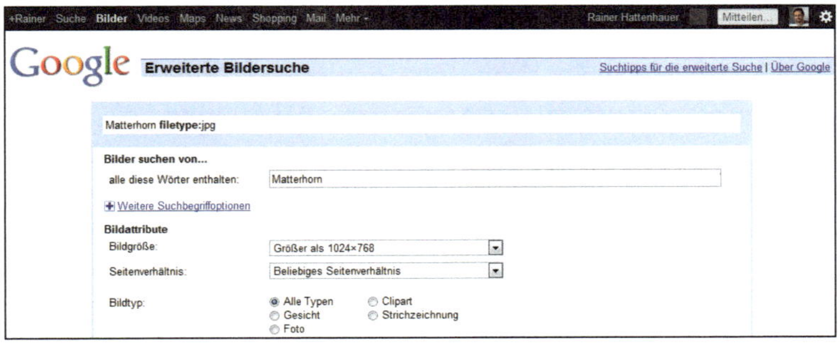

Abbildung 1.6: Die erweiterte Bildsuche von Google bietet viele zusätzliche Optionen, z.B. die Beschränkung auf bestimmte Bildgrößen und Typen

Sie gelangen zu dem erweiterten Suchmenü, nachdem Sie sich in Ihren Google-Account eingeloggt haben und das Zahnradsymbol in der rechten oberen Ecke anklicken. Sie haben noch kein Google-Konto? Dann sollten Sie sich schleunigst eins besorgen, denn nur so können Sie alle Angebote, die der Suchmaschinenriese anbietet, vollständig nutzen:

Ein Google-Konto anlegen

1. Begeben Sie sich auf `www.google.de` und folgen Sie dem Link *Anmelden* in der rechten oberen Fensterecke.
2. Legen Sie ein neues Google-Konto an, indem Sie dem Link *Google-Konto erstellen* folgen und das nun erscheinende Formular ausfüllen.

Abbildung 1.7: Ein Google-Konto ist schnell eingerichtet. Bei Allerweltsnamen ist ein wenig Fantasie bei der Erstellung des Nutzernamen gefragt

Google optimal nutzen – mit Googles Browser Chrome

Eine optimale Integration in Googles Kosmos bietet der eigene Browser des Suchmaschinengiganten: Google Chrome. Sie können die Installationsdatei für Google Chrome bei Google herunterladen, in der Regel fragt Sie die Suchmaschine aber auch selbstständig, ob Sie nicht auf den Chrome-Browser umsteigen möchten.

1. Geben Sie in die Google-Suchmaske *chrome*, gefolgt von der Eingabetaste ein.
2. Der erste Treffer führt Sie zu einem Bereich von Google, in dem Ihnen die Installationsdateien für verschiedene Betriebssysteme angeboten werden.
3. Installieren Sie den Browser nach dem Herunterladen, indem Sie einen Doppelklick über der Installationsdatei ausführen.

Googles Browser bietet eine Reihe von Vorteilen: So gehört er aktuell zu den schnellsten auf dem Markt befindlichen Browsern. Google-Suchabfragen können Sie überdies durch einfache Eingabe in die Adresszeile anwerfen. Lesezeichen werden mit sämtlichen Geräten abgeglichen, auf denen Chrome oder Googles Betriebssystem Android installiert ist.

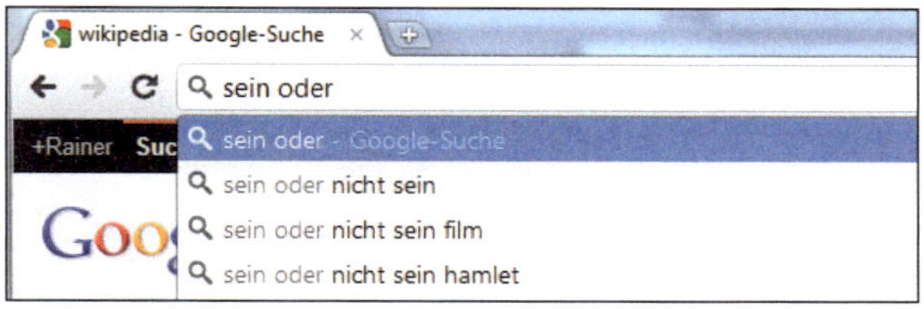

Abbildung 1.8: Suchabfragen direkt aus der Adresszeile heraus – das beherrscht Googles Browser Chrome

So weit zum kleinen Rundgang durch Googles Fähigkeiten, der keinesfalls Anspruch auf Vollständigkeit erhebt. Wenn Sie sich für neue Entwicklungen beim Suchgiganten interessieren: Schauen Sie doch mal bei den Google Labs vorbei (einfach *google labs* in Google eingeben). Hier können Sie die ganz neuen Tüfteleien der Google-Crew, die in naher Zukunft auf den Markt kommen, auf Herz und Nieren selbst prüfen.

NetTags

- »Thema« wiki
- google toolbar
- google instant
- »Begriff« site: »URL«
- google news
- google labs
- google chrome

2 Vernetztes Lernen

Stellen Sie sich vor, die besten Schulen, Universitäten und Bibliotheken der Welt öffnen ihre Tore und bieten Ihnen ihr gesammeltes Wissen kostenlos an – in Farbe, Bild und Ton ... Utopie? Keineswegs! Begleiten Sie mich auf einem Trip durch die blühenden Bildungslandschaften im Internet.

Wissen

Wissen wird seit Platon (428–348 v. Chr.) als *wahre, gerechtfertigte Meinung* definiert. Nach wie vor gilt aber auch im Internetzeitalter: *Wissen ist Macht.*

E-Learning

Unter E-Learning versteht man das Lernen in Verbindung mit elektronischen Medien, in erster Linie mit Computer und Internet.

Im letzten Kapitel haben Sie gelernt, wie man sich per Google punktuell Informationen aus dem Internet beschafft. Das Netz bietet aber wesentlich mehr: Es ist ein riesiger Fundus kompletter Unterrichts- oder Vorlesungseinheiten zu allen denkbaren Themenkomplexen. Schulbank, Tafel und Kreide waren gestern – heute sitzt man bequem zu Hause auf dem Sofa und streift mit dem Laptop oder Tablet auf dem Schoß durch die Klassenzimmer und Hörsäle der Welt. Das vermittelte Wissen kommt nicht mehr nur eindimensional in langweiligen Texten daher: Flash-Inhalte und lebendige Podcasts wecken die Freude am Lernen, sodass selbst internetkundige Senioren mittlerweile Spaß daran haben, erneut die virtuelle Schulbank zu drücken. Die notwendige Technik zum Finden und Nutzen des Lernstoffs vermittelt Ihnen das folgende Kapitel.

Was braucht man...

- **Einen Browser nebst Internetzugang:** Die meisten Lerninhalte findet man heute im HTML-Format in Gestalt einfacher *Webseiten* im Netz vor. Für ihre Darstellung genügt ein konventioneller Browser. Zur Darstellung multimedialer Inhalte ist es erforderlich, dass Ihr Browser über das *Flash Player-Plug-in* verfügt (`http://get.adobe.com/de/flashplayer/`). Die meisten Lehrvideos lassen sich mit den Bordmitteln des Betriebssystems wiedergeben, für exotische Formate verwendet man den VLC-Videoplayer (`http://www.videolan.org/`).
- **Einen PDF-Reader:** Das *Portable Document Format* wird gern verwendet, um Vorlesungs- oder Unterrichtsskripte unters Volk zu bringen. Zur Darstellung verwendet man den bekannten Adobe Reader (`http://get.adobe.com/de/reader/`).
- **Einen PowerPoint Viewer:** Viele Lehrende peppen ihren Stoff durch die Verwendung des Präsentationsprogramms PowerPoint auf. Wenn Sie nicht im Besitz des Originalprogramms von Microsoft sind, so können Sie sich entweder den kostenlosen PowerPoint Viewer (Betrachter) direkt von Microsoft herunterladen oder Sie verwenden das freie Office-Paket *OpenOffice.org*, welches PowerPoint-Dateien ebenfalls darstellen und sogar bearbeiten kann. Der kleine Nachteil: Die Darstellung von PowerPoint-Vorträgen weicht in OpenOffice mitunter leicht vom Original ab.
- **iTunes:** Einige Unis sind mittlerweile dazu übergegangen, die Vorlesungen ihrer Dozenten als *Podcasts* über iTunes zur Verfügung zu stellen. Deren Nutzung bedingt die Installation der iTunes-Software von Apple. Das Praktische daran: Sie können sich den Vorlesungsstoff als Student noch einmal per iPod auf dem Weg zur Uni oder im Park verinnerlichen.

Was muss man können...

Technisch bietet das internetbasierte Lernen keine Hürden. Man sollte jedoch den eigenen Wissenshorizont einschätzen können, um sich intellektuell nicht zu überfordern.

Bedingt durch mein eigenes Lehr- und Lernumfeld, verwende ich nachfolgend hauptsächlich Beispiele aus dem technisch-naturwissenschaftlichen Bereich, da ich deren Qualität besser beurteilen kann. Natürlich finden Sie im Internet schier unerschöpfliches Material zu anderen Fachgebieten.

Statische Inhalte

Im schulischen Bereich haben viele Lehrer ganze Unterrichtseinheiten zur freien Verwendung ins Netz gestellt.

1. Sie möchten Ihr Wissen im Bereich Physik auffrischen? Die Universität München bietet auf dem LEIFI-Physikportal die gesamte Schulphysik, geordnet nach Klassenstufen, in anschaulicher Form (Abbildung 2.1). Begeben Sie sich dazu auf `http://www.leifiphysik.de/`.

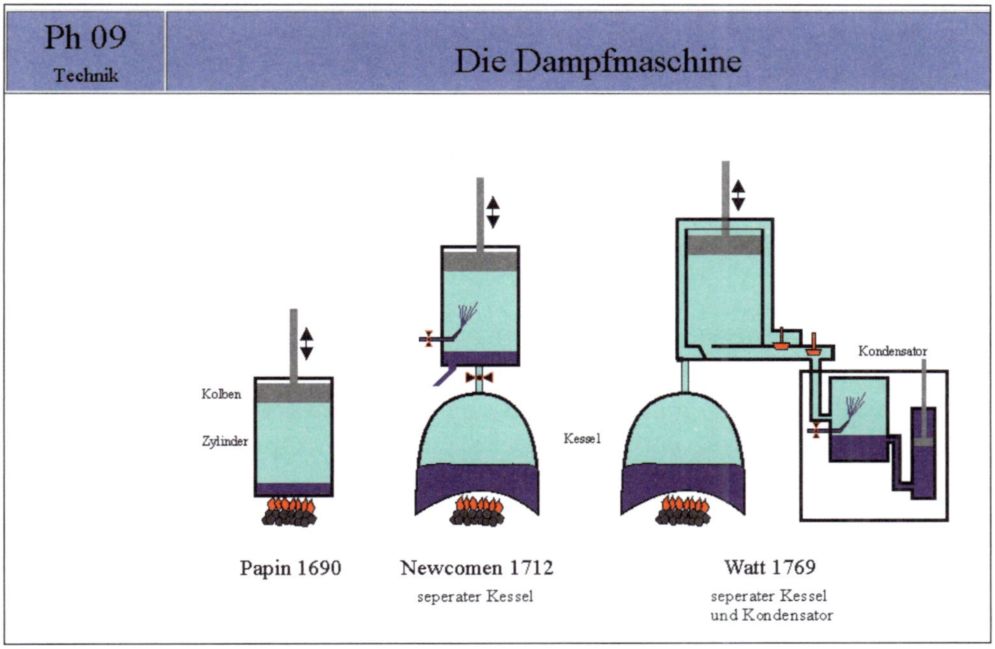

Abbildung 2.1: Physik jenseits der Feuerzangenbowle: LEIFI erläutert die Dampfmaschine

Das ist Ihnen zu trivial, Sie streben nach Höherem? Dann sehen Sie sich einmal nach Material aus dem Universitätsbereich um:

2. Sie möchten sich Grundlagen der Elektrodynamik über ein Vorlesungsskript aneignen. Dieses soll nach Möglichkeit im PDF-Format vorliegen, damit Sie den Stoff während einer langwierigen Bahnfahrt auf Ihrem eBook-Reader (vgl. *eBooks: Das neuen Lesegefühl*) auf dem Smartphone oder dem iPod genießen können. Geben Sie dazu bei Google folgende Suchbegriffe ein: *elektrodynamik ext:pdf*. In der Regel genügt hier ein einziger Suchbegriff, um ans Ziel zu gelangen.

Mit dem Schlüsselbegriff *ext:pdf* wird die Suche bei Google auf PDF-Dokumente eingegrenzt. Auf diese Weise lassen sich nicht nur ganze Vorlesungen finden, auch schwierige Übungsaufgaben aus dem schulischen und universitären Alltag können vorzüglich mithilfe des Internets gelöst werden.

3. Ihre Tochter macht im Rahmen des Psychologiestudiums den Statistikschein. Auf einem Aufgabenblatt muss der Beweis erbracht werden, dass sich die Varianz einer binomialverteilten Zufallsgröße X aus dem Produkt von Stufenzahl n, Erfolgswahrscheinlichkeit p und Gegenwahrscheinlichkeit $q = 1 - p$ berechnet. Eine harte Nuss. Nicht aber, wenn man Google bedienen kann: Die Suchabfrage *varianz beweis binomialverteilung* führt unmittelbar in der Wikipedia zum Ziel (Abbildung 2.2).

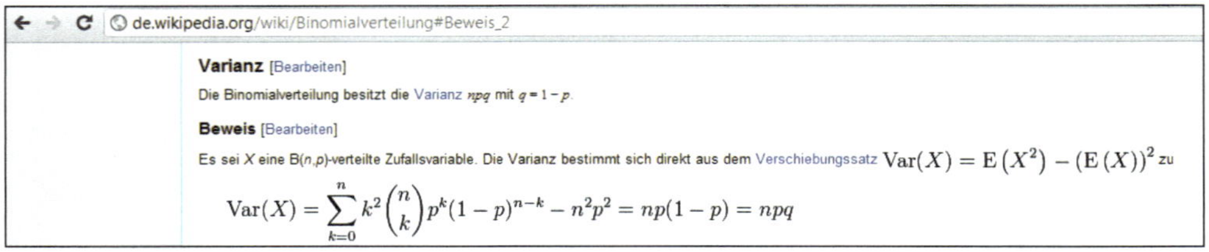

Abbildung 2.2: Abschreiben 2.0: Eine Vielzahl von Standardübungen findet man im Internet, dort insbesondere in der Wikipedia

Jeder Lehrende, der heute etwas auf sich hält, verwendet PowerPoint oder ähnliche Präsentationsprogramme zur Untermalung des trockenen Unterrichtsstoffs. Möchten Sie derartige Präsentationen nutzen, sind aber nicht im Besitz der Originalsoftware, dann besorgen Sie sich entweder den PowerPoint Viewer (Google: *download powerpoint viewer*) oder Sie installieren OpenOffice.org: Das freie Officepaket kann ebenfalls mit dem PowerPoint-Format umgehen.

4. Suchen Sie mit Google nach einer Präsentation zu einem interessanten Fachgebiet. Das geschieht durch Eingabe der Suchabfrage *»Thema« ext:ppt* in das Suchfeld.

Zur Abwechslung mal wieder etwas aus dem schulischen Bereich: Der Filius soll ein Referat über die Kreiszahl π halten. Einen guten Einstieg bietet folgende Recherche (Abbildung 2.3):

Abbildung 2.3: Mit Google verlieren Referate ihren Schrecken

Aber bitte: Wenn Sie bzw. Ihr Sprössling derartiges Material verwendet, so denken Sie daran, die Fundstelle korrekt zu zitieren – spätestens an der Uni ist diese Vorgehensweise überlebenswichtig – fragen Sie mal Herrn zu Guttenberg ;-).

Multimediales Lernmaterial

So richtig anschaulich wird Wissensvermittlung, wenn sie in Form von interaktiven Animationen oder Videos angeboten wird. Ein Musterbeispiel dafür ist die Aufbereitung der einsteinschen Relativitätstheorie durch eine Flash-Animation, für die das ZDF verantwortlich zeichnet.

1. Suchen Sie mit Google nach *einsteins welt zdf* und folgen Sie dem ersten Link.

Die mit dem »Grimme Online Award« prämierte Animation entführt Sie in Einsteins Welt der Relativität und der gekrümmten Räume.

Abbildung 2.4: Relativitätstheorie – leicht verdaulich präsentiert – auf `http://relativ.einstein.zdf.de/`

Interessant ist auch Apples Ansatz, den Schulbuchsektor zu revolutionieren: Mit sehr ansprechend aufgemachten eBooks für das iPad, die mit multimedialen Elementen angereichert werden, wird Lernen zum puren Vergnügen.

Abbildung 2.5: Apples revolutionäres Schulbuchkonzept – hier demonstriert anhand eines Biologiebuchs

iTunes U

Einige deutsche Universitäten bieten mittlerweile Vorlesungen als Podcasts an. Diese kann man bequem per iTunes im Bereich *iTunes U* abonnieren. Mehr zu iTunes und dessen Installation finden Sie in Kapitel *Der digitale Musikladen*.

1. Starten Sie iTunes, wechseln Sie in den Store und suchen Sie dort nach dem Begriff *vorlesung*.

Nahezu alle angebotenen Vorlesungen, die Sie über iTunes laden können, sind kostenlos.

2. Abonnieren Sie den zugehörigen Podcast oder laden Sie das Video einer angebotenen Vorlesung, indem Sie auf die Schaltfläche *Laden* bzw. *Abonnieren* klicken.

3. Nach dem Download finden Sie das Material im Bereich *Podcasts*. Dieses können Sie per Synchronisation auch auf einen iPod übertragen und an einem Ort Ihrer Wahl anschauen.

Abbildung 2.6: In iTunes U finden Sie eine beachtliche Auswahl an Vorlesungen aus dem Universitätsbereich – hier eine Physikvorlesung der Uni Innsbruck

Sind Sie der englischen Sprache mächtig, so sollten Sie sich die iTunes U App für iPhone, iPod und iPad einmal näher ansehen: Diese bietet Zugriff auf einen schier unerschöpflichen Pool von Vorlesungen amerikanischer Universitäten (Abbildung 2.7).

Für Sprachinteressierte bietet iTunes U eine Vielzahl an Podcasts, in der »Native Speakers« in Form von nett gemachten Sprachkursen die Vokabeln einer Fremdsprache in perfekter Intonation unters Volk bringen.

Apropos Fremdsprachen lernen – hier hat sich auch einiges getan seit den Zeiten der mühsam per Kassettenrekorder eingehämmerten Lektionen à la »English for You« bzw. »Etudes françaises«: Moderne interaktive Sprachlernumgebungen machen den Fremdsprachenunterricht zum Erlebnis: Über ein Headset wird die eigene Sprache bei den Sprechübungen mit der Aussprache eines Muttersprachlers verglichen und für gut bzw. schlecht befunden (Abbildung 2.8).

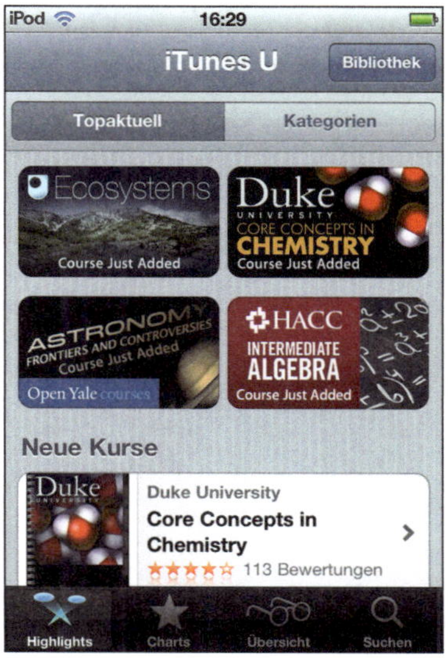

Abbildung 2.7: Die iTunes U App bietet Zugriff auf Vorlesungen – leider vorerst nur aus dem amerikanischen Raum

Abbildung 2.8: Moderne Sprachlernprogramme bringen Ihnen sowohl die Vokabeln als auch die Aussprache bei. Dafür wird ein funktionsfähiges Headset benötigt (*Quelle: ©rosettastone.de*)

Onlinevideotheken mit Schulfilmen

Wer kennt Sie nicht aus seiner eigenen Schulzeit, die beliebten FWU-Schulfilme? In Lehrerkreisen waren diese Lehrmaterialien zu meiner Schulzeit nicht ganz so beliebt, musste man sich diese doch zunächst umständlich von der zuständigen Kreisbildstelle beschaffen.

Heute genügt ein kurzer Blick auf YouTube oder die reich bestückten Mediatheken der öffentlich-rechtlichen Sender, um auch für Schulzwecke fündig zu werden. Sie werden erstaunt sein, was man dort so alles finden kann: Suchen Sie beispielsweise in YouTube einmal nach einem Erklärungsvideo zur Matrizenmultiplikation oder halten Sie in der WDR-Schulmediathek *Planet Schule* (`http://www.planet-schule.de/`) Ausschau nach einem Beitrag zur Funktionsweise von Kernkraftwerken (Abbildung 2.9).

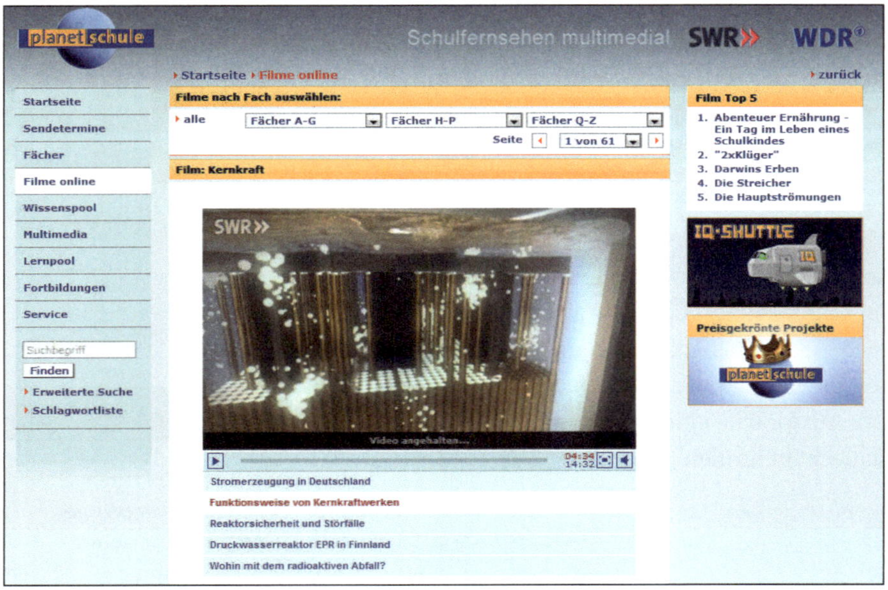

Abbildung 2.9: Die Kreisbildstelle mit ihren drögen 16-mm-Filmen wird abgelöst durch Onlinemediatheken

Lernplattformen

Wie gestaltet sich eine Unterrichtsplattform für die Onlinegeneration? Spätestens seit dem Einzug des Laptops bzw. Tablets in die Klassenräume der allgemeinbildenden Schule tritt der Unterricht per Kreide und Schwamm in den Hintergrund – die Jünger von Facebook, Twitter und Co. wollen zeitgemäß beschult werden.

Hier bieten sich Lernplattformen wie Moodle (siehe `http://www.moodle.org`, eine Abkürzung für *Modular Object-Oriented Dynamic Learning Environment*) an, die den Lernvorgang an die medialen Gegebenheiten des 21. Jahrhunderts anpassen. Schauen Sie sich doch einmal an, was man mit derartigen Plattformen so alles anstellen kann:

Begeben Sie sich auf `http://www.moodle.de/` und klicken Sie einen der im unteren Bereich der Seite angebotenen Musterkursräume an, z.B. den Kursraum *IT-Unterricht*. Sehen Sie sich dort die Lernmaterialien und Tests einmal genauer an: So lernt man im 21. Jahrhundert.

Innerhalb eines Moodle-Systems können folgende Aktionen seitens der Schüler(innen) und Lehrer vorgenommen werden:

- Erstellen und Bereitstellen von Arbeitsmaterialien
- Durchführen von Tests
- Austausch per Chat und Mail innerhalb des Systems
- Gemeinsames Erarbeiten und Präsentieren eines Themas, z.B. in Gestalt eines Wikis

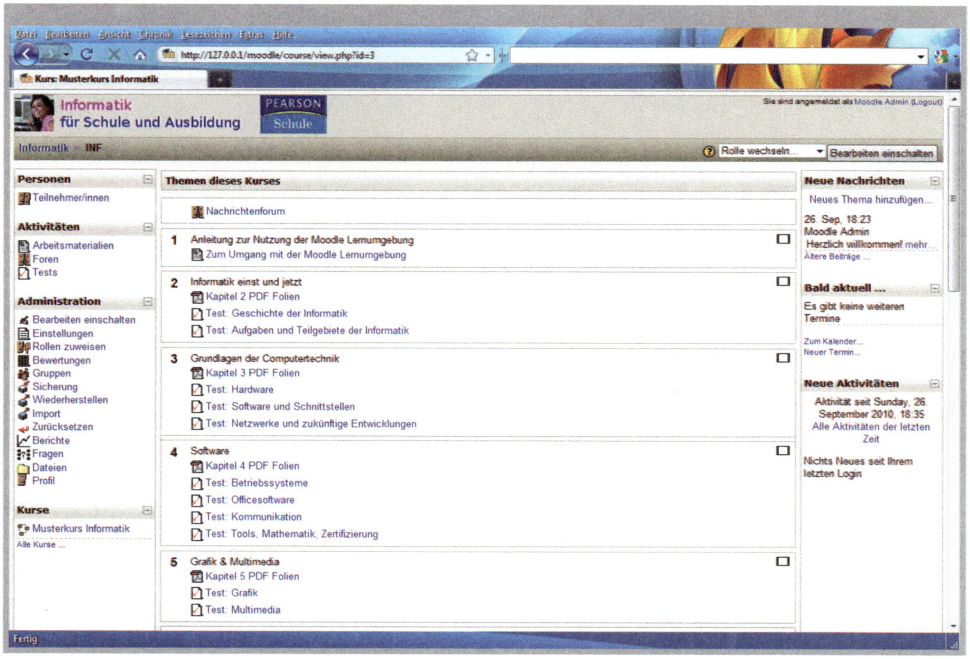

Abbildung 2.10: Beispiel eines Moodle-Kurses: die Begleitmaterialien zum Buch »Informatik für Schule und Ausbildung«, Pearson Schule 4901. Die digitale Lernumgebung enthält Unterrichtsmaterialien sowie interaktive Tests für die Kursteilnehmer

Lerncommunitys

In der Gemeinschaft lernt es sich recht gut. Zu diesem Zweck haben sich etliche Communitys im Netz gebildet, die sich über schulische und universitäre Inhalte rege austauschen. Ein Beispiel hierfür ist die Seite `uni-protokolle.de`: Dort werden in erster Linie Prüfungsprotokolle zur Verfügung gestellt, sodass man sich vor einer wichtigen Uniprüfung ein Bild vom Prüfer und den Prüfungsinhalten machen kann. Darüber hinaus wird in den Foren rege über die Lerninhalte diskutiert. Teilweise findet man hier auch Abiturienten, die kurz nach Fertigstellung ihrer Abiklausur über Lösungswege diskutieren.

Einen interessanten Ansatz zum Austausch von Vorlesungen bietet die Community rund um den Echo Smartpen (vgl. *Kleine Helferlein*). Auf `www.livescribe.com` werden im Communitybereich kombinierte Audio-/Schriftaufzeichnungen von Vorlesungen zur persönlichen Verwendung angeboten. Dabei handelt es sich um in Adobe Flash eingebettete Videofilme, die von jedem Anwender, der über einen Browser mit integriertem Flash-Plug-in verfügt, wiedergegeben werden können.

NetTags

- »Thema« ext:pdf
- »Thema« ext:ppt
- download powerpoint viewer
- linksammlung »Thema«
- itunes u
- vorlesung podcast
- planet schule
- moodle kurs »Thema«

3 Mobiles Wissen

Eine ganze Bibliothek in der Hosentasche – diesen Traum kann sich heute jeder erfüllen. Ob Lexikon, Fremdwörterbuch oder wissenschaftliche Abhandlung: Smartphone, Netbook oder iPad bieten sich als universelle Wissensspeicher an.

Bildung
»... ist das, was übrig bleibt, wenn man alles vergessen hat, was man in der Schule gelernt hat.«
– *Albert Einstein*

Wikipedia mobil
Die beliebte Mitmach-Enzyklopädie Wikipedia lässt sich – geeignete Software vorausgesetzt – mittlerweile auf jedem denkbaren mobilen Endgerät (Smartphone, iPad ...) nutzen. Wer sein mobiles Onlinebudget schonen möchte, findet auch Offline-Snapshots zur lokalen Installation auf dem mobilen Gerät.

Wolfram Alpha
Die Wissensmaschine Wolfram Alpha ist ein Projekt des Mathematikers Stephen Wolfram. Mit ihr lassen sich die erstaunlichsten Wissensverknüpfungen herstellen.

Wer hätte je gedacht, dass die Fiktion von Douglas Adams in seinem Megaseller *Per Anhalter durch die Galaxis* einmal Realität wird: ein elektronisches Nachschlagewerk als universeller Begleiter für alltägliche und nichtalltägliche Lebenslagen. Während die Adams-Protagonisten das elektronisch gespeicherte Wissen in erster Linie für den konfliktfreien Umgang mit außerirdischen Intelligenzen nutzten, schätzt der Partygänger der Jetztzeit die mobile Enzyklopädie als scharfe Klinge zur Abwehr des allerorts anzutreffenden gefährlichen Halbwissens respektive zum Beeindrucken des anderen Geschlechts.

Der Vorteil einer elektronischen Wissenssammlung liegt auf der Hand: Die Eingabe von Suchbegriffen per Smartphone-Tastatur und deren Auffinden erfolgt beim SMS-geübten Schreiber in null Komma nichts, die Informationen selbst sind verlinkt und gestatten einen schnellen Themenwechsel. Darüber hinaus ist das elektronische Nachschlagewerk im Gegensatz zu seinen papiernen Kollegen nicht mit zusätzlichem Gewicht verbunden: Das zur Nutzung notwendige Smartphone hat man sowieso dabei.

In diesem Kapitel werden Sie lernen, wie man umfassende Informationsspeicher auf mobilen Endgeräten sinnvoll einsetzt. Außerdem werden Sie erfahren, unter welchen Bedingungen der Einsatz von Online- bzw. Offlinemedien angebracht ist.

Was braucht man...

- **Ein Smartphone:** eBook-Reader oder Wikipedia-taugliche Browser sind mittlerweile für alle prominenten mobilen Plattformen (BlackBerry, Windows Phone, Android, iOS) erhältlich. Da ich nicht davon ausgehe, dass Sie sich für den Partysmalltalk einen Laptop um den Hals hängen möchten, zeige ich Ihnen nachfolgend den Einsatz von eBooks auf *Smartphones*.
- **Optional: einen eBook-Reader:** Möchten Sie die Wissenssammlungen offline nutzen, so benötigen Sie in der Regel einen eBook-Reader. Für die nachfolgend besprochene mobile Offline-Wikipedia empfehle ich den **Mobipocket Reader**. Kommerzielle Fachbücher kommen meist im PDF-Format daher. Den dafür benötigten **PDF-Reader** gibt es ebenfalls für alle gängigen Plattformen.
- **Optional: eine Speicherkarte:** Bildung kostet – im vorliegenden Fall zwar kein Geld, aber Speicherplatz. Die mobile Wikipedia nimmt in ihrer Offlineform mindestens ein Gigabyte ein. Sie tun also gut daran, Ihr Handy oder Ihren PDA mit einer entsprechend großzügig dimensionierten externen Speicherkarte aufzurüsten. Bei den heutigen Preisen für Flash-Speicher ist das aber unproblematisch.
- **Optional: einen mobilen Internetzugang:** So richtig beeindruckend sind mobile Wissensspeicher dann, wenn man ihnen tagesaktuelle Informationen entnehmen kann. In diesem Fall benötigen Sie eine *mobile Internetverbindung*, z.B. einen WLAN-Access-Point oder eine UMTS-Datenverbindung. Letztere sind mittlerweile auch durchaus bezahlbar geworden: Für weniger als 10,– € erhalten Sie bei vielen Providern bereits eine mobile Flatrate mit einem Transfervolumen von mehreren Hundert Megabytes pro Monat.

Was muss man können...

Sie sollten in der Lage sein, zusätzliche Software auf Ihrem Handy zu installieren und im Falle der Offlinenutzung eine externe Speicherkarte mit Daten zu befüllen.

Die Offline-Wikipedia

Zunächst zeige ich Ihnen, wie Sie eine Kopie der Wikipedia zur Offlinenutzung auf Ihrem Smartphone installieren. Ein guter Anlaufpunkt für derartige Vorhaben ist der Wikipedia-Artikel »Wikipedia:Unterwegs«, den Sie in der deutschen Wikipedia finden:

1. Geben Sie in Ihren Browser auf der Google-Seite die Suchanfrage *Wikipedia unterwegs* ein. Der erste Link verweist auf einen entsprechenden Wikipedia-Artikel (Abbildung 3.1).

2. Innerhalb des Artikels werden verschiedene Offlinereader und Wikipedia-Offlineprojekte vorgestellt. Suchen Sie sich einen Reader heraus, der von Ihrer Systemplattform unterstützt wird.

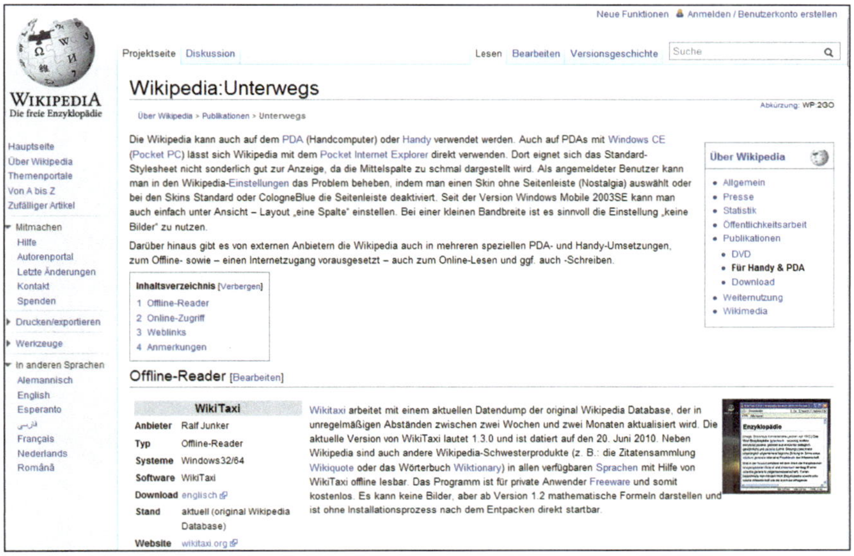

Abbildung 3.1: Optimaler Ausgangspunkt: die »Wikipedia unterwegs«-Seite

Android-Nutzer verwenden beispielsweise *Leo's Wikipedia Reader for Android*. iPhone-Besitzer sollten sich den *Collision Wikipedia Reader* genauer anschauen. Beide Apps können in den entsprechenden App-Markets heruntergeladen werden.

3. Installieren Sie die Wikipedia Reader App auf Ihrem Smartphone.

4. Nun fehlt noch der eigentliche Lesestoff. Bei kostenpflichtigen Apps wird nach dem Start der App angeboten, ein Snapshot der Wikipedia für den mobilen Gebrauch auf das Smartphone zu befördern.

Der beliebte Mobipocket Reader erfordert den manuellen Download eines aktuellen Snapshots der Wikipedia, welcher anschließend auf die externe Speicherkarte des Handys überspielt werden muss. Das Datenvolumen ist mitunter beachtlich und kann zwischen 2 und 4 Gigabyte betragen, sodass der Erwerb einer großvolumigen Speicherkarte dringend angeraten ist. Möchte man stets up to date sein, so muss die beschriebene Prozedur zudem regelmäßig wiederholt werden. Viel zu umständlich, wenn man bedenkt, dass wir mittlerweile in einer »Always-on«-Gesellschaft leben und der mobile Internetzugang per Smartphone selbstverständlich geworden ist.

Die Online-Wikipedia

Selbstverständlich kann man (einen entsprechend günstigen mobilen Datentarif vorausgesetzt) auch online auf die tagesaktuelle Wikipedia zugreifen:

1. Stellen Sie sicher, dass Sie auf Ihrem mobilen Gerät einen handlichen Browser (z.B. Opera, Firefox Fennec oder Chrome auf Android bzw. Safari unter iOS) installiert sowie den mobilen Internetzugang per EDGE oder UMTS konfiguriert haben (vgl. *Internet mobil*).

Sollten Sie im Besitz eines betagten Smartphones sein oder Ihr Onlinebudget schonen wollen, so gehen Sie folgendermaßen vor:

2. Navigieren Sie per Handybrowser zum WAP-Port der Wikipedia (`de.wap.wikipedia.org`) oder zum Mobilport (`de.m.wikipedia.org`). Der WAP-Port ist günstiger für betagte Handys und langsame Browser; wer ein Smartphone besitzt, sollte den Mobilport auswählen.
3. Geben Sie den gewünschten Suchbegriff ein. Die Suchergebnisse werden bei Verwendung des WAP-Ports in reiner Textform dargestellt. Das reduziert das Datenaufkommen und erfreut Anwender mit volumenbasiertem Datentarif.
4. Anwender mit mobiler Datenflatrate bzw. mit WLAN-Zugang bleibt es natürlich freigestellt, die »echte« Wikipedia auf `de.wikipedia.org` zu nutzen.

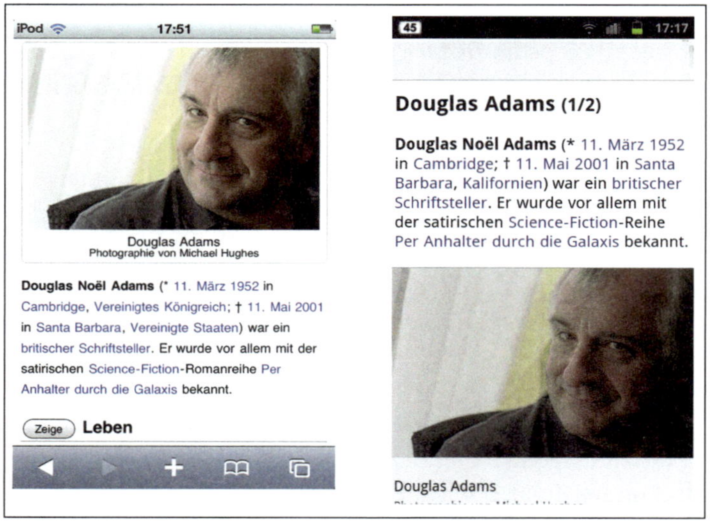

Abbildung 3.2: Die Wikipedia lässt sich per Smartphone-Browser auch bequem online nutzen – hier links auf einem iPod touch via `de.m.wikipedia.org` sowie rechts einem Android Smartphone per Wapedia-App

Darüber hinaus gibt es auch spezielle Apps für die gängigen Smartphone-Betriebssysteme, welche die Darstellung der Online-Wikipedia für die betreffende Plattform optimieren. Als Beispiel sei hier die Wapedia App für Android genannt (Abbildung 3.2).

Mittlerweile bietet auch die Wikimedia Foundation eine eigene App für Android Smartphones an (Abbildung 3.3). Diese hat den Vorteil, dass beliebte Artikel zur Offlinenutzung lokal auf dem Smartphone abgespeichert werden können – ein sinnvoller Kompromiss.

Abbildung 3.3: Die Wikipedia App der Wikimedia Foundation bietet die Möglichkeit, beliebte Seiten auch offline nutzen zu können

Augmented Reality

Noch einen Schritt in Bezug auf Informationsbeschaffung weiter gehen Programme, die das integrierte GPS-Modul eines modernen Smartphones dazu nutzen, eine Positionsbestimmung durchzuführen und die Daten per Internet mit einer Datenbank, welche die örtlichen Sehenswürdigkeiten beinhaltet, abzugleichen. Ein Blick durch die Fotokamera des Handys zeigt dann die Positionen der Sehenswürdigkeiten nebst weiterführenden Informationen. Dieses Verfahren nennt sich *Augmented Reality* und findet unter anderem Anwendung beim beliebten *Android Layar Browser* oder dem *Wikitude Browser* (Abbildung 3.4).

Abbildung 3.4: Beispiel einer Augmented-Reality-Anwendung: Über das Realbild der Smartphone-Kamera werden Informationen gelegt, die aus der Wikitude-Datenbank stammen, in diesem Fall die Namen der Berggipfel. Die momentane Position des Handynutzers erfasst der integrierte GPS-Chip

Das Onlinewörterbuch LEO

Sie wissen nicht, was »Augmented Reality« auf Deutsch heißt? Nun, Reality lässt sich auch mit minimalem Schulenglisch noch als »Realität« identifizieren, was aber bedeutet »augmented«? Das LEO-Onlinelexikon (`dict.leo.org`) gibt hier rasch Auskunft, auf Wunsch auch in Form einer iOS- oder Android-App (Abbildung 3.4): augmented bedeutet »erweitert« bzw. »vermehrt«, die Augmented Reality ist somit eine Realität, die um die Onlineinformationen aus Wikipedia und Co. erweitert wurde.

Das Ganze funktioniert übrigens auch in Französisch, Italienisch, Spanisch, Russisch und Chinesisch – und wenn Sie mögen, können Sie sich die Übersetzung auch online vorlesen lassen.

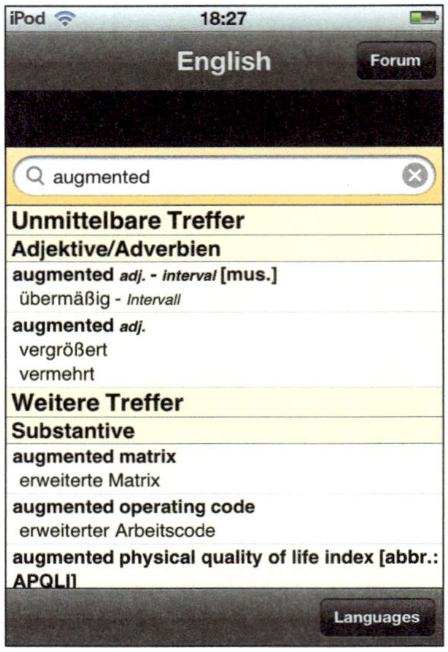

Abbildung 3.5: Das LEO-Onlinelexikon bietet mobilen Zugriff auf die wichtigsten Sprachen der Welt

Wolfram Alpha mobil

Sie wünschen einen Ausblick auf die nächste Generation der Suchmaschinen? Bitte schön, hier ist er: Die Suchmaschine – nein, besser: Wissensverknüpfungsmaschine – Wolfram Alpha verknüpft Daten in einer bisher noch nie da gewesenen Weise, und das dank einer App sogar mobil auf Android- und Apple iOS-Geräten. Laden Sie die App aus dem iTunes oder Android Store auf Ihr Handy. Diese finden Sie mit einer Suche nach den Begriffen *wolfram alpha*. Möchten Sie die 1,59 € für die App nicht ausgeben, so können Sie die folgenden Beispiele auch kostenlos direkt online auf `www.wolframalpha.com` testen.

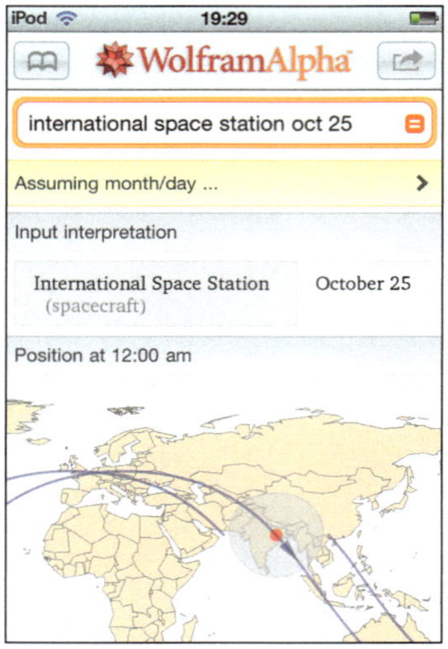

Abbildung 3.6: Die Raumstation befindet sich momentan über Indien

1. Sie würden gern die aktuelle Position der internationalen Raumstation ISS wissen? Geben Sie Folgendes in die Suchmaske ein: *international space station »aktuelles Datum«* (Abbildung 3.6).[1]
2. Wie wär's mit einer Vorschau auf den heutigen Sternenhimmel über Berlin?
3. Die Wurzeln von Wolfram Alpha entspringen der weltbekannten Mathematiksoftware *Mathematica*. So ist es kein Wunder, dass Aufgaben aus der höheren Mathematik vom System blitzschnell gelöst werden. Geben Sie ein mathematisches Problem ein und Sie werden erstaunt sein:

1 Der neue Standard IPv6 steht zwar schon in den Startlöchern, hat sich aber noch nicht flächendeckend durchgesetzt.

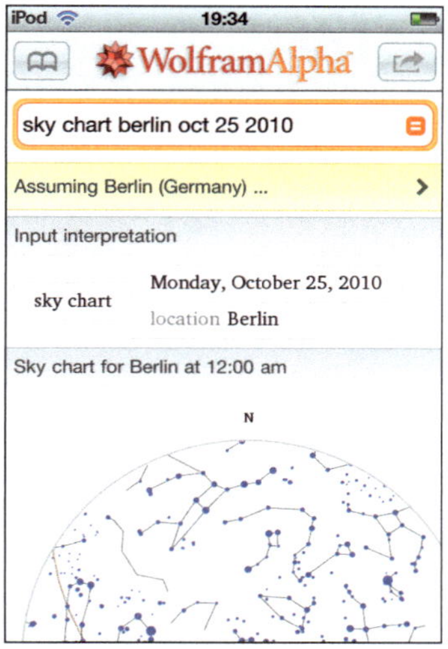

Abbildung 3.7: Wim Wenders lässt grüßen: der Himmel über Berlin

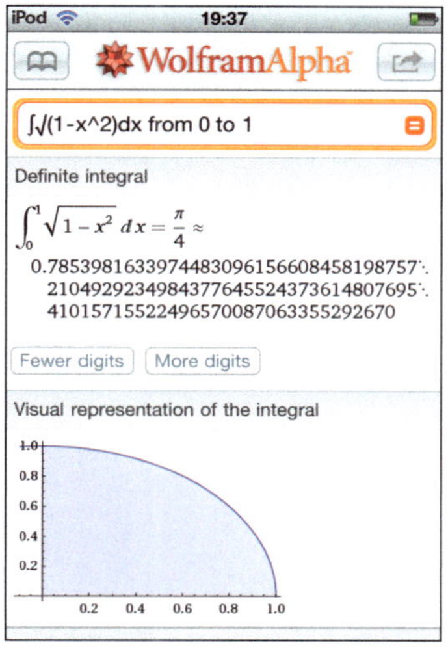

Abbildung 3.8: Wolfram Alpha weiß es: Die Fläche eines Viertel-Einheitskreises beträgt $\pi/4$. Auf Wunsch können Sie sich den Wert mit beliebig vielen Nachkommastellen ausgeben lassen

NetTags

- wikipedia unterwegs
- mobipocket reader »handytyp«
- wikipedia offline nutzen
- augmented reality
- dict leo
- wolfram alpha

WIKIPEDIA
wikitude
Mobipocket Reader
WAPEDIA
LEO Wörterbuch
augmented reality
WOLFRAM ALPHA

4 eBooks – das neue Lesegefühl

Nach einer langen Anlaufphase ist es mittlerweile in aller Munde: das eBook. Aber nicht nur dicke Wälzer, auch Zeitschriftenartikel erhält man mittlerweile günstig und platzsparend in elektronischer Form – und das auf beliebigen Endgeräten.

eBook
Das *electronic book* (kurz eBook genannt) stellt das virtuelle Gegenstück zum guten alten Buch dar. Beim eBook werden die Texte in speziellen digitalen Formaten wie z.B. PDF zur Weiterverarbeitung auf eBook-Readern gespeichert.

eBook-Reader
Ein Programm, das es gestattet, eBooks auf mobilen Plattformen zu lesen, bzw. eine spezielle Hardwareplattform zum Anzeigen von eBook-Inhalten.

DRM
Das Digital Rights Management (DRM) ist auch bei eBooks ein Thema: Schließlich wünschen sich weder Autoren noch Verlage die uneingeschränkte Kopierbarkeit ihres geistigen Eigentums.

Der Markt der elektronischen Bücher boomt: Die Verkaufszahlen der eBooks haben bei Amazon in den USA längst die der gedruckten Exemplare überflügelt, und auch in Deutschland wird zunehmend zum digitalen Lesestoff gegriffen.

Kamen die mobilen, spezialisierten eBook-Reader der ersten Generation noch mit dem Charme eines Ziegelsteins zu exorbitanten Preisen daher und ließen kein Wohlfühlschmökergefühl aufkommen, so kann man mittlerweile auch auf dem kleinen, aber qualitativ hochwertigen Display eines aktuellen Smartphones augenschonend digitale Lesekost genießen. Vorbei sind die Zeiten, in denen der Buchliebhaber einen extra Koffer mit Lektüre im Urlaub mitschleppen musste: Mehrere Hundert Bücher passen auf eine Standard-SD-Speicherkarte bzw. in den internen Speicher des Smartphones, iPods oder Tablet-PCs.

Das vorliegende Kapitel stellt Ihnen Anwendungsbereiche und Bezugsquellen für elektronische Zeitschriften und Bücher vor, wobei der Fokus auf der Verwendung bereits vorhandener Hardware (Smartphone, iPod, Tablet) liegt. Der Vorteil: Sie müssen nicht zusätzlich in einen eBook-Reader à la Amazon Kindle investieren.

Was braucht man...

- **Hardware zur Darstellung von eBooks:** Das kann ein Netbook, ein Tablet-PC, ein Smartphone oder sogar ein iPod sein.
- **eBook-Reader-Software:** Im iPhone-Bereich findet man mit dem iBookstore eine bequeme Möglichkeit, digitalen Lesestoff zu erwerben. Amazon bietet mittlerweile die Kindle-Reader-Software für diverse mobile Plattformen an. Etliche kostenlose Angebote kommen als PDF-Datei daher, die man im *Adobe Reader* oder in Alternativen darstellt.
- **eBooks, Onlinezeitschriften:** Den eigentlichen Lesestoff kann man sich in manchen Fällen sogar kostenlos im Netz besorgen, z.B. in Form von OpenBooks, die unter der *Creative Commons-Lizenz* stehen. Freilich veröffentlicht kaum ein Bestsellerautor sein Material ohne kommerziellen Hintergedanken. In diesem Fall können Sie im Amazon Kindle-Shop oder im Apple iBookstore die Mehrzahl der aktuell im Handel befindlichen Bücher auch als eBooks erwerben.

Was muss man können...

Rein technisch birgt die Verwendung von eBooks bzw. eBook-Readern keine größeren Schwierigkeiten. Lediglich die Sehkraft des Nutzers wird bei der Darstellung des Lesestoffs auf sehr kleinen Displays wie z.B. bei konventionellen Handys auf die Probe gestellt. Faustregel: Das Display sollte mindestens 800 x 400 Bildpunkte umfassen, damit das mobile Lesen nicht zur Tortur gerät.

Vorarbeiten: Software für Leseratten

Zunächst gilt es die mobilen Geräte »lesetauglich« zu machen. Viele eBooks oder Zeitschriften liegen als PDF (= *Portable Document Format*) vor. Dieses Format lässt sich mittlerweile auf fast allen Systemen darstellen, Voraussetzung ist ein PDF-geeigneter Reader. Auf PCs/Laptops/Netbooks installiert man am besten das Original:

1. Installieren Sie (falls nicht schon geschehen) den aktuellen Adobe Reader, da eine Vielzahl der Inhalte im PDF-Format vorliegt. Den Adobe Reader finden Sie durch Eingabe von *adobe reader* bei Google. Es existieren Windows-, Mac OS- und Linux-Versionen des Readers.

Auch für Smartphones/Handys gibt es angepasste Versionen des Adobe Readers (Abbildung 4.1). Googeln Sie hier am besten nach den Begriffen *adobe reader »Smartphone«*. Für iPhone und Co. gilt: Verwenden Sie für PDFs den integrierten PDF-Reader.

Freunde des Amazon-Onlineshops wird es freuen, zu erfahren, dass man zum Lesen von Büchern, die für den Kindle eBook Reader konzipiert wurden, nicht unbedingt das teure Gerät benötigt. Es gibt Kindle-Software unter anderem für die Apple iOS- und die Google Android-Plattform. Die Installation der Software (im Folgenden beschrieben für einen iPod touch) ist einfach:

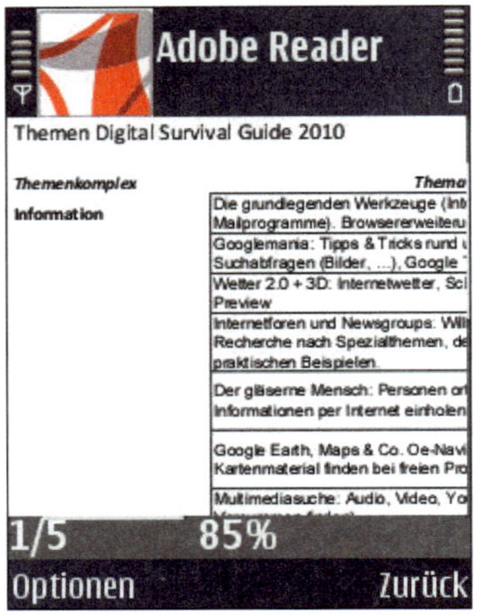

Abbildung 4.1: Einfache PDF-Dokumente lassen sich sogar auf dem Display älterer Handys (hier ein Symbian S60-Gerät) darstellen. Die Lektüre von epischen Werken im Stil/Umfang von Tolkiens *Herr der Ringe* setzt hier allerdings eine hohe Leidensfähigkeit voraus

2. Begeben Sie sich zur Installation von Kindle für iOS in den App Store und suchen Sie dort nach dem Begriff *kindle*. Installieren Sie die entsprechende Gratisanwendung von Amazon.

Die Bibliothek füllen

Nun geht es darum, das Gerät mit Lesestoff auszustatten. Am einfachsten geschieht das mit eBooks, die im PDF-Format vorliegen.

1. Suchen Sie im Internet nach einem Büchershop, der eBooks im PDF-Format anbietet. Für das folgende Beispiel wähle ich die Seite `www.informit.de`, auf der Sie eine Vielzahl von Computerbüchern im PDF-Format erwerben können.
2. Kopieren Sie nach erfolgtem Kauf und Download das eBook auf die Speicherkarte oder den Speicher Ihres mobilen Geräts.
3. Navigieren Sie mithilfe des Dateimanagers Ihres Geräts zum Speicherort des eBooks und öffnen Sie die PDF-Datei durch Anklicken (Abbildung 4.2).

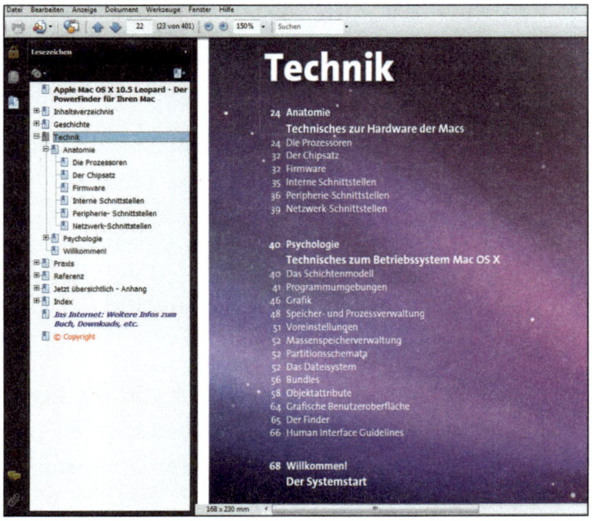

Abbildung 4.2: eBooks im PDF-Format lassen sich auf vielen Endgeräten betrachten – im vorliegenden Fall im Acrobat Reader eines Laptops

Aufgrund des geschlossenen Ansatzes ist das Lesen von PDFs auf den Apple-Mobilgeräten iPad, iPhone und iPod touch etwas trickreicher. Das Problem lässt sich wie folgt umgehen:

4. Schicken Sie sich selbst eine E-Mail, die das eBook als Anhang enthält. Sie können das Buch dann durch Anklicken des E-Mail-Anhangs öffnen und lesen.

So lassen sich zumindest kleinere eBooks (Dateigröße < 10 MByte) übertragen, bei größeren Dateien scheitert dieses Verfahren allerdings. Hier bietet sich die Anwendung *Documents To Go Premium* an, welche den problemlosen Transfer von PDF-Dateien zwischen Desktop und iPhone & Co. gestattet (Abbildung 4.3). Sie können die App für 14,– € im iTunes Store erwerben. Damit lassen sich auch Word-, Excel- und PowerPoint-Dateien lesen und bearbeiten. E-Books im PDF-Format werden mithilfe von Documents To Go Desktops per WLAN auf das mobile Gerät übertragen.

Abbildung 4.3: Das gleiche Buch, betrachtet auf einem iPod mit Documents To Go

Kindle-Material von Amazon liest man mithilfe der zuvor installierten Kindle App. Für die Nutzung auf einem Android-Tablet geht man beispielsweise folgendermaßen vor:

1. Installieren Sie die Kindle Reader App aus dem Android Market, starten Sie den Reader nach Installation der App und loggen Sie sich mit den Zugangsdaten Ihres Amazon-Kontos ein.

Sollten Sie bereits früher einmal mit der Amazon Kindle App experimentiert haben, so kann es sein, dass Ihr Kindle-Konto noch mit dem amerikanischen Amazon Kindle Store verknüpft ist. Sie haben aber die Möglichkeit, das Konto auf den deutschen Store zu übertragen.

2. In Ihrer Kindle-Bibliothek befindet sich bereits ein kostenloses eBook, in der Regel ist das Bram Stokers »Dracula« im englischen Original.

3. Tippen Sie nun die Schaltfläche *Kindle-Shop* an. Sie werden per Browser auf die Amazon Kindle-Startseite geleitet. Loggen Sie sich dort nochmals mit Ihren Amazon-Zugangsdaten ein.

Hier können Sie sich umschauen und sich ein Buch aussuchen.

4. Zum Kauf des Buchs wählen Sie zunächst auf der rechten Fensterseite das Gerät aus, an welches Sie das eBook schicken möchten. Über die Schaltfläche *Jetzt mit 1-Click kaufen* erwerben Sie schließlich das Buch.

Abbildung 4.4: Das eBook wird zunächst per Browser im Kindle-Shop erworben …

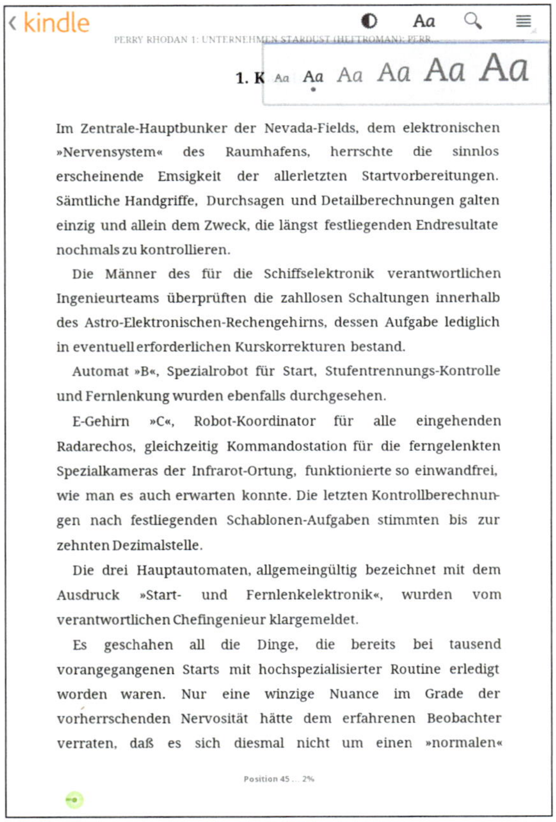

Abbildung 4.5: … und kann anschließend in der Kindle App bequem genutzt werden. Dort können Sie die Schriftgröße verstellen, nach Stichworten suchen und Lesezeichen setzen

Kindle eBooks auf verschiedenen Geräten nutzen

Es ist ein Kreuz mit dem DRM: Das gekaufte eBook darf in der Regel nur auf einem Endgerät genutzt werden. Sie haben aber immerhin die Möglichkeit, die digitalen Inhalte einem anderen Gerät zuzuordnen.

1. Begeben Sie sich dazu auf der Amazon-Seite in den Bereich *Mein Konto/Mein Kindle*. Sie finden dort eine Übersicht über bereits gekaufte Werke.
2. Über die Auswahlfläche *Aktionen/Liefern an …* können Sie jedes eBook einem anderen Gerät, das per Kindle-Software am System angemeldet ist, ausliefern (Abbildung 4.6).

Abbildung 4.6: Das eBook wird an ein Android Smartphone geliefert

Abbildung 4.7: Auch Apples iBookstore bietet eine reichhaltige Auswahl aktueller Bücher an. Rechts die Ansicht der Bibliothek, die die bereits gekauften Bücher enthält: In meinem Fall lediglich ein Exemplar. Aber der Trend zum Zweitbuch ist ja bekanntermaßen nicht aufzuhalten …

Digitale Zeitschriften

Nicht nur Bücher, auch aktuelle Zeitschriften finden mittlerweile ihren Weg in digitaler Form auf Smartphone und Tablet und sorgen für Kurzweil unterwegs. Wenn Sie sich für ein reichhaltiges Repertoire digitaler Zeitschriften interessieren, dann sollten Sie sich einmal den Zinio Reader näher anschauen. Hier findet man wirklich für jeden Geschmack etwas.

Abbildung 4.8: Selbst exotische Zeitschriften wie das »Thermik Magazin« für Gleitschirmflieger findet man im Zinio-Onlinekiosk. Nach dem Erwerb können die Zeitschriften auf beliebig vielen Endgeräten gelesen werden. Bei der ersten Nutzung wird jeweils eine lokale Kopie auf dem Gerät erstellt, sodass man das Magazin später auch bequem offline lesen kann

Das bekannte Nachrichtenmagazin »Der Spiegel« geht noch einen Schritt weiter und bietet Rich Media Content in seiner elektronischen Ausgabe an. So findet man zu bestimmten Artikeln Ergänzungen in Form von Video- oder Audiobeiträgen, die ebenfalls direkt auf dem mobilen Endgerät wiedergegeben werden können.

Abbildung 4.9: Der Spiegel bietet zur E-Print-Ausgabe zusätzliche Medien an, hier beispielsweise eine TV-Dokumentation zur Generation Facebook

Digitale Lesepraxis

Nachdem Sie sich mit Lesestoff eingedeckt haben, gilt es die Lesetechnik zu optimieren. Folgende Tipps stellen den ungetrübten Lesespaß sicher:

- Zoomen Sie das Dokument auf eine akzeptable Größe – Ihre Augen werden es Ihnen danken. Dabei ist allerdings darauf zu achten, dass das Blättern/Scrollen nicht zur sportlichen Herausforderung wird: Hier gilt es einen Kompromiss zu finden.
- Regeln Sie das Display auf eine angenehme Helligkeit. Zwar geht damit auch eine Reduzierung der Akkulaufzeit einher, aber auch hier gilt: Ein verbrauchter Akku ist leichter zu regenerieren/ersetzen als verdorbene Augen.

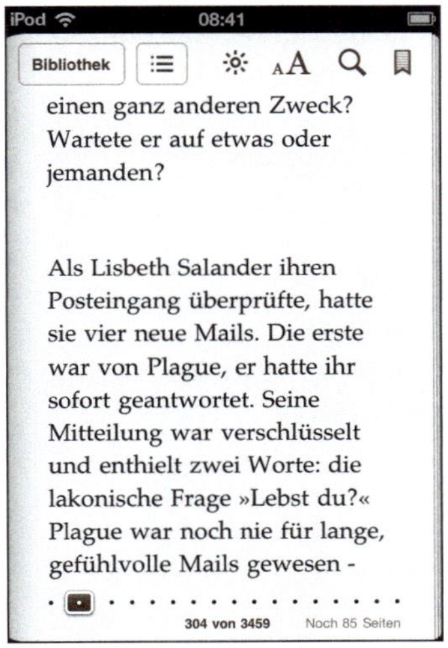

Abbildung 4.10: Mobiler Lesespaß auf dem iPod – dank hochauflösendem Display mittlerweile auch über mehrere Stunden zu ertragen. Mühsam ist allerdings das ständige Umblättern …

Lesestoff selbst gemacht

Sie möchten eigenes Material wie z.B. Word-Dokumente oder Excel-Dateien als eBook auf Ihrem Handy bzw. Netbook lesen, obwohl dort weder Word noch Excel installiert sind? Nichts leichter als das:

1. Installieren Sie auf dem Endgerät zunächst einen PDF-Reader.
2. Die aktuellen Versionen von Word/Excel/PowerPoint (2010) sowie die entsprechenden OpenOffice.org-Programme gestatten einen Export von Dokumenten in das PDF-Format. Laden Sie dazu einfach das gewünschte Dokument und wählen Sie unter Microsoft Office den Menüpunkt *Datei/Speichern unter …* und dort als Dateiformat *PDF*. Unter OpenOffice.org lautet der entsprechende Punkt *Datei/Exportieren als PDF*.

3. Kopieren Sie die PDF-Datei wie oben beschrieben auf Ihr mobiles Endgerät und öffnen Sie die Datei mit dem PDF-Reader.

Abbildung 4.11: Das aktuelle Kapitel im Rohformat, exportiert als PDF auf einem iPod touch

NetTags

- ebook »Buchtitel«
- ebook reader »Plattform/Betriebssystem«
- kostenlose ebooks
- rich media ebook
- office pdf export

EBOOK
Kindle **iBooks**
PDF **Documents To Go**
ZINIO **DRM**

5 Netze knüpfen

Moderne Haushalte verfügen über einen ganzen Zoo (inter-)netzwerkfähiger Geräte. Grund genug, die wichtigsten Spielarten der Vernetzung einmal näher zu beleuchten …

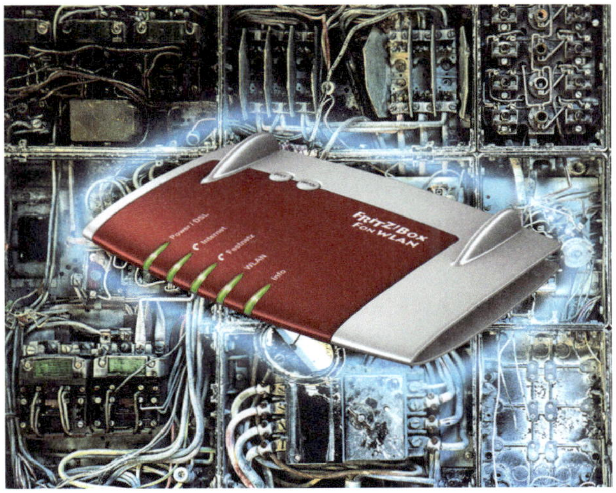

LAN

Das *Local Area Network* (LAN) ist die Grundform des Computernetzwerks im heimischen Bereich. Das LAN umfasst die kabelgebundene Vernetzung von PCs, meist in Verbindung mit einem *Router*.

WLAN

Ganz ohne Kabel kommt das WLAN (*Wireless LAN*) aus. Dumm ist nur, dass bei einer nachlässigen Verschlüsselung der liebe Nachbar Ihr WLAN mitbenutzen und/oder belauschen kann.

DHCP

Die meisten Router weisen den Endgeräten über die DHCP(*Dynamical Host Configuration Protocol*)-Funktion eine Adresse im lokalen Netzwerk zu.

Was früher der Job professioneller Netzwerkspezialisten war, muss der moderne PC-Anwender heute selbst erledigen: die gesamte Desktop-, Laptop-, Handy- und Mediacenterhardware untereinander sowie mit dem Internet verbinden. Der Vernetzungswahn kennt dabei keine Grenzen: Sogar der Kühlschrank mit Onlineanbindung wurde schon erfunden, um die zur Neige gehende Butter selbstständig im Onlineshop nachzubestellen.

Das Problem ist: Ganz so einfach, wie sie in der Werbung dargestellt wird, ist die Vernetzung von Computern auch heute noch nicht. Ein wenig Theorie kann nicht schaden, bevor man sich anschickt, mit dem heimischen Netzwerk dem örtlichen Universitätsrechenzentrum Konkurrenz zu machen.

Betrachten Sie das folgende Kapitel als Handreichungen zum Thema Netzwerktechnik im häuslichen Bereich. Beachten Sie aber: Die volle Bandbreite der Thematik kann hier nicht behandelt werden, denn mit dem Thema Netzwerktechnik lassen sich ganze Bücher füllen.

Was braucht man...

- **Einen (WLAN-fähigen) Router:** Lassen Sie sich nicht einreden, dass man einen PC auch problemlos als eigenständigen Router konfigurieren und sich zusätzliche Hardware sparen kann: Der Aufwand steht in keinem Verhältnis zum gesparten Geld. Und meist bekommen Sie einen Hardwarerouter ohnehin als Dreingabe zu Ihrem DSL-Anschluss dazu. In deutschen Landen erfreuen sich insbesondere die Fritz!Boxen von AVM einer großen Beliebtheit.
- **Einen günstigen Standort:** Der Router sollte in unmittelbarer Umgebung in Ihrem Büro stehen. Zur Konfiguration benötigen Sie einen PC oder Laptop, der auf den Router über ein einfaches *LAN-Kabel* zu Konfigurationszwecken zugreifen kann.
- **Am Rechner: einen Netzwerkanschluss:** Die Clients (das sind die Geräte, die auf den Router zugreifen sollen) müssen über entsprechende Netzwerkhardware verfügen. Bei kabelgebundener Vernetzung sind dies ein *Ethernetanschluss* am Endgerät sowie passende Kabel (sogenannte *Patchkabel*). Bei drahtloser Vernetzung muss im zu vernetzenden Gerät ein *WLAN-Netzwerkchip* eingebaut sein, der Verbindungen nach dem Standard 802.11 ermöglicht. Sie können WLAN-Funktionalität bei Standard-PCs auch mithilfe eines USB-WLAN-Sticks nachrüsten.

Was muss man können...

Nerven bewahren! Läuft das Netzwerk nicht auf Anhieb, kann man anhand der besprochenen Testsequenzen relativ schnell den Fehler einkreisen und beheben.

Die Kommunikationszentrale

Auspacken, anschließen und wundern: Wie komme ich vom PC auf den Router? Die meisten Router lassen sich heute per Browser administrieren. Stöpseln Sie Ihren Desktoprechner oder Ihr Laptop per LAN-Kabel an den Router an (Abbildung 5.1) und konfigurieren Sie diesen wie folgt:

Abbildung 5.1: Der (ggf. WLAN-fähige) Router verbindet im Heimnetz unterschiedliche netzwerkfähige Geräte miteinander. Zur Konfiguration des Routers empfiehlt sich zunächst der Zugang per Ethernetkabel

1. Finden Sie in der Bedienungsanleitung des Routers dessen IP-Adresse heraus. Das ist meist eine Nummer der Form 192.168.x.x. Ich verwende nachfolgend die Adresse 192.168.0.254.

An dieser Stelle schon ein Hinweis: Sollten Sie durch unüberlegtes Probieren den Router so falsch konfiguriert haben, dass er nicht mehr unter der werksseitig definierten Adresse erreichbar ist, gibt es am Router eine magische Tastenkombination, die das Gerät wieder auf die Werkseinstellungen zurücksetzt. Auch diese Information findet man im Handbuch. Sollte dieses nicht mehr auffindbar sein, so empfiehlt sich eine kurze Recherche bei Google.

2. Geben Sie in Ihren Browser die zuvor ermittelte IP-Adresse ein. Sie landen nun auf der Weboberfläche des Routers.
3. Geben Sie das werksseitig definierte Kennwort ein, das ebenfalls dem Handbuch zu entnehmen ist.

Meist lautet das Kennwort an dieser Stelle *0000*. Sie glauben gar nicht, wie viele Router sich durch Eingabe genau dieses Passworts knacken lassen, und das nur, weil der Besitzer zu faul war, es zu ändern. Diesen Fehler werden Sie natürlich nicht begehen:

4. Ändern Sie sofort das Administratorpasswort des Routers. Dies geschieht in der Regel im *Setup*- oder *Extras*-Menü des Routers.

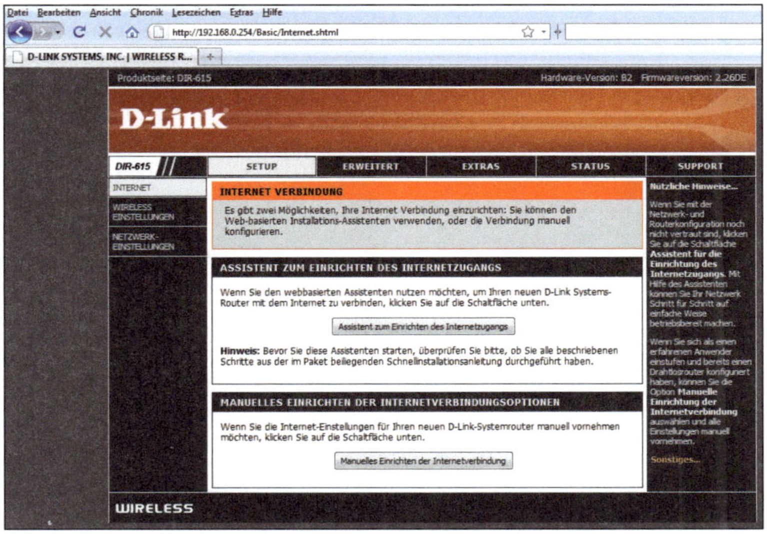

Abbildung 5.2: Typisches Webinterface eines Routers. Die Konfiguration der Netzwerkverbindungen geschieht über den Setupbereich, der bei den meisten Geräten ähnlich aufgebaut ist

Nun ist es an der Zeit, sich ein wenig auf dem Router umzuschauen. Die Oberfläche umfasst in der Regel die folgenden Konfigurationsbereiche (Abbildung 5.2):

- Im Bereich *Internet* werden die Internetzugangsdaten für Ihren Provider eingegeben.
- Der Bereich *WLAN* bzw. *Wireless* führt zur Konfiguration des drahtlosen Netzwerks.
- Im Bereich *System* bzw. *Netzwerk* kann die Anbindung drahtgebundener Netzwerkgeräte vorgenommen sowie der DHCP-Server konfiguriert werden. Insbesondere wird hier auch das Passwort des Routers neu definiert.

Die LAN-Anbindung

Die erste Verbindung haben Sie schon geknüpft: Gelangen Sie per Browserinterface von Ihrem PC oder Laptop auf den Router, dann steht schon der erste Teil des Netzwerks. Klappt die Verbindung nicht, so kann das zwei Gründe haben:

- Trivial: Die Kabelverbindung zwischen PC und Router ist gekappt. Also: korrekten Sitz der Patchkabelstecker überprüfen.
- Ist die Hardware korrekt angeschlossen, aber es kommt dennoch keine Verbindung zustande, überprüfen Sie, ob dem PC vom Router eine IP-Adresse zugewiesen wurde.

1. Die Zuweisung der IP-Adresse durch den Router erfolgt ganz automatisch über DHCP (*Dynamic Host Configuration Protocol*) und wird unter Windows durch Eingabe des Befehls *ipconfig* in eine Kommandozeile (*Start/Suchfeld: Eingabeaufforderung*) getestet.

```
Ethernet-Adapter LAN-Verbindung:

   Verbindungsspezifisches DNS-Suffix:
   Verbindungslokale IPv6-Adresse  . : fe80::b804:b77e:31de:797a%11
   IPv4-Adresse  . . . . . . . . . . : 192.168.0.1
   Subnetzmaske  . . . . . . . . . . : 255.255.255.0
   Standardgateway . . . . . . . . . : 192.168.0.254
```

Abbildung 5.3: Test des DHCP-Servers: Dem Rechner wurde die IPv4-Adresse 192.168.0.1 zugewiesen

2. Sollte hier keine IPv4-Adresse angezeigt werden (auf derartige Verbindungen wollen wir uns beschränken), dann ist zunächst zu prüfen, ob der DHCP-Server des Routers aktiviert ist. Dies erfolgt im Netzwerk-Konfigurationsbereich des Routers (Abbildung 5.4).

Abbildung 5.4: Auf der Seite des Routers muss der DHCP-Server aktiviert sein. Im vorliegenden Fall werden den Endgeräten Adressen von 192.168.0.100 bis 192.168.0.199 zugewiesen

Die Konfiguration der Netzwerkschnittstelle erfolgt im Betriebssystem selbst mithilfe der Systemsteuerung. Unter Windows 7 zeichnet das *Netzwerk- und Freigabecenter* dafür verantwortlich, unter Apples Mac OS begeben Sie sich in den Bereich *Systemeinstellungen/Netzwerk*.

3. Das Netzwerk- und Freigabecenter erreichen Sie unter Windows 7 mit einem rechten Mausklick über dem Netzwerksymbol. Dieses befindet sich in der rechten unteren Bildschirmecke auf der Taskleiste. Wählen Sie dort den Punkt *Adaptereinstellungen ändern* und führen Sie nun einen rechten Mausklick über dem entsprechenden Netzadaptersymbol durch. Im Kontextmenü *Eigenschaften* können Sie die Adaptereigenschaften für das IPv4-Protokoll ändern.[1] Prüfen Sie, ob dort der Punkt *IP-Adresse automatisch beziehen* aktiviert ist.

In kleinen, übersichtlichen Netzwerken können Sie Ihrem Gerät auch selbst eine Netzwerkadresse zuweisen. Das hat den Vorteil, dass die Netzanbindung dadurch in der Regel schneller vonstattengeht. Die manuelle Zuweisung hat Priorität vor der dynamischen Konfiguration (Abbildung 5.5).

1 Der neue Standard IPv6 steht zwar schon in den Startlöchern, hat sich aber noch nicht flächendeckend durchgesetzt.

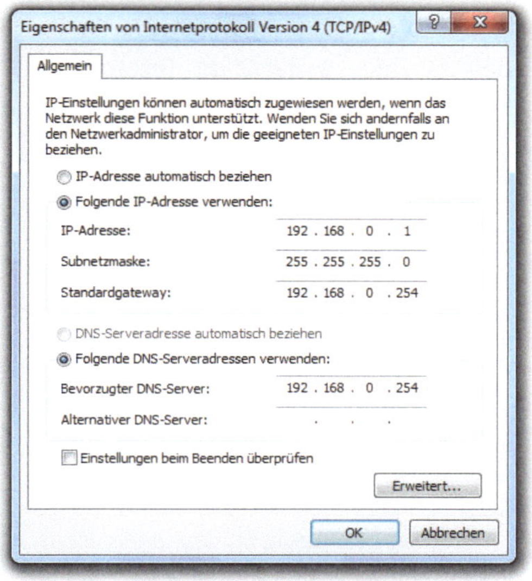

Abbildung 5.5: Manuelle Konfiguration des Netzwerkadapters: Die Subnetzmaske ist stets 255.255.255.0, für Standardgateway und DNS-Server wird die IP-Adresse des Routers eingetragen

Einige technische Erläuterungen dazu:

Die IP-Adresse des Clients muss im selben Unternetz liegen wie der Router. Besitzt der Router die Adresse 192.168.0.254, dann wählen Sie für die IP des PCs eine Adresse aus dem Zahlenraum 192.168.0.X. X darf eine Zahl zwischen 1 und 254 sein. Sie muss sich von der Adresse des Routers unterscheiden.

Die Subnetzmaske wird beim Klicken in das Eingabefeld automatisch auf 255.255.255.0 gesetzt. Als Gateway, also Schnittstelle zum Internet, wählen Sie die IP des Routers. Ebenso verfahren Sie mit der Adresse des DNS (*Domain Name Server*): Dieser bekommt ebenfalls die Router-IP. Der DNS übersetzt Internetadressen à la `www.google.de` in IP-Adressen wie z.B. 74.125.39.106. Stellen Sie sich das ungefähr so vor, als würden Sie in einem Telefonbuch zu einem Namen die zugehörige Telefonnummer suchen.

4. Bestätigen Sie die Änderungen mit *OK*.

Fertig! Nun können Sie die Verbindung auch einmal – wie es die Profis tun – von der Eingabeaufforderung aus überprüfen.

5. Starten Sie die Windows-Eingabeaufforderung und geben Sie den Befehl *ping 192.168.0.254* ein.

Ersetzen Sie ggf. die IP im Befehl durch die IP Ihres Routers. Sie sollten nun eine Antwort (ein sogenanntes *Pong*) vom Router erhalten (Abbildung 5.6).

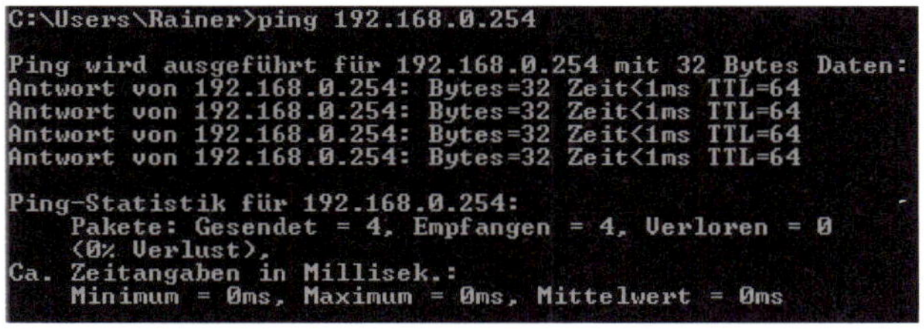

Abbildung 5.6: Ping-Pong spielen mit der Eingabeaufforderung

Nun sind Sie in der Lage, sämtliche Geräte Ihres heimischen Netzes mit dem Router zu verbinden. Fehlt noch der Anschluss an die große, weite Welt.

Internetzugang einrichten

Bei der beschriebenen Router-basierten Konfiguration werden die Zugangsdaten des Internetproviders direkt auf dem Router eingetragen.

1. Wählen Sie im Routerkonfigurationsmenü den Punkt zur Konfiguration des Internetzugangs. Bei modernen Routern helfen Assistenten bei der Konfiguration (Abbildung 5.7). Sie benötigen an dieser Stelle lediglich die Zugangsdaten, die Ihnen Ihr Provider mitgeteilt hat.

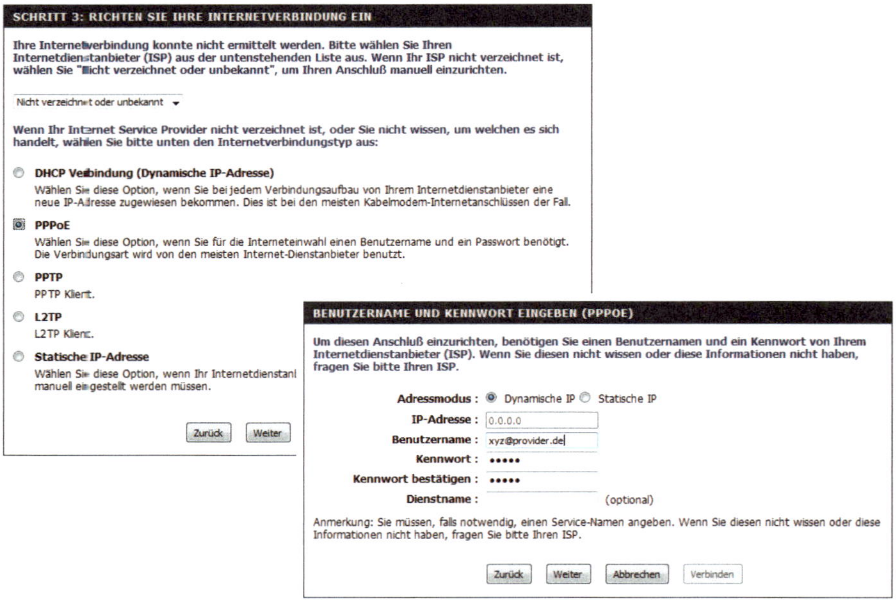

Abbildung 5.7: Mithilfe des integrierten Assistenten ist die Konfiguration des Internetzugangs kinderleicht

2. Speichern Sie die Änderungen ab und schauen Sie im Systemlog des Routers nach, ob sich dieser erfolgreich beim Provider eingewählt hat (Abbildung 5.8).

Ereignisse	
04.03.09 03:44:32	Internetverbindung wurde erfolgreich hergestellt. IP-Adresse: 80.128.121.232, DNS-Server: 217.237.149.142 und 217.237.150.205, Gateway: 217.0.116.165

Abbildung 5.8: Der Router hat sich erfolgreich eingewählt: Dem System wurde eine dynamische IP zugewiesen, die Nameserver-Adressen werden angezeigt

Sie sehen: Die Konfiguration des Internetzugangs ist bei vorhandener DSL-Infrastruktur in wenigen Minuten erledigt.

Drahtlos glücklich: WLAN-Technik

Versteht man das oben erläuterte Prinzip der LAN-Verkabelung, ist der Weg zum drahtlosen Netz nicht weit. Nachfolgend zeige ich Ihnen, wie Sie das heimische WLAN aktivieren und ein WLAN-fähiges Endgerät ins Netz einbinden. Zunächst muss das WLAN am Router freigeschaltet werden. Bei der Verschlüsselung sollte die stärkste Variante, die von den anzubindenden Geräten unterstützt wird, verwendet werden. Die Reihenfolge der Verschlüsselungsstärke geht dabei von unverschlüsselt über WEP und WPA zu WPA2, der stärksten Verschlüsselung. Praktisch alle aktuellen Geräte beherrschen den WPA2-Modus.

1. Loggen Sie sich auf dem Router ein und begeben Sie sich zum Menü *WLAN*. Geben Sie Ihrem Netz einen aussagekräftigen Namen (die sogenannte *SSID*) und aktivieren Sie den WLAN-Sender (Abbildung 5.9). Das Netz kann und sollte später nach erfolgreicher Konfiguration verborgen werden (Option *unsichtbar*). Während der Konfigurationsphase dient die SSID aber zur Unterscheidung des eigenen WLAN von Nachbarnetzen.

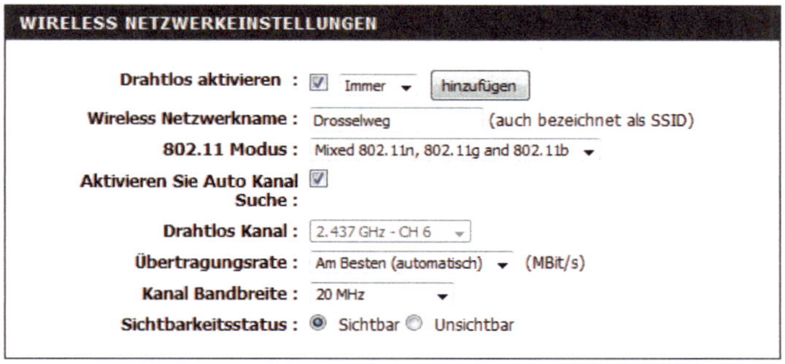

Abbildung 5.9: Aktivieren des WLAN und Vergabe einer SSID

Sollte es Probleme mit dem WLAN des Nachbarn geben, haben Sie an dieser Stelle auch die Gelegenheit, mit Ihrem Netz auf einen anderen Kanal auszuweichen.

2. Begeben Sie sich in das WLAN-Untermenü *Sicherheit* und aktivieren Sie dort die höchstmögliche Verschlüsselung, die Ihre Clients (Smartphone, Netbook, iPad, iPod …) unterstützen.

3. Vergeben Sie ein komplexes Passwort mit einigen Sonderzeichen und bestätigen Sie die Konfiguration des Routers mittels *Übernehmen*.

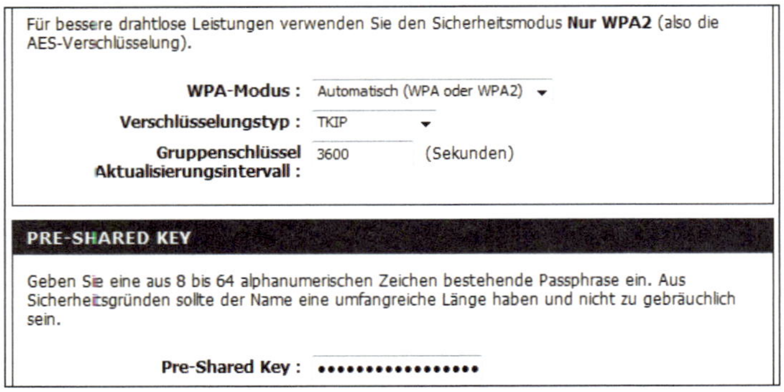

Abbildung 5.10: Wählen Sie die bestmögliche Verschlüsselung und vergeben Sie ein nicht allzu naheliegendes Passwort. Im WLAN-Sprachgebrauch wird das Passwort auch Pre-Shared Key genannt

Nun kommt der Client an die Reihe.

4. Aktivieren Sie auf Ihrem mobilen Gerät den WLAN-Empfang. Kurze Zeit nach der Aktivierung meldet das Gerät die in der Umgebung erkannten WLANs und damit hoffentlich auch Ihr Netz.

5. Melden Sie sich durch Auswahl des soeben konfigurierten Netzes am WLAN an. Sie werden dazu aufgefordert, das im Router definierte Passwort (den Pre-Shared Key) einzugeben. Nach dessen Eingabe wird der Client in das WLAN integriert, und Sie können lossurfen (Abbildung 5.11).

Es empfiehlt sich, den WLAN-Geräten wie oben beschrieben feste IPs zuzuweisen und nicht mit DHCP zu arbeiten: Der Verbindungsaufbau zum WLAN-Router geht in diesem Fall schneller. Die manuelle Zuweisung von IP-Adressen wurde bereits im Abschnitt *LAN-Anbindung* beschrieben.

Abbildung 5.11: Der iPod wurde erfolgreich in das neu konfigurierte WLAN eingebunden

WLAN per Smartphone bereitstellen: Tethering

Ein Tipp für Datenreisende: Wenn ein mitgeführtes mobiles Gerät (Netbook, Tablet-PC) nicht über die Möglichkeit verfügt, per Mobilfunknetz ins Internet zu gehen, und Sie über ein Android Smartphone oder iPhone verfügen, so können Sie die Tethering-Funktion des Smartphones nutzen: Dabei verbindet sich das Handy mit dem Internet und gibt die Verbindung per WLAN an das Tablet weiter. Mehr Informationen zur Einrichtung eines solchen privaten Hotspots finden Sie im Kapitel »*Internet mobil*«.

Abbildung 5.12: Ein Android Smartphone dient als Tor zum Internet: Das so eingerichtete Netzwerk »AndroidSmartphone« kann per WLAN von einem Tablet oder Netbook genutzt werden, das nicht über eine UMTS-Anbindung verfügt.

NetTags

- router »Typ« konfiguration
- windows »Version« netzwerk einrichten
- wlan absichern
- nameserver ip

LAN WLAN Router DSL IP WPA2 Fritz!Box

6 Internet mobil

Unterwegs schnell mal die E-Mails checken oder die aktuellen Börsenkurse abrufen – das ist heute für viele Datennomaden zur (bezahlbaren) Realität geworden.

UMTS

Das *Universal Mobile Telecommunications System* steht für den Mobilfunk der dritten Generation und wird daher im Handydisplay auch kurz und bündig mit *3G* abgekürzt. Mittels UMTS sind hohe Datenübertragungsraten möglich, die das System zur ersten Wahl für das mobile Internet machen.

HDSPA

Der *High Speed Downlink Packet Access* ermöglicht hohe Datenraten von bis zu 13 Mbps und eignet sich vorzüglich zur Übertragung multimedialer Inhalte in DSL-Geschwindigkeit.

EDGE

Wer auf dem Land wohnt und dort kein UMTS-Netz findet, kann seine Daten immerhin per *Enhanced Data Rates for GSM Evolution* im normalen GSM-Mobilfunknetz beschleunigt übertragen. Mehr als 220 Kbps im Download sind bei dieser Technik allerdings nicht drin, was aber durchaus für das Abrufen von E-Mails oder das Betrachten textlastiger Internetseiten ausreicht.

Auch im Strandkorb an der Ostsee oder in der Zugspitzseilbahn können Sie mittlerweile Ihre E-Mails checken oder durch das Internet surfen – das mobile Internet macht‘s möglich. UMTS hat den Durchbruch erzielt: Wusste bei dessen Einführung in Deutschland im Jahr 2004 noch niemand so recht etwas mit dem schnellen drahtlosen Datennetz anzufangen, so ist es heute in aller Munde. Kaum ein Smartphone geht heute über den Ladentisch, das nicht über die 3G-Funktionalität verfügt. Die Nachfolgestandards LTE bzw. 4G stehen bereits in den Startlöchern. Es muss aber nicht unbedingt im Mbps-Tempo ins mobile Internet gehen: Der Datenbeschleuniger EDGE sorgt (zumindest im D1-Netz) in Deutschland flächendeckend dafür, dass auch der Bergbauer oder der Leuchtturmwärter am Leben im Netz per Handy teilhaben kann. Und das zu moderaten Preisen: Bei Minutenpreisen ab 9 Cent, Paketpreisen ab 20 Cent pro MByte oder gar einer Datenflatrate ab 9,95 € pro Monat kann sich heute auch ein Schüler oder Student den mobilen Zugriff auf Informationen leisten.

Was braucht man...

- **Mindestens: ein Handy/Smartphone mit EDGE-Unterstützung und Browser:** Damit bekommen Sie zumindest schon einmal eine grobe Ahnung, welche Möglichkeiten der mobile Internetzugang bietet. Sollte Ihr Handy nicht allzu betagt sein, dann verfügt es mit Sicherheit über EDGE-Funktionalität.
- **Optimal: ein Handy/Smartphone mit UMTS-Unterstützung:** Richtig Spaß macht das mobile Internet mit einer zügigen Verbindung, und die gibt es in der Regel nur im UMTS- bzw. 3G-Netz. Das Schöne dabei ist, dass die Datenübertragung per UMTS bei den meisten Providern keinen Cent mehr als die GSM-/EDGE-Schneckenpost kostet.
- **Optional: ein Handy/Smartphone mit WLAN-Funktionalität:** Dieses kann, richtig konfiguriert, als mobiler Zugangspunkt (Hotspot) für weitere Geräte, die nicht unmittelbar ans Mobilfunknetz angebunden werden können, also z.B. Netbooks oder iPods, dienen.
- **Für das mobile Surfen mit dem Laptop: ein USB-Surfstick:** Etliche Provider bieten zusätzliche Hardware an, um Ihren Laptop 3G-tauglich zu machen. *Maxxim* (`www.maxximdata.de`) beispielsweise hat für knapp 40,– € einen USB-Stick im Angebot, in den eine SIM-Karte gesteckt wird. Damit können Sie im Rahmen einer Flatrate ab 9,95– € pro Monat rund um die Uhr mobil im D1-Netz surfen. Wobei der Begriff »Flatrate« im Mobilfunkbereich kreativ ausgelegt wird: Die meisten Provider schalten ab einem übertragenen Gesamtvolumen von einigen Hundert Megabyte bis zu einem Gigabyte die Datenbremse ein und lassen bis zum Monatsende die folgenden Daten nur noch per EDGE-Geschwindigkeit übers Netz träufeln.

Was muss man können...

Zur Konfiguration der mobilen Surfhardware können einige Kenntnisse im Bereich der Netzwerktechnik nicht schaden. Wenn Sie hier Nachholbedarf haben, dann schauen Sie sich doch einfach noch einmal das Kapitel *Netze knüpfen* an.

Tarife und Verfügbarkeit

Was kostet der Spaß des Überall-Internets? Tabelle 6.1 zeigt einige ausgewählte Angebote verschiedener Provider:

Anbieter	Tarifbezeichnung	Tariftyp/Leistung	Kosten	Netz
T-Mobile	web'n walk Connect L-Basic	Monatstarif, Datenlimit 3 Gigabyte	29,95 €/Monat	T-D1
Fonic	Surf-Stick	Tagestarif, Datenlimit 500 MByte/Tag	2,50 €/Tag	O_2

Klarmobil	Internet Flat 500	Monatstarif, Datenlimit 500MByte/Monat	9,95 €/Monat	O_2
Vodafone	Mobile Connect	Monatstarif, Datenlimit 500 MByte	19,95 €/Monat	Vodafone

Tabelle 6.1: Verschiedene Anbieter und Datentarife im Überblick (Stand: März 2012)

Eine ausführliche tagesaktuelle Übersicht über die Tarife einer Vielzahl von Anbietern finden Sie auf `www.laptopkarten.de`.

Dort erfahren Sie auch, welcher mobile Datentransferstandard in Ihrer Gegend verfügbar ist. Begeben Sie sich zu diesem Zweck einfach auf die Internetseite von `laptopkarten.de` und folgen Sie dort dem Link *UMTS Abdeckung*. Nun können Sie in Ruhe die Netzabdeckung der vier großen Netzbetreiber (Telekom D1, Vodafone, O_2, E-Plus Base) an dem für Sie interessanten Ort vergleichen (Abbildung 6.1).

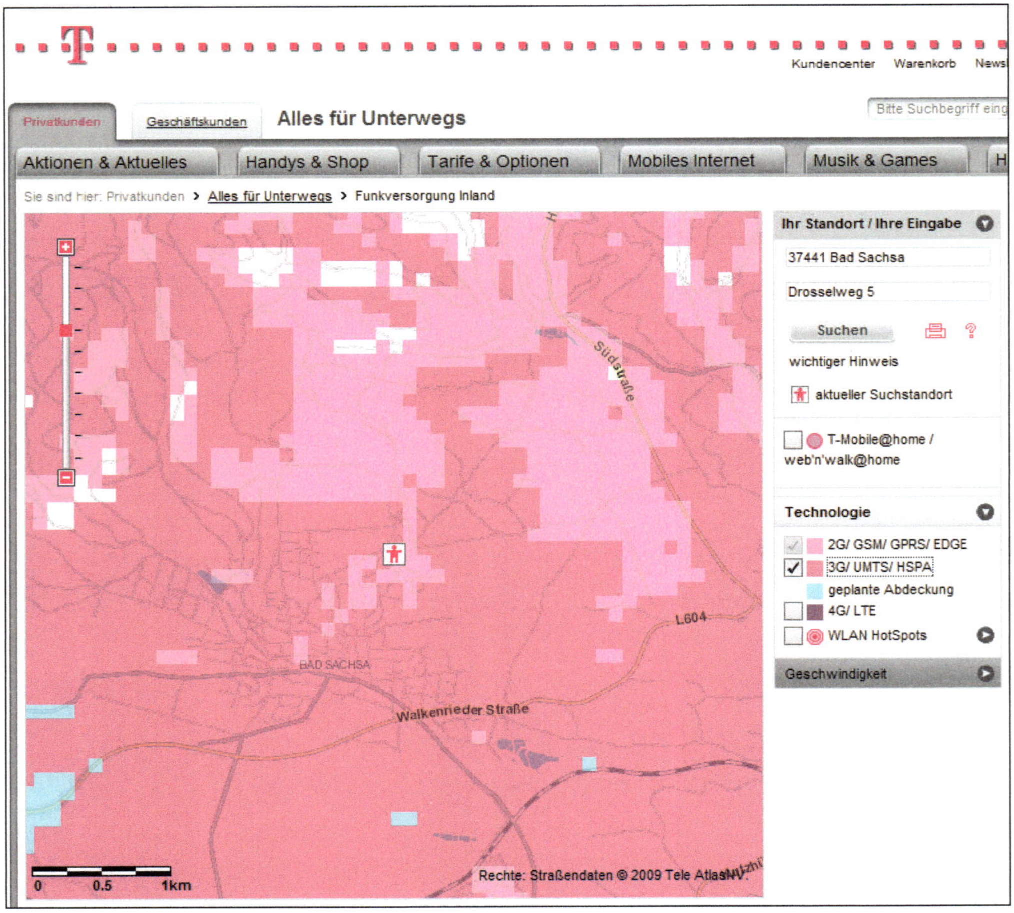

Abbildung 6.1: Netzabdeckung an einer speziellen Adresse. In den dunkelrosa markierten Bereichen steht 3G/UMTS zur Verfügung, in den hellrosa markierten Bereichen immerhin EDGE. Die kleine Figur zeigt den gesuchten Standort (*Quelle: t-mobile.de*)

Zugang auf dem Handy/Smartphone einrichten

Nachdem Sie sich für einen Provider entschieden haben, der Ihnen den mobilen Zugang zum Internet bietet, gilt es das Handy oder den Laptop zu konfigurieren. Wir beginnen zunächst mit dem Handy. Als Beispiel verwenden wir einen Zugang ins D1-Netz:

1. Der schmerzlose Weg: Sie begeben sich auf die Internetseite Ihres Providers und recherchieren dort nach einer *Autokonfigurationsoption* bzw. einer *Konfigurationshilfe* für Ihr Handy.

Einige Provider bieten die automatische Konfiguration des Internetzugangs per SMS an, so z.B. T-Mobile (`www.t-mobile.de/handykonfiguration`). Manche Handys verfügen auch schon ab Werk über die Zugangsprofile der wichtigsten Provider, die einfach nur aktiviert werden müssen. Haben Sie nicht das Glück, auf ein automatisch erstelltes oder vorgefertigtes Profil zugreifen zu können, dann ist ein wenig Handarbeit erforderlich.

Die manuelle Konfiguration ist ein wenig umständlich. Im Fall der Verwendung eines T-D1-Zugangs auf einem Handy sind folgende Einstellungen vorzunehmen:

2. Begeben Sie sich in das Menü zur Konfiguration des mobilen Internetzugangs. Bei einem Android Smartphone finden Sie dies unter *Einstellungen/Drahtlos und Netzwerk/Mobile Netzwerke/Zugangspunktnamen*. Definieren Sie dort über das Optionsmenü *Neue APN* einen neuen Zugangspunkt.

Die vorzunehmenden Einstellungen sind in Tabelle 6.2 aufgelistet, die Menüpunktnamen können von Modell zu Modell differieren:

Menüpunkt	Einstellung
Verbindungsname	z.B. *T-Mobile Internet*
Datenträger	Paketdaten
Name v. Zugangspunkt	internet.t-mobile
Benutzername	t-mobile
Passwort abfragen	nein
Passwort	t-d1
Authentifizierung	normal
Startseite	beliebig, z.B. `www.google.de`

Tabelle 6.2: Manuelle Konfiguration des mobilen Internetzugangs bei T-Mobile. Benutzername und Passwort sind zwar im Prinzip beliebig, dürfen aber nicht leer belassen werden

Kunden anderer Provider gelangen über eine Google-Recherche (*manuelle konfiguration mobil internet »Provider«*) ebenfalls rasch zum Ziel.

Nachdem Sie das Handy bzw. Smartphone konfiguriert haben, wird der Internetzugang getestet:

3. Starten Sie den Browser Ihres Handys/Smartphones und versuchen Sie, damit eine Seite aufzurufen, die nicht allzu viel Bildmaterial enthält. Ideal sind Seiten, die speziell für die Darstellung auf mobilen Geräten vorbereitet wurden, wie z.B. `heise-online.mobi`, `mobil.stern.de` oder `m.spiegel.de`.

4. Zum Herstellen der Verbindung wird Ihnen nach Aufruf des Browsers der neu definierte Zugangspunkt angeboten bzw. oft auch die Verbindung ohne Nachfrage hergestellt. Im ersten Fall wählen Sie den neu definierten Zugangspunkt aus, und das mobile Surfvergnügen kann beginnen (Abbildung 6.2).

Abbildung 6.2: Die Stern mobil-Startseite auf einem Android-Smartphone betrachtet mit dem integrierten Browser. In der Statusleiste erkennt man, dass die Verbindung über EDGE (E-Symbol mit Datentransferanzeige) läuft. Im Fall einer UMTS-Verbindung würde das Symbol »3G« erscheinen

Möchten Sie Ihr Handy als Modem verwenden, was übrigens vorzüglich per Bluetooth mit einem Laptop funktioniert, so bieten die meisten Handyhersteller eine automatische Konfigurationsroutine in Verbindung mit der mit dem Handy ausgelieferten PC-Software an. Details dazu entnehmen Sie der entsprechenden Anleitung des Herstellers.

Die Konfiguration spezieller Laptop-/Netbook-/Handy-/Surfstick-/Providerkombinationen ist so unterschiedlich, dass ich an dieser Stelle nicht im Detail darauf eingehen kann. Googeln Sie für Ihre speziellen Konfigurationen einfach nach *»Betriebssystem« »Handy oder Surfstick« »Provider«*.

Einen mobilen Hotspot einrichten

Einen iPod mit dem »Überall-Internetzugang« ausstatten, ihn also in ein iPhone verwandeln – das geht recht leicht mit einer Handysoftware für *Tethering*. Tethering bedeutet, dass man per Handy eine Verbindung zum Internet herstellt und die Verbindung per WLAN an weitere Endgeräte reicht. Android-Smartphones sind seit Version 2.2 (Froyo) bereits mit der Tethering-Funktion ausgestattet. Für Symbian-basierte Nokia-Handys bietet sich die Software Joikuspot an, deren Konfiguration nachfolgend exemplarisch vorgestellt wird.

1. Laden Sie sich von `www.joiku.com` die Software *Joikuspot* herunter. Es gibt eine kostenlose Light-Version sowie eine kostenpflichtige Premium-Version für ca. 15,– €. Letztere bietet eine Verschlüsselung des Hotspots an, was dringend zu empfehlen ist.
2. Installieren Sie die Software auf Ihrem Symbian- bzw. Nokia-Handy.
3. Starten Sie das Programm auf Ihrem Handy. Unmittelbar nach dem Start werden Sie gefragt, ob eine Verbindung zum Internet hergestellt werden soll. Bestätigen Sie dies.

4. Bei der Premium-Version haben Sie zusätzlich die Möglichkeit, ein Zugangspasswort sowie Ihrem Hotspot eine SSID (vgl. Kapitel *Netze knüpfen*) zu vergeben.

Nach den Vorbereitungen steht Ihr Handy als Hotspot zur Verfügung. Sie können mit WLAN-fähigen Endgeräten nun auf das Handy zugreifen und dessen Internetverbindung nutzen (Abbildung 6.3).

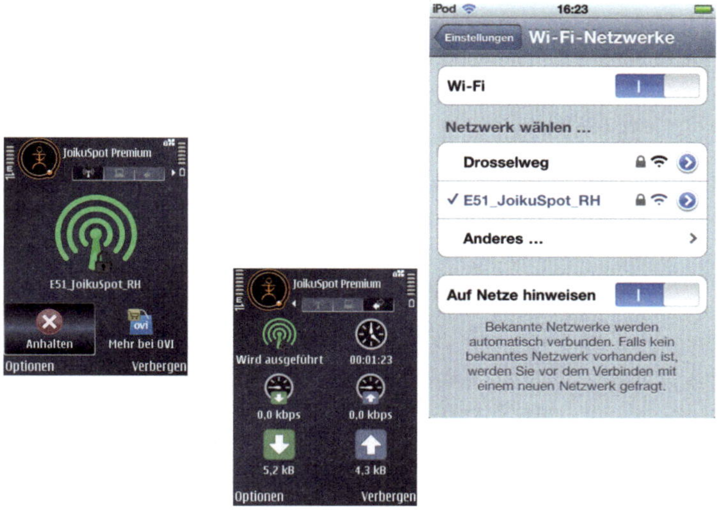

Abbildung 6.3: Der Hotspot läuft auf dem Symbian-Handy (linker Screenshot) und bedient den iPod (rechter Screenshot). Es empfiehlt sich, Verbindungszeit und Datensatz zu protokollieren (mittlerer Screenshot)

Mobil surfen und mailen

Nachdem Sie nun die Verbindung zum mobilen Internet hergestellt haben, geht's an das Feintuning der Software. Die Browsersoftware der meisten Handys ist zum Teil alles andere als ergonomisch, eine gute Alternative findet man im kostenlosen Opera mini-Browser, der speziell für das mobile Surfen entwickelt wurde. Die Software setzt auf Java auf und ist für eine Vielzahl von Handyplattformen erhältlich.

1. Rufen Sie mit dem Standardbrowser Ihres Handys die Seite `m.opera.com` auf.

Die Webseite erkennt Ihr Handy bzw. Ihren Handytyp und bietet Ihnen sofort die richtige Installationsdatei an.

2. Installieren Sie das Programm durch Anklicken des entsprechenden Links. Starten Sie das Programm direkt nach der Installation und bestätigen Sie den Endbenutzerlizenzvertrag (EULA).

Testen Sie nun den Browser, indem Sie eine der oben genannten Seiten für den mobilen Internetzugriff aufrufen (Abbildung 6.4). Sie werden staunen, wie perfekt Opera mini gerade auf die Bedürfnisse des Surfens per Handy ausgelegt wurde.

Abbildung 6.4: Opera mini ist der perfekte Begleiter für den Handysurfer – der Datentransfer wird über den Opera-Proxyserver geleitet und speziell für Ihr Mobilgerät aufbereitet

Die wichtigste Internetapplikation auf dem Handy ist zweifellos der E-Mail-Client. Nicht nur mit BlackBerrys, Android Smartphones und iPhones, auch mit Nokia, Sony Ericsson und Co. lässt sich mittlerweile vorzüglich mailen.

In Verbindung mit Handy bzw. Smartphone bietet sich ein IMAP-Mailzugang an: Dieser gestattet, eigene Ordnerstrukturen auf dem Mailserver des Providers anzulegen, wertvolle elektronische Post von unterwegs aus in spezielle Sicherungsordner zu verschieben und nicht mehr benötigte Post direkt auf dem Server zu löschen. Das Standardverfahren mit einem POP3-Postfach hat den Nachteil, dass die komplette Post beim Abrufen direkt auf das Handy geladen wird – schlecht, wenn der Chef ein mehrere Megabyte großes Attachment (Anhängsel) an die Mail geheftet hat und der Handyspeicher bereits voll ist.

Das Einrichten eines Mailzugangs auf einem Smartphone unterscheidet sich mittlerweile kaum von den dazu notwendigen Schritten auf dem lokalen PC. Man muss zuvor lediglich Posteingangs- und Postausgangsserver des Mailproviders durch eine Google-Recherche in Erfahrung bringen. Nachfolgend wird die Einrichtung am Beispiel eines GMX-IMAP-Accounts auf einem iPhone unter iOS 5 demonstriert:

1. Suchen Sie mit Google nach folgenden Begriffen: *gmx imap mailserver*. Sie finden heraus, dass der IMAP-Posteingangsserver den Namen `imap.gmx.net`, der Postausgangsserver den Namen `mail.gmx.net` trägt.

2. Starten Sie den Mailkonfigurationsassistenten über *Einstellungen/Mail, Kontakte, Kalender/Account hinzufügen*. Wählen Sie hier den Punkt *Andere/Mail Account hinzufügen*.

3. Geben Sie Ihren Namen, Ihre Mailadresse sowie das Kennwort, das Ihnen Ihr Provider zugeteilt hat, im Dialog ein. Vergeben Sie einen Namen für den Account. Bei GMX-IMAP ist unter iOS allerdings ein Trick erforderlich: Damit der IMAP-Zugang angeboten wird, ist zunächst ein falsches Passwort einzugeben, ansonsten wird automatisch ein POP3-Zugang eingerichtet.

4. Abschließend testet der Autokonfigurator, ob die Verbindung zum Mailserver steht. Damit ist die Einrichtung abgeschlossen, und Sie können sich selbst zur Prüfung eine Testmail schicken.

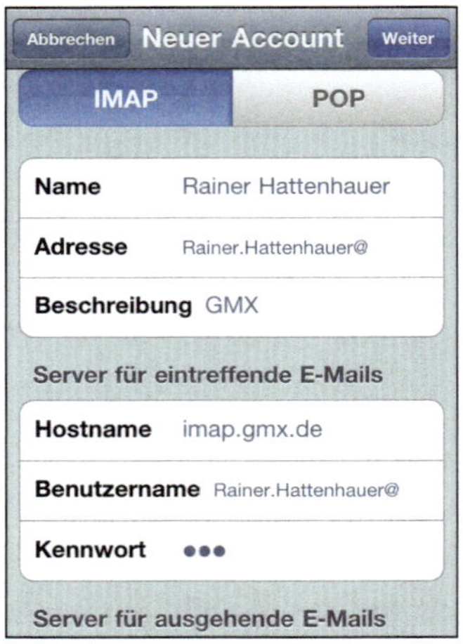

Abbildung 6.5: Konfiguration des mobilen E-Mail-Accounts

Tipps zum mobilen Internet

Sie haben gelernt, wie man auf Dienste des Internets auch fern der Heimat oder mitten im Wald zugreifen kann. Was fehlt, sind noch einige Tipps und Tricks, damit Ihnen die nächste Handyrechnung nicht auf den Magen schlägt.

- Behalten Sie den Überblick über die laufenden Kosten. In dem Fall, dass Sie einen Volumentarif nutzen, sollten Sie sich Software, die den Datendurchsatz registriert, installieren. Insbesondere bei regulären, grafiklastigen Internetseiten wird das eine oder andere Megabyte auf das Handy übertragen. Viele Smartphones verfügen über eingebaute Werkzeuge, die sowohl die Verbindungsdauer als auch die übertragene Datenmenge protokollieren.
- Möchten Sie sich über aktuelle Tarife, Trends und Techniken informieren, dann ist die Seite `laptopkarten.de` ein guter Anlaufpunkt.
- Erstellen Sie sich im Handybrowser eine Linksammlung für häufig benutzte Internetseiten. Das spart bei einem zeitbasierten Tarif wertvolle Tipp- und damit Onlinezeit, ist aber auch bei volumenbasierten Tarifen bequem.
- Wählen Sie für die Linksammlung nach Möglichkeit ausschließlich für den mobilen Einsatz vorbereitete grafikreduzierte Seiten bzw. Links aus.
- Benennen Sie den Internetzugangspunkt in den Netzwerkeinstellungen um, wenn Sie diesen längere Zeit nicht benötigen. Dadurch verhindern Sie, dass unbeabsichtigt Verbindungen zum Internet aufgebaut werden. Das gilt insbesondere für Reisen ins Ausland: Dort geht nämlich der Aufbau einer Datenverbindung richtig ins Geld. Dazu ein Beispiel: Ändern Sie den Zugangspunkt bei der Verwendung von T-D1 vor dem Urlaub von `internet.t-mobile` in `internet.t-mobilex` um. Im Bedarfsfall lässt sich das »x« nach der Rückkehr schnell wieder entfernen.
- Im Ausland sollten Sie nach WLAN-Hotspots Ausschau halten: Dort können Sie oft zum Nulltarif online gehen. Das trifft in jedem Fall auf McDonald's-Filialen zu, aber auch viele Hotels und Anbieter von Fremdenzimmern spendieren ihren Gästen mittlerweile freien Internetzugang.
- Wenn Sie jedoch auch im Urlaub partout nicht auf mobiles Internet per Mobilfunknetz verzichten können, dann sollten Sie sich unter Umständen eine Zweit-SIM-Karte von einem ausländischen Anbieter zulegen. In etlichen Ländern erhält man mittlerweile einen Mobilfunk-Prepaidvertrag, der auch die mobile Internetnutzung zu moderaten Preisen einschließt.

Für Vielreisende: abroadband.com

Sie sind häufig in verschiedenen Ländern unterwegs und möchten nicht für jedes Land eine eigene Daten-SIM-Karte erwerben? Dann sollten Sie sich einmal das Angebot von *abroadband* näher anschauen.

Die österreichische A1 Telekom bietet unter `www.abroadband.com` Informationen sowie einen Onlineshop zum direkten Erwerb einer globalen SIM-Karte an.[1] Die günstigen Datenkonditionen (derzeit 59 ct/MByte) gelten weltweit in ca. 50 Ländern, unter anderem dem EU-Raum sowie den USA und Australien. Im Folgenden wird die Einrichtung der abroadband-SIM-Karte exemplarisch für ein Android Smartphone beschrieben. Die Karte sollte nach Möglichkeit bereits in der Heimat aktiviert werden:

1. Setzen Sie die SIM-Karte nach Erhalt bei ausgeschaltetem Gerät in Ihr Smartphone ein.
2. Schalten Sie Ihr Gerät ein.
3. Geben Sie nach dem Hochfahren die PIN ein, die sich auf der Plastikcheckkarte befindet. Dies ist bei abroadband standardmäßig *0000*.
4. Erstellen Sie zunächst unter *Einstellungen/Drahtlos und Netzwerk/Mobile Netzwerke* ein neues Profil für den Internetzugang über abroadband. Dazu wählen Sie den Bereich *Zugangspunktnamen* und erstellen einen neuen Zugangspunkt durch Aufrufen des Menüs (*Neue APN*).

Parameter	Wert
Profilname	abroadband
Benutzername	mdata@mdata.com
Passwort	ppp
APN	mdata.com
Authentifizierung	CHAP oder PAP
IP-Adresse	dynamisch
DNS	dynamisch
APN-Typ	Internet

Tabelle 6.3: APN-Einstellungen des Providers abroadband

1 Beachten Sie: Mit einer solchen günstigen Datenkarte kann in der Regel nicht regulär telefoniert werden. Eine mögliche Lösung in einem solchen Fall wäre, VoIP-Verfahren einzusetzen, falls der Provider es gestattet, siehe dazu auch *Internettelefonie und Videokonferenzen*.

5. Aktivieren Sie nun den Roaming- und Datenübertragungsmodus im Menü *Einstellungen/Drahtlos und Netzwerk/Mobile Netzwerke*.

Bei abroadband ist es notwendig, den Onlinezugang noch einmal explizit per Browser mit dem Gerät freizuschalten, in dem sich die SIM-Karte befindet.

6. Starten Sie den Systembrowser und rufen Sie eine beliebige Seite auf. Solange die SIM-Karte noch nicht registriert wurde, werden Sie automatisch auf das abroadband-Portal zur Registrierung umgeleitet (Abbildung 6.6). Reisende kennen dieses Verfahren, wenn sie sich in ausländischen Hotels Zugang zum kostenpflichtigen hauseigenen WLAN-Portal verschaffen möchten.

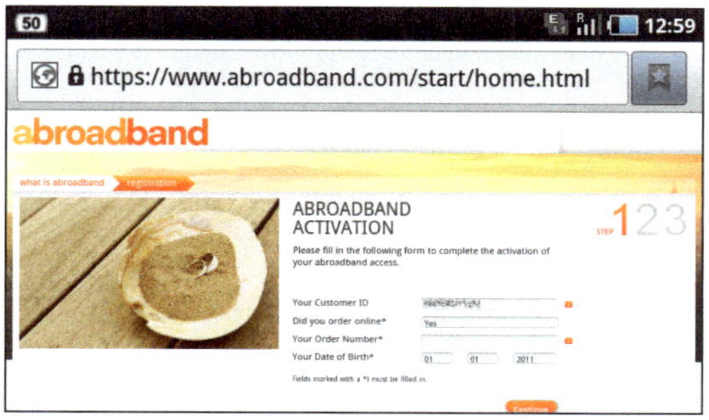

Abbildung 6.6: Die SIM-Karte wird per Smartphone über den Systembrowser aktiviert. Die Verbindung muss dabei über das Handynetz und nicht über das WLAN hergestellt werden. Man loggt sich zunächst mit der Kundennummer und Bestellnummer auf der Providerseite ein. In der oberen rechten Ecke der Statusleiste erscheint über dem Netzstärke-Indikator der Buchstabe »R«. Dieser signalisiert, dass Sie per Roaming in ein fremdes Netz eingebucht wurden

7. Geben Sie alle zur Registrierung notwendigen Daten ein. Nach erfolgreicher Registrierung erhalten Sie eine Bestätigung per E-Mail.

Nun können Sie auch im Ausland munter drauflossurfen. abroadband bietet dabei einen Kostenairbag an: Sollten Sie beim Surfen die 60-Euro-Grenze überschreiten, werden Sie explizit aufgefordert, zu bestätigen, dass Sie weiteren Datentransfer wünschen.

NetTags

- vergleich tarife mobil internet
- download joikuspot
- download opera mini
- imap server »anbieter«
- mobiles internet im ausland

7 Internettelefonie und Videokonferenzen

Mit Voice over IP (VoIP) und Videokonferenzsoftware eröffnen sich dem kommunikationsfreudigen Reisenden neue Wege: Urlaubsgrüße gelangen von exotischen Plätzen in bewegten Bildern zu den Lieben daheim – und telefonieren kann man zu Spottpreisen, wenn man die Infrastruktur des Internets geschickt zu nutzen weiß.

VoIP

Voice over IP ist eine Technik, mit deren Hilfe Sprachdaten über eine Internetverbindung und somit auch Telefonate übertragen werden können.

Videotelefonie und -konferenz

Die simultane Übertragung von Bild und Ton zwischen zwei oder mehreren Kommunikationspartnern bieten heute die meisten Messengerprogramme frei Haus. Apple bietet mit FaceTime ein leistungsfähiges Videotelefonieprogramm an.

Webcam

Die meisten Laptops verfügen heute bereits über ein eingebautes »Auge«, bei Desktop-PCs kann man eine Internetkamera (kurz: Webcam) an einen freien USB-Port hängen. Und die Smartphones der neuesten Generation verfügen ebenfalls über eine zusätzliche Frontkamera.

Der Schock kommt meist nach dem Urlaub: Die vermeintlich wenigen kurzen Telefonate zu den Lieben in der Heimat haben sich zu einem satten Betrag auf der Handyrechnung zusammengeläppert. Zwar sind die Roaminggebühren, die für Telefonate aus dem Ausland anfallen, mittlerweile zumindest in den EU-Ländern gedeckelt. Nichtsdestotrotz können bei einem 10-minütigen Telefonat je nach Urlaubsland aber durchaus zweistellige Eurobeträge anfallen. Der Weg aus dieser Kostenfalle heißt VoIP (Voice over IP) – Telefonieren über eine bestehende Internetverbindung. Diese lässt sich schnell in Form eines WLAN-Hotspots am Urlaubsort in Hotels, Cafés, Bahnhöfen oder Flughäfen ausfindig machen, in vielen Fällen ist dieser Service kostenlos.

Videotelefonie ist heutzutage kaum komplizierter als gewöhnliche VoIP-Telefonie: Die Kommunikationspartner benötigen lediglich jeweils eine Webcam und ein Mikrofon an ihrem Endgerät: Smartphones sind mittlerweile mit Frontkameras ausgestattet, Laptops werden in der Regel mit im Display integrierter Webcam ausgeliefert. Die notwendige Software für die Kommunikation finden Sie kostenlos im Internet.

Was braucht man...

Internettelefonie

- **Ein WLAN-fähiges Endgerät:** Dieses muss Audiodaten über WLAN senden und empfangen können. Im einfachsten Fall ist das ein Handy mit integriertem WLAN-Chip. Ebenfalls möglich ist die Verwendung eines Tablets oder Netbooks mit Mikrofon-Lautsprecher-Kombination bzw. Headset.
- **Einen Hotspot:** Der Anwender muss Zugang zu einem WLAN haben. Das kann der Hotspot eines kommerziellen Anbieters sein, bei dem gegen eine Gebühr Onlinezeit erworben wird. Genauso gut nutzt man aber die kostenfreien Netze etlicher Hotel- und Restaurantketten (z.B. die mit dem großen »M«). Wichtig ist, dass der Anbieter die für die Internettelefonie relevanten Ports nicht gesperrt hat. Das lässt sich aber durch einen Test leicht feststellen.
- **Einen VoIP-Client/ein Konto:** Auf dem Endgerät, das der Anwender nutzt, muss ein *SIP-fähiger VoIP-Client* installiert sein. Mit diesem Programm wird bei bestehender WLAN-Verbindung das eigentliche Gespräch abgewickelt. Moderne WLAN-Handys verfügen bereits über derartige vorinstallierte Hilfsprogramme. Eine Software, die in diesem Zusammenhang immer funktioniert und für eine Vielzahl von Systemplattformen frei zum Download angeboten wird, ist Skype (`www.skype.de`). Möchten Sie auch ins Festnetz telefonieren, so muss ein Konto bei einem *VoIP-Anbieter* wie z.B. Sipgate (`www.sipgate.de`) eingerichtet werden, da für Telefonate ins Festnetz (wenn auch nur geringe) Gebühren anfallen.

Videotelefonie/Konferenzen

- **Eine Webcam und ein integriertes Mikrofon:** Sehen Sie sich Ihr Notebook einmal genauer an: Entdecken Sie eine kleine Linse an der oberen Deckelhälfte? Dann ist Ihr Gerät bereits mit einer Netzkamera ausgestattet. Falls nicht, können Sie eine *Kamera mit USB-Anschluss* ab 10,– € im Handel erwerben. Darin integriert ist meist auch schon ein Mikrofon.
- **Ein Messengerprogramm:** Hier bietet sich der *AOL Instant Messenger* oder *Skype* an: Beide Programme verfügen über die Möglichkeit, Videotelefonate abzuwickeln. Apple-Nutzer finden das Videotelefonieprogramm FaceTime auf dem iPhone bzw. auch unter Mac OS X. Der Nachteil: Dieses Programm gestattet nur die Kommunikation innerhalb des Apple-Universums.

Was muss man können...

Das VoIP-Verfahren bzw. Videotelefonie in Verbindung mit fremden Hotspots ist etwas »tricky« und erfordert einen gründlichen Vortest am heimischen WLAN-Router. Dabei sollte man sich einigermaßen mit der Netzwerktechnik im Allgemeinen und der WLAN-Technik im Speziellen auskennen. Soll das beschriebene Verfahren mit einem WLAN-fähigen Handy durchgeführt werden, sollten Sie sich mit diesem Gerät ebenfalls gut auskennen. Hier hilft zumeist das komplette, per Internetdownload erhältliche Benutzerhandbuch weiter. Videotelefonie mit Skype & Co. setzt korrekt konfigurierte Videohardware voraus – im Zeitalter von USB-Plug&Play-Hardware aber kein großes Kunststück.

Internettelefonie (VoIP)

Beschaffen Sie sich zunächst einen Account bei einem der zahlreichen VoIP-Provider. Zunächst werden die erhaltenen Login-Daten mit einem VoIP-Clientprogramm vom heimischen PC aus getestet. Eine solche Verbindung ist gratis. Die folgende Anleitung bezieht sich auf den Anbieter *Sipgate*, lässt sich aber problemlos auch auf andere VoIP-Provider wie z.B. Skype übertragen. Sipgate hat den Vorteil, dass Clients (Nutzerprogramme) für eine Vielzahl von Plattformen, insbesondere aber auch für ältere Handys, existieren. Wir werden im Folgenden ein Smartphone per VoIP mit einem Windows-PC verbinden.

Zunächst wird der kostenlose VoIP-Client »Sipgate PhonerLite« für Windows Vista/Windows 7 der Firma Sipgate auf dem PC installiert. Sollten Sie noch das alte Windows XP nutzen, so verwenden Sie das Programm *Sipgate X-Lite*.

1. Registrieren Sie sich zunächst kostenfrei auf `www.sipgate.de`.
2. Laden Sie anschließend (Login erforderlich!) das Programm *PhonerLite* aus dem Bereich *Apps* und installieren Sie es.

Hardwareseitig benötigen Sie für den VoIP-Client am PC Lautsprecher und Mikrofon, ideal ist ein Headset. Für einen einfachen Verbindungstest zur Überprüfung der Login-Daten können Sie jedoch zunächst auch darauf verzichten.

3. Starten Sie das Programm PhonerLite. Das Programm wurde bereits für Ihren Sipgate-Account vorkonfiguriert, sodass Sie gleich loslegen können.

Gegebenenfalls muss dem Programm die Kommunikation durch die Windows-Firewall gestattet werden, was durch eine entsprechende Meldung beim Programmstart angezeigt wird. Die erfolgreich hergestellte Verbindung zum Sipgate-Server wird durch einen grünen Punkt am unteren Fensterrand signalisiert (Abbildung 7.1).

4. Testen Sie das Programm auf seine Funktion, indem Sie die kostenlose interne Nummer *10000* anrufen. Es ertönt eine automatische Ansage, die Sie per Lautsprecher ohne Headset wahrnehmen.

Sie können auch eine Nachricht auf dem Server ablegen, die anschließend wiedergegeben wird. Dies nennt man »Echotest«:

5. Wählen Sie für einen Echotest die Nummer *10005* und sprechen Sie nach der Aufforderung eine Nachricht auf das System. Sollten Sie keine Soundhardware an Ihrem PC angeschlossen haben, beobachten Sie einfach die Animation des auf der rechten Seite befindlichen Signalpegels bei der Anwendung PhonerLite (Abbildung 7.1).

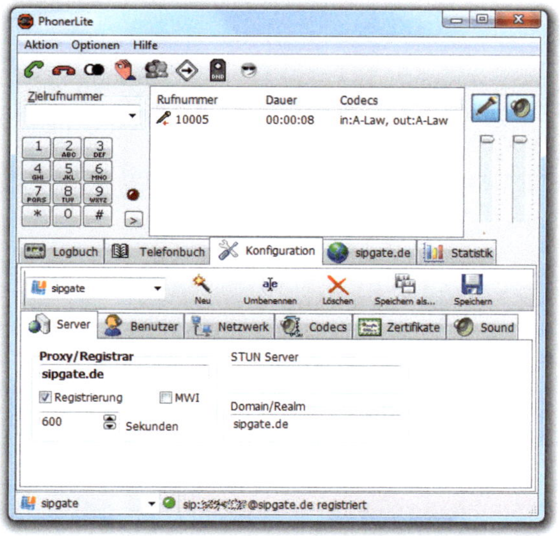

Abbildung 7.1: Der PhonerLite-Client eignet sich zum Test des Sipgate-Accounts unter Windows. Achten Sie dabei auf die volle Aussteuerung der Pegel von Lautsprecher und Mikrofon

Nachdem Sie sichergestellt haben, dass Sie über einen funktionsfähigen Account verfügen, sollten Sie ein (zunächst geringes) Guthaben beim Provider erwerben, um die Verbindung in das Telefonfestnetz zu testen. Das Guthabenkonto wird per Kreditkarte oder Lastschriftverfahren bezahlt und kann jederzeit von jedem Ort der Welt aufgefüllt werden.

6. Testen Sie nun durch einen Telefonanruf zu einer Festnetznummer, ob auch diese Verbindung funktioniert. Bitte beachten Sie: Telefonate zu einer Handynummer sind auch im VoIP-Bereich spürbar teurer als ins Festnetz.

Mit dem beschriebenen Verfahren sind Sie nun schon in der Lage, nach Installation der oben genannten Software auf einem mobilen Kleincomputer (Laptop, Netbook ...) Telefonate über dessen integrierte Soundhardware zu führen. Das Ganze hat allerdings einen Schönheitsfehler: Nur allzu ungern möchte man sich ein derartig voluminöses Gerät ans Ohr halten bzw. auf die Dauer mit sich führen.

Aber keine Angst: Nahezu alle aktuellen Smartphones sind mit WLAN-Hardware ausgestattet. Und die lässt sich für unsere Zwecke vorzüglich nutzen. Voraussetzung ist die korrekte Konfiguration des Handys mit den vom Provider zugewiesenen SIP-Daten. Das ist mittlerweile kinderleicht, da zur Authentifizierung für die jeweilige Smartphone-App zumeist die Weblogin-Daten verwendet werden. Bei Sipgate funktioniert das folgendermaßen:

1. Loggen Sie sich auf der Internetseite von Sipgate ein und bringen Sie zunächst in Erfahrung, ob eine Sipgate App für Ihr spezielles Smartphone existiert. Für Android Smartphones bzw. iPhones ist das der Fall.
2. Laden Sie die entsprechende App aus dem zugehörigen Softwaremarkt auf Ihr Smartphone.

Nun steht einem Verbindungstest nichts mehr im Weg.

3. Verbinden Sie Ihr WLAN-Handy mit dem heimischen Router, indem Sie einfach per Handybrowser eine Internetseite aufrufen und als Zugangspunkt Ihren WLAN-Router wählen.
4. Lassen Sie die Browseranwendung geöffnet und wechseln Sie zur normalen Telefonoberfläche.
5. Starten Sie nun die Sipgate App und loggen Sie sich mit Ihren Webzugangsdaten ein.
6. Führen Sie einen Anruf durch Eingabe einer Telefonnummer, beispielsweise Ihrer Festnetznummer, durch.

Kurz darauf sollte Ihr Festnetztelefon klingeln, und somit steht Ihnen die Tür zur weltweiten kostengünstigen Telefonie offen.

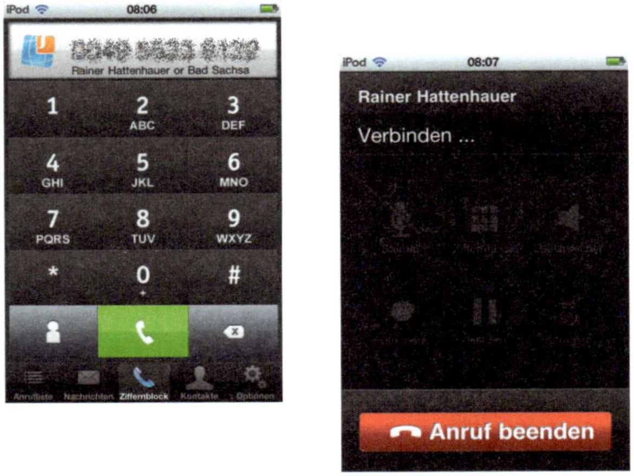

Abbildung 7.2: VoIP-Telefonie auf iPhone/iPod ist kinderleicht – dank Sipgate App. Und auch Android Smartphone-Besitzer finden im Android Market die Sipgate App zur kostenlosen Installation. Nach dem Start der App müssen einmalig Account-Name und Webpassword eingegeben werden, und schon kann munter drauflostelefoniert werden

VoIP im Ausland

Was ist auf einer Auslandstour zu beachten? Zunächst einmal sollte der Zugang zum SIP-Gate per WLAN nicht teurer werden, als diese Variante der Telefonie an Kosten einzusparen verspricht. Es ist ziemlich unsinnig, eigens für die Zwecke der Internettelefonie einen teuren Zugangscode für einen kostenpflichtigen ortsansässigen Hotspot zu erwerben. Am besten eignen sich kostenlose WLAN-Zugänge in Hotels oder Restaurants. In manchen Fällen ist allerdings die eigene E-Mail-Adresse für den Empfang der Login-Daten zu hinterlegen, was zu einem erhöhten Spam-Aufkommen in Ihrem Postfach führen kann. Hier empfiehlt sich eigens für derartige Zwecke die Einrichtung einer E-Mail-Adresse bei einem Freemail-Provider.

Sollten Sie vor dem Problem stehen, dass einige Ports, die für das VoIP/SIP-Verfahren erforderlich sind, vom Administrator des Hotspots gesperrt wurden, bietet das STUN-Netzwerkprotokoll die Möglichkeit, eine Verbindung trotz gesperrter Ports herzustellen. In diesem Fall ist der STUN-Server des Providers im VoIP-Client zu definieren.

Videotelefonie und Konferenzen

Es hat sich seinerzeit nie so richtig durchsetzen können: das Videotelefon, das in den 80er- und 90er-Jahren als Inbegriff für die kommunikative Zukunft stand. Der Grund war wohl, dass sich die exorbitant teuren Geräte und saftigen Gebühren seinerzeit viel zu wenig Menschen leisten konnten.

Heute sieht die Sache anders aus: Den internetfähigen PC findet man in jedem Haushalt, und eine billige Webcam mit eingebautem Mikrofon gibt es allmonatlich bei Aldi, Lidl und Co. Auch die Smartphone-Hersteller statten ihre Modelle mittlerweile serienmäßig mit Frontkamera aus.

Dennoch trauen sich verhältnismäßig wenige Anwender an die Thematik heran, wohl aus Angst, die Installation einer Webcam bzw. die Einbindung in ein Messengerprogramm seien eine hohe Kunst. Weit gefehlt: Bei den meisten Geräten ist *Plug&Play* kein Fremdwort, und das Messengerprogramm Skype entdeckt die entsprechende Hardware ganz automatisch. Aber sehen Sie selbst …

Skype – der Quasistandard

Im Folgenden verwende ich die beliebte Software Skype, um Videokonferenzen bzw. Videochats durchzuführen. Besorgen Sie sich zunächst die aktuellste Version der Software für Ihr Betriebssystem unter `www.skype.com` und installieren Sie diese. Ein Assistent hilft Ihnen bei der ersten Einrichtung des Programms, mehr dazu finden Sie im Abschnitt *Videotelefonate mit Skype durchführen*.

Webcam und Mikrofon anschließen

Falls noch nicht vorhanden bzw. in der Hardware integriert: Beschaffen Sie sich eine Webcam mit USB-Anschluss (Abbildung 7.3). Um die 30,– € sollten Sie dabei schon anlegen, wenn Sie Ihr Gegenüber nicht allzu sehr mit Ihrem Antlitz schocken möchten.

1. Sehen Sie zunächst in der Bedienungsanleitung der Kamera nach, ob vor dem Anschluss an den PC zusätzliche Treiber installiert werden müssen. Ist das der Fall, so tun Sie dies als Erstes.

Sie sollten darauf achten, dass der »Installations-Overhead« nicht zu gigantisch wird: Manche Hersteller neigen dazu, Bildbearbeitungsprogramme, Utilitys und dergleichen ungefragt auf die Platte zu packen. Vielleicht funktioniert die Kamera ja auch sofort mit den Treibern des Betriebssystems. Das können Sie schnell mit einer Internetrecherche nach dem Kameratyp feststellen. Andererseits können mitgelieferte Utilitys sinnvoll sein, um die Funktion des Produkts zu testen.

2. Schließen Sie die Kamera nach der Installation der Treiber an einen freien USB-Port an, der sich direkt am Computergehäuse befindet (*keinen USB-Hub verwenden!*).

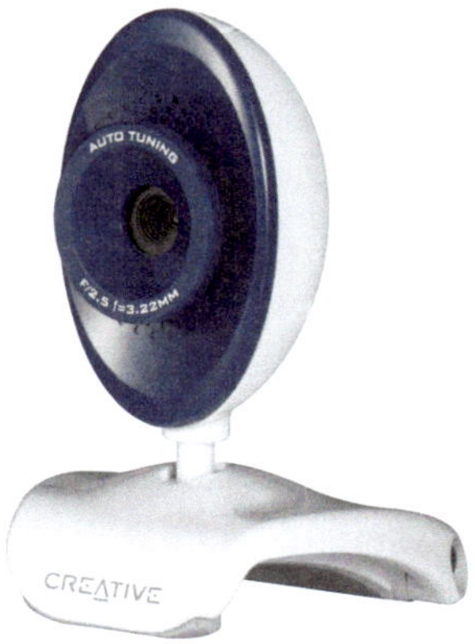

Abbildung 7.3: Eine klassische Webcam mit integriertem Mikrofon (*Bildquelle: www.creative.com*)

Beim ersten Anschließen werden die Treiber konfiguriert. Überzeugen Sie sich davon, dass die Hardware korrekt eingebunden wurde:

3. Öffnen Sie den Windows Geräte-Manager (rechter Mausklick im Startmenü über *Computer/Verwalten/Geräte-Manager*).

Hier sollte die Webcam nun zu finden sein, meist in der Rubrik *Bildverarbeitungsgeräte*. Ist das Gerät nicht mit einem gelben Ausrufezeichen markiert, dann können Sie davon ausgehen, dass die Hardware funktionsfähig ist (Abbildung 7.4).

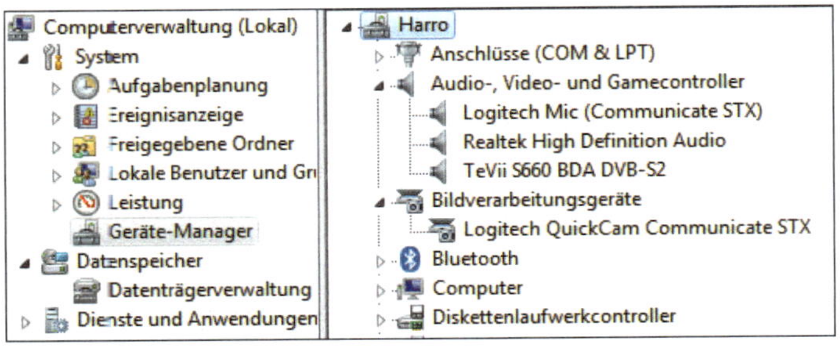

Abbildung 7.4: Die Webcam (eine Logitech Communicate STX) und ihr eingebautes Mikrofon wurden korrekt erkannt

Justieren Sie nun den Lautstärkepegel des Mikrofons:

4. Führen Sie einen rechten Mausklick auf das Lautsprecher-Icon in der Taskleiste durch und wählen Sie den Kontextmenüpunkt *Aufnahmegeräte*.
5. Wählen Sie das Aufnahmegerät aus, welches der Webcam entspricht. Über *Eigenschaften/Pegel* können Sie das Mikrofon nun aussteuern (Abbildung 7.5).

Meist muss der Pegel an dieser Stelle auf den Maximalwert eingestellt werden.

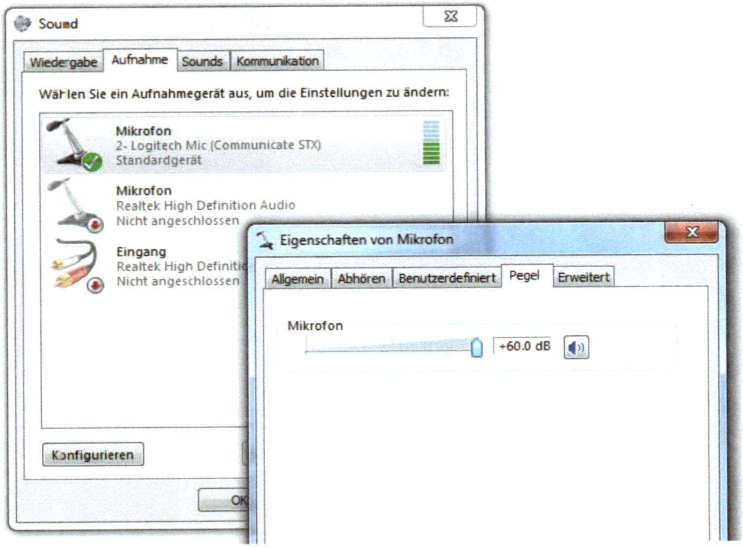

Abbildung 7.5: Aussteuerung des Mikrofons: Der Pegel sollte bei normaler Sprechweise im mittleren Bereich liegen. Sie können das direkt testen, indem Sie einige Sätze in normaler Lautstärke und entspannter Position sprechen

Nun sollten Sie testen, ob Ihr Bild und Ihre Sprache auch richtig von der Webcam erfasst werden. Dies lässt sich mit der mitgelieferten Kamerasoftware zwar auch bewerkstelligen, aber Skype bietet einen Assistenten zum Test der Hardware (Abbildung 7.6).

Abbildung 7.6: Webcamtest mit Skype. Mehr zu diesem Programm finden Sie im nächsten Abschnitt

Damit wäre die Hardware startklar. Kommen wir zur Software.

Videotelefonate mit Skype durchführen

Als Videokonferenzsoftware können Sie entweder einen VoIP-Client wie Skype oder ein einfaches Messengerprogramm wie den AOL Instant Messenger (AIM) verwenden. Ich verwende nachfolgend den Marktführer Skype: Das Programm ist für nahezu alle prominenten Plattformen erhältlich.

1. Besorgen Sie sich die Skype-Software von `http://www.skype.com/intl/de/home` und installieren Sie diese. Vor dem Download ist es erforderlich, sich auf derselben Seite für die Nutzung von Skype zu registrieren. Die Registrierung ist kostenlos.
2. Nach der Installation führt Sie ein Assistent durch die wichtigsten Schritte. Unter anderem können Sie testen, ob Ihre Hardware funktionsfähig ist (vgl. Abbildung 7.6). Dabei wird auch Ihre Webcam eingerichtet.
3. Die eigentliche Videotelefonie mit Skype ist kinderleicht. Loggen Sie sich durch Eingabe Ihres Login-Namens und des zugehörigen Passworts bei Skype ein. Sie haben nun die Möglichkeit, einen Testanruf bei Skype durchzuführen, um Ihre Audiohardware zu testen. Wählen Sie dazu in der Adressliste den Punkt *Skype Test Call* aus und folgen Sie den Anweisungen. Sie sprechen hier eine Nachricht auf ein »digitales Band«, die anschließend wiedergegeben wird.

4. Nun sollte ein Testanruf zu einem Freund erfolgen. Verabreden Sie sich mit jemandem, der ebenfalls ein Konto bei Skype besitzt. Suchen Sie dazu in der Skype-Oberfläche nach dem Namen oder der E-Mail-Adresse der betreffenden Person. Sind Sie fündig geworden, so wählen Sie den Kontakt aus und führen durch Betätigen der entsprechenden Schaltfläche einen Videoanruf durch.

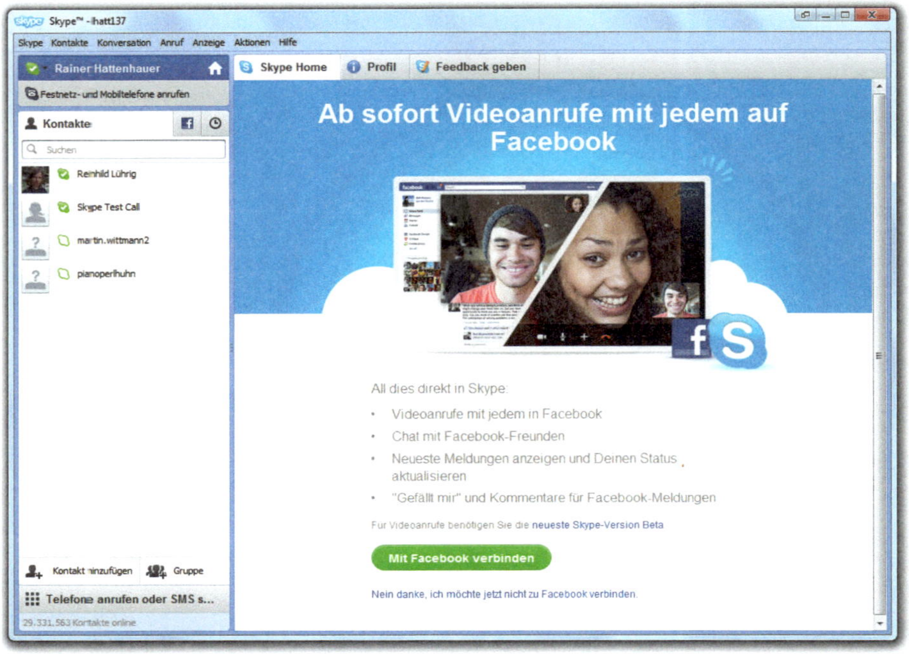

Abbildung 7.7: Der Windows-Client von Skype lässt sich mittlerweile auch problemlos mit Ihren Facebook-Kontakten verbinden

Mit Skype können Sie auch über Betriebssystemgrenzen hinweg kommunizieren: Die Mac OS-Version verträgt sich hervorragend mit der Apple-eigenen Hardware, und auch die Linux-Version funktioniert problemlos. Auch für alle wichtigen mobilen Geräte gibt es eine Skype App. iPhone-Nutzer werden im App Store, Android Smartphone-Besitzer im Android Market fündig (Abbildung 7.8).

Abbildung 7.8: Skype-Clients gibt es mittlerweile für alle erdenklichen Plattformen. Im vorliegenden Bild ist links die Mac OS App, rechts der Android Client zu sehen. Bei diesem können Sie zwischen Front und Rückkamera Ihres Smartphones wechseln, um Ihrem Gesprächspartner einen Eindruck von der Umgebung zu verschaffen

NetTags

- sip voip provider
- konfiguration »Handytyp« »Provider«
- firewall ports voip
- gebühren sip ausland
- download skype
- download treiber »Webcamtyp«
- videochat client windows

VOIP
Sipgate
Client
WEBCAM
STUN
Messenger
Skype
VIDEOTELEFONIE

8 Soziale Netzwerke

Das Miteinander im Netz hat sich durch Web-2.0-Applikationen wie Facebook, Google+, XING, Twitter oder YouTube verändert: Die Websociety (kurz: Webciety) ist für den Netzbürger Lebensraum und Karrieresprungbrett zugleich.

Facebook

Facebook ist *das* soziale Netzwerk im Internet. Entwickelt wurde das System im Jahr 2004 von Mark Zuckerberg, und es hat im Laufe der Jahre etliche Nachahmer und Ableger bekommen, darunter z.B. in Deutschland *studiVZ* oder *schuelerVZ*. In sozialen Netzwerken können die Mitglieder auf einer Profilseite Informationen zur Person angeben, Bilder und Videos hochladen und miteinander kommunizieren.

Google+

Googles Antwort auf Facebook ist Google+. Dieses soziale Netzwerk wird oft auch als »Facebook für Erwachsene« bezeichnet, da es professioneller als das Original strukturiert ist und man durch Erstellen von Leserkreisen (Circles) selektive Gruppen erreichen kann.

Twitter

Twitter hat das bekannte Blogging, also das Führen eines Onlinetagebuchs, um die Variante des *Microblogging* erweitert. Damit kann jeder Anwender ein kurzes, auf 140 Zeichen begrenztes Statement (einen sogenannten *Tweet*, in etwa vergleichbar mit einer SMS) ins Web schicken.

»Wer bin ich – und wenn ja, wie viele?« Frei nach dem Bestseller von Richard David Precht neigt das Individuum zur Vernetzung. Und die erfolgt im digitalen Zeitalter bevorzugt in den sozialen Netzen des Web 2.0. Für manche Zeitgenossen ist der Facebook-Account zum Dreh- und Angelpunkt ihres realen Lebens geworden. Alles, was man so im alltäglichen Wahnsinn erlebt, wird haarklein dokumentiert und fotografisch oder auch in Videoform festgehalten. Verabredungen werden per Kurznachricht oder Chat angebahnt, und durch Erweiterungen in Form von Applikationen, die leicht in die Oberfläche integriert werden können, wird das digitale Heim richtig wohnlich.

Was für den Freizeitnetzwerker Facebook ist, findet der Geschäftsmann/die Geschäftsfrau bei XING. Über dieses businessorientierte Netz werden Geschäftskontakte angebahnt und Karriereleitern gebastelt. Es gibt Selbstständige, die berichten, dass sie 90 % ihrer Geschäftskontakte bzw. Aufträge der Existenz von XING zu verdanken haben.

Wer der Welt schnell mal etwas mitteilen möchte, zwitschert die Neuigkeiten per Twitter ins Web. Gerade im Arabischen Frühling waren Twitter und Facebook die Plattformen, die für einen regen Informationsfluss jenseits der kontrollierten staatlichen Medien sorgten – zum Leidwesen der amtierenden Diktatoren.

Tauchen Sie also mit mir ein in die Welt der sozialen Netzwerke und lernen Sie deren fantastischen Kommunikationsmöglichkeiten zu nutzen.

Was braucht man...

- **Einen Browser nebst Internetzugang:** Natürlich kann man sein Facebook- und XING-Account bzw. das Blog auch vom Smartphone aus verwalten. Zur Einrichtung und Bestückung des Profils empfiehlt sich aber der Zugang via PC oder Laptop.
- **Einen Account bei Facebook, Google, XING, Twitter:** Das Einrichten eines Accounts bei einem der genannten Dienste ist keine große Kunst. Schwieriger ist es, sich mit der Preisgabe allzu vertraulicher Informationen bedeckt zu halten.

Was muss man können...

Die Web-2.0-Elemente, die Facebook, Google+, XING bzw. Twitter zugrunde liegen, sind auch von absoluten Anfängern zu beherrschen.

Facebook

Ein Facebook-Konto eröffnen und ein Profil erstellen

Die Reise durch das Facebook-Universum beginnt mit dem Lösen einer Eintrittskarte:

1. Begeben Sie sich auf `www.facebook.de` und erstellen Sie dort (falls nicht schon vorhanden) einen neuen Account (Abbildung 8.1).

Sie müssen lediglich Ihren Namen, Ihre E-Mail-Adresse sowie Ihr Geburtsdatum angeben. Im Gegensatz zu Google+ sind bei Facebook auch Alias-Namen erlaubt.

2. Aktivieren Sie Ihren neuen Account durch Anklicken des Aktivierungslinks in der E-Mail, die Sie nach der Anmeldung von Facebook erhalten.

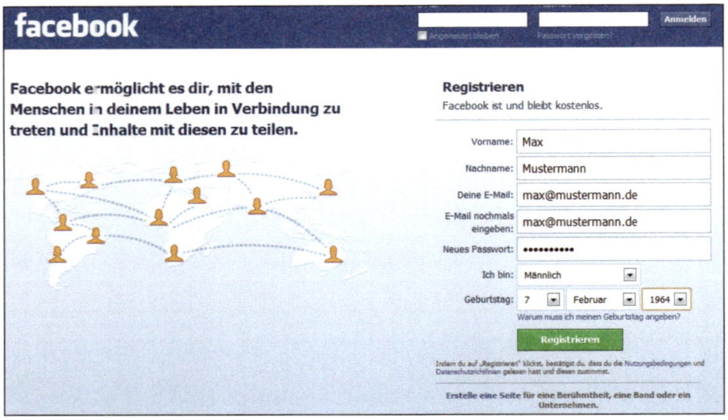

Abbildung 8.1: Ohne Registrierung läuft in sozialen Netzen nichts

Nun gilt es das eigene Profil aufzuhübschen. Beginnen Sie am besten damit, ein schönes digitales Porträtfoto von sich herauszusuchen und dieses als Profilbild hochzuladen.

3. Loggen Sie sich bei Facebook mit Ihren Zugangsdaten ein und bewegen Sie die Maus über das stilisierte Profilbild.

4. Es erscheint die Option *Profilbild ändern*. Klicken Sie diese an. Sie können nun ein Bild, das sich auf Ihrer Festplatte befindet, mithilfe der Schaltfläche *Durchsuchen* auswählen. Das Bild muss im *.jpg*- oder *.png*-Format vorliegen und darf eine Größe von 4 Megabyte nicht übersteigen.

5. Bestätigen Sie die Uploadbedingungen und laden Sie das Bild durch Anklicken der Schaltfläche *Bild hochladen* hoch.

In Zukunft erscheint Ihr Konterfei immer dann, wenn Ihr Profil aufgerufen wird.

6. Ergänzen Sie nun über den Link *Informationen bearbeiten* im Bereich Ihres Profils Ihre digitale Visitenkarte um Informationen, die Ihnen persönlich wichtig und mitteilenswert erscheinen (Abbildung 8.2).

7. Speichern Sie die Änderungen nach Fertigstellen durch Betätigen der Schaltfläche *Fertig bearbeitet* ab.

Abbildung 8.2: Die Informationen, die Sie auf Facebook eintragen, bestimmen Ihre digitale Visitenkarte. Überlegen Sie sich gut, was Sie von sich preisgeben möchten!

Wer mag, kann nun den schicken Timeline-Modus aktivieren (Abbildung 8.3). Dies geschieht durch einfaches Eingeben des Links `https://www.facebook.com/about/timeline`. Dadurch werden Ihre Mitteilungen, die Sie per Facebook von sich geben, in einer schönen chronologisch geordneten Reihenfolge wiedergegeben. Wenn es nach Mark Zuckerberg ginge, dann müsste jeder Anwender hier seinen kompletten Lebenslauf, geschmückt mit Medien aller Art, preisgeben.

Abbildung 8.3: Für die Freunde des Datenstriptease: Facebook mit aktivierter Timeline. In diesem Modus können Sie Ihr Profil auch mit einem schönen Bildrahmen aufhübschen

War doch gar nicht so schwer, oder? Nun können Sie Ihren Steckbrief auch noch um einige Fotos oder Videos aus dem privaten Bereich erweitern:

Medien integrieren

So richtig interessant wird Ihr Facebook-Profil, wenn Sie den Mitgliedern des sozialen Netzwerks gestatten, einen kleinen Einblick in Ihr privates Foto- und Videoalbum zu erhaschen. Dazu legen Sie entsprechende Alben an:

1. Begeben Sie sich auf die Startseite und klicken Sie auf den Link *Foto/Video*.
2. Klicken Sie die Schaltfläche *Fotoalbum erstellen* an. Ein Dialog erlaubt nun die Auswahl mehrerer Fotos für ein neues Fotoalbum.

Sie finden Ihre hochgeladenen Fotos und Videos später jederzeit im Bereich *Info/Fotos* direkt unter Ihrem Profilbild. Beim Erstellen eines neuen Albums haben Sie Gelegenheit, den Grad der Privatsphäre anzupassen. Hier ist Vorsicht geboten: Standardmäßig haben alle Facebook-Freunde Gelegenheit, in Ihre Alben zu blicken. Das lässt sich aber in den Sicherheitseinstellungen des entsprechenden Albums anpassen.

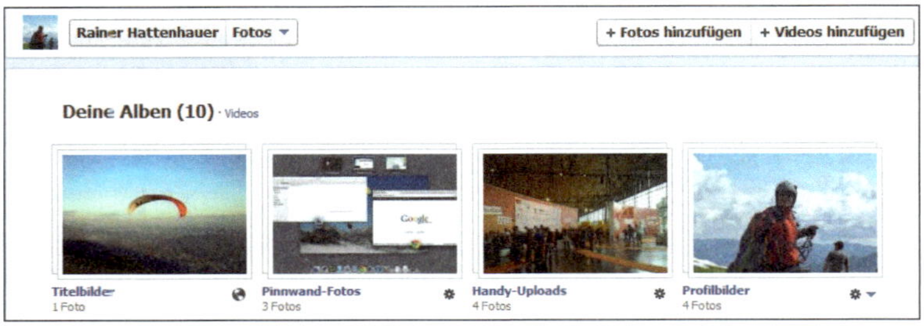

Abbildung 8.4: Im Fotobereich von Facebook lassen sich Alben erstellen, die thematisch geordnete Fotos enthalten. Jedes Album kann bis zu 60 Fotos enthalten. Über die Funktion »Foto markieren« können Sie die Namen der Personen angeben, die auf den Fotos zu sehen sind. Der Betrachter erfährt diese dann beim Überfahren des Bildes mit der Maus

Der Upload von Videos ist ähnlich einfach:

1. Begeben Sie sich auf die Seite *Info/Fotos* und klicken Sie auf die Schaltfläche *Videos hinzufügen*. Laden Sie Videos hoch, die Sie mit Ihren Freunden teilen möchten.

Hier können Sie entweder bereits vorhandene Videos auf Facebook hochladen oder mithilfe Ihrer Webcam ein Begrüßungsvideo erstellen. Das geht folgendermaßen:

2. Schließen Sie eine Webcam an den PC an und klicken Sie auf die Schaltfläche *Video aufnehmen*. Ein Flash-Applet wird gestartet, mit dessen Hilfe Sie nun einen kleinen Trailer für Ihre Facebook-Seite drehen können.

Alternativ dazu können Sie im Videobereich natürlich auch Videos, die Sie mit Ihrem Handy oder einer Digitalkamera erstellt haben, veröffentlichen. Die webkonforme Transcodierung übernimmt Facebook.

Abbildung 8.5: Auch Videomaterial lässt sich problemlos in Ihr Facebook-Profil einbinden

Kommunizieren

Sie haben Freunde, die auch bei Facebook zu finden sind? Dann nutzen Sie doch einfach die Kommunikationsmöglichkeiten, die das System Ihnen anbietet. Aber wie finden Sie Ihre Freunde bei Facebook?

1. Klicken Sie das Icon *Freunde* im linken oberen Fensterbereich an und folgen Sie dem Link *Freunde finden*.

Hier haben Sie die Möglichkeit, das existierende Adressbuch Ihres Standardmail- oder Messengerprogramms hochzuladen und zu prüfen, wer von Ihren dort registrierten Kontakten bereits bei Facebook registriert ist.

2. Wählen Sie das entsprechende Mail- oder Messengerprogramm aus, dessen Kontakte Sie auch zu Facebook exportieren möchten. Dazu ist es notwendig, sich mit seinen Account-Daten beim entsprechenden Service anzumelden (Abbildung 8.6).

Nun werden die Mailadressen sämtlicher Kommunikationspartner daraufhin untersucht, ob sie für einen Facebook-Account registriert worden sind.

Abbildung 8.6: Mithilfe des Imports Ihres Adressbuchs aus anderen Netzwerken oder Mailprogrammen finden Sie Freunde bei Facebook. Im vorliegenden Fall verwende ich mein GMX-Adressbuch

3. Markieren Sie diejenigen Kontakte, mit denen Sie über Facebook in Verbindung stehen möchten. Darauf wird eine Einladung an die potenziellen Freunde versendet. Sie können dabei auch eine persönliche Botschaft hinterlegen, damit das »Opfer« nicht überrumpelt wird.

Fertig! Nach Bestätigung Ihrer Einladung haben Sie dann alle von Facebook gebotenen Möglichkeiten, mit Ihren Kontakten in Verbindung zu treten.

Haben Sie sich ein Netzwerk von Freunden aufgebaut, dann können Sie mit diesen über Facebook kommunizieren oder sich gemeinsamen Gruppen anschließen. Die Kommunikation läuft entweder direkt über das Feld *Status* auf der Startseite oder über das Feld *Was machst du gerade?* auf Ihrer Pinnwand.

Beginnen wir mit der Pinnwand: Jedes Mitglied verfügt über einen allgemeinen Platz, auf welchem Nachrichten abgelegt werden können.

4. Begeben Sie sich durch Anklicken Ihres Namens in den Bereich *Profil* auf Ihre Pinnwand und hinterlegen Sie eine Nachricht für Ihre Freunde. Geben Sie dazu die Nachricht ins Textfeld *Was machst Du gerade?* ein und klicken Sie auf die Schaltfläche *Posten* (Abbildung 8.7).

Abbildung 8.7: Die Pinnwand ist der Sammelplatz für allgemeine Nachrichten.
Sie können hier auch Links oder Fotos und Videos einbinden

Dadurch erfahren Ihre Freunde, was Sie gerade treiben. Aber Vorsicht: Die Kommunikation über die Pinnwand ist stets öffentlich und kann von allen eingesehen werden.

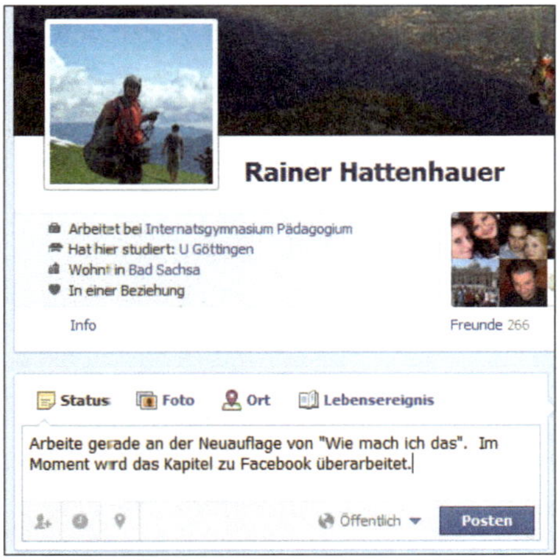

Abbildung 8.9: Über die Statusmeldungen erfahren Ihre Freunde, was Sie gerade so treiben. Dabei sollten Sie darauf achten, dass die Option »Öffentlich« grau hinterlegt ist – anderenfalls lockt die Parteieinladung im Extremfall mehrere Tausend Menschen an, vgl. den legendären Fall »Tessa«

Facebook ist mittlerweile omnipräsent und hat auch Einzug auf Smartphones gehalten: Wenn Sie sich auch unterwegs mit Ihren Freunden austauschen wollen, so bietet sich dazu die passende Facebook App an.

Google+ – das Facebook für Erwachsene

Facebook ist das Tummelbecken der Spaß-Generation – junge Menschen sind allerdings oft auch recht unkritisch, was die Qualität und Adressaten ihrer Meldungen anbelangt. Ein Beispiel aus meiner eigenen beruflichen Praxis: Die Meldung »Sitze gerade bei Herrn X im Chemieunterricht und langweile mich« sollte von Schülerseite tunlichst nicht abgegeben werden – der Feind könnte ja mitlesen, falls er irgendwann einmal in den Freundeskreis aufgenommen wurde.

Zwar lassen sich bei Facebook auch Freundeslisten erstellen; das ist den meisten Anwendern aber oft zu umständlich. Google+ löst das eleganter, indem man dort Circles (Kreise) festlegt, an die bestimmte Meldungen geschickt werden. So lässt sich Berufliches und Privates bequem voneinander trennen.

Die Nutzung von Google+ ist recht unkompliziert:

1. Erstellen Sie, falls nicht bereits geschehen (vgl. *Googles Geheimnisse*), ein Konto bei Google.
2. Melden Sie sich mit den Zugangsdaten bei Google auf der Startseite an. Sie können nun durch Anklicken Ihres Login-Namens am rechten oberen Fensterbereich zunächst Ihr Profil vervollständigen und anschließend Freunde zu Google+ einladen.

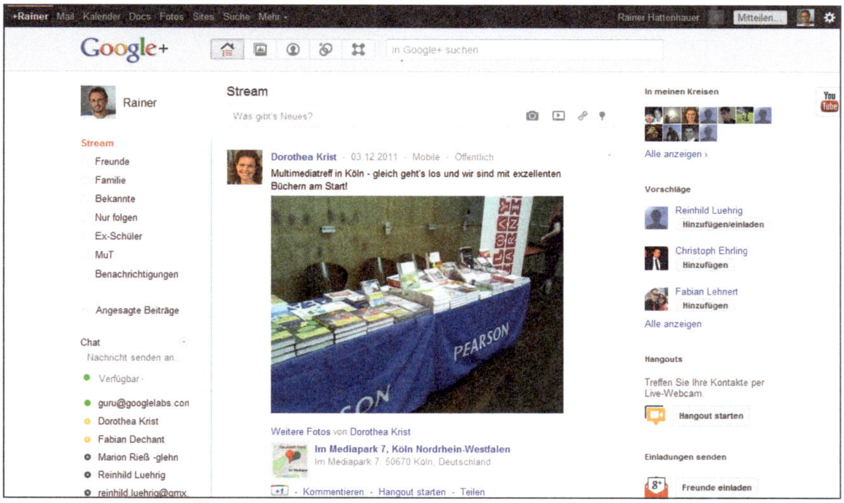

Abbildung 8.10: Die Oberfläche von Google+ wirkt aufgeräumt. Die wichtigsten Funktionen erreichen Sie über die Symbole (Icons) neben dem Google+-Logo

3. Nachdem sich Ihr Freundeskreis gefüllt hat, können Sie dazu übergehen, diese in Kreise einzusortieren. Dazu klicken Sie das Circles-Logo in der Icon-Leiste an.
4. Nun können Sie Kreise erzeugen (z.B. »beruflich« und »privat«) und die Kontakte per Maus in die Kreise hineinschieben (Abbildung 8.10).

Ein weiterer Vorteil von Google+: Durch Anklicken des Links *Hangout* können Sie schnell und unkompliziert eine Konferenz zwischen Google+-Nutzern starten, z.B. unmittelbar nachdem eine News gepostet wurde.

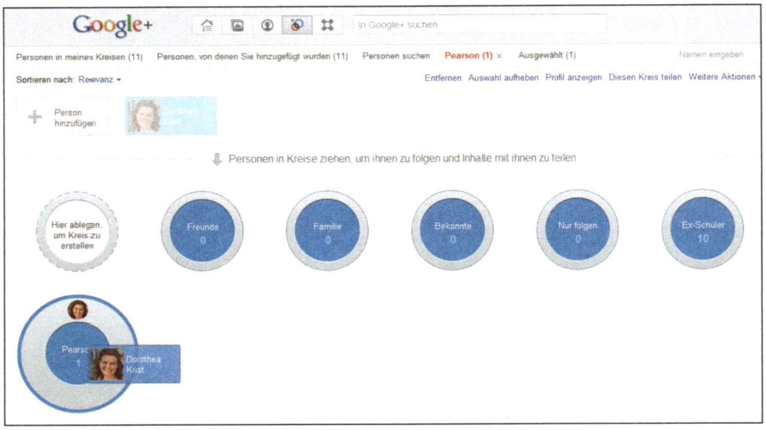

Abbildung 8.11: Personen werden per Drag&Drop in Kreise geschoben. Dadurch erreichen Sie eine saubere Trennung der Adressaten von Postings

XING – das Businessnetz

Noch seriöser als Facebook und Google+ kommt das Businessnetz XING daher. Die Einrichtung und Nutzung eines Accounts bei XING ist ähnlich einfach wie bei Facebook.

1. Begeben Sie sich auf `www.xing.com` und erstellen Sie einen Account, indem Sie das Formular *Kostenlos registrieren* ausfüllen.

Der XING-Basisaccount ist kostenlos, wenn Sie allerdings weitere Komfortmerkmale in Anspruch nehmen möchten, fällt eine monatliche Gebühr an.

2. Bestätigen Sie Ihren Account durch Anklicken des Aktivierungslinks in der E-Mail, die Sie nach der Anmeldung automatisch erhalten.

3. Loggen Sie sich bei XING ein und füllen Sie Ihr Profil mit Leben. Hier kommt es in erster Linie darauf an, Ihre beruflichen Fähigkeiten und Fertigkeiten an die Frau oder den Mann zu bringen.

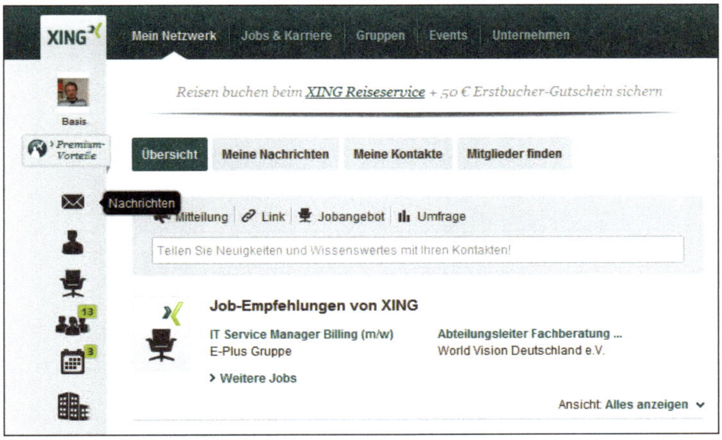

Abbildung 8.12: Knüpfen Sie Kontakte auf XING und erhalten Sie Jobangebote

Durch die Mitgliedschaft bei XING ergeben sich durch die konsequent umgesetzte Vernetzung über »fünf Ecken« oft sehr interessante und lukrative Kontakte.

Twitter

… und wenn's mal schnell gehen soll, bietet sich Twitter an: Das Microblogging-Tool gestattet das Absetzen kleiner Kurzinfos oder Statements.

1. Begeben Sie sich auf `www.twitter.com` und richten Sie sich dort einen Account ein.
2. Besorgen Sie sich eine mobile Twitter-Applikation für Ihr Handy und installieren Sie diese.

Suchen Sie dazu per Google nach *twitter client »Handysystem«*, also z.B. *twitter client iPhone*.

3. Definieren Sie im Twitter-Client auf dem Handy Ihre Twitter-Zugangsdaten – und schon kann's losgehen.

Sie haben nun die Möglichkeit, die Tweets Ihrer Freunde von unterwegs zu verfolgen, aber auch selbst Tweets abzusetzen (Abbildung 8.13). Twitter ist somit die SMS des 21. Jahrhunderts.

Abbildung 8.13: In Echtzeit auf dem Laufenden, auch per Smartphone – Twitter macht's möglich

NetTags

- facebook anleitung
- facebook tipps privatsphäre
- xing kontakt knigge
- google+ circles
- google+ hangout
- twitter client »Smartphonetyp«

FACEBOOK
Profil **Webciety**
GOOGLE+ XING
HANGOUT circles
TWITTER

9 Der gläserne Mensch

Die soziale Vernetzung via Internet schreitet unaufhörlich voran – und so mancher unbedarfte Community-Jünger aus Facebook, Google+ und Co. lässt sich zum Identitätsstriptease verführen und gibt mehr über sich preis, als ihm lieb ist. Oft genug folgt ein bitteres Erwachen, denn merke: Das Netz vergisst nie …

Ego-Googling
Das Suchen nach Informationen zur eigenen Person per Google.

yasni.de
Die Automatisierung des Ego-Googling: `yasni.de` führt alle Informationen zu einem bestimmten Namen, die im Internet recherchierbar sind, zusammen und verknüpft diese.

Google Maps Latitude/Facebook Orte
Der Ergänzungsdienst Latitude von Google ermöglicht das Orten von Personen auf den Google-eigenen Karten *Google Maps*. Selbiges ist per Facebook auch möglich: Nach Aktivierung der Orte-Funktion wissen Ihre Freunde, wo Sie sich gerade befinden.

Nachdem Sie im letzten Kapitel einiges über soziale Netze gelernt haben, möchte ich Sie nun anhand einiger Beispiele dafür sensibilisieren, behutsam mit Ihren persönlichen Daten umzugehen. Jeder vierte Personalchef begibt sich mittlerweile vor der Auswahl der Kandidaten für eine Vorstellungsrunde mit Google auf die Pirsch.[1] Bevorzugte Reviere sind dabei die sozialen Netzwerke, die nach Informationen zu potenziellen Kandidaten durchkämmt werden. Das dort entdeckte Material zeichnet nicht selten für die x-te Absage des ahnungslosen Bewerbers verantwortlich.

Andererseits kann man den im Netz zur Verfügung stehenden sozialen Informationsquellen auch positive Aspekte abgewinnen, nämlich dann, wenn man sie für die eigenen Zwecke zu nutzen versteht. So ist die orwellsche Vision der totalen Überwachung durch das Handy-Tracking in Form von

1 Das ist zwar mittlerweile durch einige Gerichtsurteile untersagt worden, es fehlt hier aber jegliche Kontrollmöglichkeit.

Google Maps Latitude bereits Realität geworden. Und sie hat durchaus ihren Charme, wenn es z.B. darum geht, einen greifbaren Partner zum Tennis oder den bei Freunden abgetauchten Sprössling ausfindig zu machen …

Was braucht man…

- **Google:** Ohne den Branchenprimus läuft nichts – wer wissen will, was das Netz über bestimmte Personen gespeichert hat, fragt Google.
- **yasni:** Zur Erstellung kompletter Persönlichkeitsprofile wird die Metasuchmaschine **yasni** (`www.yasni.de`) verwendet.
- **Google Maps:** Besonders spannend ist das Zusammenführen von Virtualität und Realität: *Google Maps Latitude* gestattet es Ihnen, den physikalischen Ort von Personen zu ermitteln. Voraussetzung hierfür ist allerdings, dass die betreffende Person Ihnen hierfür explizit die Erlaubnis erteilt hat.

Was muss man können…

Man muss bereit sein, einen Teil seiner Identität preiszugeben, um sich auf das Experiment »Social Web« einzulassen.

Ego-Googling und yasni

Wer bin ich, und was weiß das Netz über mich? Der Weg zur virtuellen Selbstfindung geht in diesem Fall nicht über teure Zen-Seminare. Eine einfache Google-Recherche bietet schon einige Einblicke. Das folgende Beispiel funktioniert allerdings nur dann, wenn Sie nicht über einen Allerweltsnamen wie Heinz Meier oder Anna Müller verfügen. Bei mir ist das kein Problem. ;-)

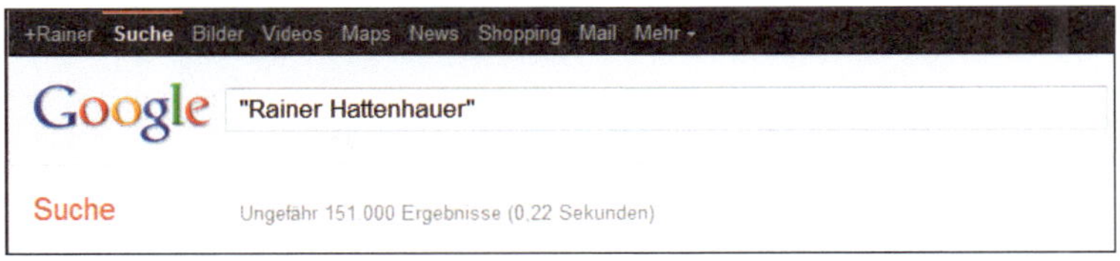

Abbildung 9.1: Auf den ersten Blick gut fürs Ego: Google liefert eine große Anzahl Treffer zum eigenen Namen

1. Geben Sie Ihren vollständigen Namen in Anführungszeichen bei Google ein.

Die Anführungszeichen stellen sicher, dass nach dem kompletten Namen gesucht wird, was die Anzahl potenzieller Treffer einschränkt.

Interessant wird die Suche, wenn man mit dem Namen gezielt Eigenschaften verknüpft, z.B. die Telefonnummer:

2. Ergänzen Sie einen Begriff wie »*Telefonnummer*« oder »*Adresse*« zur Suchanfrage nach Ihrem Namen.

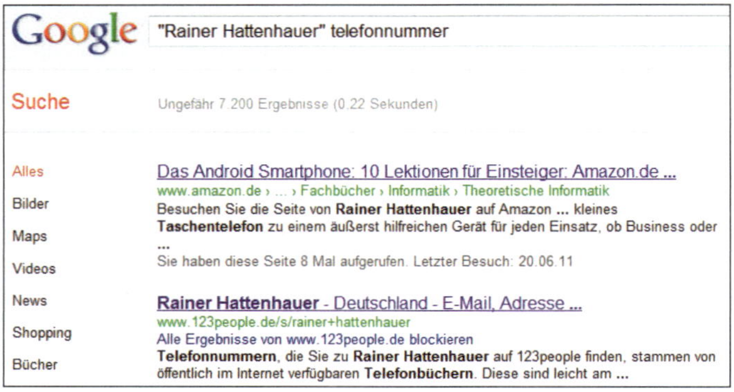

Abbildung 9.2: Nicht immer gewünscht: die leichtfertige, unbeabsichtigte Weitergabe persönlicher Daten wie Adresse und Telefonnummer

Der Treffer in Abbildung 9.2 zeigt, dass eine Personensuchmaschine (hier: `123people`) in meinem Fall schon einen Eintrag erstellt hat, der zu meiner Telefonnummer führt. Zur Telefonnummer wird obendrein noch der Wohnort genannt, wenn man dem Link folgt:

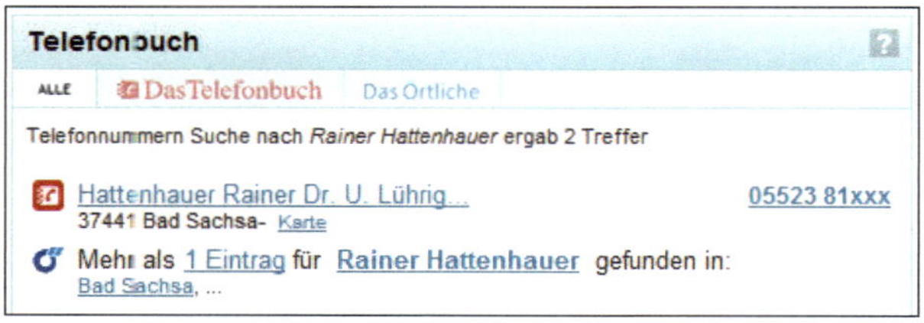

Abbildung 9.3: Über die Telefonnummer lässt sich schnell der Wohnort ermitteln

Selbst wenn beim Verfolgen des Links die komplette Adresse noch nicht unmittelbar preisgegeben wird, lässt sich das leicht anhand der gefundenen Telefonnummer (Abbildung 9.3) nachholen. Dazu vernetzen wir die Information mit einer weiteren Quelle:

3. Begeben Sie sich nun auf die Seite `www.telefonbuch.de` und geben Sie die recherchierte Nummer oder aber einen Namen und den Wohnort in das Suchfeld ein. Sollte die gesuchte Person der inversen Suche nicht widersprochen haben, so erscheint ihre Adresse nach Abschicken der Suche im Suchfenster.

Wenn Sie jetzt noch auf den Reiter *Kartensuche* klicken, wird der genaue Wohnort in einer übersichtlichen Karte dargestellt.

Aber warum sich die Mühe machen und selbst die Informationen aus dem Netz zusammenklauben? Das erledigen heutzutage Metasuchmaschinen wie `yasni.de` einfacher und schneller:

4. Begeben Sie sich auf `yasni.de` und suchen Sie dort nach Ihrem guten Namen. Sie werden (abhängig von Ihren bisherigen Aktivitäten im Netz) von der Fülle der dargebotenen Informationen überrascht sein (Abbildung 9.4).

Sollten Sie einen der oben beschriebenen Allerweltsnamen tragen, so haben Sie die Möglichkeit, über das Feld *Suche eingrenzen* weitere Stichworte zu ergänzen, welche die Ergebnisse der Suche dichter an Ihr wahres Ich heranführen. Sind Sie beispielsweise in Ihrer Freizeit bei der freiwilligen Feuerwehr aktiv, so ergänzen Sie das Stichwort *Feuerwehr*. Es versteht sich von selbst, dass das beschriebene Verfahren natürlich auch tadellos funktioniert, wenn Sie Informationen über andere Personen recherchieren möchten. ;-)

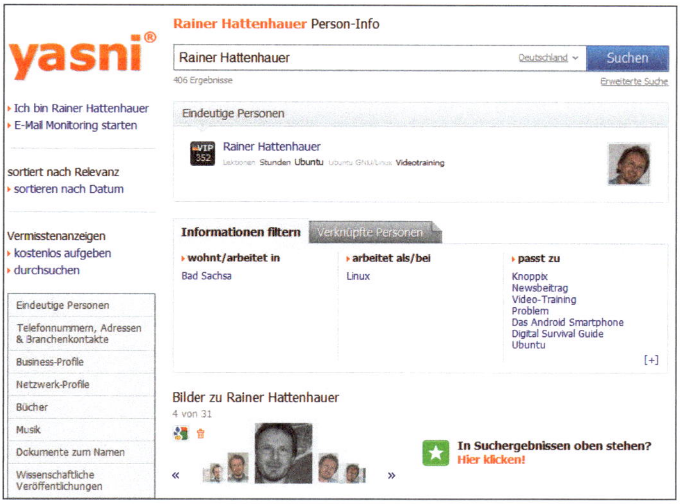

Abbildung 9.4: yasni.de erstellt automatisch ein brauchbares Persönlichkeitsprofil

Solange Sie im Netz stets mit Ihrem richtigen Namen unterwegs sind, ist yasni.de in der Lage, die angebotenen Informationen problemlos zu vernetzen. Es besteht aber die Möglichkeit, selbst zu bestimmen, was der Öffentlichkeit angeboten wird und was nicht. Dazu ist es erforderlich, ein Profil bzw. Exposé bei yasni.de zu erstellen. Das Ganze nennt sich dann neudeutsch *Reputationsmanagement*:

1. Klicken Sie in Abbildung 9.4 auf den Link *Ich bin »Name«* am linken oberen Fensterrand. Im folgenden Fenster können Sie sich für die Erstellung eines eigenen Exposés bei yasni.de anmelden und somit dafür Sorge tragen, dass nur das, was Sie wünschen, von der Suchmaschine preisgegeben wird.

2. Klicken Sie den Bestätigungslink an, der an die angegebene E-Mail-Adresse geschickt wird. Ihr yasni-Profil ist aktiviert.

Sie können nun Ihr Profil auf der yasni.de-Seite ändern, indem Sie z.B. ein schmeichelhaftes Porträtfoto hochladen. Über selbst definierte Stichworte in der Rubrik *Relevante Begriffe zu …* können Sie ein kurzes Persönlichkeitsprofil erstellen, das immer dann erscheint, wenn nach Ihnen gesucht wird.

Nachdem Sie sich bei `yasni.de` eingeloggt haben, sollten Sie noch einmal Ihren Namen suchen. Sie haben jetzt die Möglichkeit, die angebotenen Suchergebnisse durch Anklicken der davor befindlichen Checkbox auszuwählen und Ihrem Profil zuzuordnen. Ein Interessent, der fortan nach Ihrem Namen sucht, findet nun als Erstes die von Ihnen ausgewählten Informationen vor. Dadurch lässt sich das Bild, das Sie in der Öffentlichkeit abgeben, gezielt steuern.

Übrigens: Es gibt mittlerweile auch professionelle Anbieter, die es sich zur Aufgabe gemacht haben, Ihre Fußspuren im Netz zu verwischen bzw. ins rechte Licht zu rücken. Als Beispiel sei an dieser Stelle myON-ID (`www.myonid.de`) genannt.

Anonyme E-Mail-Adressen nutzen

Sie möchten bei Ihren Streifzügen im Netz auch einmal unerkannt bleiben? Ein erster Schritt in die Anonymität ist die Einrichtung einer Wegwerf-Mailadresse, z.B. für die Anmeldung in Foren. Eine solche Adresse kann leicht bei einem Anbieter wie `trash-mail.com` eingerichtet werden.

1. Begeben Sie sich auf `trash-mail.com` und geben Sie dort in die Eingabemaske den gewünschten Namen für eine E-Mail-Adresse ein (Abbildung 9.5). Bestätigen Sie die Eingabe.

Der Trashmail-Account ist sofort nach der Anmeldung aktiv.

Abbildung 9.5: Für Menschen mit Hang zur Privatsphäre: die Wegwerfadresse

2. Verschicken Sie testweise eine Mail von Ihrem privaten E-Mail-Account aus an die Trashmail-Adresse.

3. Testen Sie im Browser über die Schaltfläche *Mails holen*, ob die Testmail ihr Ziel erreicht hat.

In Zukunft können Sie nun E-Mails, die an die zuvor definierte Adresse gerichtet sind, mithilfe eines beliebigen Browsers empfangen. Das Verschicken von Mails ist von Trashmail aus allerdings nicht direkt möglich. Es gibt hier aber den Umweg, die Trashmail-Adresse in einem gewöhnlichen Mailprogramm als Absenderadresse zu definieren und über den SMTP-Server des Providers zu gehen.

An dieser Stelle muss bemerkt werden, dass die Verwendung eines Trashmail-Accounts nicht ganz unkritisch ist. Stellen Sie sich dazu folgendes Szenario vor: Sie haben einen Account in einem Forum in Verbindung mit einer Trashmail-Adresse eingerichtet. Ein Hacker findet heraus, dass Sie im Forum mit der E-Mail-Adresse `geheime_adresse@trashmail.com` unterwegs sind. Er begibt sich in das Forum, wählt bei dem Login-Prompt die Option *Passwort vergessen*, und ein neues Passwort wird an die Trashmail-Adresse verschickt. Dieses kann nun höchst einfach durch Eingabe der bekannten Mailadresse bei Trashmail abgegriffen werden, und der Forumsaccount ist in den Händen des Hackers.

Personen orten mit Google Maps Latitude

Ein interessantes Werkzeug für alle Überwachungssüchtigen bietet Google mit der »Latitude«-Erweiterung (*»Latitude«:* engl. für *Breitengrad*) in Google Maps an. Hierbei handelt es sich um eine Software, die es gestattet, Personen zu lokalisieren, welche die aktuelle Google Maps-Applikation auf ihrem Handy bzw. Smartphone installiert und gestartet haben. Voraussetzung ist, dass Sie dafür die ausdrückliche Genehmigung der Person haben, deren Aufenthaltsort Sie herausfinden möchten. Die Person muss wie Sie über ein Google-Konto verfügen. Die nachfolgende Beschreibung bezieht sich auf die Google Maps App auf einem Android Smartphone, Benutzer anderer Hardware finden rasch eine entsprechende App per Google.

1. Starten Sie Google Maps auf Ihrem Android Smartphone.

2. Wählen Sie per Menü-Taste den Punkt *Mehr/An Google Latitude teilnehmen* aus.

Alternativ können Sie auch direkt die Latitude App starten: Diese wird in der Regel mit Google Maps installiert.

3. Bestätigen Sie explizit, dass Sie den Ortungsdienst Latitude auf Ihrem Smartphone aktivieren möchten.

Das war's auch schon. In Zukunft können Ihre Freunde Sie jederzeit in Google Maps finden, wenn sie das kleine Symbol in der unteren linken Ecke der Smartphone-App betätigen.

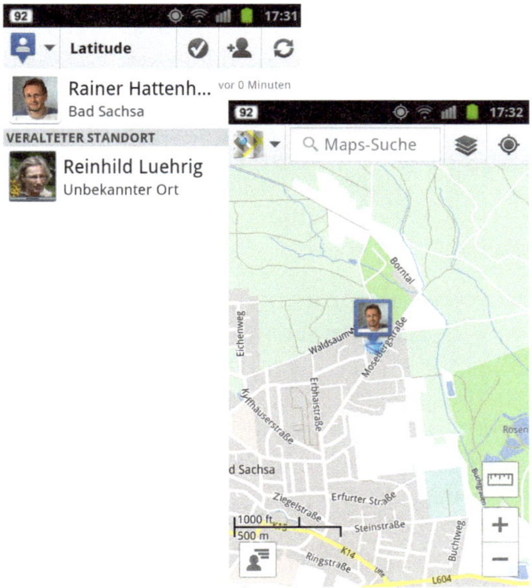

Abbildung 9.6: Der Albtraum aller Datenschützer: immer lokalisierbar dank Google Latitude. Mit dem Symbol in der unteren linken Ecke gelangen Sie zu den Latitude-Funktionen/-Optionen

Nun können Sie Ihrerseits auch Freunde dazu auffordern, ihre Position für Sie preiszugeben.

4. Wählen Sie im Bereich *Optionen* der Google Maps-Anwendung den Punkt *Google Latitude*. Klicken Sie auf das Symbol *Freunde hinzufügen*.

5. Geben Sie die E-Mail-Adresse eines Freundes an, der ebenfalls die Google Maps auf seinem Handy installiert hat. Dieser erhält nun eine E-Mail, die eine Freigabeaufforderung für dessen Lokalisierung enthält.

Nachdem Ihr Freund seine Freigabe erteilt hat, erscheint er auf Ihrer Google Maps-Karte auf dem Handydisplay, vorausgesetzt, er hat auf seinem Handy ebenfalls Google Maps gestartet und Latitude aktiviert. Latitude lässt sich übrigens auch direkt aus einem Browser heraus nutzen.

Das Verfahren, das sich Google Maps Latitude zum Aufspüren der Mobilgeräte zunutze macht, nennt sich Geolocating. Loggt sich der Anwender in einen WLAN-Hotspot ein, so wird die dort zugewiesene dynamische IP ausgewertet, um eine grobe Lokalisierung vorzunehmen. Bei Interneteinwahl per GSM- oder UMTS-Netz werden die geografischen Informationen aus der Lage der verwendeten und der benachbarten Funkzellen entnommen. Noch genauer geht es freilich, wenn auch der GPS-Chip des Handys aktiviert ist.

Ortung per Facebook

Das Verfahren der Lokalisierung hat mittlerweile auch Einzug in die sozialen Netzwerke gehalten: Die Facebook App für Smartphones bietet über *Facebook Orte* ebenfalls die Möglichkeit, sich selbst lokalisieren zu lassen und die eigene Position an Freunde weiterzuleiten. Das geht so weit, dass findige Werbestrategen das folgendermaßen nutzen: Zeigt man an der Kinokasse die aktive Facebook-App nebst Lokalisierungsmeldung vor, so erhält man eine Tüte Popcorn kostenlos. Sinn dieser Aktion: weitere Freunde zur gleichen Location locken ...

Tipps zur Anonymität im Netz bei Facebook und Google+

Facebook und Google+ haben die unangenehme Eigenschaft, einige Optionen von Hause aus zu aktivieren, die ungewollt zu viele Informationen preisgeben.

- Stellen Sie sicher, dass bei Facebook die automatische Gesichtserkennung in Ihrem Profil deaktiviert ist (*Einstellungen/Privatsphäre*, Abbildung 9.7). Diese sorgt dafür, dass Ihr Gesicht auch auf fremden Fotos automatisch mit Ihrem Namen versehen (»getaggt«) wird.

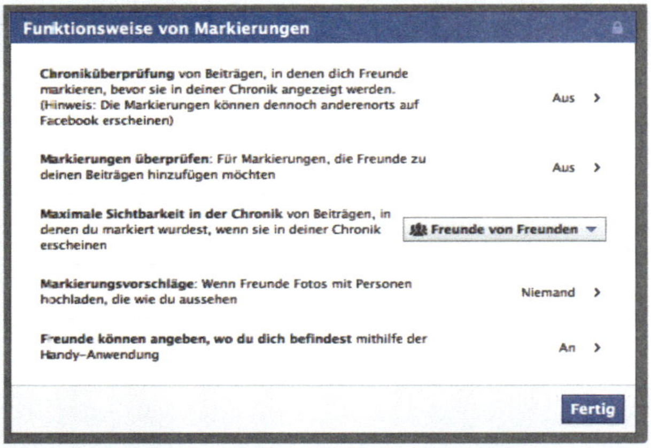

Abbildung 9.7: Achten Sie in Ihren Einstellungen zur Privatsphäre darauf, dass die Markierungsvorschläge deaktiviert werden

- Bei Google+ sollten Sie darauf achten, dass Fotos, die Sie per Smartphone-Kamera angefertigt haben, nicht automatisch in den Google+-Stream hochgeladen werden. Diese Funktion ist bei den Smartphone-Apps unter *Einstellungen/Sofortupload* zu deaktivieren.

NetTags

- google »Name«
- yasni »Name«
- wegwerf email anbieter
- facebook gefahren
- google latitude anleitung
- facebook gesichtserkennung deaktivieren
- google+ sofortupload

facebook **Ego-Googling**
GOOGLE LATITUDE
YASNI **trash-mail** **123people**
Gesichtserkennung **geolocating**
GOOGLE+ STREAM

10 SMS – Kurzschrift für Späteinsteiger

Das Kommunikationsmittel Nr. 1 bei Jugendlichen und Junggebliebenen ist immer noch die gute alte SMS. Auch im Ausland ist diese Form der Kommunikation sehr beliebt; bietet sie doch eine Möglichkeit, den haarsträubenden Roaminggebühren, insbesondere für den mobilen Internetzugang, zu entkommen. Grund genug, einige Tipps und Tricks zu den beliebten Kurztexten vorzustellen.

SMS

Der *Short Message Service* (kurz: SMS) ist ein Telekommunikationsdienst, der zunächst im Mobilfunkbereich eingesetzt wurde und mittlerweile auch Einzug in die Festnetztelefonie gehalten hat. Eine SMS ist typischerweise auf 160 Textzeichen beschränkt. Mittlerweile können Sie aber bis zu drei SMS verketten und dadurch die übertragene Textmenge erweitern.

Emoticons, Shortcuts, Akronyme

Zum besseren Ausnutzen der limitierten Textmenge in einer SMS werden häufig die im Internet üblichen Emoticons wie z.B. Smileys (:-)) und Abkürzungen (engl.: *Shortcuts*) bzw. Akronyme verwendet.

T9

Das T9-Texteingabeverfahren (engl.: *text on 9 keys*) erlaubt eine schnellere Tippgeschwindigkeit bei der Eingabe von Texten in das Handy. Mithilfe einer speziellen Software und eines Wörterbuchs muss man bei der Verwendung von T9 jede mehrfach belegte Buchstabentaste nur einmal betätigen.

Swype

Noch einfacher haben es Smartphone-Besitzer: Per Softtastatur lassen sich zügig Texte eingeben. Geniale Systeme wie Swype, bei denen Worte per Wischen auf den Bildschirm gezaubert werden, erlauben Schreibraten, die eine Stenotypistin vor Neid erblassen lassen.

Wenn Sie zur Generation 40+ gehören, dann kommt Ihnen die folgende Situation sicher bekannt vor: Sie sitzen in der U-Bahn und schütteln verwundert den Kopf über den knapp 15-jährigen Fingerakrobaten, der seinem heimlichen Schwarm in null Komma nichts einen Schwall von Liebesschwüren zusimst. Simsen – das Kunstwort, das das Verschicken kleiner Textnachrichten per Handy via SMS umschreiben soll – hat es bis in den Duden geschafft, der endgültige Beweis, dass die »Generation @« im Bildungsbürgertum angekommen ist.

Wenn man nicht von Kindesbeinen an mit dem Simsen aufgewachsen ist, tut man sich schwer damit, die kurzen Texte in einigermaßen akzeptabler Zeit vom Handy aus abzusetzen. Meist ist die nächste Nachricht des Kommunikationspartners eher da, als man selbst eine Antwort auf die erste verfasst hat – das ist die Tücke der asynchronen Kommunikation.

Aber es ist Hilfe in Sicht: Spätestens seit der Einführung des T9-Systems ist auch ein unbegabter Tipper in der Lage, eine SMS-Kommunikation mit akzeptabler Latenz (sprich: Reaktionszeit) zu führen. Zusätzliche moderne Techniken wie die integrierten Volltastaturen bei aktuellen Smartphones à la BlackBerry, Softtastaturen wie beim iPhone oder bei Android Smartphones, Bluetooth-Keyboards oder intelligent erweiterbare Wörterbücher versprechen eine Beschleunigung des mobilen Gedankenaustauschs. Bei Smartphones schicken sich gar neue Eingabeprogramme wie *Swype* an, das Schreiben von Kurztexten zu vereinfachen. Im Folgenden finden Sie daher einige Tipps, mit deren Hilfe der zeichenorientierte Kurzstreckenfunk flotter vonstattengeht. Die besprochene Thematik gewinnt spätestens dann an Bedeutung, wenn es darum geht, das Tippen durch dem flächendeckenden Einzug des mobilen Internets auch auf E-Mails auszudehnen, die dann auch deutlich länger als 160 Zeichen ausfallen können.

Was braucht man...

- **Ein Handy mit T9-Eingabemodus:** Es dürfte schwerfallen, heutzutage ein Handy zu finden, das T9 nicht beherrscht. Auf Smartphones findet man die Erweiterung XT9: Hier erhält man während des Schreibens bereits konkrete Wortvorschläge.
- **Einen preisgünstigen Mobilfunkvertrag:** Eine SMS kostet heute in der Regel im Inland von Handy zu Handy 9 Cent. Auch im Ausland ist eine SMS vergleichsweise günstig: Im EU-Bereich fallen 13 Cent, im übrigen Ausland 39 Cent an – diese Form der Kommunikation ist somit wesentlich günstiger als ein reguläres Handytelefonat.
- **Ergänzende Hardware/Software:** Echtes Vergnügen bereitet das Erstellen einer SMS natürlich auf einem Smartphone mit Volltastatur wie z.B. einem BlackBerry©. Wer ein solches Gerät sein Eigen nennt, verfügt automatisch über eine erhöhte Grundgeschwindigkeit beim Erstellen von Textnachrichten. Das Ganze lässt sich noch steigern, wenn man das Smartphone um Spezialwörterbücher erweitert, die die eingegebenen Begriffe während des Tippens zu erraten versuchen. Darüber hinaus können Sie zusätzliche Software erwerben, die auf gänzlich neue Eingabemethoden setzt, wie beispielsweise *Swype*.

Was muss man können...

Der Einsatz spezieller SMS-Eingabetechniken erfordert stets eine Einarbeitungsphase. Werfen Sie also nicht die Flinte ins Korn, wenn das neue Verfahren zunächst noch keinen klaren Geschwindigkeitsvorteil bringt – wie so oft gilt auch hier: Übung macht den Meister!

Die klassische Mehrfachbelegung

Schauen wir uns zunächst die klassische Eingabevariante an: Alle Handys, aber auch die Mehrzahl der Festnetztelefone, sind mit Mehrfachwahltasten ausgestattet (Abbildung 10.1).

Abbildung 10.1: Klassische Handytastatur mit mehrfach belegten Tasten

Deren Funktionsweise dürfte mittlerweile auch dem größten Handymuffel geläufig sein: Der Buchstabe »A« beispielsweise wird durch einmaliges Betätigen der Taste mit der Ziffer »2« eingegeben, das »Z« erhält man durch viermaliges Drücken der Taste »9«. Müssen zwei Buchstaben hintereinander eingegeben werden, die auf derselben Taste liegen, so legt man zwischen den beiden Buchstaben entweder eine Kunstpause ein oder bewegt sich mit dem Cursorsteuerkreuz nach rechts.

Einleuchtend, dass diese Form der Texteingabe nicht unbedingt ökonomisch ist. Was man sich bei dieser Eingabevariante unbedingt angewöhnen sollte, ist das Eintippen des Textes, *ohne* nebenbei auf den Bildschirm zu schielen. Nur dadurch konzentriert man sich auf die Tasten bzw. den Textinhalt. Erstaunlicherweise hat die Evolution mittlerweile dafür gesorgt, dass Jugendliche mit der Mehrfachtastenbelegung schneller tippen können als auf der Minitastatur z.B. eines BlackBerry.

Abkürzungen verwenden

Der erste Trick, den Jugendliche zur Übermittlung ihrer Botschaften verwenden, ist die Beschränkung auf das Allernötigste. Das Ganze führt zu den merkwürdigsten Abkürzungen, die meist dem Internetslang entliehen wurden. Einen Überblick über einige dieser sogenannten Akronyme finden Sie bei einer Google-Suche mit den Begriffen *sms akronyme*. Hätten Sie gewusst, was folgende Abkürzungen bedeuten?

Akronym	Bedeutung
AFAIK	As far as I know (soweit ich weiß)
BABS	Bin auf Brautsuche
FANTA	Fahre noch tanken
GN8	Good night (Gute Nacht)
IAMIDN	Im Augenblick mag ich dich noch
LOL	Laughing out loud (lautes Lachen)
OMG	Oh mein Gott
ROFL	Rolling on the floor, laughing (sich vor Lachen auf dem Boden kringeln)
T+	Think positive! (Denk positiv!)
WIDUMIHEI	Willst du mich heiraten? (Vorsicht, sollte nicht unüberlegt eingesetzt werden!!!)
ZUMIOZUDI	Zu mir oder zu dir? Der klassische Anmachspruch in seiner modernen Form

Tabelle 10.1: Einige wichtige und witzige Akronyme

Wie man sieht, kann der Jugend eine gewisse Kreativität nicht abgesprochen werden.

Apropos Abkürzungen: Sie können beim Schreiben einer SMS auch dadurch Buchstaben sparen, dass Sie im klassischen Eingabemodus einfach sämtliche Vokale weglassen. Unser Gehirn ist erstaunlich flexibel und reimt sich den Rest schon zusammen. Das Ganze sieht dann etwa folgendermaßen aus:

Gtn Tg, w ght s Dr? ch stz hr grd dmm rm nd lngwl mch.

Na, haben Sie den Text dechiffriert? Richtig: »*Guten Tag, wie geht es dir? Ich sitze hier gerade dumm rum und langweile mich.*« Bei der Kurzvariante wurden mehr als 30 % der Zeichen eingespart. Na gut, man kann es mit den Sparmaßnahmen natürlich auch übertreiben. Sehen wir uns nachfolgend lieber einmal einige Verbesserungen in Bezug auf die Texteingabe an.

Erste Schritte mit T9

Sie ist mittlerweile auf fast jedem Handy zu finden: die T9-Texteingabe. Bei dieser Eingabetechnik geht es darum, ein Wort so einzutippen, dass jede Taste nur einmal pro Buchstabe betätigt wird. Dabei arbeitet die Software mit einem integrierten Lexikon zusammen, das die Buchstabensequenzen mit darin enthaltenen Begriffen vergleicht und diese dann übernimmt. Ein Beispiel: Das Wort »Intelligenz« erfordert die Tastenfolge 46835544369, vgl. die Tastatur in Abbildung 10.1. Sollte es mehrere Interpretationsmöglichkeiten geben, kann man mit der [*]-Taste zwischen den Varianten wechseln. Mit der [#]-Taste wechselt man zwischen den Modi T9 an/aus bzw. Groß-, Kleinschreibung und Ziffern.

Das T9-Verfahren hat Vor- und Nachteile. Ein Vorteil besteht darin, dass zum Schreiben eines Buchstabens jeder Buchstabe durch einen einzigen Tastendruck geschrieben wird, was viel Zeit spart. Auch das oben beschriebene Problem, wenn zwei aufeinanderfolgende Buchstaben auf einer Taste liegen, tritt hier nicht auf.

Abbildung 10.2: T9 ist lernfähig: Falsch erkannte Wörter lassen sich jederzeit korrigieren und im Wörterbuch abspeichern

Ein Nachteil bei dem T9-Verfahren ist der limitierte Wortschatz. Wer viel mit Spezialvokabeln oder Akronymen arbeitet (vgl. Tabelle 10.1), der ist mit T9 nicht gut bedient. Es sei denn, man verfügt über ein Handy, dessen T9-Vokabularium lernfähig ist. Das ist bei den meisten Geräten der Fall. Wird ein Wort nicht erkannt (z.B. *Synapse*), können Sie das unbekannte Wort durch Buchstabieren im Normaleingabemodus zum Vokabularium hinzufügen (Abbildung 10.2).

Hier noch zwei abschließende Tipps zum Verfassen einer SMS mit T9:

- Schauen Sie während des Eintippens eines Wortes zunächst nur auf die Tastatur und erst anschließend auf das Display. Dadurch werden Sie durch die T9-Erkennungsversuche nicht abgelenkt.
- Zerlegen Sie längere Wörter, indem Sie sich nach jedem richtig erkannten Wortteil mit dem Cursor nach rechts bewegen. Komplexe Wortkonstruktionen sind in den gängigen T9-Wörterbüchern nicht enthalten.

Verwenden spezieller Tastaturen

Diverse Businesshandys sind mittlerweile mit Volltastaturen versehen, die entweder im BlackBerry-Stil im Bereich des normalen Zahlenfelds zu finden sind oder aber durch einen Slider zum Vorschein gebracht werden (Abbildung 10.3). Primär für den Einsatz im E-Mail-Bereich gedacht, lässt sich damit natürlich auch ganz vorzüglich simsen.

Abbildung 10.3: Für den Mail- und SMS-Profi eignen sich Geräte mit eingebauter Volltastatur, hier der Android-Slider Desire Z von HTC (© www.htc.com)

Einen anderen Weg gehen die Hersteller von Smartphones mit Touchscreen wie z.B. Apple. Im iPhone finden Sie zur Eingabe von Textinhalten eine Softwaretastatur, die durch Fingerdruck auf das berührungsempfindliche Display bedient wird. Ein integriertes Wörterbuch hilft auch hier: Tippfehler werden dadurch bereits während des Tippens ausgebügelt. Wer allerdings einen allzu exotischen Schreibstil hat, sollte von der Möglichkeit Gebrauch machen, die automatische Textergänzung abzuschalten. Das geschieht z.B. beim iPhone über *Einstellungen/Allgemein/Tastatur/Auto-Korrektur*.

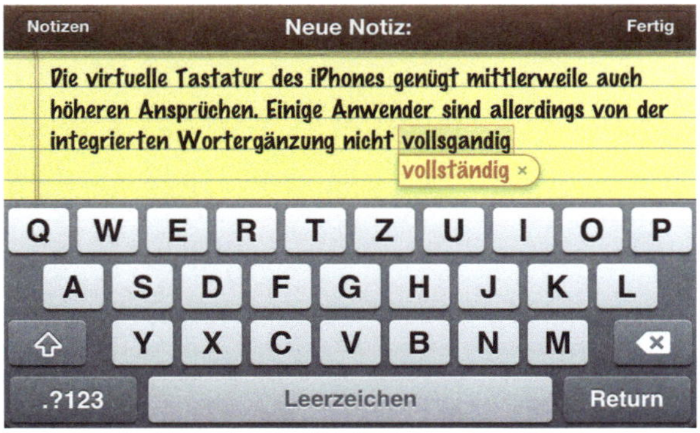

Abbildung 10.4: Die iPhone-Softtastatur ist nichts für Grobmotoriker mit großen Fingern. Für eine erhöhte Trefferquote drehen Sie das Handy zur Eingabe von Texten am besten ins Querformat: In diesem Fall vergrößert sich die virtuelle Tastatur. Die integrierte Worterkennung arbeitet mittlerweile zufriedenstellend. Sollten sich aber zu viele Fehler einschleichen, so können Sie diese auch ganz abschalten

Neue Formen der Texteingabe

Einen völlig neuen Ansatz zur Eingabe von Texten bietet das System *Swype*, welches auf den aktuellen Android-Smartphones der Firma Samsung bereits vorinstalliert wurde. Die Idee ist so einfach wie genial: Die Benutzer geben Texte auf der virtuellen Tastatur ein, indem sie die Zeichenfolge mit dem Finger auf einer virtuellen Tastatur durch Hin- und Herfahren »wischen«. Der Vorteil gegenüber den klassischen virtuellen Tatstaturen besteht darin, dass das Wischen wesentlich effektiver als das Tippen vonstattengeht, denn Sie müssen die Buchstaben nicht unbedingt exakt treffen. Doppelte aufeinanderfolgende Buchstaben müssen nur einmal überfahren werden. Ein integriertes Wörterbuch erkennt die gewischten Buchstabenfolgen und setzt sie sofort in Wörter um.

Swype gibt es für viele Android-Smartphones m Android Store.

Abbildung 10.5: Mit Swype werden die Wörter über die virtuelle Tastatur »gewischt«: Der blaue Strich verbindet die Buchstaben eines Wortes. Dabei wird die Buchstabenfolge mit einem internen Wörterbuch verglichen, sodass man mit dieser Methode eine sehr gute Erkennungsrate erreicht

Mit dem Swype-Eingabesystem wurde im Jahr 2010 ein neuer Geschwindigkeitsweltrekord im Schreiben einer SMS von der 27-jährigen Engländerin Melissa Thompson aufgestellt: Eine 160 Zeichen umfassende Nachricht wurde in 25,94 Sekunden erstellt. Der Text lautete übrigens: *The razor-toothed piranhas of the genera Serrasalmus and Pygocentrus are the most ferocious freshwater fish in the world. In reality they seldom attack a human* – viel Spaß beim Training für den neuen Weltrekord!

Eingabe à la Raumschiff Enterprise: Siri und Co.

Wer hätte nicht gern, dass ihm das Smartphone genauso aufs Wort gehorcht wie seinerzeit der Bordcomputer der Enterprise dem seligen Captain Kirk. Nun, das ist längst keine Utopie mehr: Spätestens seit Apple sein aktuelles iPhone mit der intelligenten Spracherkennung Siri ausgestattet hat, können Sie mit der Technik wie mit einem alten Freund kommunizieren (Abbildung 10.6).

Abbildung 10.6: Die intelligente Spracherkennung Siri ermöglicht das Verfassen einer SMS per Spracheingabe. *Bildquelle: apple.com*

SMS-Tricks

Sie glauben, Sie wüssten schon alles über SMS? Vielleicht bietet Ihnen der eine oder andere der folgenden Tricks neue Erkenntnisse:

- Sie möchten wissen, ob Ihre SMS wirklich bei der Gegenstelle angekommen ist? Setzen Sie, falls Sie und Ihr Gegenüber T-Mobile-Kunden sind und im D1-Netz kommunizieren, einfach ***T#** und ein Leerzeichen an den Anfang der SMS. Bei anderen Providern lautet die magische Kombination ***N#**, gefolgt von einem Leerzeichen bzw. netzübergreifend **#N#**. Sie bekommen dadurch eine Empfangsbestätigung per SMS zugeschickt.

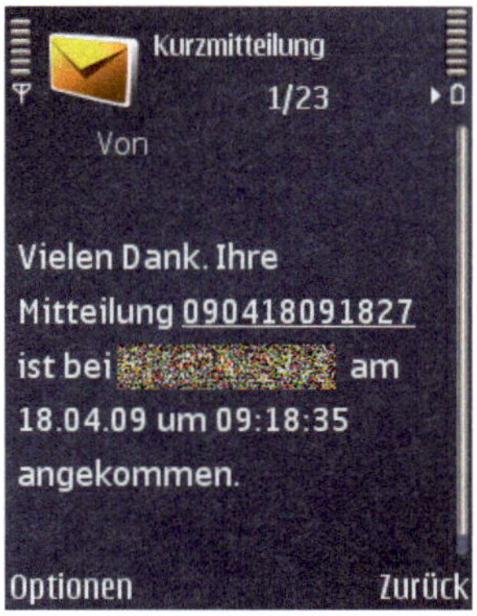

Abbildung 10.7: Haben Sie eine Empfangsbestätigung angefordert, erhalten Sie eine SMS, wenn Ihr Kommunikationspartner die Nachricht öffnet

- Sie möchten Ihrem Schatz pünktlich zu Mitternacht eine Geburtstags-SMS schicken, aber nicht extra dafür aufstehen? Mittels ***Later x#** am Anfang der SMS wird diese erst x Stunden nach dem Absenden zugestellt. Ein Beispiel: Wird die SMS um 16.00 Uhr erstellt und soll erst um 00.00 Uhr ankommen, stellen Sie ***Later 8#** voran. Achten Sie auf das Leerzeichen zwischen »Later« und der Zahl!

Sie können die Zeitverzögerung auch mit einer Empfangsbestätigung kombinieren (Beispiel: ***T*Later 1# <Nachricht>**). Testen Sie die verschiedenen magischen Zeichenkombinationen am besten zunächst einmal mit einer SMS an Ihre eigene Handynummer, bevor Sie mit einer schlecht getimten SMS eine Beziehungskrise provozieren.

- Arbeiten Sie, so oft es geht, mit Abkürzungen, um die magische 160-Zeichen-Grenze nicht zu überschreiten. Die meisten modernen Handys öffnen danach automatisch eine zweite SMS, und die kostet extra. Ziemlich überflüssig ist z.B. das Unterschreiben einer SMS mit dem eigenen Namen, denn den sieht der Empfänger sowieso beim Eingang der SMS.
- Wenn es schnell gehen soll: Verwenden Sie Vorlagen. Die meisten Handys haben Standards wie »Treffen uns um«, »Komme um ... an« usw. gespeichert.
- Zur Benachrichtigung mehrerer Teilnehmer können Sie eine SMS auch gleichzeitig an mehrere Personen versenden, aber Vorsicht: Für jede einzelne Person muss man extra zahlen. Man kann auf modernen Smartphones auch Personen zu Kommunikationsgruppen zusammenfassen. Aber auch hier steckt der Teufel im Detail: Wehe, wenn Sie ein Gruppenmitglied übersehen haben, das Ihre Botschaft gar nicht erhalten sollte …

- Sie möchten Ihrer Frau eine SMS nach Hause schicken, aber die hat natürlich mal wieder das Handy ausgeschaltet: Bei den meisten modernen Festnetztelefonen lassen sich ebenfalls Kurznachrichten auf dem Display lesen. Schicken Sie die SMS also einfach auf Ihren Festnetzanschluss.
- Sie können eine SMS auch an eine E-Mail-Adresse versenden. Erstellen Sie dazu eine SMS in der Form *»E-Mail-Adresse« »Nachrichtentext«*. Beispiel: *heinzmustermann@gmx.de Hallo, wie geht's?* Beachten Sie das Leerzeichen zwischen der E-Mail-Adresse und dem Nachrichtentext. Die SMS muss nun an das Mailgateway Ihres Providers geschickt werden. Bei T-Mobile erreichen Sie dieses über die Nummer 8000, bei D2-Vodafone ist es die 3400, E-Plus verwendet die 7676245 und O_2 die 6245.
- Unüblich, aber auch machbar: das Versenden einer SMS an ein Faxgerät. Dazu schreiben Sie ganz normal Ihre SMS und versenden diese an die Rufnummer des Faxgeräts, der eine Zahlenkombination vorangestellt wird. Bei T-Mobile ist es die 99, E-Plus verwendet die 1551 und O_2 die 328.
- Abschließend noch der goldene Tipp, wenn Ihr Gegenüber genau wie Sie per Smartphone mobil mit dem Internet verbunden ist: Schicken Sie statt einer SMS eine E-Mail vom Smartphone aus. Laut Wikipedia kostet die Übertragung von einem Megabyte Daten per SMS derzeit rund 674 EUR (bei einem Preis von 9 Cent pro Nachricht). Die Übertragung der gleichen Datenmenge im mobilen Internet erhalten Sie für unschlagbar günstige 50 Cent – wenn das kein Argument für eine mobile Datenflatrate ist!

NetTags

- text on 9 keys
- sms akronyme
- swype app
- siri beispiele
- siri alternativen
- sms empfang bestätigen

SWYPE
simsen Tastatur
Gateway T9 SIRI
SMS Smartphone

11 Das virtuelle Reisebüro

Ein Urlaub will sorgsam vorbereitet werden. Damit die schönsten Wochen des Jahres nicht zum Reinfall werden, greifen wir auf Google und die Webcommunity zurück. Flüge, Züge und Quartiere werden online recherchiert und gebucht – sicher und stressfrei.

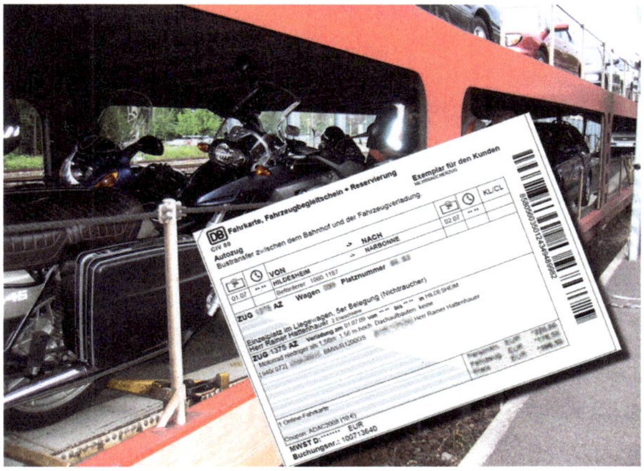

Reise
Laut Wikipedia umfasst eine *Reise* die Summe der beiden Phasen *Ortsveränderung* und *Aufenthalt*. Beide Phasen wollen sorgfältig geplant werden, um das Grundziel der Reise nicht zu gefährden: die *Erholung*.

Routenplaner
Pattensen – Peine – Paris – und das möglichst schnell: Moderne Routenplaner verraten uns, wie wir schnell und stressfrei ans Ziel kommen.

Onlinebuchung
Der moderne Weg zum Reiseticket.

Es ist wieder so weit – die schönste Zeit des Jahres steht vor der Tür, und ein grobes Ziel schwebt uns auch schon vor. »*Mailand oder Madrid – Hauptsache Italien*« (Andreas Möller): Wenn die Entscheidung für das Urlaubsland erst einmal gefallen ist, gilt es das Transportmittel, die Reiseroute und die Unterkünfte klarzumachen.

Wo fahren wir dieses Jahr lang, was ist landschaftlich reizvoll? Google Earth in Verbindung mit Street View und Panoramio geben erste landschaftliche Impressionen wieder, und die Google Maps weisen den rechten Weg entlang entzückender, mäandernder Straßen.

Steht die Reiseroute erst einmal fest, so gilt es, sich um die Unterkünfte zu kümmern Hier hat man die Wahl, ein stadtnahes Hotel einer Kette bequem online zu buchen oder doch lieber eine beschauliche Pension im ländlichen Bereich zu reservieren. Um keine bösen Überraschungen zu erleben, bietet sich die vorherige Inspektion der Internetpräsenz an. Und wenn man gerade schon einmal dabei ist, kann man sich auch gleich die Freizeit-und Kulturaktivitäten auf der Seite des Fremdenverkehrsbüros anschauen. Sie sehen schon, mit den heutigen Möglichkeiten wird allein schon die Reisevorbereitung zum Erlebnis. Begleiten Sie mich im vorliegenden Kapitel auf meinen Urlaubsvorbereitungen und lernen Sie dabei einige Tipps und Tricks kennen.

Was braucht man...

- **Einen modernen, sicheren Browser nebst Internetzugang:** Dieser verschafft Ihnen Zugang zu den *Onlinereiseshops* und sorgt bei einer Buchung dafür, dass Ihre persönlichen, sensiblen Daten nicht unters Volk kommen. Ich verwende im Folgenden den Google-eigenen Browser Chrome. Dieser harmoniert optimal mit ...
- **Google Earth, Maps und Street View:** Mittels Google Earth gewinnt man einen hervorragenden Einblick in die künftige Urlaubslandschaft. Insbesondere bei »etwas abgelegenen« Hotels lohnt der Blick auf den virtuellen Globus: Muss man in Kanada mit frei laufenden Bären rechnen oder empfiehlt es sich in Transsylvanien, Knoblauchextrakt in der Reiseapotheke mit sich zu führen?
- **Einen Routenplaner:** Der Weg ist das Ziel – und der kann bei schlechter Planung den Urlaub bereits im Vorfeld nachhaltig verderben. Neben einer Vielzahl von Online-Routenplanern wie z.B. Google Maps können Sie natürlich auch bei vorhandenem Navi auf die beiliegende PC-Software zurückgreifen.
- **Eine Kreditkarte:** Versuchen Sie mal, in den USA ein Hotelzimmer oder ein Auto ohne Kreditkarte zu mieten – ein absolutes No Go. So sieht‘s auch bei den Onlinebuchungen der Internetreiseanbieter aus. Beachten Sie: Mit »Kreditkarte« sind Visa, Mastercard und Co. und nicht etwa die EC-Karte der Bank für Geldautomaten gemeint.

Was muss man können...

Die Bedienung einer Suchmaschine und einer Routenplaner-Software stellt keine allzu großen Anforderungen an den Reiselustigen. In jedem Fall gilt bei Onlinebuchungen: Ruhe bewahren! Auf keinen Fall sollten Sie sich dazu verleiten lassen, allzu hektisch durch das Buchungssystem zu klicken. Beim Bezahlvorgang der Transaktion kann wildes Klicken sogar dazu führen, dass die Kreditkarte mehrfach belastet wird – die bittere Überraschung kommt dann mehrere Wochen später, wenn die Kartenabrechnung ins Haus trudelt.

Informationen zum Reiseziel einholen

Die grobe Reiseroute ist ausgemacht: Dieses Jahr soll es zunächst mit dem Autoreisezug nach Narbonne und anschließend mit dem Motorrad quer durch Südfrankreich nach Norditalien gehen. Neben etlichen bekannten Stationen steht dieses Mal die Stadt Montpellier auf dem Programm. Dazu sollen zunächst einige Informationen über Montpellier eingeholt werden:

1. Füttern Sie Google mit dem Begriff *montpellier*.

Selbstverständlich können Sie in der Suchabfrage das Wort *montpellier* durch eine Sie interessierende Stadt bzw. Region ersetzen. Die ersten Treffer führen Sie zu den offiziellen Informationsseiten der Region. Diese sind im vorliegenden Fall natürlich in französischer Sprache erstellt worden. Sollten Sie kein Französisch sprechen, so hilft Google weiter: Wählen Sie im Chrome-Browser einfach die Option *Diese Seite übersetzen*. Benutzer anderer Browser geben die URL der interessanten Seite in die Eingabemaske der Seite `translate.google.de` ein (Abbildung 11.1). Stöbern Sie nun durch die ersten Seiten, um einen kleinen Eindruck von der Region zu erhalten. Insbesondere erfahren Sie hier auch einiges über mögliche Freizeit- und Kulturaktivitäten in der Region.

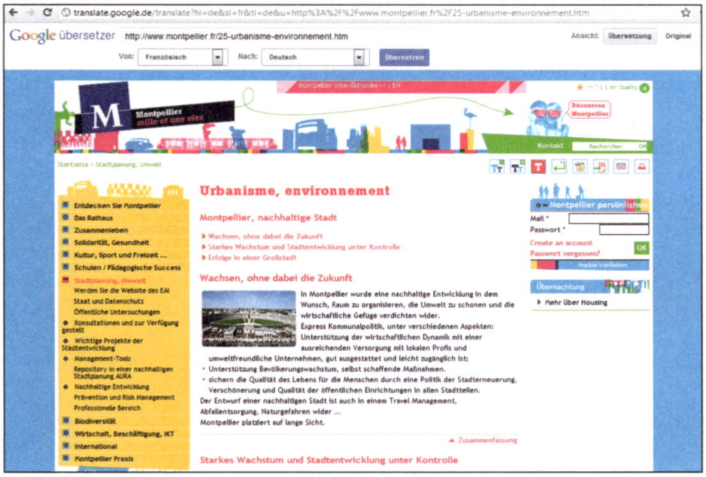

Abbildung 11.1: Mithilfe der Übersetzungsfunktion von Google Translate können Sie auch in fremdsprachiger Umgebung Informationen einholen und auswerten – sicher nicht zu vergleichen mit einem professionellen Übersetzer, aber der Sinn des Textes ist in jedem Fall zu erfassen

Wo aber liegt Montpellier genau, und wie sieht die Stadt aus?

2. Werfen Sie erneut Google an und wählen Sie für die Suche die Rubrik *Google Maps* in der Google-Menüleiste aus. Geben Sie in das Suchfeld erneut *montpellier* ein. Die Kartendarstellung navigiert sofort zum Stadtzentrum. Ziehen Sie das Symbol des gelben Männchens, das sich am linken Rand von Google Maps am Zoom-Regler befindet, auf die Karte und schauen Sie sich ein wenig in der Stadt um (Abbildung 11.2).

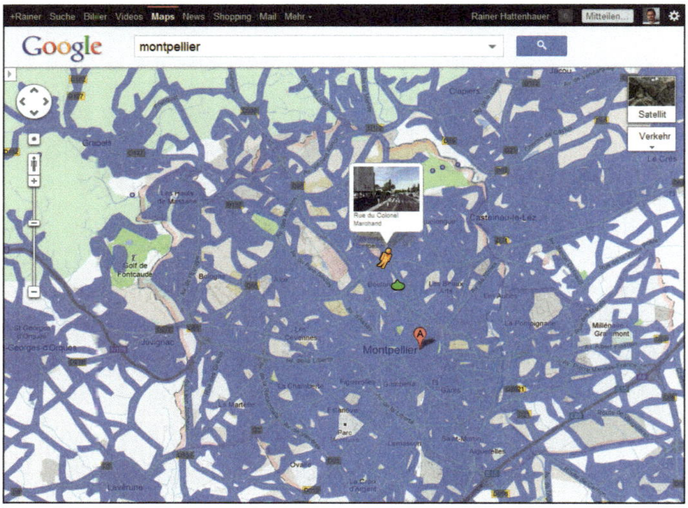

Abbildung 11.2: Mit den Google Maps und Google Street View erhalten Sie einen ersten Einblick in die Umgebung. Die blau markierten Gebiete wurden bereits von Streetview erfasst

Beachten Sie, dass die Bilder natürlich nicht tagesaktuell sind. Sie erhalten in jedem Fall einen groben Eindruck der Umgebung. Das ist insbesondere dann ganz hilfreich, wenn man sich einmal die nähere Umgebung des Hotels anschauen möchte.

Abbildung 11.3: Street View bringt Ihnen Ihr Urlaubsziel direkt in den Browser. Durch Anklicken der Pfeile können Sie sich zu Hause auf einen virtuellen Rundgang begeben. Links: Street View-Bild, Rechts: Originalurlaubsfoto

Noch mehr Informationen zu Orten, Städten und Regionen liefert ein Blick in Google Earth:

3. Laden Sie Google Earth von `http://earth.google.de/` herunter und installieren Sie das Programm. Suchen Sie nun erneut nach Ihrem Urlaubsziel, indem Sie den Namen in das Feld *Anfliegen* eingeben (Abbildung 11.4).

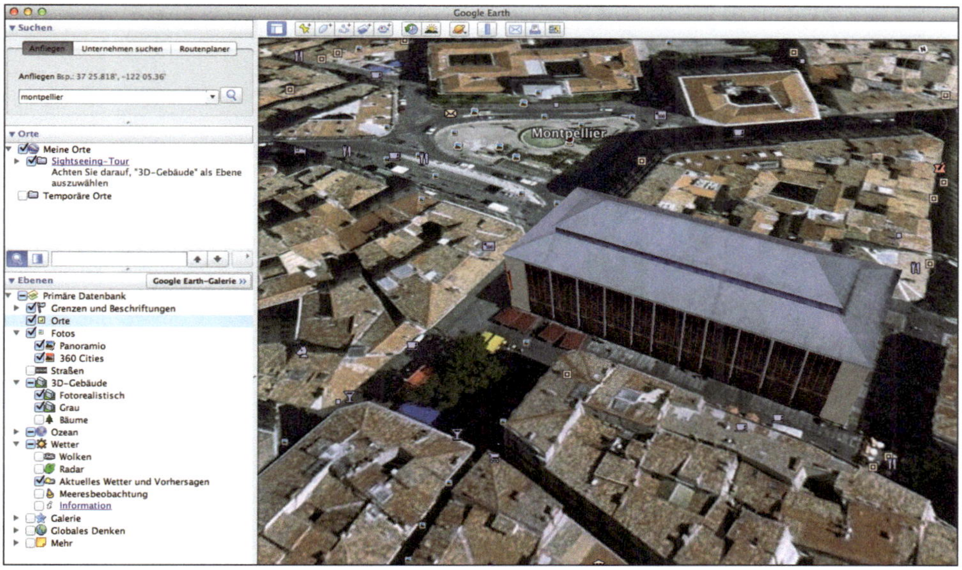

Abbildung 11.4: Google Earth bietet mehr Informationen als die browsergestützte Anwendung Google Maps. Mithilfe der Ebenen im linken unteren Fensterbereich schaltet man weiterführende Informationen ein bzw. aus, im vorliegenden Fall wurde die Darstellung von 3D-Gebäuden aktiviert

Folgende Symbole in der Earth-Darstellung sind für den Reisenden interessant: Das Wettersymbol kennzeichnet das aktuelle Wetter in der Region. Ein kleines *w* neben dem Ort signalisiert, dass es dazu einen Wikipedia-Eintrag gibt. Diesen kann man durch einfaches Anklicken im externen Browser öffnen. Die Fotoapparat-Symbole signalisieren, dass die entsprechenden Städte bereits per *Google Street View* digitalisiert wurden. Das Anklicken eines Fotoapparats führt unmittelbar zur Street View-Ansicht. Dadurch kann man schon eine Vorauswahl für Stadtausflüge vornehmen.

Wie navigiert man in Google Earth?

1. Man verschiebt den Kartenausschnitt mit gedrückter linker Maustaste. Mit dem Scrollrad der Maus zoomt man in die Karte hinein.
2. Kippen Sie die Google Earth-Darstellung durch Betätigen des am rechten oberen Bildrand befindlichen Steuerkreuzes in die Horizontale. Dadurch wird die Höhenstruktur des Geländes sichtbar.
3. Klicken Sie auf einige der über Panoramio eingebundenen Landschaftsfotos (das sind die kleinen blauen Symbole), um sich einen besseren Eindruck von der Gegend zu verschaffen. Oft erhält man auch gesammelte Informationen zu einem bestimmten Ort.

Damit hätten Sie erste Informationen von der Gegend eingeholt.

Google Earth in Chrome nutzen

Mittlerweile gibt es für Googles Browser Chrome ein Earth-Plug-in, sodass Sie sämtliche Funktionen von Google Earth auch im Browser nutzen können.

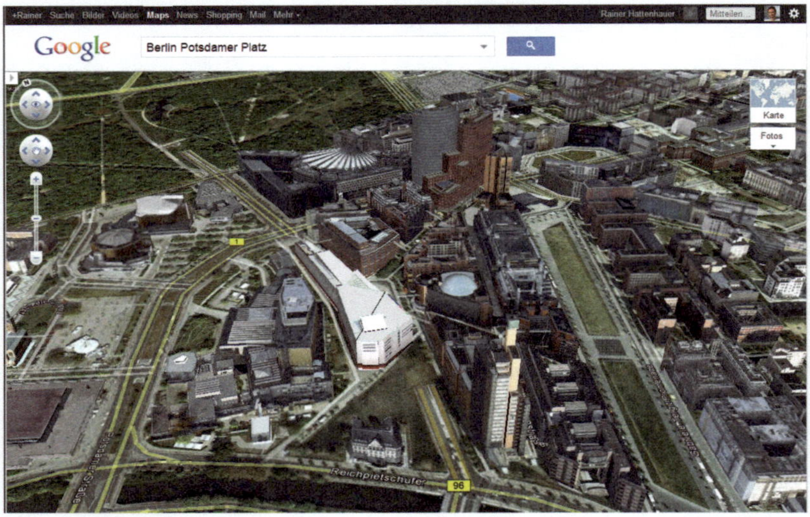

Abbildung 11.5: Das Google Earth-Plug-in im Chrome-Browser

Routenplanung

Diejenigen Zeitgenossen, die lieber auf eigenem Kiel unterwegs sind, sollten vor dem Urlaub die gewünschte Reisestrecke vorplanen. Wenn Sie über ein Navigationsgerät für Ihr Fahrzeug verfügen, sollten Sie die grobe Route zunächst einmal mit den Google Maps vorplanen: Diese berücksichtigen im Gegensatz zur oftmals betagten Kartensoftware Ihres Navis tagesaktuelle Veränderungen in der Infrastruktur der Transportwege. Zur Berechnung einer Route mit Google Maps gehen Sie folgendermaßen vor:

1. Starten Sie Google Maps durch Anklicken des entsprechenden Links auf `www.google.de` in Ihrem Browser.
2. Wählen Sie unter Google Maps den Menüpunkt *Route berechnen* und geben Sie den Start- und den Zielort ein.

Sie können an dieser Stelle auch beliebig viele Zwischenstationen zur Route ergänzen.

3. Betätigen Sie den Knopf *Route berechnen.*

Praktischerweise können Sie die Route in Google Maps wie ein Gummiband anfassen und ziehen und dadurch ihren Verlauf ändern. In der aktuellen Version des Programms werden Abbiegungen im Street View-Modus sichtbar gemacht, sofern für die entsprechenden Gebiete Material vorliegt. Sie erkennen das an einem kleinen Fotosymbol an der Abbiegung (Abbildung 11.6).

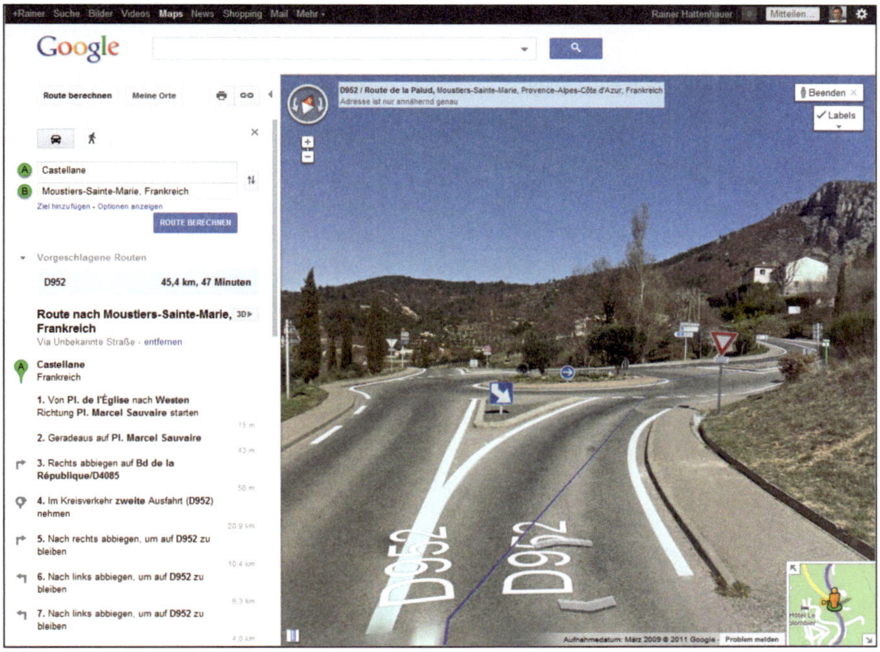

Abbildung 11.6: Beim Google Maps-Routenplaner werden Abbiegungen mitunter im Street View-Modus gezeigt, sodass wirklich nichts schiefgehen kann

Wenn Sie die gleiche Berechnung mit der Routenplaner-Software Ihres Navis durchführen, erhalten Sie ggf. abweichende Resultate (Abbildung 11.7). In diesem Fall sollten Sie auf jeden Fall die Google Maps-Variante wählen, da das zugrunde liegende Kartenmaterial aktueller ist.

Abbildung 11.7: Die gleiche Route, berechnet in Google Maps (links) und in Garmin MapSource (rechts): Die veraltete Kartensoftware des Navis kennt die fertig ausgebaute A 38 noch nicht

Damit der Routenplaner in Ihrem Navi diese Route so übernimmt, erstellen Sie am besten auf der PC-Software einige Extrawegpunkte, die an der von Google Maps berechneten Strecke liegen. Lassen Sie die Route nun in der Navi-Software neu berechnen und synchronisieren Sie Ihr Gerät über die USB-Schnittstelle des PCs. Das sollten Sie für alle Routen wiederholen, die Sie im Urlaub zu fahren gedenken. So bekommen Sie einen Eindruck, welche Kilometerleistung bei großen Touren pro Tag zu bewältigen ist.

Quartiere ausfindig machen

Kennt man Reisezeit und Route, dann fehlen nur noch die entsprechenden Quartiere. Gute Anlaufstellen sind hier `hrs.com` bzw. `hotel.de`. Bei `hotel.de` werden alle vor Ort verfügbaren Quartiere verglichen und bewertet.

Eine Buchung funktioniert bei `hotel.de` folgendermaßen:

1. Begeben Sie sich auf `hotel.de` und registrieren Sie sich zunächst.
2. Geben Sie nun Reiseziel, Reisedatum und Zimmertyp in der Abfragemaske an.
3. Starten Sie die Hotelsuche durch Betätigen des Knopfes *Hotel finden*.
4. Folgen Sie dem Link zur Hotelauswahl in der gesuchten Region.

In der Liste finden Sie nun Hotels, die Ihren Kriterien entsprechen (Abbildung 11.8).

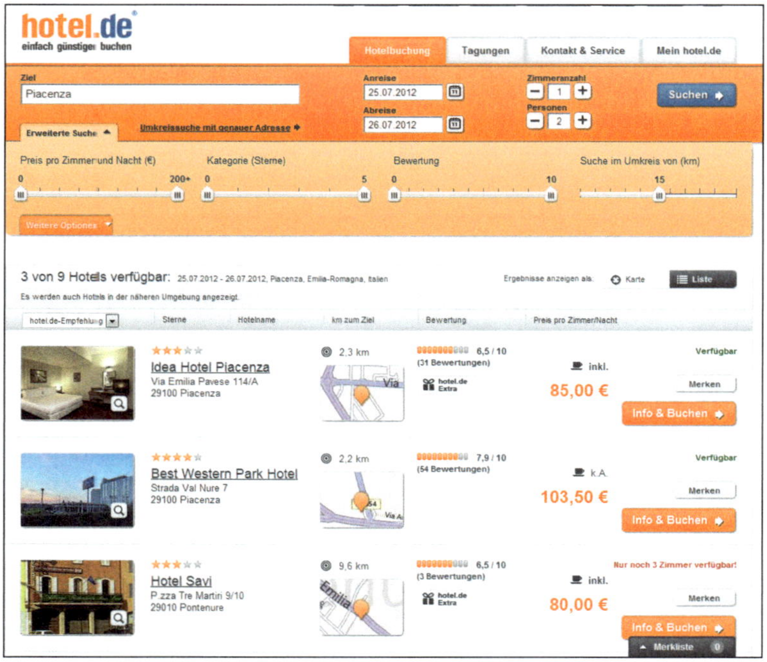

Abbildung 11.8: Bei `hotel.de` finden Sie schnell ein passendes Hotel an Ihrem Reiseziel

5. Über die Schaltfläche *Info & Buchen* gelangen Sie schließlich zum Buchungssystem von `hotel.de`. Bestätigen Sie die Buchung und geben Sie Ihre E-Mail-Adresse in das entsprechende Feld ein. Sie erhalten im Anschluss an die Buchung eine Bestätigungs-E-Mail.

Spätestens bei der definitiven Buchung benötigen Sie eine Kreditkarte, deren Daten als Sicherheit für den Hotelbetreiber hinterlegt werden. Sollten Sie die Reise nicht antreten können, so kann das Hotel in der Regel noch einen Tag vor Inanspruchnahme storniert werden. Auf der sicheren Seite sind Sie, wenn Sie sich vor der Buchung direkt beim Hotel nach den Bedingungen für eine Stornierung erkundigen.

In der Hotelauswahlliste in Abbildung 0.8 finden Sie ggf. schon einige Kritiken zum Hotel. Diese sollten Sie aufmerksam studieren, um keinen Reinfall zu erleben. In diesem Zusammenhang hat sich auch die Seite `tripadvisor.de` bewährt. Hier findet man ebenfalls interessante Rezensionen von Hotelgästen (Abbildung 11.9).

In ländlichen Gegenden ist Fingerspitzengefühl gefragt. Hier kann man ebenfalls per Netz eine Vorauswahl treffen und gewinnt einen ersten Eindruck von der Behausung (Abbildung 11.10). Merke: Nach Möglichkeit kein Quartier auswählen, das keine oder unzureichende Informationen im Internet anbietet.

Wer den Kontakt zur Bevölkerung sucht und Insiderempfehlungen schätzt, der sollte sich einmal auf der Community `virtualtourist.com` umschauen: Hier bekommt man jede Menge Tipps von Einheimischen zu Unterkünften und Aktivitäten am Urlaubsort vor dem Antritt der Reise.

Abbildung 11.9: Verlässliche Hotelkritiken findet man auf `tripadvisor.de`

Abbildung 11.10: Wesentlich günstiger fahren Sie mit Privatquartieren, wie dieses Beispiel aus Südfrankreich zeigt: Die liebevoll gestaltete Seite verspricht eine ordentliche Unterkunft

Eine Pauschalreise buchen

Lassen Sie uns abschließend gemeinsam die Buchung einer kompletten Reise bei einem der Marktführer, `expedia.de`, vornehmen. Selbstverständlich behalten die nachfolgend beschriebenen Schritte auch bei anderen Reisedienstleistern oder Flugbörsen prinzipiell ihre Gültigkeit. Das Ziel unserer Reise ist Paris. Als Beispiel verwenden wir Expedia:

1. Begeben Sie sich auf `expedia.de` und wählen Sie einen Startflughafen in Ihrer Nähe und als Zielflughafen Paris.

Da ich eine Komplettreise buchen möchte, wähle ich die Click&Mix-Option *Flug und Hotel*.

2. Geben Sie ein Ihnen genehmes Reisedatum sowie die Anzahl der teilnehmenden Personen ein.

3. Betätigen Sie die Schaltfläche *Finden*, um die Reisesuchmaschine anzuwerfen.

In der folgenden Maske haben Sie die Gelegenheit, die reichhaltige Trefferliste nach bestimmten Kriterien zu filtern. Ihnen ist beispielsweise zu Ohren gekommen, dass es in der Gegend des Bahnhofs Montparnasse ein komfortables Hotel geben soll.

4. Schränken Sie Ihre Suche auf bestimmte Kriterien ein, z.B. Hotelgegend, Ausstattungsmerkmale etc.

Wählen Sie anhand der Angebote dasjenige aus, welches Ihren Vorstellungen entspricht. Tipp: Über den Link *Hoteldetails* erhalten Sie ausführliche Informationen zum Hotel.

5. Klicken Sie auf den Link *Auswählen*.

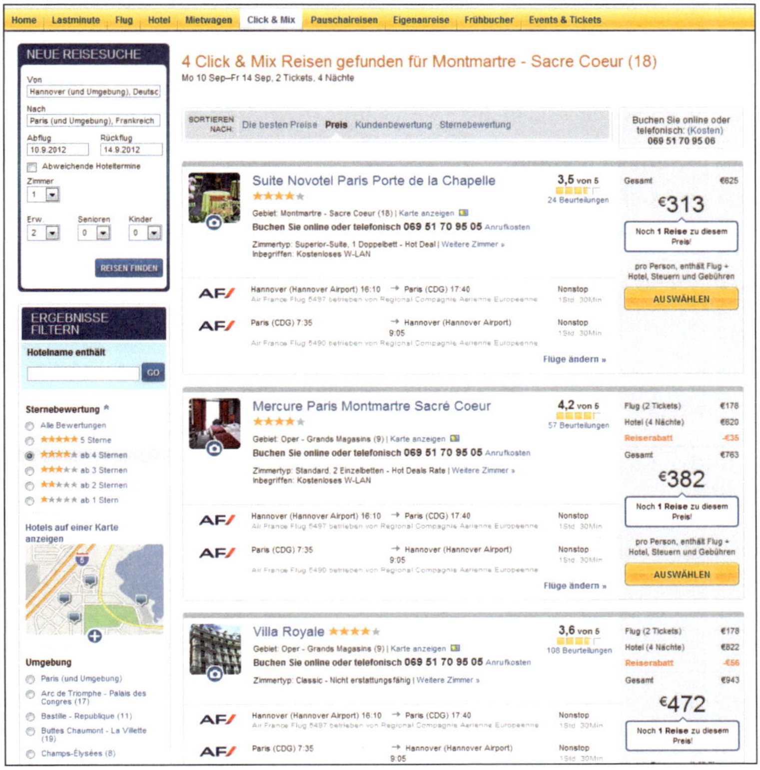

Abbildung 11.11:
Bei `expedia.de` finden Sie eine reichhaltige Auswahl an preisgünstigen Flügen und Hotels – vorausgesetzt, Sie entscheiden sich, früh zu buchen

Auf der folgenden Seite haben Sie die Möglichkeit, weitere Optionen, z.B. einen Leihwagen (wovon ich Ihnen aber aufgrund des Verkehrsflusses in Paris dringend abraten würde), zu buchen. Wenn Sie Änderungen vornehmen, dann sollten Sie anschließend die Schaltfläche *Neuer Gesamtpreis* betätigen, um die Kalkulation zu aktualisieren.

6. Fahren Sie fort, indem Sie den Link *Weiter mit Buchung dieser Reise* anklicken. Dieser ist ggf. mehrfach zu wählen, um Werbeangebote zu überspringen.

Es öffnet sich das Login-Feld des Reiseanbieters. Wenn Sie noch kein Konto bei ihm besitzen, so können Sie das über den Link *Anmelden bei …* nachträglich einrichten.

7. Loggen Sie sich beim Reiseanbieter ein und bestätigen Sie endgültig Ihre gebuchte Reise.

Dabei müssen Sie die Daten Ihrer Kreditkarte hinterlegen. Achten Sie hierbei darauf, dass in der rechten unteren Ecke Ihres Browsers ein kleines Schlosssymbol erscheint. Das signalisiert eine sichere Transaktion via https-Protokoll. Nur dadurch ist sichergestellt, dass die Kreditkartendaten verschlüsselt übertragen werden und das »Mitlauschen« unmöglich wird.

Ganz zum Schluss der Buchung sind schließlich noch die allgemeinen Geschäftsbedingungen des Reiseanbieters zu bestätigen. Nun werden Sie noch einmal gefragt, ob Sie ganz sicher buchen möchten. Und der nächste Klick kostet dann richtig Geld … Auch sollte man stets seine geografischen Kenntnisse einer Prüfung unterziehen: So mancher Reiselustige ist schon in Sidney/Montana (USA) statt in Sydney/Australien gelandet. Auch wird von Fällen berichtet, in denen sich der Traveller wunderte, dass in Melbourne/Florida weit und breit keine Kängurus zu sehen waren.

Kurz vor der Abfahrt

Nun haben Sie Ihre Reise gebucht, alle Dokumente beisammen, und es kann eigentlich losgehen. Einige Vorbereitungen kann man vom heimischen »Basislager« aus aber noch treffen:

- Schauen Sie sich das Reisewetter für die nächsten Urlaubstage bei einem der zahlreichen Wetterdienste an, vgl. *Wettervorhersage selbst gemacht*. Für ein aktuelles Bild können Sie nach einer dem Reiseziel nahe gelegenen Webcam Ausschau halten.
- Legen Sie sich einige Lesezeichen zu wichtigen Internetseiten auf Ihren Handybrowser an, falls Sie gedenken, im Urlaub per Handy (sei es über WLAN oder UMTS) ins Netz zu gehen.
- Drucken Sie sich den Anfahrtsweg zu Ihrer ersten Unterkunft aus. Diesen können Sie bequem via Google Maps/Google Street View recherchieren.
- Denken Sie daran, alle Adapter und Ladegeräte für Ihre elektronischen Spielzeuge (Handy, Navi, Digitalkamera …) einzupacken.

Bleibt mir nur noch, Ihnen einen schönen Urlaub zu wünschen!

NetTags

- »Reiseziel« veranstaltungen
- routenplaner online
- übersicht flugbörsen
- autovermieter »Region«
- stadtplan »Stadt«
- reise online buchen
- reiserücktritt versicherung

GOOGLE EARTH
Street View Maps
Routenplaner
Flugbörse Kreditkarte
expedia E-Ticket
Hotel TRIPADVISOR

12 Navigation für Einsteiger

Navigationsgeräte haben ähnlich wie Digitalkameras oder Fotohandys den Massenmarkt erobert. Aber während jeder technisch halbwegs begabte Mensch einen Schnappschuss hinbekommt, kann die computergestützte Navigation ihre Tücken haben.

PNA
Der *Portable Navigation Assistant* (umgangssprachlich kurz: *das Navi*) zeigt Ihnen den rechten Weg. Und das mittlerweile in bezahlbarem Rahmen: Navigationsgeräte mit eingebautem GPS-Chip gibt's heute für wenig Geld auch beim Kaffeeröster um die Ecke. Obendrein ist nahezu jedes aktuelle Smartphone ebenfalls mit GPS ausgerüstet.

TMC
Über den *Traffic Message Channel* können Sie mit einem entsprechend ausgerüsteten Navigationssystem aktuelle Verkehrsmeldungen über ein UKW-Modul empfangen.

POI
Ein POI ist ein *Point of Interest*, d.h. eine Sehenswürdigkeit, ein Ziel oder ein Zwischenstopp auf einer Route.

Mit der Orientierung ist das so eine Sache. Jeder denkt von sich, dass er – mit einem Stapel Karten bewaffnet – problemlos durch Europa, wenn nicht gar um die ganze Welt kommt. Kritisch wird die Lage dann, wenn man als Fahrer eines KFZ das Steuer im navigationstechnischen Sinn aus der Hand geben muss: und zwar an den Beifahrer bzw. die Beifahrerin. Denn dummerweise erlaubt es unsere bestehende StVO nicht, den Verkehr mit der Karte in der linken und dem Steuer in der rechten Hand im Multitaskingverfahren zu bewältigen. Das Problem: So manche Ehe ist schon an den mangelhaften Navigationskünsten des Partners zerbrochen, wenn die Fahrt zum Hotel auf einem abgelegenen Feldweg endete.

Wie gut, dass wir uns in den heutigen modernen Zeiten auf Navigationssysteme aus dem Hause Garmin, TomTom, Medion und Co. verlassen können. Aber auch diese führen sich mitunter ein wenig zickig auf: *»Bitte sofort wenden«*, heißt es da auf der sechsspurigen Peripherie rund um Paris, und die Routenpräferenz *kürzeste Strecke* führt mitunter über den Wirtschaftsweg eines erbosten Bauern. Höchste Zeit, Einsteigern einige Tipps rund um das Thema Navigation mit auf den Weg zu geben.

Was braucht man...

- **Ein Navigationssystem (kurz: Navi):** Ein derartiges Gerät mit vorinstalliertem Kartenmaterial wechselt heute schon ab 100,– € den Besitzer. Bei dem Erwerb eines Navis sollten Sie darauf achten, dass sich das Kartenmaterial nicht auf den DACH-Bereich (Deutschland, Österreich, Schweiz) beschränkt. Das Nachkaufen von europaweitem Kartenmaterial geht nämlich richtig ins Geld und kann sogar die Kosten für die Hardware übertreffen. Aktuelle Smartphones sind mittlerweile mit eingebautem GPS-Empfänger ausgestattet; Android-Geräte bieten in Verbindung mit den Google Maps sogar eine kostenlose Navigationslösung.
- **Routenplaner-Software mit Kartenmaterial:** Diese erwerben Sie in der Regel mit dem Navigationsgerät. Nach der Installation auf dem PC können Sie damit Ihre Routen vorplanen und die fertigen Routen per USB-Schnittstelle auf das Gerät übertragen. Das ist deutlich augenschonender und übersichtlicher als die Routenplanung am Gerät selbst. Einige Hersteller bieten für das Kartenmaterial mittlerweile Lifetime-Updates an: Damit stehen Ihnen stets die aktuellsten Karten zur Verfügung.
- **Einen Browser zur Verwendung von Google Maps:** Das Google-eigene Kartenprogramm bietet sich zur Kontrolle der von der Navigationssoftware berechneten Routen an. Android-Nutzer können Google Maps direkt auf ihrem Handy verwenden.
- **Optional: einen TMC-Empfänger:** Die schönste Planung nützt nichts, wenn Sie in einen Stau fahren. Glücklicherweise bieten moderne Geräte hier ein Stauwarnsystem in Form von TMC an.

Was muss man können...

Damit Sie Ihr Navigationssystem gewinnbringend einsetzen können, ist ein wenig Training erforderlich. Das absolvieren Sie am besten in bekannten Gefilden, z.B. auf der täglichen Fahrt zur Arbeit, und nicht erst im Urlaub während der Durchquerung einer Millionenstadt.

Navigationssoftware installieren

Bevor Sie sich mit Ihrem Navi auf große Tour wagen, sollten Sie einige Trockenübungen absolvieren. Dazu empfiehlt sich der Einsatz der beiliegenden PC-Navigationssoftware mit integriertem Kartenmaterial. Wer nicht im Besitz derartiger Software ist, kann sich auch mit den kostenlosen *Google Maps* behelfen.

1. Installieren Sie die Navigationssoftware gemäß der Anleitung des Herstellers auf Ihrem PC.

Bei einigen Herstellern wie z.B. Garmin ist eine komplexe Freischaltprozedur für die Kartensoftware erforderlich, die über eine Verbindung mit dem Internet erfolgt.

2. Schalten Sie Ihr Kartenmaterial (falls erforderlich) über das Internet frei.
3. Schließen Sie Ihr Navigationsgerät per USB-Schnittstelle an den PC an und testen Sie, ob dieses von der Navigationssoftware korrekt erkannt wird. Dazu können Sie beispielsweise versuchen, Daten vom Gerät zu empfangen (Abbildung 12.1).

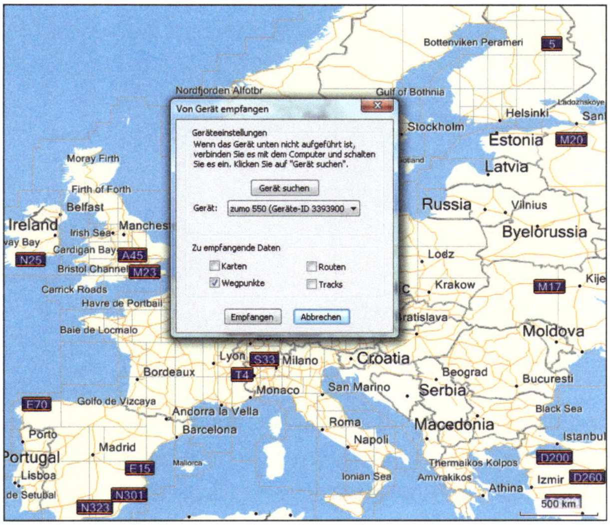

Abbildung 12.1: Die Navigationssoftware wurde korrekt installiert, das Gerät wird erkannt

Eine Route berechnen

Nun werden Sie eine erste Route berechnen. Zum späteren Testen des Navigationssystems sollten Sie zunächst eine Route in der näheren Umgebung wählen, z.B. die Fahrt zu Ihrem Arbeitsplatz. Wer weiß, vielleicht findet das Programm ja sogar eine kürzere Route als diejenige, die Sie schon seit Jahren fahren.

1. Prüfen Sie zunächst in den Einstellungen der Navigationssoftware, ob Sie das korrekte Routingprofil für Ihr Fahrzeug aktiviert haben (Abbildung 12.2).

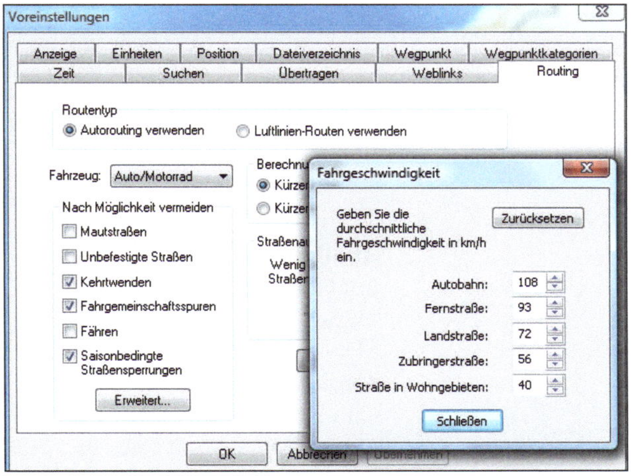

Abbildung 12.2: Im Routingprogramm des PCs können Sie den Fahrzeugtyp auswählen und dessen Geschwindigkeitsprofil einstellen

2. Definieren Sie einen Start- und einen Zielort im Routingprogramm und lassen Sie die Route zwischen den beiden Orten vom PC berechnen (Abbildung 12.3).

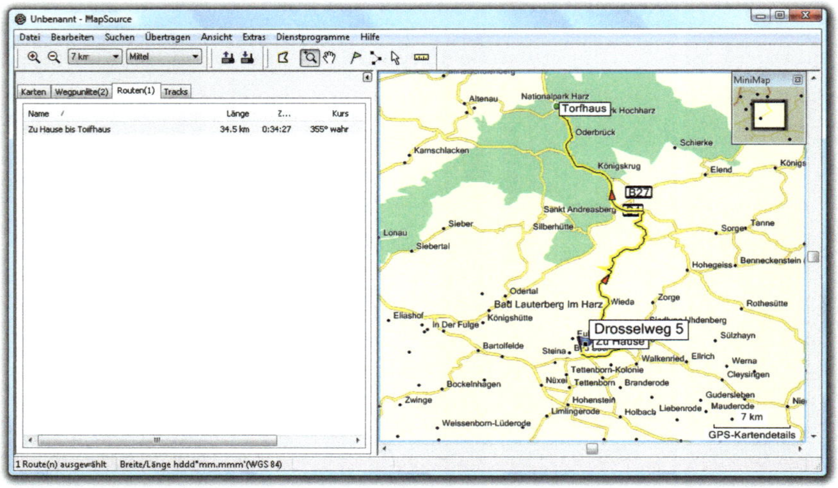

Abbildung 12.3: Erstellen von Routen mit der beiliegenden Navigationssoftware

Wenn Sie keine spezielle Software für das Routing am PC haben, können Sie auch ersatzweise die Routingfunktion von Google Maps verwenden, vgl. *Das virtuelle Reisebüro*. Es lohnt sich in jedem Fall, die Route der Navigationssoftware mit dem Routing von Google Maps zu vergleichen: Google verfügt über topaktuelles Kartenmaterial (Abbildung 12.4).

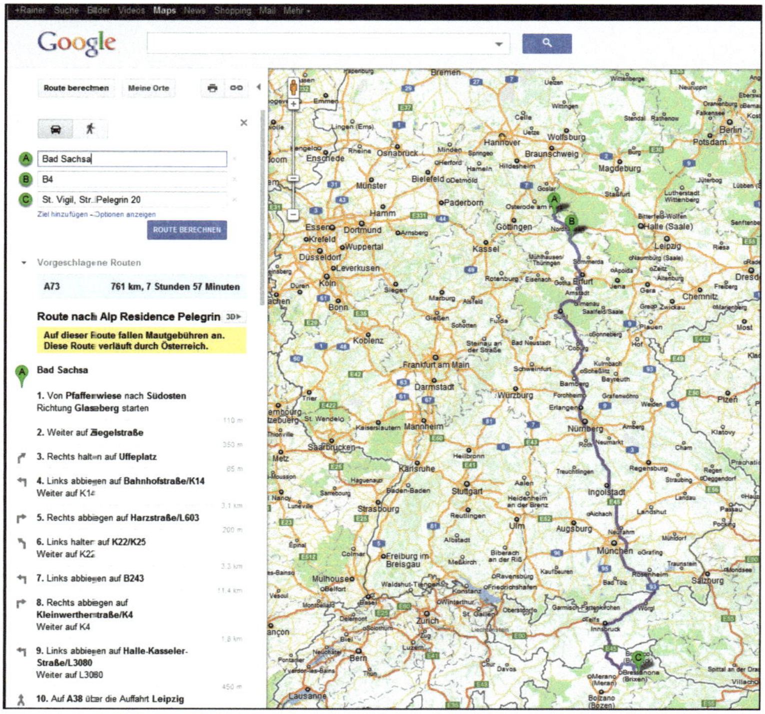

Abbildung 12.4: Ein Vergleich mit Google Maps lohnt sich immer. Sehr bequem: In Google Maps können Sie die Route durch Anfassen mit der Maus wie ein Gummiband per Drag&Drop verändern

Routen und POIs aufs Navi übertragen

Nun gilt es die errechnete Route auf das Navi zu übertragen. Dazu sollte das Navi am PC angeschlossen sein.

1. Suchen Sie in der Navigationssoftware auf dem PC einen Menüpunkt, der es gestattet, die errechneten Daten an das Gerät zu senden. Wählen Sie die Route sowie die enthaltenen Wegpunkte (POIs) zur Übertragung aus.
2. Entfernen Sie das Navigationsgerät nun vom PC und überzeugen Sie sich davon, dass die Route korrekt übertragen wurde.

Bei einigen aktuellen Geräten muss der Import von Routen und Wegpunkten am Gerät noch explizit bestätigt werden.

Und wenn Sie kein Programm bzw. keine Möglichkeit haben, Ihr Navigationsgerät mit dem PC zu verbinden bzw. über keine PC-Navigationssoftware verfügen? Auch kein Problem:

1. Rechnen Sie die Route mit Google Maps aus und suchen Sie sich drei, vier markante Ortschaften entlang der vom Computer berechneten Route aus.
2. Erstellen Sie am Navigationsgerät eine Route, die über die ausgewählten Ortschaften zum Ziel führt.

Die Route vorher abfahren – mit Google Maps 3D

Mithilfe des Google Earth-Plug-ins (vgl. *Google Earth und Maps*) können Sie die Route im Browser vorher abfahren. Klicken Sie dazu auf den Knopf *3D* innerhalb der Google Maps-Browserdarstellung.

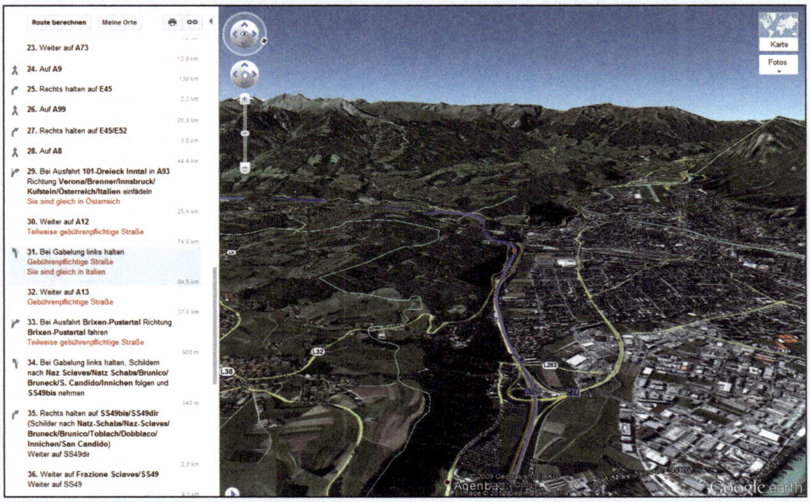

Abbildung 12.5: Vorbei an Innsbruck Richtung Brenner – fahren Sie Ihre Reiseroute vorher virtuell im Browser ab

Genug der Trockenübungen – jetzt geht's in die raue Wirklichkeit.

Navigation

1. Bauen Sie das Navigationsgerät gemäß Herstellerbeschreibung in Ihr Fahrzeug ein.
2. Schalten Sie das Gerät an und laden Sie die Route.
3. Starten Sie Ihr Fahrzeug und folgen Sie den Richtungsanweisungen im Display (Abbildung 12.6) sowie der netten Stimme.

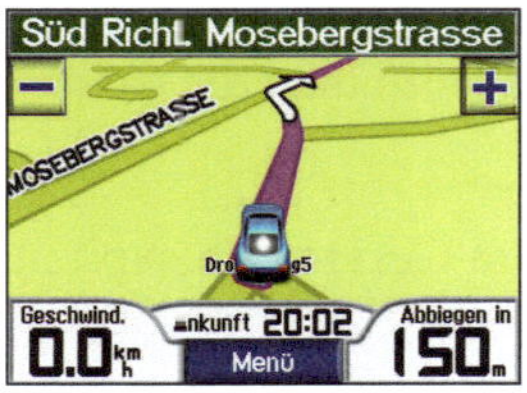

Abbildung 12.6: Los geht's!

Eigentlich ganz einfach, oder? Dennoch sollten Sie die folgenden Tipps beherzigen, damit die Freude am neuen technischen Gerät ungetrübt bleibt:

- Bedienen Sie Ihr Navi niemals während der Fahrt – dadurch gefährden Sie sich und andere Verkehrsteilnehmer. Einige Geräte verfügen mittlerweile über eine Sicherheitsautomatik, die eine Bedienung während der Fahrt unmöglich macht. Wie so manches Sinnvolle lässt sich dieser Mechanismus aber deaktivieren.
- Verlieren Sie trotz Blick auf die Routenführung den laufenden Verkehr nicht aus den Augen.
- Ich persönlich habe schlechte Erfahrungen mit dem Funktionsmerkmal *Routenneuberechnung bei Verlassen der Route* gemacht. Verfährt man sich beispielsweise in einer belebten Stadt, dann ist es hilfreicher, erneut zu versuchen, auf die farbig markierte Route zu gelangen, als eine Neuberechnung mit dem damit verbundenen Blindflug im Getümmel zu riskieren.
- Lassen Sie eine Route stets zweimal berechnen: einmal mit der Präferenz *kürzeste Strecke*, einmal mit der Option *schnellste Route*. Vergleichen Sie beide Varianten und achten Sie darauf, dass bei der Wahl der kürzesten Strecke diese nicht völlig über Acker, Wald und Wiese geht.
- Nehmen Sie insbesondere im Ausland stets einen Minimalsatz an Karten mit. Dann haben Sie immer noch Material zur Hand, falls das Navi aus irgendwelchen Gründen den Geist aufgeben sollte. Kartenmaterial ist ebenfalls nützlich, um die vom Navi berechneten Routen auf ihre Qualität hin zu prüfen. Und längere Strecken kann man ohnehin entspannter auf Karten planen.
- Finger weg von Radarfallen-Markierungshilfen. Das sind spezielle Programme, die stationäre Radarfallen als POIs auf das Navi überspielen können. Derlei ist in Deutschland, Österreich und in der Schweiz verboten und wird mit satten Geldstrafen sowie dem Einzug des Navis geahndet.

Zusätzliche Informationen verwenden

Vor Antritt Ihrer Fahrt sollten Sie zunächst die aktuelle Verkehrslage per Internet checken. Für einen ersten Eindruck bieten sich wieder die Google Maps an. Aktivieren Sie hier am rechten Fensterrand den Layer Verkehr, und schon gewinnen Sie einen Überblick, welche Staus momentan entlang der Route lauern (Abbildung 12.7).

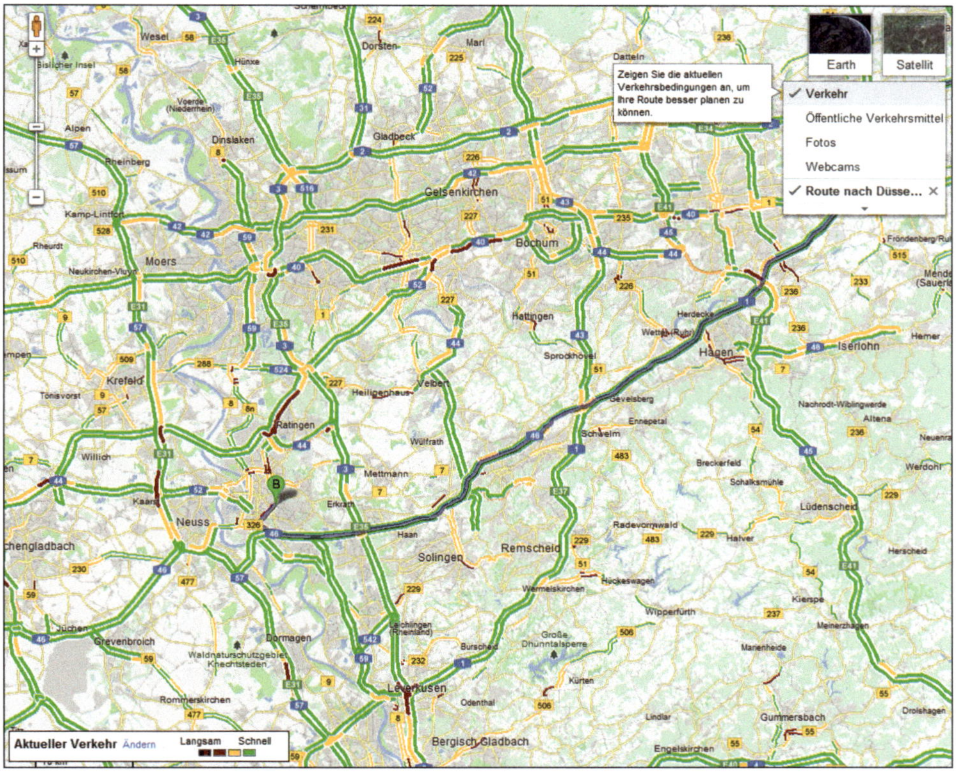

Abbildung 12.7: Google Maps zeigt den Verkehrsfluss entlang einer geplanten Route an – an den rot markierten Stellen staut sich der Verkehr

Mittlerweile können Sie eine Vielzahl von Informationen auch direkt über das Navigationsgerät abrufen, allen voran die Stauinformationen via TMC. Deren Nutzung setzt allerdings ein Gerät mit eingebautem UKW-Empfänger sowie eine Miniantenne voraus.

Smartphone-Besitzer sollten sich einmal die ADAC Maps App anschauen. Diese gibt es als iPhone oder Android App für Mitglieder kostenlos; Nichtmitglieder müssen für den Zugang ins System 14,99 € bezahlen. Mit der ADAC Maps App können Sie unterwegs Echtzeit-Verkehrsmeldungen erhalten. Darüber hinaus können Sie sich mit der App auch selbst als Stauscanner bzw. Staumelder nützlich machen: Über Ihr Smartphone wird ein Bewegungsprofil erstellt. Wenn Sie im Stau stecken, wird keine Bewegung registriert und eine entsprechende Meldung an den ADAC-Server geschickt. Somit erhalten alle Nutzer des Systems die Stauinformationen in Echtzeit.

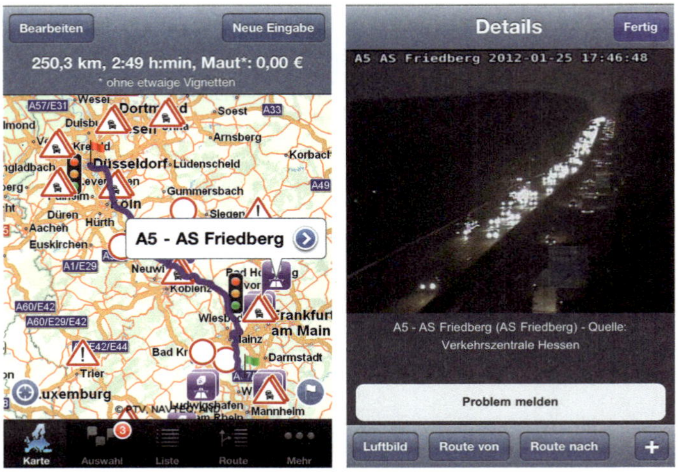

Abbildung 12.8: Die ADAC Maps App gibt es für das iPhone und Android Smartphones. Damit können Sie aktuelle Verkehrsmeldungen unterwegs einsehen und sich über Traffic Cams ein Bild vom Verkehrsfluss an neuralgischen Stellen machen – zu jeder Tages- und Nachtzeit

NetTags

- vergleich navigationssysteme
- kartenmaterial freischalten »Name des Systems«
- anleitung routing google maps
- adac maps
- alternativen zu tmc
- adac staumelder

NAVIGATION
Routing Google Maps
PNA ADAC Maps TMC
TRAFFIC CAM POI
STAUMELDER

13 Rund ums GPS

Ob in der Digitalkamera oder im Smartphone: Kaum ein hochwertiges technisches Gerät verzichtet mittlerweile auf die Fähigkeit, die eigene Position mithilfe eines GPS-Empfängers festzustellen. Tracking, Geotagging und Geocaching sind spannende Anwendungen, die im folgenden Kapitel vorgestellt werden.

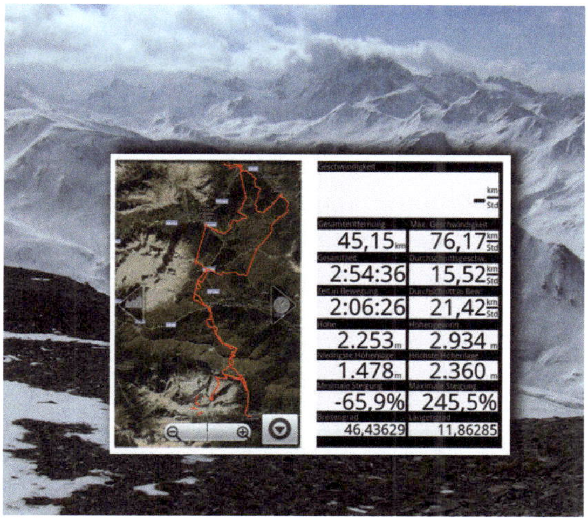

GPS
Das *Global Positioning System* ist ein weltumspannendes Satellitensystem, mit dessen Hilfe eine metergenaue Positionsbestimmung möglich ist.

Tracking
Unter Tracking versteht man das Aufzeichnen eines zurückgelegten Wegs mithilfe von GPS-Daten.

Geotagging
Der Begriff Geotagging bezeichnet die Verknüpfung von Bild- und Filmmaterial mit geografischen Koordinaten via GPS.

Geocaching
Geocaching ist »Schnitzeljagd 2.0«: Eine mittlerweile große Community versteckt kleine »Schätze« wie Plastikspielzeug, Stifte und Spielfiguren im Gelände, gibt deren GPS-Koordinaten preis und ermuntert via Internet andere Geocaching-Freunde, das Versteck per Navi aufzuspüren.

Wer schon immer einmal wissen wollte, was er den ganzen Tag an der frischen Luft geleistet hat, nutzt heutzutage ein GPS: Radlern, Wanderern, Skiläufern und anderen Naturliebhabern ermöglicht die unbestechliche satellitengestützte Aufzeichnung ihrer Tagesaktivitäten einen Einblick in das persönliche Leistungsvermögen. Die Profile der zurückgelegten Strecken lassen sich am Ende des Tages auf dem heimischen PC analysieren. Spannend ist das insbesondere in Verbindung mit einem Programm, das detaillierte Karten des durchquerten Gebiets zur Verfügung stellt und eine präzise Analyse der zurückgelegten Strecken ermöglicht. Eine besonders eindrucksvolle Darstellung erlaubt das beliebte Programm Google Earth: Damit lässt sich eine zuvor aufgezeichnete Tour im Kontext mit Satellitenbildern darstellen.

Ungeahnte Möglichkeiten bieten sich auch für den in der Verwandtschaft allgemein gefürchteten Lichtbildervortrag: Durch das Verknüpfen von Fotos mit den GPS-Daten der Orte, an denen die Fotos angefertigt wurden (neudeutsch *Geotagging* genannt), gewinnt der zuvor gelangweilte Betrachter einen lebendigen Eindruck vom Entstehungsort eines Bildes und dessen geografischer Lage. So lässt sich der Pauschalwanderurlaub dem Publikum als logistisch aufwendig vorbereitete Hightech-Expedition verkaufen.

Und wer seinen Nachwuchs vom Computermonitor hervor- und in die heimische Natur hineinlocken möchte, findet mit dem Geocaching eine ungeahnte Motivationshilfe: Hier werden selbst Erwachsene als »Jäger des verlorenen Schatzes« wieder zu Kindern.

Was braucht man...

- **GPS-Hardware:** Sie benötigen ein Handy mit integriertem GPS-Empfänger oder alternativ ein handliches Navigationssystem mit akzeptabler Akkulaufzeit.
- **Trackingsoftware:** Diese muss zunächst auf dem Handy/Smartphone installiert werden. Hier gibt es mittlerweile diverse freie Lösungen, als Beispiel sei die App *Meine Tracks* für Android Smartphones genannt. iPhone-Besitzer finden in *RunKeeper* ein zuverlässiges Programm zur Aufzeichnung persönlicher Tracks.
- **Google Earth:** Die vollständige Sichtung der Trackingdaten geschieht später am PC. Hier empfiehlt sich die Installation eines Programms, welches topologische Daten in Form von **Kartenmaterial** zur Verfügung stellt. Eine kostenlose Alternative dafür ist *Google Earth.*
- **Optional: eine Kamera mit integriertem GPS-Chip:** Einige Hersteller von digitalen Foto- bzw. Videokameras bauen in ihre Hardware mittlerweile GPS-Chips ein, um ein automatisches Geotagging zu realisieren.

Was muss man können...

Man sollte sich gut mit dem verwendeten GPS-System auskennen. Das Übertragen und das Umwandeln der Daten auf dem Computer bedingen gute PC-Kenntnisse.

Tracking mit dem Smartphone

Im Folgenden beschreibe ich die Anwendung des Android-Trackingprogramms *Meine Tracks* zur Aufzeichnung von Routen. iPhone-Besitzer können zu diesem Zweck das Programm *Runkeeper* verwenden, welches in ähnlicher Weise funktioniert.

1. Installieren Sie die App *Meine Tracks* aus dem Market.
2. Aktivieren Sie den GPS-Empfänger Ihres Smartphones und starten Sie die App *Meine Tracks.*
3. Wählen Sie im Hauptmenü des Programms den Menüpunkt *Track aufzeichnen.*
4. Legen Sie los mit Ihrer sportlichen Aktivität!

Sie können sich während der Aufzeichnung jederzeit das Höhenprofil sowie die aktuellen Daten anschauen, indem Sie die Pfeile am Kartenrand anklicken (Abbildung 13.1).

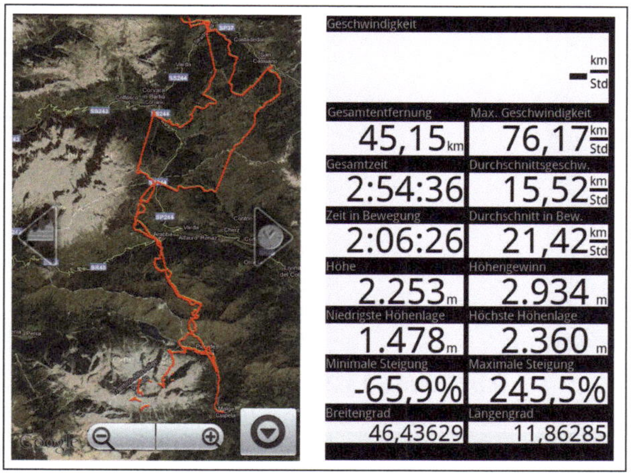

Abbildung 13.1: Aufzeichnung einer Skitour zur Marmolada mit dem Android-Trackingprogramm »Meine Tracks«. Im rechten Teil der Abbildung ist das Strecken-, Geschwindigkeits- und Höhenprotokoll zu sehen

5. Nach Abschluss stoppen Sie die Aufzeichnung über das Hauptmenü. Sie können den Track nun zur Weiterverarbeitung auf die SD-Karte Ihres Smartphones oder auch direkt in Ihr Google-Konto exportieren.

Tracks in Google Earth sichten

Die Kombination mit Google Earth bietet die wohl spektakulärste Auswertung der aufgezeichneten Tracks.

1. Installieren Sie Google Earth auf Ihrem Computer. Das Programm steht mittlerweile für alle wichtigen Plattformen auf `earth.google.de` zum Download bereit.
2. Exportieren Sie auf dem Handy die Trackdatei über den Menüpunkt *Tracks/Alle exportieren/Als KML exportieren* in das Google Earth genehme *.kml*-Format. Die Trackdatei befindet sich nun in einem Ordner namens *MyTracks*[1] im Handyspeicher.

1 Diese Angabe gilt für die Android App *Meine Tracks*. Wenn Sie eine andere App bzw. ein anderes System verwenden, so konsultieren Sie bitte die Anleitung des Herstellers.

Für die Sichtung in anderen Digitalkartenprogrammen kann die Datei auch in das *.gpx*-Format exportiert werden.

1. Übertragen Sie die Trackdatei per Bluetooth-, E-Mail oder USB-Datenverbindung auf den Computer.
2. Unter Windows startet ein Doppelklick auf die KML-Datei das Programm »Google Earth« und zoomt sofort in den geografischen Bereich Ihrer Aufzeichnung (Abbildung 13.2).

Nun lässt sich die zurückgelegte Strecke im landschaftlichen Zusammenhang darstellen und analysieren. Möchten Sie Ihre Erfahrungen anderen Anwendern zur Verfügung stellen, findet sich eine Vielzahl von Internetforen, in denen Tracks je nach Gebiet und Anwendungsbereich getauscht werden können. Einige freie Tools gestatten auch die Umwandlung der Tracks in Routen, sodass man sich quasi per Autopilot durch unbekannte Gefilde führen lassen kann.

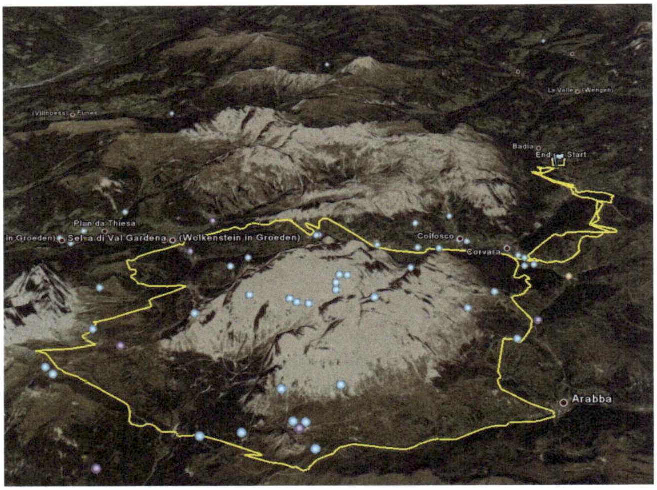

Abbildung 13.2:
Bilanz eines anstrengenden, aber schönen Skitags – die Sella Ronda, gesichtet in Google Earth

Geräte mit eingebauter Trackingfunktion

Eine Vielzahl von technischen Geräten besitzt einen eingebauten GPS-Chip. Ein Beispiel für dessen Anwendung ist das in der folgenden Abbildung dargestellte Tracklog eines Variometers für Flugsportgeräte. Dieses gestattet die vollautomatische Dokumentation von Strecken, die später im Rahmen eines Wettkampfes eingereicht werden können: Beim DHV-XC-Wettbewerb der Gleitschirm- und Drachenflieger beispielsweise werden zurückgelegte Strecken auf `xc.dhv.de` eingereicht, und am Ende der Saison wird der Sieger mit der größten Gesamtstrecke gekürt.

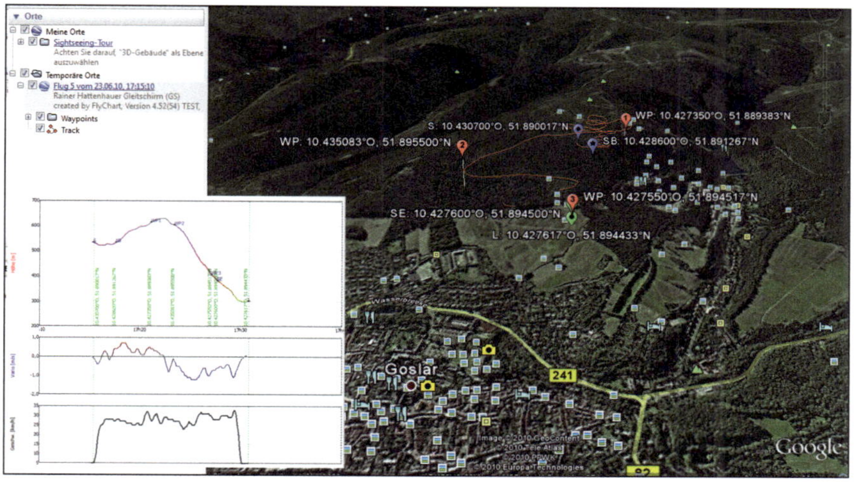

Abbildung 13.3: Trackingaufzeichnung eines Multifunktionsvariometers für Hängegleiter, importiert in Google Earth: Im linken unteren Bildteil abgebildet sind das Höhenprofil des Fluges sowie die dazugehörigen Geschwindigkeiten und Steigraten

Geotagging

Sie kennen die Frage beim alljährlichen Vortrag Ihrer Urlaubsbilder: »Äh, wo war das doch noch gleich?« Wohl dem, der über ein Smartphone mit integriertem GPS verfügt. Dieses zeichnet zusätzlich zum Bild die Position des Fotografen bzw. der Kamera auf. Diese kann dann direkt mit passender Bildbearbeitungs- bzw. Diapräsentationssoftware verwendet werden. So bietet Apples *iPhoto* oder Googles *Picasa* bereits volle Unterstützung für »geogetaggtes« Material.

Wenn Sie also in Zukunft Fotos mit der integrierten Smartphone-Kamera erstellen, dann sollten Sie darauf achten, dass der GPS-Empfänger des Geräts aktiviert ist und ein Satellitenfix vorliegt. In diesem Fall wird jedes aufgenommene Bild oder Video mit den aktuellen GPS-Koordinaten versehen, man spricht in einem solchen Fall von *Geotagging*. Wenn Sie später das Bild am PC idealerweise mit Googles Bildbearbeitungssoftware Picasa (`http://picasa.google.de`) betrachten, wird der Aufnahmeort anhand der geografischen Daten rekonstruiert.

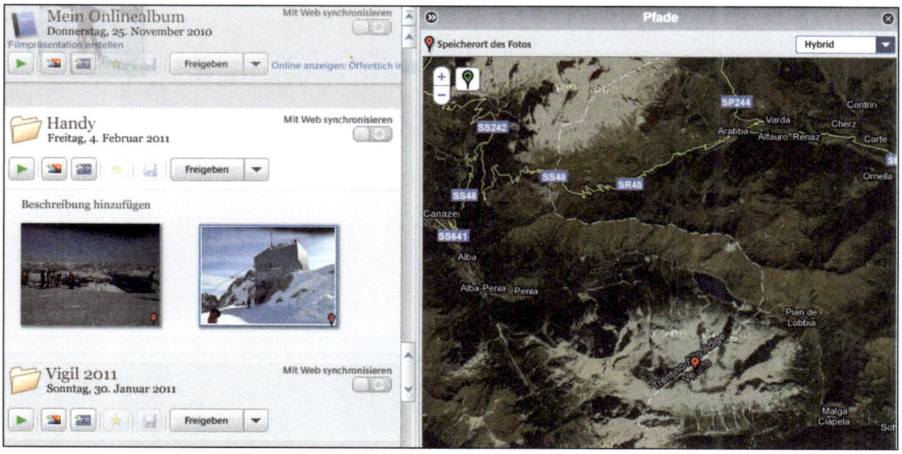

Abbildung 13.4: Der Aufnahmeort geogetaggter Fotos lässt sich nach dem Urlaub mithilfe des Google-Programms Picasa in den Google Maps anzeigen, hier der Gipfel der berühmten Marmolada in Südtirol

Übrigens: Wenn Sie Google+ verwenden, so können Sie Ihre aktuellen Fotos automatisch in die Google-Cloud hochladen lassen. So erfahren Ihre Freunde momentan, wo Sie sich gerade befinden und wie es dort aussieht.

Geocaching

Äußerst beliebt ist das Geocaching, die unterhaltsame und spielerische Art, ein GPS einzusetzen. Dabei geht es darum, einen »Schatz«, den ein Mitstreiter aus der Community versteckt hat, per GPS aufzuspüren. Probieren Sie es selbst durch den Besuch von `geocaching.com` aus:

1. Begeben Sie sich auf `www.geocaching.com` und legen Sie dort einen Account an.
2. Loggen Sie sich mit Ihren Accountdaten ein und wählen Sie zunächst als Sprache *Deutsch* aus.
3. Geben Sie nun einen Ort bzw. dessen Postleitzahl in Ihrer Umgebung ein. Daraufhin werden alle existierenden Caches in der Umgebung gelistet (Abbildung 13.5).

Abbildung 13.5: Nach Eingabe eines Orts bzw. einer Postleitzahl werden alle Caches der näheren Umgebung aufgelistet und lassen sich auf einer Karte einsehen. Die Website ist zwar zu großen Teilen in englischer Sprache verfasst, die Caches selbst werden aber in lokaler Sprache beschrieben. Durch Anklicken eines Links erhalten Sie die GPS-Koordinaten eines Cache

4. Klicken Sie nun einen interessanten Cache an. Sie finden so die GPS-Koordinaten des Cache. Diese können Sie nun direkt als Point of Interest in Ihr Navi bzw. Smartphone eingeben. Konsultieren Sie hierfür die Bedienungsanleitung des Geräts.

Abbildung 13.6: Die Koordinaten des Cache werden als POI (Point of Interest) in das Navi eingegeben. Sie können diese auch ggf. als LOC-Wegpunkt-Datei auf Ihr Handy bzw. Ihr Navi übertragen. Über den Link »Andere Umrechnungen« können Sie sich die GPS-Koordinaten in einem anderen Format anzeigen lassen

5. Bereits an dieser Stelle kann man sich mithilfe der Google Maps einen Überblick verschaffen, wo sich der Cache befindet. Dazu klickt man einfach die in der rechten Fensterhälfte befindliche Karte von Google Maps an.

6. Die Suche kann losgehen! Begeben Sie sich mit Ihrem Smartphone/ Navigationsgerät in die Nähe des Cache und versuchen Sie ihn aufzuspüren. Viel Spaß dabei!

Die Smartphone-App zum Geocaching

Möchten Sie es ganz bequem haben, so sollten Sie sich einmal im App Store Ihres speziellen Smartphones umschauen: Android-Nutzer finden mit der App *c:geo* (Abbildung 13.7) einen treuen Begleiter für Geocaching-Abenteuer jeglicher Art, iPhone-Nutzer bedienen sich der App *Geocaching*.

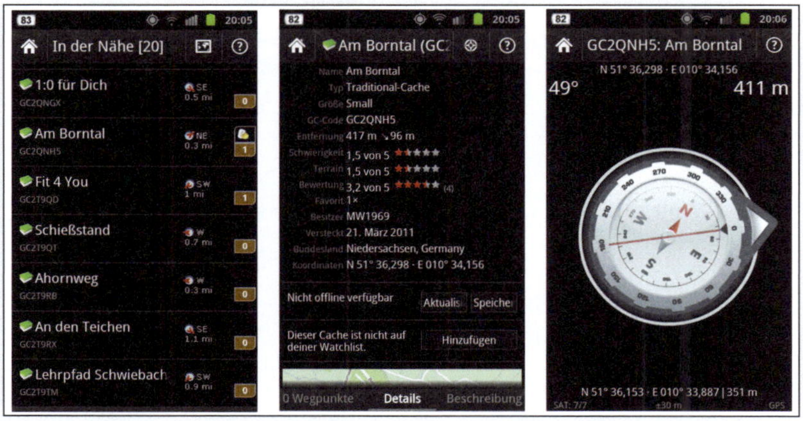

Abbildung 13.7: Moderne Schatzsucher verwenden eine Smartphone App, um schneller ans Ziel ihrer Träume zu gelangen

Abbildung 13.8: Ein gut versteckter Geocache. Hätten Sie den Schatz gefunden? Bildquelle: ZeWrestler, Wikimedia Commons, `http://commons.wikimedia.org/wiki/File:Geocache_in_North_Carolina.JPG`

NetTags

- gps tracking handy
- bluetooth gps maus
- tracking route konvertieren
- google earth kml
- geotagging software
- geocaching tipps

TRACKING
Meine Tracks **Geotagging**
Google Earth **GPS**
Geocaching

14 Google Earth – das neue Bild der Erde

Globus, Atlas und Straßenkarte sind passé – mit Google Earth und Co. zeigt sich Mutter Erde von einer ganz neuen Seite. Nachdem Sie in den vorangehenden Kapiteln schon einiges mit Google Earth entdeckt haben, steigen wir nun etwas tiefer in die Thematik ein.

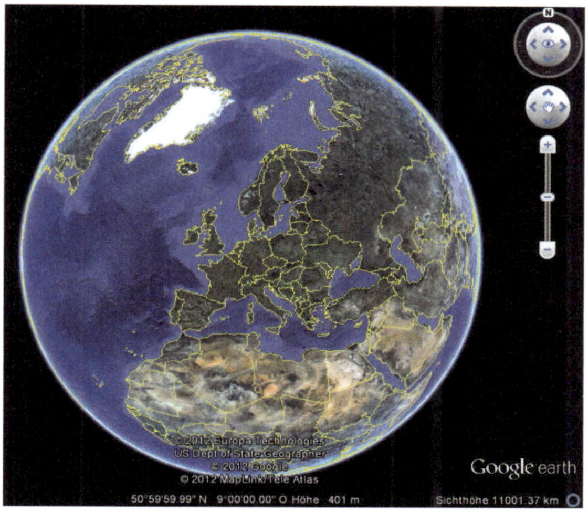

© Google, Teleatlas 2012

Google Earth

Das Programm Google Earth präsentiert die Erde aus der Vogelperspektive. Satellitenbilder werden mit virtuellen Gebäuden kombiniert, um dem Anwender ein naturgetreues Bild des ausgewählten Orts zu präsentieren.

Google Maps

Google Maps, der »kleine Bruder« von Google Earth, ist in jedem Browser lauffähig. Das Programm enthält unter anderem einen leistungsfähigen Routenplaner. Mittlerweile gibt es auch ein Google Earth-Plug-in für Google Maps, sodass Sie das Earth-Feeling auch im Browser genießen können.

Google Street View

Das Projekt Google Street View erfasst ganze Straßenzüge in Form von Fotocollagen und ermöglicht eine realistische Ansicht der Gegend – das gefällt nicht jedem, hat aber für Reisende einen hohen Nutzen.

Wenn es ein Fach gab, das ich zu meiner Schulzeit überhaupt nicht mochte, dann war das wohl Erdkunde. Gelangweilte Lehrer(innen) sprachen vor überdimensionalen Karten von Ländern und Regionen, die sie selbst nie bereist hatten. Das Kartenmaterial war in seiner Schlichtheit kaum zu übertreffen und weckte nur selten das Interesse, die vorgestellten Länder und Regionen einmal selbst zu besuchen.

Wie gut haben es dagegen die Schüler des Internetzeitalters: Die virtuelle Weltreise mit Google Earth gestaltet die vormals langweiligen Erdkundestunden äußerst kurzweilig. Es ist doch schon etwas anderes, ob man sich den Grand Canyon als Strichzeichnung im platten Erdkundeatlas anschaut oder virtuell durchfliegt.

Einen echten Mehrwert bieten die über Google Earth vernetzten Panoramio-Fotos unzähliger Hobbyfotografen, die einen realistischen Eindruck eines besuchten Orts und seiner Umgebung bieten. Wenn man Glück hat, findet man dort just das vom örtlichen Reisebüro empfohlene »absolut ruhige« Hotel wieder – und zwar in der Nähe einer viel befahrenen Kreuzung.

Mit den Google Maps bietet der Suchmaschinengigant dem Reisenden ein präzises Kartenwerkzeug an, das nebenbei auch noch routingfähig ist und über eine Anbindung an die von Google Earth bekannten Satellitenkarten verfügt.

Wer schließlich einmal virtuell über den Broadway oder um den Eiffelturm schlendern möchte, kann dies mit der Google Street View tun. Im Rahmen des Street View-Projekts wurden Digitalfotos kompletter Straßenzüge miteinander verknüpft, wodurch ein äußerst realistisches Bild von städtischen Bereichen entsteht. Verknüpft man die Street View-Bilder mit mobiler Navigationssoftware, so wird man quasi in Realansicht durch den Großstadtdschungel geführt.

Was braucht man...

- **Google Earth:** Das Programm ist die Grundausstattung des virtuell Reisenden. Laden Sie es von `earth.google.de` herunter.
- **Eine 3D-fähige Grafikkarte:** Diese sorgt mit ihrer *Hardwarebeschleunigung* für flüssige Bildabläufe. 3D-Grafikkarten sind in den meisten Desktop-PCs verbaut, Laptops kommen mit moderner integrierter Grafik ebenfalls auf brauchbare Bildraten. Außen vor bleiben Besitzer schwachbrüstiger Grafikhardware, wie sie z.B. in Netbooks zu finden ist.
- **Einen Panoramio-Account:** Möchten Sie selbst Landschaftsfotos zu Google Earth beisteuern, benötigen Sie einen Account bei Googles Dienst *Panoramio* (`www.panoramio.com`). Wer bereits ein Google-Konto besitzt, kann sich auch mit dessen Zugangsdaten dort einloggen.
- **Einen Browser:** Um *Google Maps* nutzen zu können, genügt ein handelsüblicher Browser. Der *Street View-Modus* funktioniert derzeit bereits in den USA und vielen europäischen Ländern. Auch Deutschland ist seit Ende 2010 mit von der Partie.

Was muss man können...

Die Installation von Google Earth ist auch von Einsteigern leicht zu bewältigen. Das Einbinden eigener Fotos in Google Earth mithilfe von Panoramio ist dagegen schon etwas anspruchsvoller.

Google Earth installieren und nutzen

Der Start zur virtuellen Weltreise beginnt mit der Installation des Programms Google Earth:

1. Begeben Sie sich auf `earth.google.de` und betätigen Sie dort den Knopf *Google Earth herunterladen.*
2. Bestätigen Sie die Nutzungsbedingungen und laden Sie die ca. 1 MByte große Setup-Datei herunter.
3. Starten Sie die Setup-Datei per Doppelklick. Das Programm prüft, ob bereits eine Version von Google Earth auf Ihrem Computer installiert wurde, und aktualisiert diese im Bedarfsfall.

Wurde Google Earth noch nie auf dem Computer installiert, so werden sämtliche notwendigen Dateien über das Setup-Programm aus dem Netz heruntergeladen, und das komplette Programm wird installiert.

4. Starten Sie schließlich das Programm nach Abschluss der Installation.

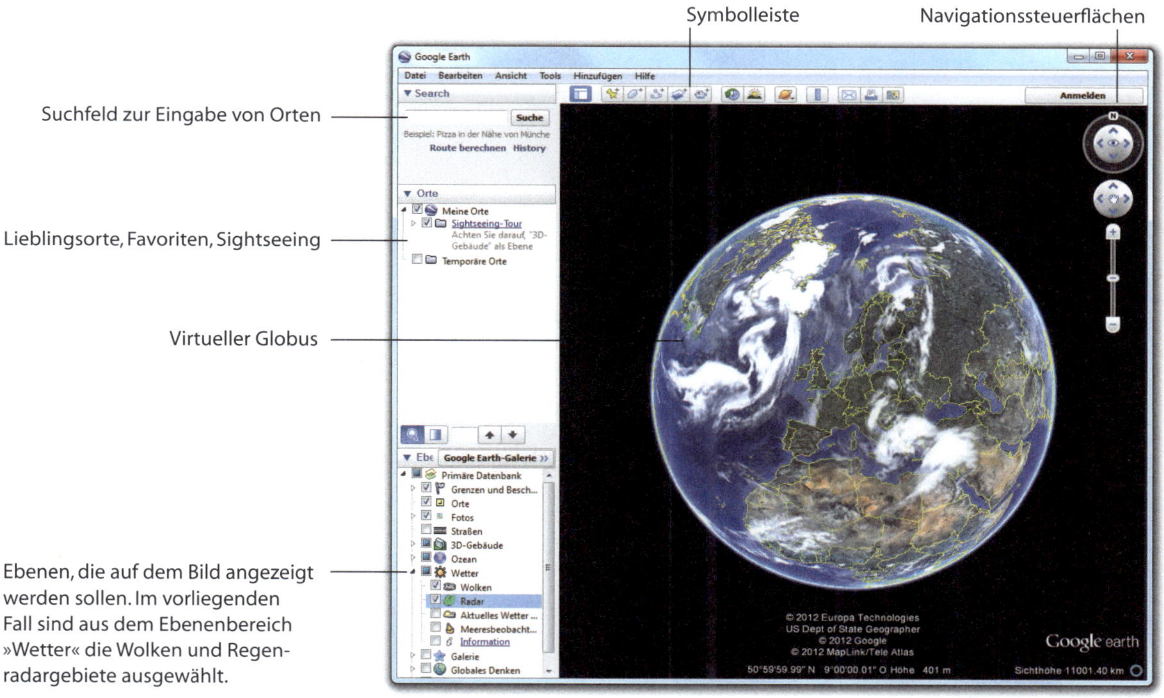

Abbildung 14.1: Die wichtigsten Elemente von Google Earth

Die Navigation auf dem Globus ist äußerst intuitiv: Mit gedrückter linker Maustaste können Sie den Globus anfassen und drehen. Mithilfe des Mausscrollrads zoomen Sie in die Oberfläche hinein oder hinaus. Mit gedrückter `Strg`-Taste können Sie den Blickwinkel auf die Oberfläche ändern bzw. diese mithilfe des Scrollrads drehen und so die zahlreichen dreidimensionalen Gebäude in ihrer vollen Pracht entstehen lassen.

Möchten Sie spezielle Orte besuchen, so geben Sie deren Namen einfach in das Suchfeld ein. Einige prominente Plätze sind schon im Programm vordefiniert.

Beginnen wir mit einem Besuch des Eiffelturms:

1. Wählen Sie im Bereich *Orte/Sightseeing* den Eintrag *Der Eiffelturm* mit einem Doppelklick aus.
2. Google Earth fliegt nun mit Ihnen durch Drehen der Erdkugel zum Eiffelturm.
3. Dort angekommen, können Sie mithilfe der gedrückten linken Maustaste rund um den Eiffelturm navigieren.
4. Möchten Sie den Blickwinkel ändern, so halten Sie die `Strg`-Taste gedrückt. Dadurch entfaltet ein dreidimensionales Modell des berühmten Bauwerks seine volle Schönheit (Abbildung 14.2).

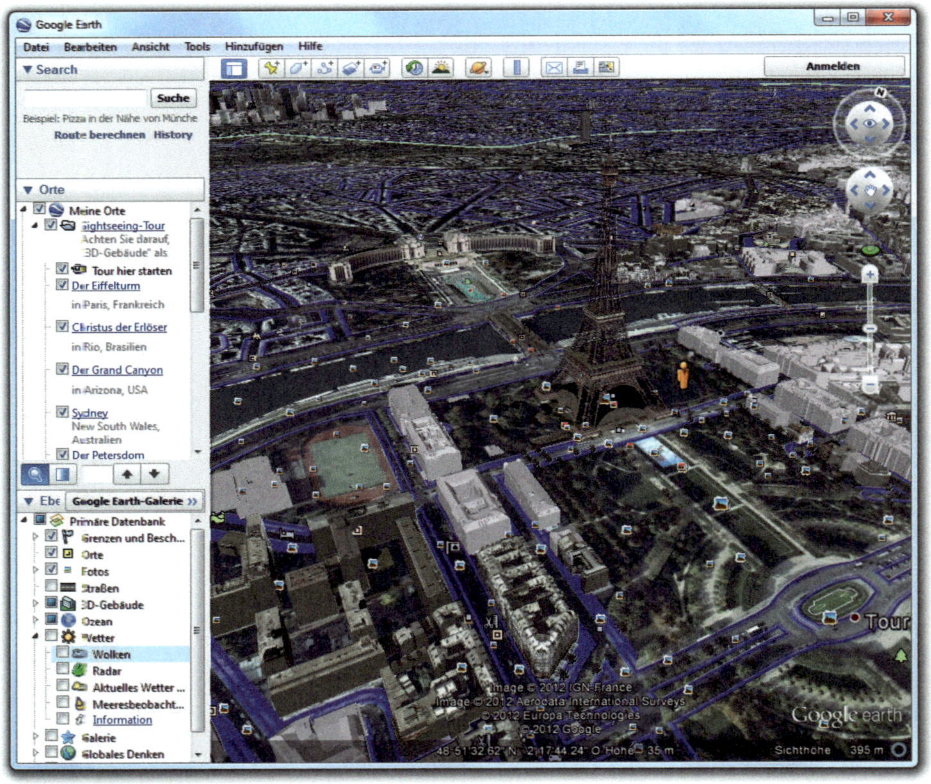

Abbildung 14.2: Der Eiffelturm präsentiert sich in Google Earth als dreidimensionales Modell. Die blauen Linien markieren Bereiche, die mit Street View erfasst wurden

Mithilfe der Ebenen-Wahlschalter in der linken Fensterhälfte des Programms lassen sich weitere Informationen wie z.B. das lokale Wetter, Straßen und Ländergrenzen oder auch das örtliche Regenradar über das Satellitenbild legen. Google Earth bietet unglaublich viele Features, die man am besten durch Learning by Doing an einem langen Winterabend selbst erkundet.

Street View – der virtuelle Stadtbummel

Sie möchten nun virtuell um den Eiffelturm schlendern? Nichts einfacher als das: Google Earth bietet genau diese Attraktion im Street View-Modus.

1. Ziehen Sie das gelbe stilisierte Männchen (den »Pegman«) auf den Bereich der Karte, der Sie interessiert.

Darauf erscheinen einige blau markierte Straßen (vgl. Abbildung 14.2).

Dies sind Bereiche, die vom Google-Mobil erfasst wurden. Hierbei handelt es sich um einen PKW, der mit einem Turm von Kameras durch die Straßen der betreffenden Stadt fährt und sämtliche Straßenzüge detailgetreu fotografiert (Abbildung 14.3). Müßig zu erwähnen, dass dieses Vorgehen bei Datenschützern bzw. Anwohnern Unmut erregt. Insbesondere in Deutschland legten ca. 250.000 Menschen Widerspruch dagegen ein, dass ihre Wohnung bzw. ihr Haus in Street View erscheint.

Abbildung 14.3: Das Google Street View-Auto in Aktion (*Quelle: http://commons.wikimedia.org/wiki/File:Google_Street_View_Car_in_Geneva.jpg*, veröffentlicht unter Creative Commons License)

2. Lassen Sie den Pegman auf einer blau markierten Straße los.

Es öffnet sich der Street View-Modus an der entsprechenden Stelle. Dort können Sie sich mit den bekannten Mauskommandos bewegen (Abbildung 14.4).

Abbildung 14.4: Fahren Sie virtuell um den Eiffelturm! Bei den Symbolen im Bild handelt es sich übrigens um Fotos, die von Anwendern der Panoramio-Community zur Verfügung gestellt wurden – mehr dazu erfahren Sie im nächsten Abschnitt

Den Street View-Modus erreichen Sie übrigens auch, wenn Sie in einer entsprechend erfassten Stadt ganz dicht an die Oberfläche heranzoomen.

Bilder in Google Earth über Panoramio einbinden

Hochinteressant sind die vielen privaten Landschaftsbilder, die Anwender der Fotocommunity Panoramio (seit 2007 im Besitz von Google) mit dem Satellitenbild verlinkt haben. Sie bieten einen schönen Einblick in die Landschaften und Regionen, die man via Google Earth zunächst nur aus der Vogelperspektive beobachten kann.

Selbstverständlich können auch Sie eigene Bilder einbringen. Das geschieht folgendermaßen:

1. Begeben Sie sich auf `www.panoramio.com` und erstellen Sie dort durch Anklicken des Links *Registrieren* ein neues Konto. Das Konto muss wie üblich durch Anklicken des Aktivierungslinks, den Sie per E-Mail erhalten, aktiviert werden. Wenn Sie bereits einen Google-Account besitzen, können Sie sich auch mit diesen Zugangsdaten einloggen.

2. Loggen Sie sich mit Ihren Zugangsdaten durch Anklicken des Links *Anmelden* auf `www.panoramio.com` ein.

3. Wählen Sie nach dem Einloggen den Link *Hochladen* und dann durch Anklicken des Knopfes *Upload Photos* das Foto eines Orts, das Sie mit Google Earth verknüpfen möchten.

Panoramio ist perfekt mit dem Google-Kosmos verzahnt: Sie können dort auch die Fotos Ihres Google+-Streams oder Ihrer Google Picasa-Webalben verbinden.

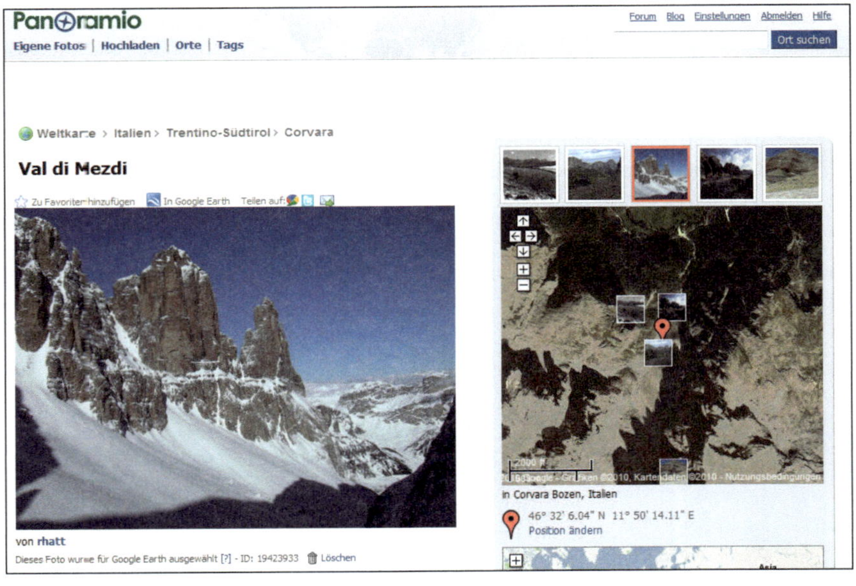

Abbildung 14.5: Einbinden eines Panoramio-Bildes

Es lassen sich sowohl unbearbeitete als auch bearbeitete Fotos hochladen. Die Fotos sollten in ausreichend hoher Auflösung vorliegen. Beachten Sie bitte Folgendes bei der Auswahl des Fotos: Verwenden Sie nur Bilder, die Landschaften und Gebäude als Hauptmotiv enthalten. Personen, die auf den Bildern zu erkennen sind, führen dazu, dass das Bild aufgrund der dann bestehenden zweifelhaften Rechtslage zur Veröffentlichung auf Panoramio bzw. Google Earth abgelehnt wird.

4. Benennen Sie das Foto, nachdem Sie es hochgeladen haben. Über den Knopf *Fertigstellen* fügen Sie das Foto schließlich Ihrem Panoramio-Album hinzu.

Sie können nun durch Anklicken des Fotos in Ihrem Album Kommentare sowie Tags (also Stichworte, die das Motiv beschreiben) zum Bild hinzufügen. Der wichtigste Schritt ist aber die Verknüpfung des Bildes mit seinem geografischen Ort:

5. Klicken Sie in der Fotoansicht auf die Schaltfläche *Platzieren Sie Ihr Foto* und geben Sie in die folgende Suchmaske eine Stadt oder einen Ort ein, der in der Nähe des Aufnahmeorts liegt.
6. Verschieben Sie die Markierung auf der nun erscheinenden Satellitenkarte zur Position, an der die Aufnahme erstellt wurde.
7. Bestätigen Sie die Zuordnung durch Anklicken der Schaltfläche *Position speichern.*

Einfacher geht die Prozedur mit dem Google-eigenen Bildbearbeitungsprogramm Picasa, mehr dazu finden Sie im Kapitel *Die moderne Dunkelkammer*.

Nun heißt es einige Wochen Geduld haben, denn das eingereichte Foto wird zunächst gesichtet. Ist es veröffentlichungswürdig, dann finden Sie es bald in den Google Maps bzw. in Google Earth (Abbildung 14.6). Den Status der Veröffentlichungsprozedur können Sie jederzeit an der Zahl unter dem Foto im Panoramio-Album erkennen.

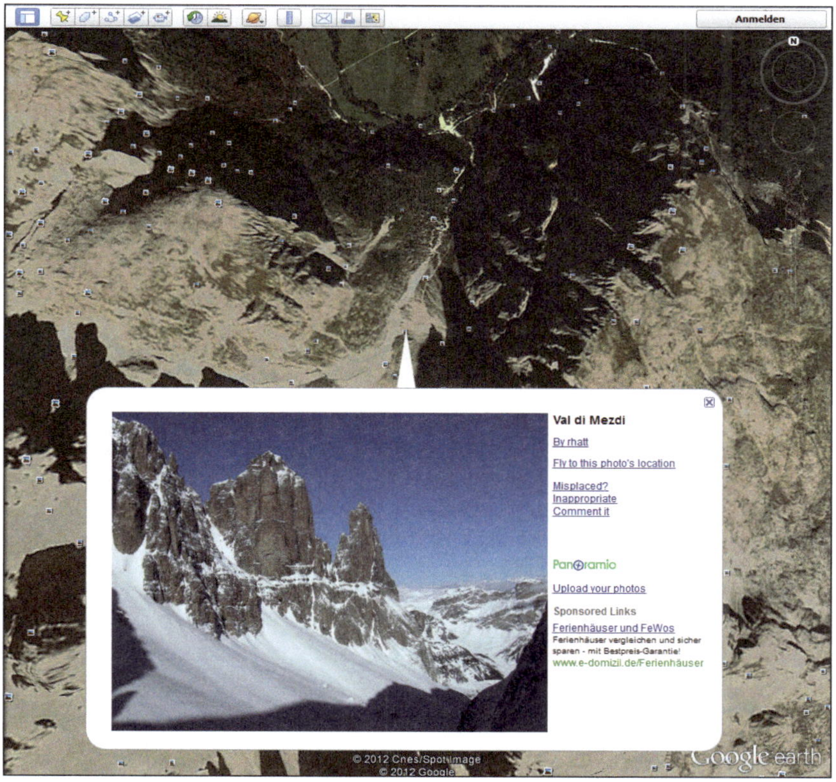

Abbildung 14.6: Das Bild ist nach einigen Monaten in den Google Maps und etwas später auch in Google Earth zu finden

Kartencommunity: das OpenStreetMap-Projekt

Google-Karten sind eine echte Bereicherung für den virtuell Reisenden. Sie haben allerdings einen kleinen, nicht unwesentlichen Nachteil: Die Rechte für das Kartenmaterial liegen bei Google, d.h., die Karten dürfen nicht von Dritten weiterverarbeitet oder publiziert werden, sie dienen ausschließlich dem privaten Gebrauch.

Das OpenStreetMap-Projekt (`www.openstreetmap.org`) hat sich das Ziel gesetzt, freies Kartenmaterial zur Verfügung zu stellen. Dieses wird ständig von einem riesigen Heer Freiwilliger gesichtet und ergänzt, ähnlich dem Wikipedia-Prinzip.

Die Qualität des Kartenmaterials ist dabei erstaunlich gut (Abbildung 14.7).

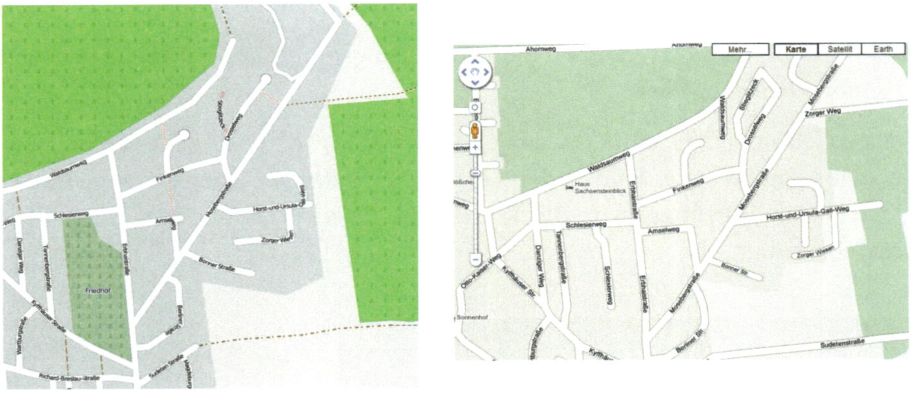

Abbildung 14.7: OpenStreetMap (links) contra Google Maps (rechts):
Die Detailtreue des freien Kartenmaterials steht mittlerweile Google in nichts nach

NetTags

- download google earth
- anleitung google earth
- google maps hilfe
- panoramio anleitung
- openstreetmap deutsch

EARTH Google satellit MAPS Panoramio Street View OpenStreetMap PEGMAN

15 Wettervorhersage – selbst gemacht

Vorbei sind die Zeiten, in denen wir mit bangem Gesicht zum Himmel schauten und uns fragten, ob die bevorstehende Radtour wohl im Platzregen enden wird. Das Internet verleiht uns – zumindest wettertechnisch – hellseherische Fähigkeiten!

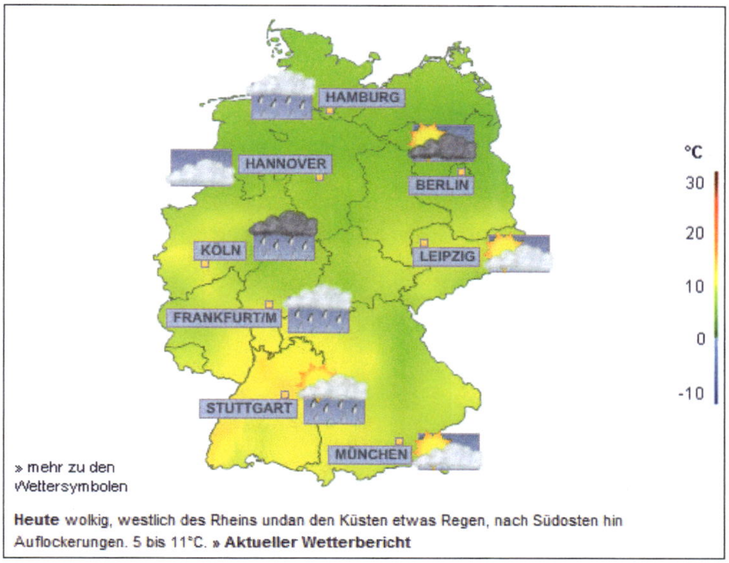

© wetter.de

Wetterdienst

Das Internet ist voll von Wetterdienstleistern: Um die Marktvorherrschaft buhlen `wetter.de`, `wetteronline.de` und `wetter.com`, nicht zu vergessen der Vater aller Wetterdienste, der Deutsche Wetterdienst (`dwd.de`).

Regen- bzw. Niederschlagsradar

Mithilfe des Niederschlagsradars lässt sich der Wassergehalt einer Wolke in einem begrenzten Umkreis bestimmen. Dies ermöglicht zuverlässige Niederschlagsprognosen.

Webcam

Eine Webcam überträgt Live- oder Standbilder von Orten oder Personen über das Internet. Mittlerweile gibt es sogar interaktive Exemplare, die vom Betrachter der Internetseite gesteuert werden können.

Wer sich viel in der freien Natur aufhält, um dort seinem Hobby oder Beruf nachzugehen, wünscht sich eine präzise Wetterprognose. Darüber hinaus möchte man sich oft auch ein genaues Bild vom aktuellen Wetter am Ausflugsziel verschaffen. Früher galt das Prinzip Hoffnung: »Wird schon nicht so schlimm werden mit dem bevorstehenden Regenschauer …« Oder: »Wer weiß, vielleicht reicht die

Wolkendecke ja nur bis auf 2000 m Höhe, und wir können auf dem Gletscher bei herrlichem Sonnenschein im Pulverschnee Ski laufen.« Die Realität war meist eine andere …

Und heute? Bevor es bei Schauerwetter per Motorrad zum 300 km entfernten Autoreisezugterminal geht, werfe ich zunächst einen Blick auf das Regenradar einer Wettervorschau im Internet. Dort lässt sich der Verlauf des Tiefdruckgebiets in viertelstündigen Intervallen genau verfolgen, und so manches Mal kann man sogar Licht am Ende des Tunnels, also der Regenfront, erkennen, und die Regenkombi wird in den Koffer verbannt.

Als Gleitschirmflieger schätze ich darüber hinaus eine zuverlässige Windprognose: Peinlich, wenn man das Aufleben des vormals schwachen Nordwindes am Nachmittag nicht in die Flugplanung mit einbezogen hat, aufgrund des heftigen Gegenwindes den Landeplatz nicht mehr erreicht und stattdessen in einem hohen Fichtenwald einlanden muss.

Für Freunde des spontanen Kurzurlaubs ist die mittelfristige Wettervorhersage der großen Wettermacher im Netz ein Segen: Hier werden Trends über den Zeitraum einer Woche mit relativ hoher Wahrscheinlichkeit erkennbar; die Gretchenfrage »Rügen oder Rimini?« lässt sich dadurch leichter beantworten. Und ein kurzer Blick auf die lokale Webcam des Urlaubsorts steigert die Vorfreude auf die schönste Zeit des Jahres …

Was braucht man...

- **Einen Browser mit Internetanbindung:** Die technischen Grundvoraussetzungen zum Erstellen der persönlichen Wettervorhersage sind denkbar gering.
- **Das Adobe Flash-Plug-in:** Der Browser sollte mit dem Flash-Plug-in ausgestattet sein, da etliche Wetterseiten ihre Informationen als Flash-Inhalt darstellen.
- **Das Java-Plug-in:** Eine Vielzahl von Webcams wird als Java-Applet in die Webseite eingebunden. Die *Java Runtime Environment (JRE)* muss daher als Plug-in für den entsprechenden Browser installiert werden.
- **Optional: ein Handy bzw. Smartphone:** Der moderne Reisende möchte natürlich auch im Ausland vor Ort wettermäßig im Bilde sein. Alle nachfolgend beschriebenen Dinge lassen sich im Großen und Ganzen auch *per Handy/Smartphone* realisieren. Dabei muss man allerdings darauf achten, nicht in die Kostenfalle zu stolpern. Im Ausland werden Datenpakete je nach Provider mit bis zu 7 Cent pro 10 KByte Datenpaket abgerechnet. Bei grafikintensiven Seiten läppert sich da schnell ein hübsches Sümmchen zusammen. Der clevere Datennomade nutzt daher im Ausland das örtliche *Internetcafé* oder den WLAN-Zugang für die Wetterprognose. Mehr zum Thema »Internetnutzung im Ausland« erfahren Sie im Kapitel *Internet mobil.*

Was muss man können...

Der sichere Umgang mit dem Browser ist Grundvoraussetzung, zudem sollte man beim mobilen Zugang stets die anfallenden Kosten vor Augen haben.

Die aktuelle Wettervorhersage

Der nächste Urlaub steht vor der Tür, und Sie möchten sich gern einen Überblick verschaffen, ob es Petrus gut mit Ihnen meint.

1. Stellen Sie sicher, dass auf Ihrem Computer der Adobe Flash Player sowie die Java Runtime Environment (JRE) installiert sind.

Den Flash Player können Sie auf `http://get.adobe.com/de/flashplayer/` herunterladen, die aktuelle Java Runtime Environment finden Sie auf `http://www.java.com/de/download/`.[1]

2. Begeben Sie sich auf die Internetseite eines Onlinewetterdienstes.

Im Folgenden verwende ich exemplarisch die Suche beim Wetterdienst `meteoblue.com`., der sich insbesondere für Reisewetterprognosen bei mir bewährt hat.

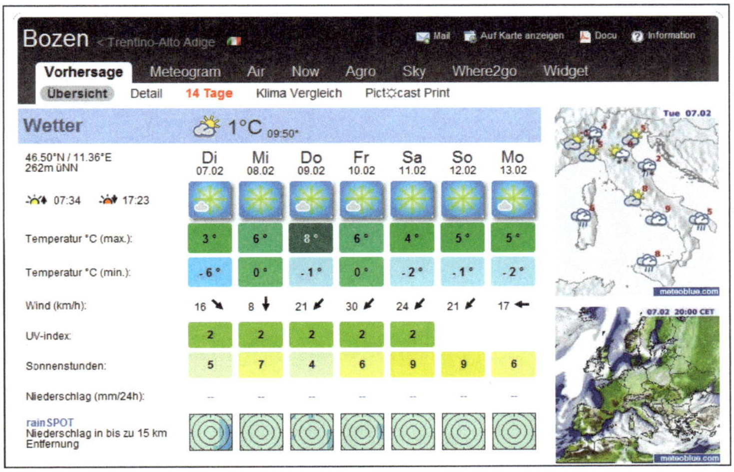

Abbildung 15.1: Die kurzfristige Prognose schaut nicht schlecht aus (*Quelle: meteoblue.com*)

3. Wählen Sie im Dropdown-Menü das Land aus und geben Sie anschließend den Namen des gewünschten Orts in die Suchmaske ein. Meist werden schon während der Eingabe Orte zur Auswahl in einer Liste angeboten.

4. Starten Sie den Suchvorgang durch Anklicken des Suchknopfs oder durch Betätigen der Eingabetaste.

Nun sollte das aktuelle Wetter sowie die mittelfristige Prognose im Browser für die gewünschte Region erscheinen (Abbildung 15.1).

Die großen Wetterdienste erfassen in der Regel nur größere Urlaubsregionen oder Städte. Findet man den gewünschten Ort nicht, kann man sein Glück entweder bei einem anderen Anbieter versuchen oder man zoomt sich durch die Übersichtskarte, die fast immer auf der Startseite zu finden ist. Ein Wetterdienstanbieter, der auch kleinere Orte im Repertoire hat, ist der oben verwendete Dienst *meteoblue* (`www.meteoblue.com`). Ein interessantes Merkmal dieses Anbieters: Auf der Startseite berichten Anwender vom gerade vorherrschenden lokalen Wetter (Abbildung 15.2).

1 In einigen aktuellen Browsern, z.B. Google Chrome, ist zumindest Flash schon integriert.

Abbildung 15.2: Bei einigen Wetterdienstleistern können die Benutzer aktuelle Wettermeldungen selbst absetzen, hier sichtbar bei `www.meteoblue.com`

Verschiedene Wetterdienstleister bieten kostenpflichtige Prognosen für einen langfristigen Zeitraum an, z.B. für 14 Tage. Derartige Prognosen sind stets mit Vorsicht zu genießen, da das Wetter nun mal ein hochgradig komplexes System ist. Seriöse Anbieter versehen daher die Vorhersagedaten meistens mit einer Wahrscheinlichkeitsangabe.

Niederschläge prognostizieren

Für kurzfristige Prognosen bezüglich zu erwartender Niederschläge konsultiert man das Niederschlagsradar:

1. Begeben Sie sich auf die Startseite Ihres bevorzugten Wetterdienstanbieters und halten Sie Ausschau nach dem Niederschlagsradar bzw. der Niederschlagsprognose.

Das Niederschlagsradar zeigt die aktuellen Niederschläge an, die Niederschlagsprognose den zu erwartenden weiteren Niederschlagsverlauf. Letztere ist stets mit einer gewissen Unsicherheit behaftet.

2. Verwenden Sie für eine kurzfristige Niederschlagsprognose den Loopmodus des Regenradars.

Dieser spielt den Regenverlauf der letzten Stunden in Form eines kleinen Films ab, sodass Sie den weiteren Verlauf des Regengebiets in den nächsten Stunden mit guter Genauigkeit selbst erschließen können (Abbildung 15.3).

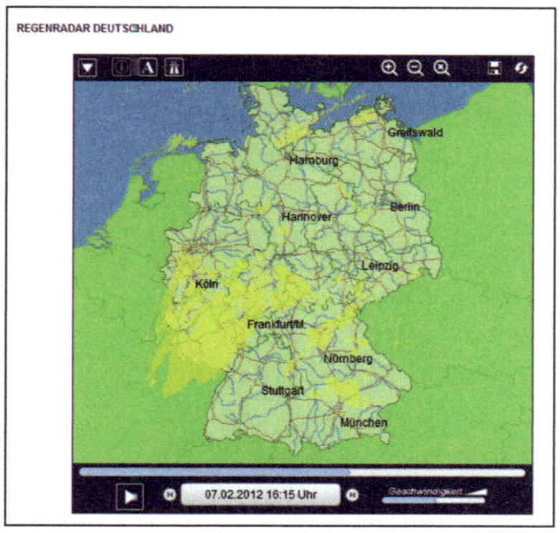

Abbildung 15.3: In der Animation kann man den Verlauf eines Niederschlagsgebiets selbst erschließen (*Quelle: wetter.de*)

Im Hinblick auf die Aktualisierungsfrequenz ist insbesondere die Seite `www.niederschlagsradar.de` zu empfehlen: Die Daten werden hier alle fünf Minuten aktualisiert. Ein Overlay mit den Google Maps ermöglicht auch eine genaue Lokalisierung der Regengebiete. Eine handytaugliche Darstellung finden Sie auf `www.niederschlagsradar.mobi`.

Einige Wetterdienste bieten neuerdings auch Regenprognosen für mehrere Tage an, die auf der Basis der Zugrichtung der Regengebiete erstellt wurden, so z.B. `www.wetter.com` (Abbildung 15.4).

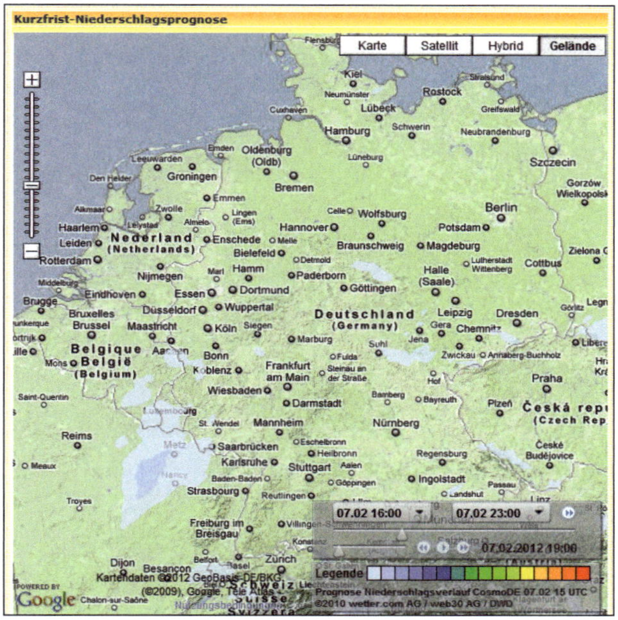

Abbildung 15.4: Auf der Seite `wetter.com` finden Sie eine kurzfristige Niederschlagsprognose. Im vorliegenden Fall ist nur im äußersten Südwesten mit nennenswertem Niederschlag zu rechnen

Ein Niederschlagsradar ist somit eine feine Sache: Es erfreut den Bauern, der abschätzen möchte, ob er die Heuernte noch trocken in den Stall bekommt, oder den Maler, der die Gebäudefassade vor Einsetzen des Gewitters noch fertigstellen will.

Professionelles Datenmaterial

Wer sich selbst in der Wetterprognostik versuchen möchte, dem bietet unter anderem `wetteronline.de` oder der Deutsche Wetterdienst (`dwd.de`) professionelles Material zur Erstellung eigener Wetterprognosen. Isobarenkarten stehen beispielsweise auf der Webpräsenz `profi.wetteronline.de` zum Abruf bereit (Abbildung 15.5).

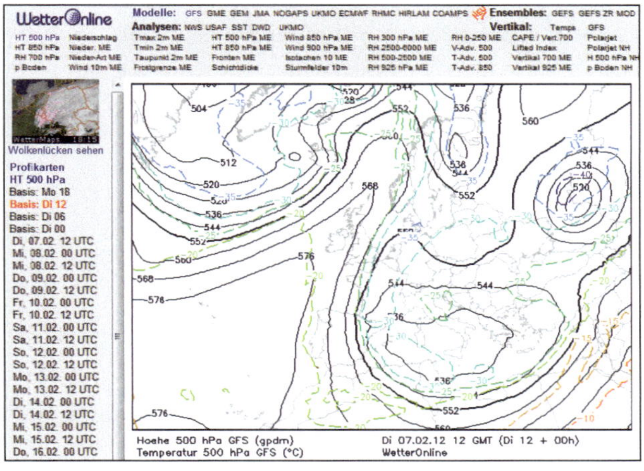

Abbildung 15.5: Wetterexperten verwenden Isobarenkarten zur Erstellung eigener Prognosen. Topaktuelles Material ist allerdings kostenpflichtig (*Quelle: profi.wetteronline.de*)

Das Wetter im Ausland

Für präzise Wettervorhersagen im Ausland forscht man am besten nach der lokalen Wettervorhersage des Urlaubsgebiets. Geschickt ist es dabei, den Ortsbegriff etwas großzügiger in Form einer Region zu fassen und je nach Sprache des Landes in Verbindung mit dem Schlüssel *wettervorhersage*, *weatherforecast* oder *meteo* zu verwenden, also z.B. *meteo corse montagne*, um das Bergwetter in Korsika zu recherchieren.

Idealer Ausgangspunkt für lokale Vorhersagen sind meist die Internetpräsenzen der nahe liegenden Tourismuszentren. So führt z.B. der Wetterlink auf der Internetpräsenz des Skigebiets Kronplatz/Südtirol zum Wetterbericht der Provinz Bozen (Abbildung 15.6). Der lokale Wetterdienst hat dabei die Möglichkeit, eigene Wettersensoren für seine Zwecke auszuwerten.

Abbildung 15.6: Lokaler Wetterdienst der Provinz Bozen (*Quelle: www.provinz.bz.it*)

So ein richtig rundes Bild der aktuellen Wettersituation eines Reiseziels bietet eine Webcam.

1. Geben Sie in Ihre Lieblingssuchmaschine die Begriffe *webcam + »Ortsname«* ein.
2. Die Suchabfrage liefert sofort etliche Verweise, meist auf Webcamkataloge. Hier gilt es die qualitativ besten Webcams ausfindig zu machen.
3. Um sich ein Livebild von der Wetterlage vor Ort zu machen, wechseln Sie (falls optional angeboten) zu einem Livestream (Abbildung 15.7).

Abbildung 15.7: Viel Betrieb am Lift? Die Webcam gibt Aufschluss … (*Quelle: www.kronplatz.org*)

Besonders erfreulich ist die Möglichkeit der interaktiven Steuerung bei einigen Installationen. Dadurch kann man gezielt an Objekte heranzoomen oder die Kamera auf andere Bereiche lenken. Voraussetzung hierfür ist, dass das Java-Plug-in für den verwendeten Browser zuvor installiert wurde. Auf der Internetpräsenz `www.deutschland-webcam.de` finden Sie eine Übersicht über die aktuell in Deutschland befindlichen interaktiven Kameras, Webkameras aus der ganzen Welt listen `www.earthtv.com`, `www.netcamera.de` und `www.globocam.com` auf.

Abbildung 15.8: Gehen Sie auf Weltreise – mit `earthtv.com`!

Wetter mobil

Einige Wetterdienstleister bieten Apps an, die ihre Wetterinformationen handygerecht aufbereiten. Als Beispiel sei die Wetteranwendung *meteo4me* von Meteoblue (`www.meteoblue.com`) für das iPhone genannt (Abbildung 15.9). Diese ermöglicht die Wettervorhersage an einer Vielzahl von (auch kleinen) Orten weltweit. iPhone-Besitzer finden das Programm im iTunes App Store.

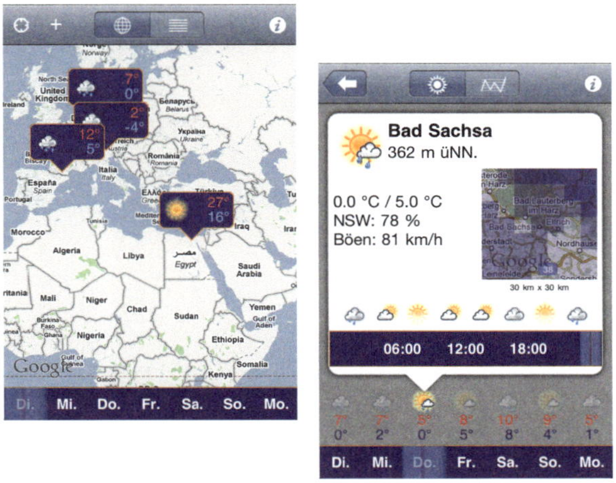

Abbildung 15.9: Für Smartphones gibt es mittlerweile ausgefeilte Wetterprogramme, die es gestatten, Informationen über das Wetter »on the road« einzuholen. In der abgebildeten App meteo4me werden sogar die zu erwartenden Regengebiete prognostiziert

Die Wetter-App für Skifans

Mein persönlicher Favorit für den Skiurlaub ist die bergfex/Ski-App für Skiläufer. Diese bietet nicht nur eine exzellente Skiwetterprognose, sondern ermöglicht darüber hinaus auch einen direkten Einblick in die Situation im Skigebiet per Webcam (Abbildung 15.10).

Abbildung 15.10: Neben Informationen zum Skigebiet bietet die bergfex/Ski-App auch aktuelle Webcam-Bilder

NetTags

- wetter »Ort«
- webcam »Ort«
- niederschlagsradar
- reisewetter »Region«
- wetter app

WETTER ONLINE
Niederschlag Langzeitprognose
Livestream WEBCAM
Satellitenbild meteo4m
Bergfex/Ski

16 Selbstorganisation mit PIM-Software

Wer seine Arbeitskraft sinnvoll verplant, hat mehr Freizeit und somit auch mehr vom Leben. Dabei helfen uns Smartphone und PIM-Software.

PIM

Der *Personal Information Manager* (kurz: PIM) umfasst die Organisation des Arbeits-, aber auch Privatlebens mit Kalender, Aufgabenplaner oder To-do-Listen.

PDA

Der *Personal Digital Assistant* (PDA) ist bzw. war ein Minicomputer, der in der Lage ist, Termine zu verwalten, Adressen zu speichern und Aufgabenlisten zu verwalten. Die Spezies des PDA wurde mittlerweile verdrängt durch das Smartphone, einer »eierlegenden Wollmilchsau«, mit dem man surfen, mailen, organisieren und, wenn es sein muss, sogar telefonieren kann.

Arbeiten und leben Sie nach Plan? Falls nicht, dann sind Sie den Anforderungen unseres modernen, hektischen Lebens schutzlos ausgeliefert. Es ist an der Zeit, Ihnen einige Werkzeuge für das *Personal Information Management* mit auf den (Arbeits-)Weg zu geben. Führte man in der guten alten computerfreien Zeit seinen Terminplaner noch per Stift und schrieb zu erledigende Aufgaben in Form einer Einkaufsliste auf einen Schmierzettel, so haben heute Outlook und Co. Einzug in unser Leben gehalten, mit all ihren Vor- und Nachteilen: Die Wortschöpfung *Digitale Demenz* beispielsweise bezieht sich auf einen technikaffinen Zeitgenossen, der sein Smartphone verloren hat und dem nun in Ermangelung eines Backups auf dem PC all seine wichtigen Termine, Kontakte und zu erledigender Aufgaben abhandengekommen sind. Vom Homo informaticus zum digitalen Einzeller in null Sekunden sozusagen … Damit Ihnen das nicht passieren kann, bekommen Sie im folgenden Kapitel zunächst einen Crashkurs im Umgang mit PIM-Software nebst Anleitung, das Ganze redundant (sprich: mit Daten-Rettungsnetz) zu sichern, sodass der Verlust des Handys nicht mit dem Verlust Ihrer Arbeits- oder sogar Lebensplanung einhergeht.

Was braucht man...

- **PIM-Software:** Das kann z.B. Microsoft Outlook sein. Für dieses Programm müssen Sie derzeit um die 100,– € investieren. Es gibt aber auch kostenlose Alternativen: iPhone- und Android Smartphone-Besitzer bekommen die webbasierte PIM-Lösung quasi zum Gerät mitgeliefert.
- **Ein mobiles PIM-Gerät:** Bevor die *Smartphones* als Universalgeräte in puncto Termin- und Aufgabenplanung den Markt bevölkerten, nutzte man einen *Pocket PC* oder *Palm* PDA als digitalen Assistenten. Mittlerweile sind die letztgenannten Geräte überflüssig geworden, da man mit ihnen im Gegensatz zum Smartphone nicht telefonieren kann. Für Normalanwender tut's auch ein *Billighandy*, das in der Regel ebenfalls über einen Kalender- bzw. Aufgabenplaner verfügt und sich mittlerweile auch mit den gängigen PIM-Programmen per Desktopsoftware synchronisieren lässt.
- **Ein Konto bei Google oder einem anderen Onlinedienstleister:** Möchten Sie von jedem Ort der Welt auf Ihren persönlichen Planer zugreifen, so lohnt es sich, die Termine, Aufgaben und Kontakte auch online zu speichern und zu verwalten. Das geht am einfachsten mit einem Google-Konto, aber auch andere Provider wie z.B. GMX oder T-Online bieten eine PIM-Schnittstelle an. iPhone-Besitzer nutzen die iCloud-Funktionen zur Synchronisation.

Was muss man können...

Das Bedienen der Software (z.B. das Eintragen von Aufgaben und Terminen) ist kinderleicht. Schwieriger wird es, wenn Sie Ihre Planung mit einem oder mehreren Mobilgeräten synchron halten möchten: Die Konfiguration der Synchronisationssoftware für den Datenabgleich über USB und Bluetooth hält auch für Fortgeschrittene so manche unliebsame Überraschung bereit.

Funktionen aktueller PIM-Software

Was für Werkzeuge benötigt man für modernes Zeit- und Aufgabenmanagement? Wenn Sie nicht gerade im Businessbereich arbeiten, so können Sie sich die Ausgabe für Microsoft Outlook in Höhe von ca. 100,– € sparen und stattdessen den kostenlosen Google Kalender verwenden (ein eigenes Google-Konto vorausgesetzt, vgl. *Googles Geheimnisse*). Loggen Sie sich mit Ihrem Account bei Google ein und begeben Sie sich in den Bereich *Mehr/Kalender*.

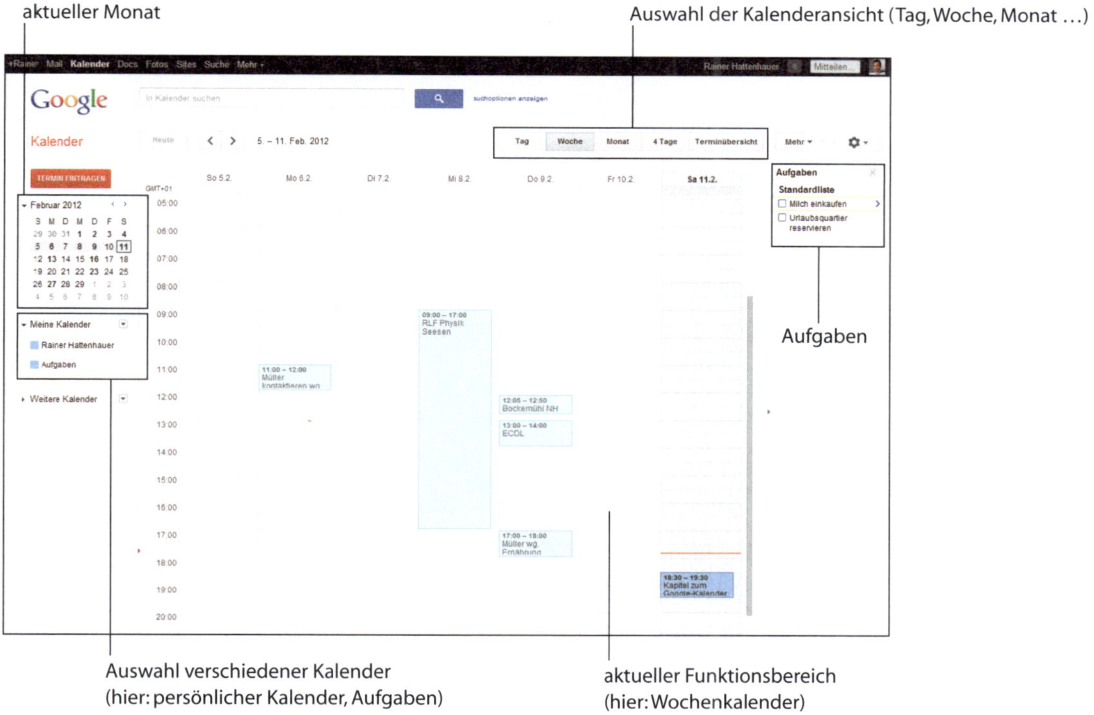

Betrachten wir im Folgenden die wesentlichen Funktionsbereiche:

- **Die Kalenderanwendung:** Diese verwaltet Ihre Termine. Haben Sie z.B. am Montag um 16.30 Uhr einen Friseurtermin, dann klicken Sie einfach auf das entsprechende Zeitfeld und tippen den Termin dort ein. Ihr Friseur ruft an, dass es ihm erst am Donnerstag passt? Kein Problem: Verschieben Sie den Termin mit der Maus per Drag&Drop zum neuen Termin. Spätestens an dieser Stelle greift man beim gewöhnlichen Terminkalender zum Radiergummi oder streicht den alten Termin durch, was die Übersichtlichkeit nicht gerade erhöht.

Um einen Termin näher zu spezifizieren bzw. ergänzende Informationen hinzuzufügen, wählen Sie diesen durch Anklicken noch einmal aus und fügen Änderungen zum Termin ein (Abbildung 16.1).

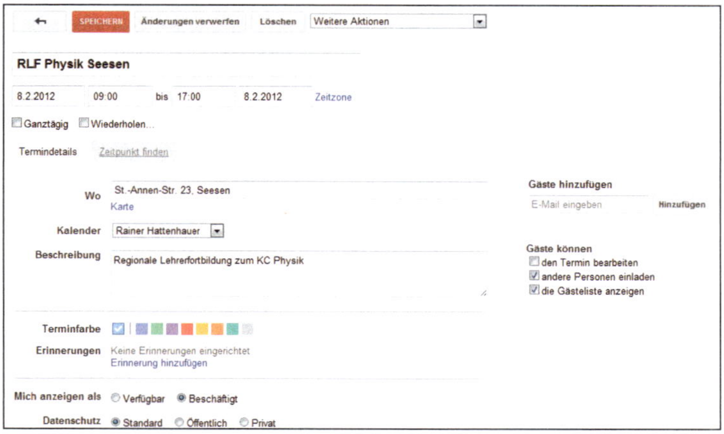

Abbildung 16.1: Feintuning eines Termins: Wenn Sie den Ort eingeben, können Sie zu diesem später über Google Maps per Smartphone navigieren

- **Die Aufgabenanwendung:** Hier tragen Sie all die Aufgaben ein, die Sie in der nächsten Zeit erledigen müssen.

Abbildung 16.2: Aufgaben können mit Terminen und Notizen versehen werden

Die Pflege Ihrer Kontakte erfolgt bei Google im Bereich *E-Mail*. Begeben Sie sich also dorthin und klicken Sie die Überschrift *E-Mail* an, Sie landen bei der ...

- **Kontaktanwendung:** Sie ist Ihr persönliches Adressbuch. Sie sollten sich rechtzeitig angewöhnen, Kontakte in verschiedene Gruppen (beruflich, privat, Hobby XY ...) einzusortieren. So lässt sich beispielsweise eine Sammelmail an die Mitglieder des Volleyballvereins betreffs des nächsten Punktspiels durch schnelle Auswahl der Gruppe vereinfachen.

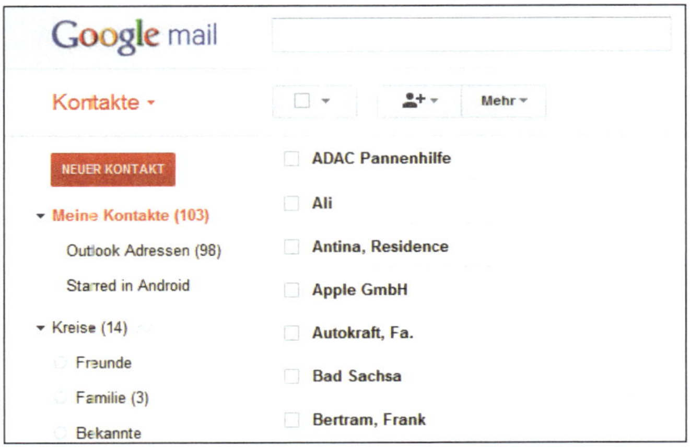

Abbildung 16.3: Die Kontaktanwendung ist Ihr digitales Adressbuch. Im Fall der Google-PIM-Anwendung erhalten Sie eine perfekte Verzahnung mit Google+. Selbstverständlich lassen sich hier auch Kontaktgruppen definieren

Synchronisation mit mobilen Geräten

Richtig praktisch ist der Abgleich der PIM-Software mit Smartphone und Co., da man derartige Geräte stets bei sich führen und Termine sowie Aufgaben unmittelbar eintragen kann. Sehr einfach gestaltet sich die Synchronisation für Besitzer von Android Smartphones: Diese lassen sich bequem mit dem eigenen Google-Konto und dessen Kalender synchronisieren. Sowohl Windows Mobile-Geräte als auch die Handys der meisten Hersteller lassen sich mithilfe zusätzlicher Software über Outlook synchronisieren. Im Fall eines Windows Mobile-Geräts übernimmt das auf dem Windows-PC integrierte *Synchronisationscenter* den Job.

Zur Synchronisation eines Android Smartphones mit dem Google Kalender gehen Sie folgendermaßen vor:

1. Melden Sie Ihr Android Smartphone mit Ihren Zugangsdaten bei Google an.

Dies wurde in der Regel bereits bei der Aktivierung des Geräts vorgenommen.

2. Starten Sie die Android Kalender App. Wie von Zauberhand erscheinen dort nun alle Termine, die Sie am PC per Browser in den Google Kalender eingetragen haben (Abbildung 16.4).

Abbildung 16.4: Googles Betriebssystem Android synchronisiert sich automatisch mit dem Google Kalender. Im vorliegenden Fall werden die Termine und Aufgaben auf dem Startbildschirm durch zwei Widgets dargestellt

Sind Sie stolzer Besitzer eines iPhones, so können Sie Ihre Terminverwaltung per iCloud mit Ihrem Mac oder PC synchronisieren. Achten Sie darauf, dass auf Ihrem mobilen Endgerät in den Einstellungen im Bereich *iCloud* die Haken bei Kontakte, Kalender und Erinnerungen gesetzt sind (Abbildung 16.5). Sowohl für Mac als auch für den PC gibt es Software zur Verwaltung der iCloud, mehr dazu erfahren Sie auf `www.apple.com/de/`.

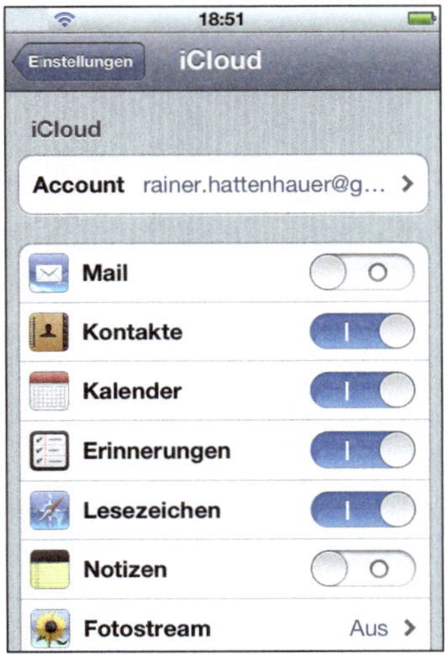

Abbildung 16.5: iPhone-Besitzer synchronisieren ihr Gerät idealerweise per iCloud

Wer auf die iCloud-Funktionen verzichten kann, hat die Möglichkeit, die Synchronisation seines Kalenders und der Kontakte auch per iTunes vorzunehmen. Dadurch werden die Daten mit dem lokalen PC/Mac synchronisiert. Begeben Sie sich zu diesem Zweck in das iTunes-Menü *Geräte/Infos* und konfigurieren Sie dort die zu synchronisierenden Konten.

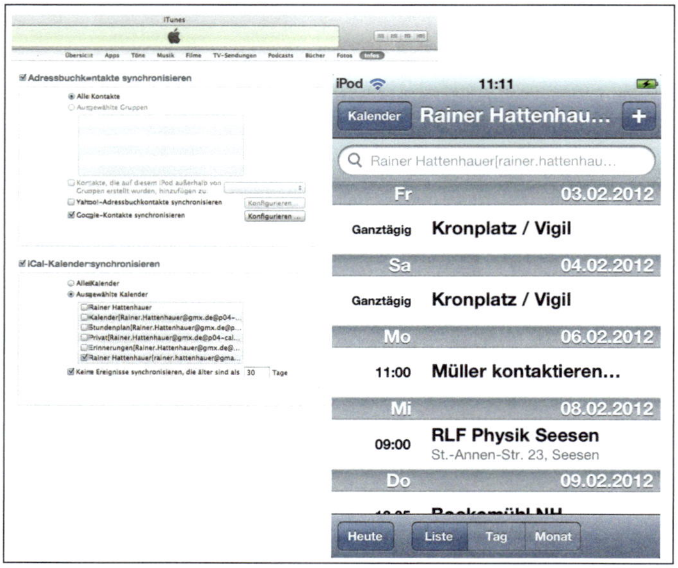

Abbildung 16.6: Die lokale Synchronisation des iPhone-/iPod-Kalenders kann über iTunes konfiguriert werden. Mittlerweile harmoniert das Apple-Gerät auch problemlos mit einem Google-Account

Windows-Anwender, die ihr iPhone mit Outlook synchron halten möchten, tun dies ebenfalls per iTunes. Eine Google-Recherche führt Sie diesbezüglich schnell ans Ziel.

NetTags

- personal information manager
- anleitung google kalender
- google kalender synchronisation
- iphone synchronisation icloud
- iphone synchronisation outlook

KALENDER
PIM Termine
Google AUFGABEN
iPhone Smartphone
iCloud

17 Kleine Helferlein: die digitale Sekretärin

Der lang gehegte Traum aller 10-Finger-Schreiblegastheniker geht in Erfüllung: Die Spracherkennung an Computer und Smartphone ist endlich erwachsen geworden. Auch die Handschrifterkennung hat still und heimlich Einzug in den Arbeitsalltag der kreativ Schaffenden gehalten – und zur sinnvollen Nutzung braucht man noch nicht einmal einen teuren Tablet-PC.

Headset
Die Kombination von Kopfhörer und Mikrofon (kurz: Headset) bietet sich insbesondere in der USB-Variante für die Spracherkennung an.

Sprachprofil
Durch das Trainieren einer Spracherkennungssoftware wird für jeden Benutzer ein Sprachprofil erstellt, welches die charakteristischen Merkmale der individuellen Stimme in einer Datei abspeichert.

Smartpen
Ein Stift, der mithilfe einer in der Schreibspitze befindlichen Infrarotkamera und eines speziellen, mit Mikropunkten versehenen Papiers die damit angefertigten Schriftstücke in digitaler Form speichert.

Eine meiner größten Fehlentscheidungen war wohl die hartnäckige Weigerung, entgegen den wohlwollenden Empfehlungen der Eltern einen klassischen Schreibmaschinenkurs zu besuchen und die gute alte 10-Finger-Technik zu lernen. Spätestens dann, wenn man längere Textpassagen zu schreiben hat und immer wieder auf die Tastatur schielen muss, wünscht man sich das System »Columbus« (»Jede Taste eine Entdeckung«) zur Hölle.

So beschlich mich dann auch Euphorie, als die ersten Diktierprogramme den Markt bevölkerten, verhießen sie doch das Ende aller Tippqualen. Die Freude an der ersten Generation der Spracherkennungen war nur von kurzer Dauer: Schier endlosem Training standen magere Erkennungsleistungen gegenüber.

Nun, die Zeiten haben sich geändert: Insbesondere durch die gestiegene Hardwareleistung aktueller Systeme sind Erkennungsleistungen von über 95 % nach nur 5-minütigem Einstiegstraining die Regel. Was die wenigsten Anwender wissen: Einige aktuelle Betriebssysteme bringen Spracherkennungsfunktionalität schon von Haus aus mit, so z.B. das PC-Betriebssystem Windows 7 und die Smartphone-Betriebssysteme iOS und Android. Im Folgenden möchte ich Sie daher zunächst zu einem Ausflug in die Welt der Spracherkennung einladen.

Anschließend stelle ich Ihnen ein weiteres Hightech-Spielzeug vor, das ich in meinem Büro nicht mehr missen möchte: den Smartpen. Dieser gestattet das handschriftliche Verfassen von Dokumenten, die sich später in einfacher Weise digital archivieren lassen – Volltextsuche und Handschrifterkennung inklusive.

Was braucht man...

- **Einen zeitgemäßen Rechner:** Als Computersystem sollte ein moderner Multi-Core-Rechner (z.B. ein Dual-Core mit mindestens 2 GHz Taktfrequenz) mit großzügig bemessenem Hauptspeicher (mindestens 2 GByte) vorhanden sein.
- **Ein USB-Headset:** Zentrale Bedeutung kommt dem für die Spracheingabe verwendeten Headset zu: Hier sollte man auf ein System mit integrierter externer (USB-) Soundhardware zurückgreifen. Der Vorteil: Ein derartiges System lässt sich auch an weiteren Rechnern ohne erneutes Training verwenden, wenn die Software es gestattet, das einmal trainierte Sprachprofil zu exportieren.
- **Ein Betriebssystem mit eingebauter Spracherkennung:** Für erste Schritte im Bereich der Diktierprogramme und nicht allzu anspruchsvolle Diktate (ohne spezielles Fachvokabular) bietet sich die integrierte Spracherkennung des vorhandenen Betriebssystems, im vorliegenden Fall Windows 7, an. Mac OS ist ebenfalls mit einer Spracherkennung ausgestattet, die aber dummerweise nur Englisch versteht. Immerhin lassen sich aber englische Systembefehle (z.B. »open safari«) absetzen.
- **Für Freunde der Unabhängigkeit: einen Smartpen:** Insider bezeichnen die digitalen Stifte als »Must-have« der kommenden Jahre. Luxusmodelle wie der *Livescribe Smartpen* (`www.livescribe.com/de/`) zeichnen Vorlesungen, Vorträge oder Besprechungen auf: Während Sie schreiben, werden die Sprachaufzeichnungen mit Ihren Notizen verknüpft. So kann man wirklich nichts verpassen. Das Gerät ist allerdings kein Schnäppchen: Die aktuellen Preise bewegen sich derzeit um die 130,– € für die 4-GByte-Version. Für die Aufzeichnungen benötigen Sie außerdem Spezialpapier (sogenanntes *digitales Papier*), das noch einmal mit ca. 5,– € pro Block à 100 Seiten zu Buche schlägt.

Was muss man können...

Ein wenig Geduld sollte man bei der Spracherkennung schon mitbringen, insbesondere dann, wenn man die anfangs noch auftretenden Erkennungsfehler sprachgesteuert korrigieren möchte. Gewöhnen Sie sich die parallele Benutzung der Tastatur ab und versuchen Sie, sich komplett auf die Spracherkennung einzustellen.

Auch der Smartpen erfordert eine gewisse Eingewöhnungsphase. Man muss zudem eine einigermaßen lesbare Handschrift besitzen, um von den Segnungen der Handschrifterkennung profitieren zu können. Hier kann nichts schiefgehen, wenn Sie gewohnt sind, in Blockschrift zu schreiben.

Spracherkennung unter Windows 7

Das folgende Beispiel erläutert die Einrichtung und Anwendung der Spracherkennung unter Windows 7.

1. Installieren Sie ggf. notwendige Treiber für die Verwendung Ihres Mikrofons/Headsets. Die meisten USB-Headsets werden von Windows 7 »out of the box« erkannt.

2. Verbinden Sie Ihr Mikrofon bzw. Headset mit dem PC.

Beim Anschluss des Headsets ertönt im Kopfhörer ein kurzes Tonsignal. Außerdem erscheint das angeschlossene Soundgerät in Form eines Popup-Fensters, wenn Sie mit der Maus über das Lautsprechersymbol in der Taskleiste fahren.

3. Wechseln Sie in die *Systemsteuerung* und geben Sie in das Suchfeld das Wort *Spracherkennung* ein.

4. Wählen Sie im Bereich *Spracherkennungsoptionen* den Punkt *Mikrofon einrichten.*

Ein Assistent führt Sie nun durch die Einrichtung Ihres Mikrofons.

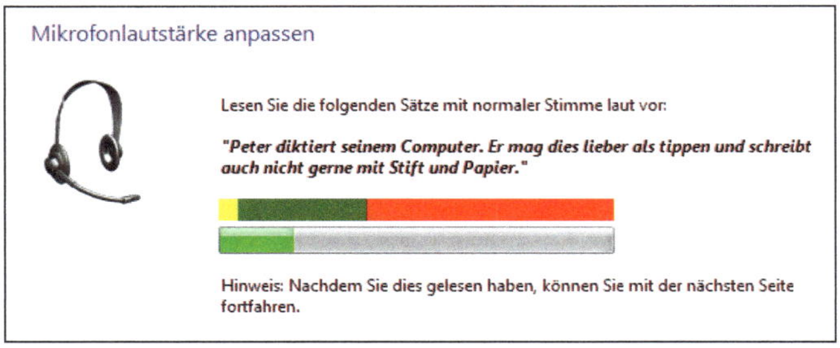

Abbildung 17.1: Die korrekte Einrichtung des Mikrofons ist wesentlich für die Erfolge bei der Spracherkennung

Dabei lesen Sie eine kurze Textpassage vor. Wichtig ist hierbei die richtige Aussteuerung des Mikrofonsignals: Der Pegel sollte sich im grünen Bereich bewegen (Abbildung 17.1). Ist das nicht der Fall, führen Sie das Mikrofon dichter an Ihren Mund. Außerdem kann die Aussteuerung des Mikrofons manuell beeinflusst werden: Dazu führen Sie einen rechten Mausklick auf das Lautsprechersymbol in der Taskleiste durch und wählen den Punkt *Aufnahmegeräte*, wählen Ihr Mikrofon aus und steuern den Pegel im Untermenü *Eigenschaften* aus.

Nach dem Einrichten des Mikrofons sollten Sie sich zunächst mit dem Sprachlernprogramm beschäftigen.

1. Begeben Sie sich in die Systemsteuerung und wählen Sie im Bereich *Spracherkennung* den Punkt *Sprachlernprogramm ausführen.*
2. Arbeiten Sie das Sprachlernprogramm durch, um einen Eindruck von den Möglichkeiten und der Leistungsfähigkeit der Spracherkennung zu bekommen.

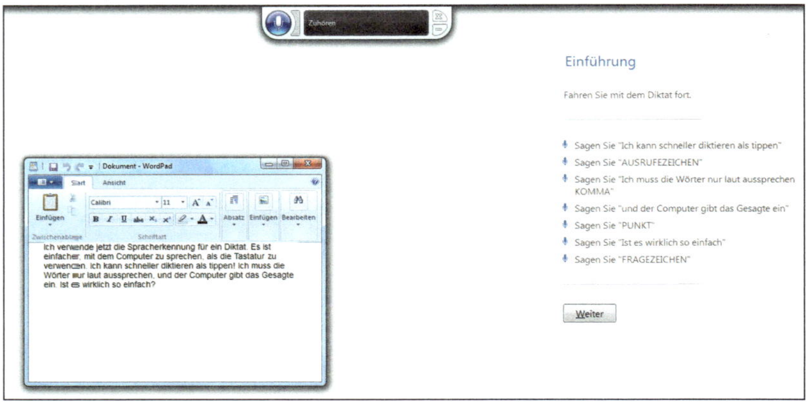

Abbildung 17.2: Ein Assistent führt Sie durch das Sprachlernprogramm. Beachten Sie: Zu diesem Zeitpunkt ist das Erkennungssystem noch nicht trainiert. Die Erkennungsleistung ist dennoch schon erstaunlich!

Die eigentliche Spracherkennung wird über das Programm *Spracherkennung* gestartet.

3. Öffnen Sie die Spracherkennung über die integrierte Suchfunktion des Windows-Startmenüs durch Eingabe der Textsilbe *sprach*, gefolgt von der Eingabetaste. Wählen Sie im Konfigurationsassistenten die Eingabequelle aus (Abbildung 17.3). Diese wird ggf. noch einmal justiert, vgl. Abbildung 17.1. Aktivieren Sie insbesondere die Option *Dokumentenerkennung*. Damit werden Ihre Dokumente nach speziellen Vokabeln durchgescannt, wodurch die Erkennungsgenauigkeit verbessert wird.

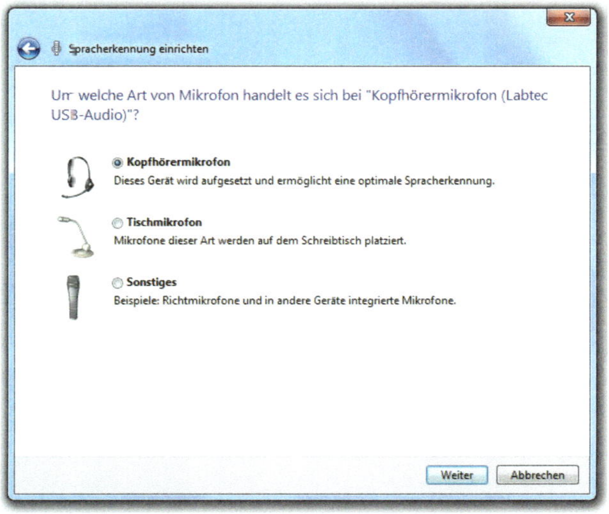

Abbildung 17.3: Die Spracherkennung durchläuft beim ersten Durchlauf eine Konfigurationsroutine

4. Starten Sie die Spracherkennung durch den gesprochenen Befehl *Jetzt zuhören* oder alternativ durch Anklicken des Mikrofonsymbols.
5. Testen Sie die Spracherkennung durch Eingabe eines gesprochenen Kommandos, z.B. *WordPad öffnen* (Abbildung 17.4).

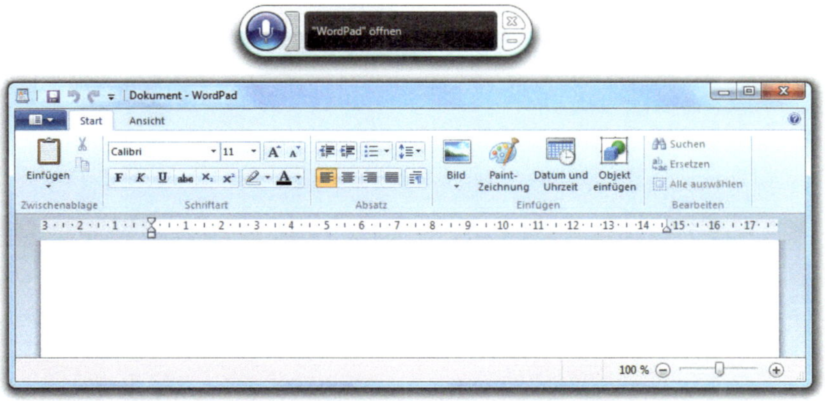

Abbildung 17.4: Sprachgesteuerte Bedienung von Windows 7

6. Nun können Sie sich an ein erstes Diktat wagen: Diktieren Sie in WordPad, was Ihnen gerade in den Kopf kommt.

Solange Sie keine allzu exotischen Vokabeln oder Satzkonstrukte verwenden, sollte der gesprochene Text eins zu eins umgesetzt werden (Abbildung 17.5).

Abbildung 17.5: Das Diktieren in WordPad ist ein erster Test

Nicht zufrieden mit der Erkennungsleistung? Falls nicht, dann haben Sie die Möglichkeit, die Spracherkennung noch weiter zu trainieren. Dazu begeben Sie sich wieder in die Systemsteuerung und wählen im Spracherkennungsmenü die Option *Trainieren Sie den Computer, damit er Sie besser versteht*. Die Erkennungsleistung sollte dann auch höheren Ansprüchen genügen.

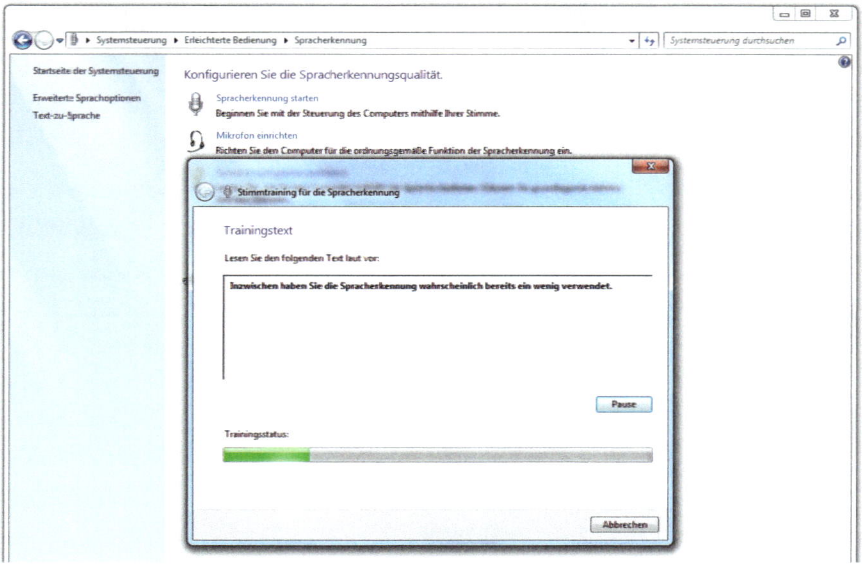

Abbildung 17.6: Unbedingt zu empfehlen: ein Training der Spracherkennung. Dieses sollte jeder Benutzer des PCs einmalig ausführen

Kommerzielle Lösungen

Wer sehr hohe Ansprüche an die Erkennungsgenauigkeit stellt, sollte unbedingt einen Blick auf kommerzielle Lösungen werfen.

Der Platzhirsch auf dem Markt ist die Software Dragon Naturally Speaking (`http://www.nuance.de/dragon/index.htm`), deren preisgünstige Variante mit ca. 100,– € zu Buche schlägt. Das Programm bietet in der professionellen Version die Möglichkeit, das antrainierte Sprachprofil auf andere Rechner zu übertragen und dort zu nutzen, vorausgesetzt, man verfügt auch dort über eine Lizenz. Obwohl Dragon Naturally Speaking die Option bietet, direkt in Microsoft Word zu diktieren, empfiehlt es sich, in das DragonPad (Abbildung 17.7) zu diktieren, da in diesem Fall die Verbindung zum Spracherkennungsmodul flüssiger ist. Der aufgezeichnete Text kann nach dem Diktat per Copy&Paste in ein anderes Programm, z.B. auch OpenOffice, eingefügt werden.

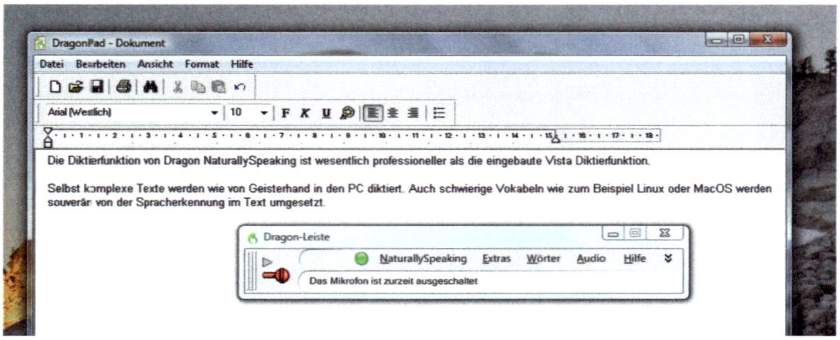

Abbildung 17.7: Das kommerzielle Programm Dragon Naturally Speaking versteht auch komplexe Texte. Das Sprachprofil kann auf andere Computer übertragen werden

Mobile Spracherkennung

Auch unterwegs müssen Sie nicht auf die Vorzüge einer Spracherkennung verzichten: Mittlerweile gibt es diverse Smartphones wie z.B. Apples neue iPhone-Generation oder Android-Geräte, die eine solche Funktion bereits von Hause aus mitbringen.

Zum Einsatz eines Smartphones als vollwertiges Diktiersystem benötigt man in der Regel aber eine zusätzliche App. iPhone-/iPod touch-Besitzer testen die (kostenlose!) mobile Spracherkennung *Dragon Dictation* folgendermaßen:

1. Laden Sie das Programm *Dragon Dictation* aus dem iTunes App Store auf Ihr Mobilgerät.
2. Starten Sie das Programm und beginnen Sie durch Betätigen des roten Aufnahmeknopfes mit dem Diktat.
3. Im Gegensatz zu PC-basierten Spracherkennungen müssen Sie nach jedem gesprochenen Satz die Schaltfläche *Fertig* betätigen.

Ihr gesprochener Text wird nun an einen Server im Internet übermittelt, der die Umwandlung von Sprache in Text übernimmt und das Ergebnis wieder zurück an Ihr Mobilgerät schickt, somit eine typische Cloud-Anwendung. Das Ergebnis ist verblüffend: Die erzielte Erkennungsgenauigkeit steht PC-basierten Spracherkennungen in nichts nach (Abbildung 17.8).

Abbildung 17.8: Die mobile Spracherkennung Dragon Dictation nutzt die Leistungsfähigkeit der Cloud. Die diktierten Texte können sofort per E-Mail verschickt oder in soziale Netze wie Facebook und Twitter übertragen werden

Abbildung 17.9: Nuance bietet auch für Android Smartphones eine kostenpflichtige Spracherkennung an, die in die FlexT9-Texteingabe App integriert ist. Zur Spracheingabe tippen Sie einfach das Flammensymbol in der unteren Zeile an

Spätestens seit Apples Siri ist die intelligente Steuerung des Smartphone-Betriebssystems per Spracheingabe in aller Munde. Aber auch hier steht Android dem Konkurrenten um nichts nach. Insbesondere die sprachgesteuerte Internetsuche ist beeindruckend. Ein Beispiel gefällig? Wenn Sie ein Android-Smartphone Ihr Eigen nennen, so tippen Sie einmal das Mikrofon auf dem Startbildschirm-Widget an und sagen: »Bilder von Picasso« – sofort wird eine entsprechende Google-Suchabfrage zum Thema angeworfen (Abbildung 17.10).

Abbildung 17.10: Die Google-Suche erfolgt unter Android per Spracheingabe

Ein Stift als Computer

Meinen produktiven Alltag bereichert seit einigen Jahren ein Gadget, das ich nicht mehr missen möchte: Ein digitaler Stift, hier in seiner Reinkarnation in Form des Livescribe Smartpens (`www.livescribe.com/de/`), ermöglicht ein kreatives digitales Leben jenseits der Steckdose. Wenn Sie die Kleinigkeit von ca. 130,– € erübrigen können, dann bietet Ihnen dieses Wunder der Technik folgende Funktionen:

- Alles, was Sie auf dem Papier eines speziellen Blocks aufzeichnen, wird vom Stift sofort digitalisiert und steht nach Abgleich mit einer Desktopsoftware im PC zur Weiterverarbeitung zur Verfügung. Das Spezialpapier ist mit einer winzigen Punktmatrix versehen, die es dem Stift in Verbindung mit einer in der Stiftspitze befindlichen Infrarotkamera gestattet, das Geschriebene auf einem integrierten Chip zu speichern.
- Darüber hinaus zeichnet der Stift alles während des Schreibens Gesprochene auf und ordnet es punktgenau den angefertigten Aufzeichnungen zu.

Abbildung 17.11: Der Livescribe Smartpen arbeitet mit speziellem digitalem Papier. Am unteren Rand befinden sich die Steuersymbole für die Audioaufzeichnung

Die Schrift-/Tonaufzeichnungen lassen sich nun mithilfe der Livescribe Desktop-Software zum Zweck der Archivierung auf den PC übertragen. Sie finden die Software auf `www.livescribe.com/de/` im Bereich *Support/Software-Downloads.*

1. Installieren Sie die Livescribe Desktop-Software.
2. Schalten Sie den Stift in den Tonaufzeichnungsmodus (Anklicken der *Record*-Schaltfläche) und fertigen Sie einige Schriftaufzeichnungen auf dem Notizblock an. Sprechen Sie während der Aufzeichnung einige Kommentare.

Wenn Sie mit dem Stift anschließend über eine Textpassage im Block gehen, wird der zugehörige Sprachkommentar über den im Stift befindlichen Lautsprecher wiedergegeben.

3. Legen Sie den digitalen Stift in die Dockingstation und starten Sie die Livescribe-Software. Der Inhalt des Stifts wird nun mit dem PC abgeglichen.

Ein absolutes Killerfeature ist die Möglichkeit, die auf dem PC abgespeicherten Notizen nach Stichworten zu durchforsten. Sicher kennen Sie selbst die folgende Situation: Sie haben sich irgendetwas Wichtiges in irgendein Notizbuch geschrieben, wissen aber nicht mehr, wo es zu finden ist. Derartige Probleme gehören nun der Vergangenheit an:

4. Suchen Sie nach Begriffen in Ihren Aufzeichnungen (Abbildung 17.12).

Sie werden überrascht sein, wie präzise die Suche funktioniert. Selbst ungelenke Handschrift und ungewöhnliche deutschsprachige Begriffe werden vom Suchalgorithmus perfekt entschlüsselt.

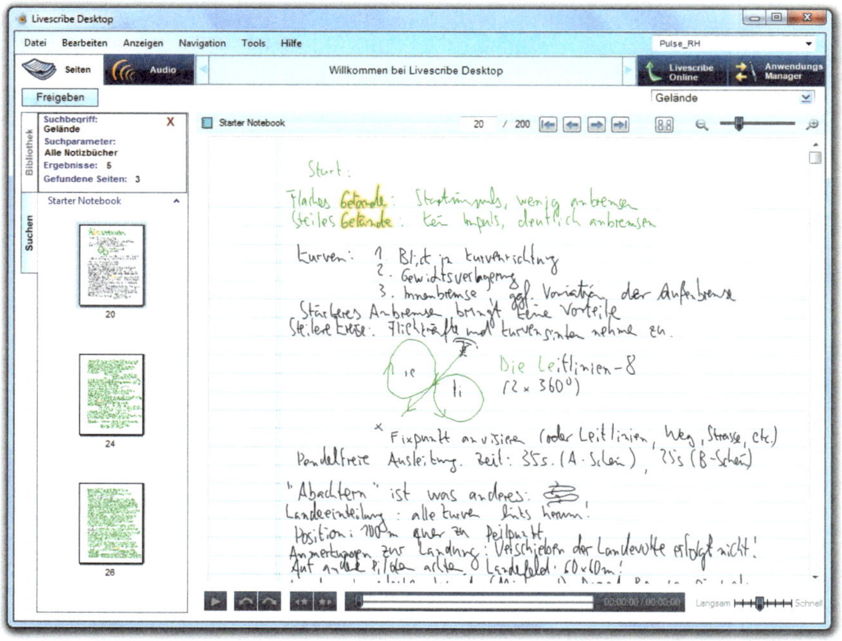

Abbildung 17.12: Die Suchfunktion im Livescribe Desktop arbeitet perfekt – auch mit mehr oder weniger deutlich geschriebenen Begriffen. Texte, bei denen zusätzlich Ton aufgezeichnet wurde, sind grün markiert, Suchwörter werden gelb hinterlegt dargestellt

5. Der Clou ist aber auch hier die Zuordnung des aufgezeichneten Audiomaterials: Wenn Sie auf eine handgeschriebene Textpassage in Livescribe Desktop klicken, wird das zu diesem Zeitpunkt aufgezeichnete Tondokument wiedergegeben.

Mithilfe des MyScript-Add-ons (`www.visionobjects.com`) lassen sich sogar ganze handschriftliche Texte in computerlesbare Dokumente wandeln (Abbildung 17.13) – Sie brauchen somit keinen Scanner nebst OCR-Software, um das Protokoll der letzten Dienstbesprechung im Textformat auf dem PC abzuspeichern.

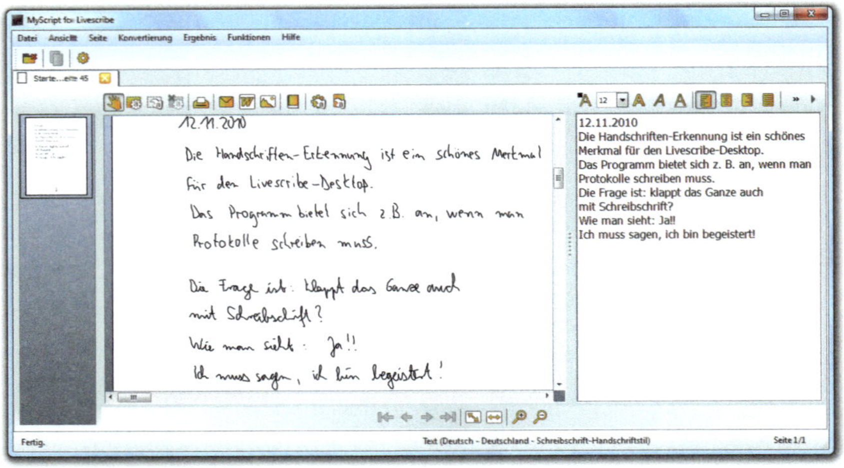

Abbildung 17.13: Eine faszinierende Ergänzung ist die Handschrifterkennung MyScript, die als Add-on in den Livescribe Desktop integriert werden kann. Damit verlieren Protokolle ihren Schrecken

Ganz im Sinne der neuen Webciety können Sie Ihre Mitschriften obendrein via Livescribe Desktop im Internet publizieren und Vorlesungen oder Vorträge der Community zugänglich machen. Darüber hinaus können Sie die Notizen auch an Ihren Evernote- oder Facebook-Account senden, wenn Sie den Stift mit der Desktop-Software synchronisieren.

Der Student 2.0 kann sich glücklich schätzen, über ein derartiges Werkzeug zum Aufzeichnen von Vorlesungen zu verfügen. *Fragen Sie aber stets nach, ob der Vortragende mit der Aufzeichnung einverstanden ist! Nicht autorisierte Aufzeichnungen stellen eine Straftat dar, die empfindlich geahndet wird.*

NetTags

- windows spracherkennung trainieren
- sprachprofil übertragen
- usb-headset für spracherkennung
- mobile spracherkennung
- echo pulse smartpen
- livescribe desktop
- myscript for livescribe

SPRACHERKENNUNG
WINDOWS 7 Smartpen
Dragon Naturally Speaking SIRI
Livescribe MYSCRIPT ADDON
Dragon Dictation USB-Headset
ANDROID SPRACHSTEUERUNG

18 Das mobile Büro

Nicht nur Dokumente, ganze Arbeitsumgebungen werden heutzutage auf USB-Sticks transportiert. Für Smartphones und Tablets gibt es Officepakete, die den großen Brüdern auf dem PC in puncto Funktionsvielfalt in nichts nachstehen, und wer völlig ohne Ballast mobil arbeiten möchte, der verwendet Webapplikationen.

Apps
Die Kurzform *App* steht für Applikation. Dabei handelt es sich um kleine Programme oder Helferlein, die auf Smartphones wie z.B. dem iPhone installiert werden.

Mobile Applikationen
Mobile Applikationen (kurz: *mobile apps*) sind Programme, die direkt von einem externen Datenträger wie z.B. einem USB-Stick lauffähig sind.

Cloud-Applikationen
Unter Cloud-Applikationen versteht man Anwendungen, die im Browser laufen. Als Beispiel sei die Google Docs App genannt: Diese umfasst derzeit eine Textverarbeitung, eine Tabellenkalkulation, eine Präsentationssoftware sowie ein Zeichenprogramm. Sie können, ein Google-Konto vorausgesetzt, von jedem Ort der Welt aus im Browser verwendet werden. *Google Docs* ist eine typische Web-2.0-Applikation: Das eigentliche Programm läuft auf einem Server in der sogenannten *Cloud*, der Benutzer hat den Eindruck, es sei lokal installiert.

Gepriesen sei das Zeitalter der USB-Speichersticks, gestattet es uns doch, ganze Dissertationen, Bücher und Bilderalben in der Hosentasche mitzuführen. Auch Präsentationen lassen sich leicht auf den kleinen Begleitern speichern und zur Tagung aus der Tasche zaubern, aber spätestens hier lauert die Falle: Wer garantiert, dass der Veranstalter die gleiche Software verwendet, mit der die Präsentation erstellt wurde?

Na klar, am besten begibt man sich natürlich mit dem eigenen Laptop auf die Vortragsreise. Und stellt ernüchtert fest, dass der avantgardistische Videoausgang des neuen MacBooks so gar nicht mit dem VGA-Anschluss des prähistorischen Beamers vor Ort harmonieren will. An den passenden Adapter hat man beim Kauf natürlich nicht gedacht …

Spätestens jetzt wünscht man sich eine Möglichkeit, nicht nur das Dokument, sondern gleich die ganze Anwendung auf dem USB-Stick mit sich zu führen. Aber geht das so einfach? Bedingt nicht die Installation eines Programms auf dem Stick den ganzen Overhead eines kompletten Betriebssystems?

Nun, dem ist nicht so, einigen eifrigen Programmierern sei Dank. Mittlerweile gibt es eine schier unerschöpfliche Auswahl an Programmen, die vom Stick aus ihren Dienst verrichten. Die mobilen Applikationen nehmen dem gefürchteten Gespenst der Inkompatibilität seinen Schrecken.

Und wenn man den Stick nun fünf Minuten vor Beginn eines wichtigen Vortrags nicht mehr auffinden kann? Dann springen Onlineapplikationen in die Bresche ... Google bietet mit der Anwendung *Google Text & Tabellen* ein probates Mittel, wichtige Dateien an jedem Winkel der Erde präsentieren zu können – vorausgesetzt, man verfügt über einen Browser nebst Internetanbindung.

Wer schließlich im ICE noch einmal schnell Officedokumente sichten und überarbeiten möchte, findet mit diversen Officesuiten für Smartphones und Tablets den geeigneten Reisebegleiter. Begleiten Sie mich also im folgenden Kapitel durch das mobile Büro des 21. Jahrhunderts.

Was braucht man...

- **Einen schnellen Memorystick:** Schnell heißt, dass Sie bei einer Neuanschaffung auf Testberichte von Nutzern achten sollten – hier bieten sich insbesondere die Rezensionen bei `amazon.de` an: Mit Speichersticks der neuen Generation laufen mobile Applikationen ähnlich flott wie auf dem Desktop. Die Speicherkapazität des Sticks sollte großzügig ausgelegt sein, 8 GByte stellen hier die untere Grenze dar.
- **Mobile Applikationen:** Viele Anwendungen finden Sie auf `portableapps.com`. Suchen Sie ein spezielles Programm, geben Sie einfach *»Programmname« portable deutsch* in eine Suchmaschine ein – durch den zusätzlichen Suchbegriff »deutsch« erhalten Sie das Programm in der geeigneten Lokalisierung.
- **Ein Konto bei Google:** Wer es vollständig mobil und virtuell mag: Die Google Applikationen des Bereichs *Text & Tabellen* laufen in jedem modernen Browser und bieten rudimentäre Bürosoftware an jedem Ort der Welt an. Voraussetzung dafür ist ein Google-Konto.
- **Einen schnellen Browser:** Es gibt etliche Applikationen im Web, die ohne nennenswerte Geschwindigkeitseinbußen das Büro in den Browser verlagern. Im Zusammenhang mit Googles Bürosuite hat sich der Google-eigene Browser *Chrome* bestens bewährt.
- **Für das Smartphone/Tablet: ein Officepaket:** Hier bietet sich *Documents To Go* von *Dataviz* (`www.dataviz.com`) an: Das Programm steht für die beliebten Plattformen iOS, Android und BlackBerry zur Verfügung. Eine weitere Alternative ist Quickoffice (`www.quickoffice.com`).

Was muss man können...

Die Grundlagen der Textverarbeitung und Tabellenkalkulation sollten natürlich beherrscht werden. Die Installation der Programme auf den mobilen Datenträgern bzw. Smartphones ist nicht besonders schwierig und kann auch von Einsteigern gemeistert werden.

Programme auf dem USB-Stick installieren

Zunächst werden Sie lernen, wie man eine mobile Applikation auf einen USB-Stick befördert. Das wird nachfolgend am Beispiel der PortableApps-Anwendungen gezeigt.

Abbildung 18.1: Ein schneller USB-Stick ist die Grundvoraussetzung für flottes Arbeiten mit mobilen Applikationen: Der abgebildete Quad-Channel-Stick erfüllt diese Voraussetzung

1. Begeben Sie sich auf `http://portableapps.com/de/` und laden Sie sich dort das Installationsprogramm für portable Applikationen herunter.
2. Starten Sie das Setup durch Doppelklick über der Installationsdatei (Abbildung 18.2). Wählen Sie als Installationssprache Deutsch aus.

Abbildung 18.2: Das PortableApps-Setup ermöglicht die Installation vieler mobiler Applikationen auf einem handelsüblichen USB-Stick

3. Bestätigen Sie die Lizenzvereinbarung und wählen Sie das Zielverzeichnis für die Installation aus.

Dies sollte der Memorystick sein. Sie können aber zunächst auch erst einmal eine Testinstallation in einem Verzeichnis auf der lokalen Festplatte vornehmen.

Die PortableApps-Installationsplattform ist nun bereit und sollte automatisch gestartet werden.

4. Die Plattform verfügt noch nicht über installierte Applikationen. Laden Sie sich von `portableapps.com` aus dem Bereich *Get Apps* ein Programm herunter. Ich verwende im folgenden LibreOffice, das freie Officepaket.
5. Nachdem das Installationspaket heruntergeladen wurde, kann es mit der PortableApps-Plattform über *Anwendungen/Programm hinzufügen* im temporären Verzeichnis installiert werden. Dazu ist lediglich die heruntergeladene Datei, die im Format *paf.exe* vorliegt, auszuwählen – fertig!

Sie können nun die Installation nach und nach mit weiteren Programmen bestücken. Haben Sie ein temporäres Verzeichnis auf der Festplatte verwendet, so verschieben Sie diese anschließend auf den USB-Stick, was durchaus eine längere Zeit in Anspruch nehmen kann. Die Programme können nun von jedem beliebigen PC aus gestartet werden.

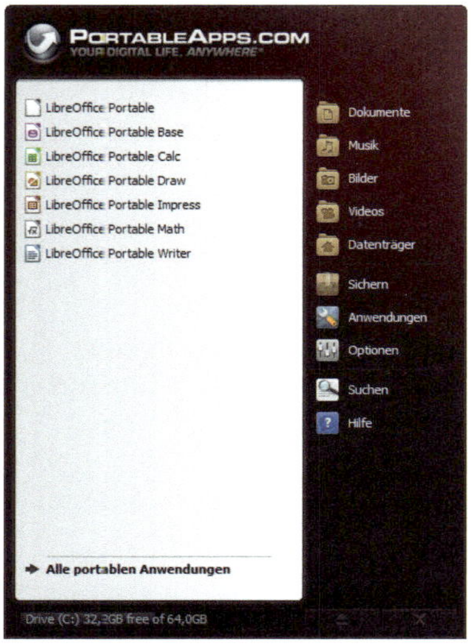

Abbildung 18.3: Die PortableApps-Oberfläche mit installiertem mobilem Officepaket LibreOffice. Dateien, die Sie mit dem portablen Programm erstellt haben, sollten Sie in den auf der rechten Seite abgebildeten Verzeichnissen abspeichern. So haben Sie Programm und Daten an einem Ort

Klicken Sie zum Testen eines der installierten Programme an. Sie können nun wie gewohnt damit arbeiten.

Zeit für einen Test mit vorhandenen Dokumenten: Am besten übertragen Sie einige Dateien in ein Verzeichnis auf den Stick:

6. Verwenden Sie einfach das vorhandene Verzeichnis *Documents*. Kopieren Sie Word-, Excel- oder PowerPoint-Dateien Ihrer Wahl in das Verzeichnis.
7. Starten Sie (falls nicht bereits geschehen) ein Programm Ihrer Wahl vom Stick und öffnen Sie eine Datei aus dem Dokumentverzeichnis (Abbildung 18.4).

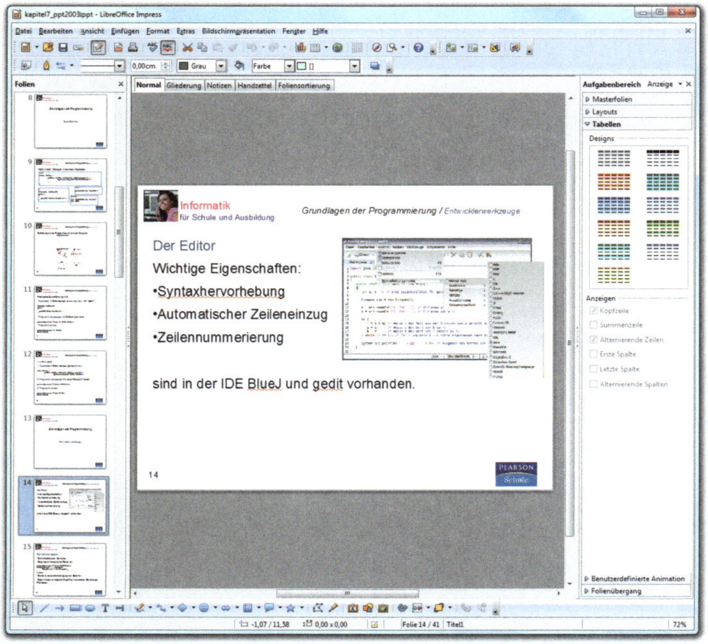

Abbildung 18.4: Dateien, die mit Microsoft Office erstellt wurden, können problemlos mit dem LibreOffice-Paket weiterbearbeitet und genutzt werden

Das Programmpaket steht Ihnen nun jederzeit nach Anschluss des Memorysticks an PCs, auf denen sich ein Windows-System befindet, zur Verfügung. Sie verfahren analog, wenn Sie andere Programme wie z.B. das portable Zeichenprogramm *Inkscape* auf dem Stick installieren möchten. Schauen Sie sich einfach einmal auf `portableapps.com` im Bereich *Get Apps* um (Abbildung 18.5).

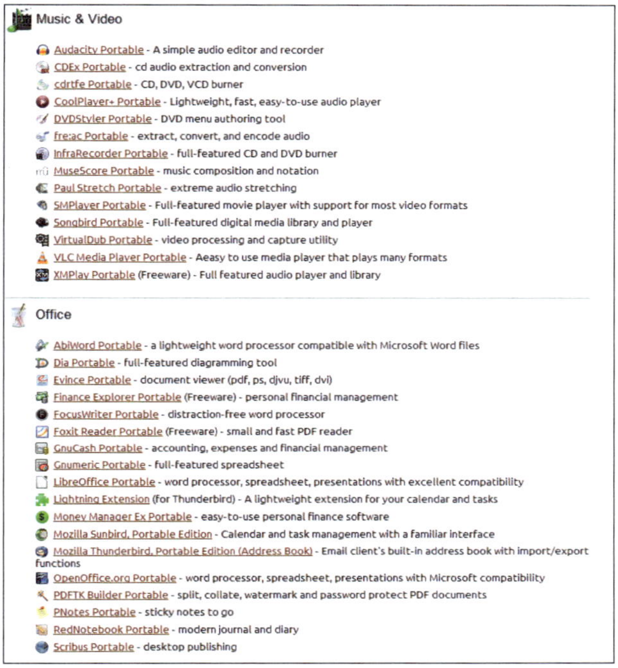

Abbildung 18.5: Auf `portableapps.com` finden Sie eine Vielzahl mobiler Anwendungen – hier eine Auswahl an Multimedia- und Officeanwendungen. Keine Angst: Obwohl die Website auf Englisch erstellt wurde, liegen die meisten Programme in deutscher Lokalisierung vor

Google Applikationen online nutzen

Der Suchmaschinenbetreiber Google bietet ein mobiles Büro der anderen Art an: In Verbindung mit *Google Docs* können Sie Ihre Dokumente online abspeichern und auch bearbeiten – vorausgesetzt, Sie verfügen über einen Account beim Suchmaschinenanbieter Google. Empfehlenswert zur Nutzung der Google Applikationen ist der Google-eigene Browser Chrome, der die Cloud-Anwendung sehr flott darstellt:

1. Besorgen Sie sich auf `www.google.com/chrome` die neueste Version des Google-Browsers und installieren Sie das Programm auf Ihrem PC/Laptop/Netbook.

Nun legen Sie (falls noch nicht geschehen) einen Google-Account an:

2. Begeben Sie sich auf `www.google.de` und wählen Sie den Link *Mehr/Google Docs*.
3. Melden Sie sich mit Ihren Google Kontodaten an (Abbildung 18.6). Sollten Sie noch kein Konto bei Google besitzen, so holen Sie dies nach, vgl. *Googles Geheimnisse*.

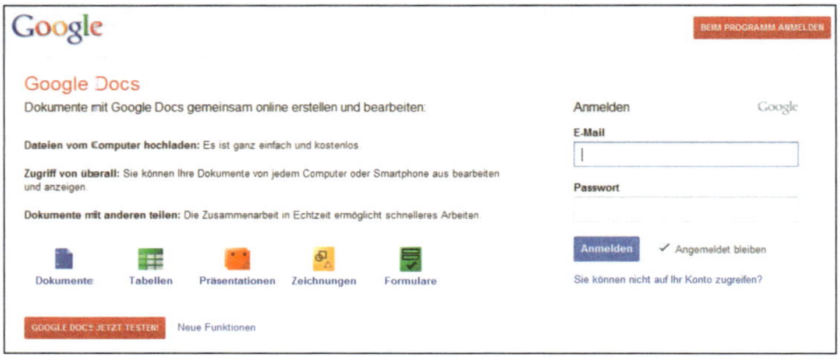

Abbildung 18.6: Voraussetzung für die Nutzung der Google Applikationen ist ein Google-Konto. Google bietet Programme zur Textverarbeitung, Tabellenkalkulation und Präsentation sowie ein Zeichenprogramm an

Sie gelangen nun in Ihr persönliches Google-Büro.

Abbildung 18.7: Im Bereich der Google Dokumente können Sie eigene Officedokumente vom lokalen PC hochladen oder direkt im Browser erstellen

Hier haben Sie nun die Möglichkeit, über den Button *Hochladen* Microsoft Office-Dokumente online zu stellen und diese (in begrenztem Umfang) auch zu bearbeiten.

4. Klicken Sie *Hochladen* an und wählen Sie die Datei auf Ihrem lokalen System aus. Über *Datei hochladen* stellen Sie die Datei endgültig online.

Sie können die Datei nun wie in einem gewöhnlichen Textverarbeitungs-/Tabellenkalkulations-/Präsentationsprogramm innerhalb des Browserfensters bearbeiten und auch wieder speichern (Abbildung 18.8).

Leider stehen Ihnen keine Microsoft Office-Makros oder ein Formeleditor zur Verfügung, aber für ein kurzes Korrekturlesen eines Dokuments unterwegs reichen die Fähigkeiten der Google Applikationen allemal aus. Präsentationen, die bei Google gespeichert sind, kann man sogar direkt im Browser ablaufen lassen.

Ein weiterer Vorteil der Google Applikationen ist deren hervorragende Teamfähigkeit: Mehrere Personen können hier am selben Projekt arbeiten. Dies geschieht, indem man das aktuelle Dokument über die Schaltfläche *Freigeben* (Abbildung 18.8) für die gemeinschaftliche Bearbeitung zur Verfügung stellt. Die Mitglieder der Arbeitsgruppe werden dann per Mail zur Teamarbeit eingeladen.

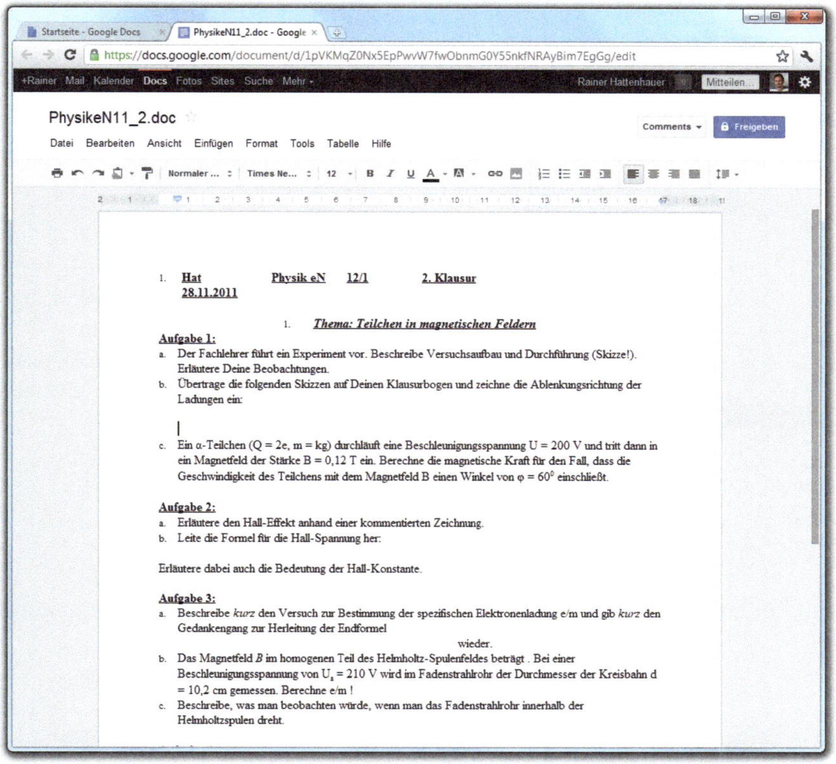

Abbildung 18.8: Der Text lässt sich im Browser wie in einer normalen Textverarbeitung bearbeiten. Formeln werden mehr oder weniger korrekt dargestellt, lassen sich allerdings nicht bearbeiten. Ebenso ist die Verwendung von Microsoft Office-Makros nicht möglich

Office für das Smartphone und Tablet

Auf dem Weg zur Arbeit im Zug noch einmal kurz die wichtige Präsentation auf dem Smartphone Revue passieren lassen, ggf. einige Änderungen vor dem großen Vortrag vornehmen? Kein Problem, wenn Sie über entsprechende Officesoftware für das Handy verfügen. Der Platzhirsch auf dem iPhone-, Android- und BlackBerry-Markt heißt *Documents To Go*. Sie können das Programm direkt in den entsprechenden App Stores kaufen und herunterladen, die Premiumversion schlägt mit ca. 15,– € zu Buche. Nachfolgend wird die Installation auf einem iPhone beschrieben:

1. Laden Sie das Programm über den iTunes App Store herunter und installieren Sie es auf Ihrem iPhone/iPod/iPad oder Android Smartphone/Tablet.

2. Nach der Installation auf dem Endgerät muss noch die Desktopanwendung zur Synchronisation mit Ihrem lokalen PC installiert werden. Sie erhalten einen Link zur Desktopanwendung direkt vom Hersteller, nachdem Sie das Programm registriert haben.

Die Desktopanwendung gleicht die Inhalte eines Ordners namens *My DocsToGo* mit dem Smartphone bzw. Tablet ab. Jegliche Dokumente, die in diesen Ordner kopiert werden, landen nach einer Synchronisation per WLAN auch auf dem Handy.

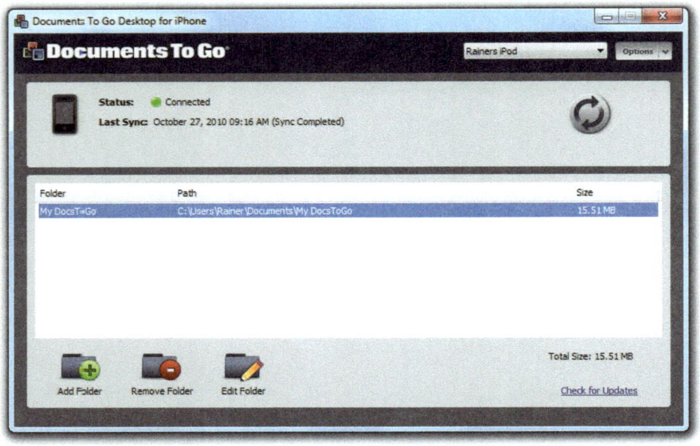

Abbildung 18.9: Die Desktopanwendung synchronisiert per WLAN mit dem mobilen Endgerät. Voraussetzung ist, dass sich PC und iPhone/iPod/iPad im gleichen WLAN befinden

3. Kopieren Sie ein oder mehrere Dokumente in den besagten Ordner. Öffnen Sie sowohl die Desktopanwendung auf dem PC als auch die App auf dem Smartphone. Betätigen Sie nun den Knopf zur Synchronisation.

Dadurch werden die Inhalte auf beiden Geräten abgeglichen, und Sie können die Dokumente nun auf Ihrem Smartphone bearbeiten.

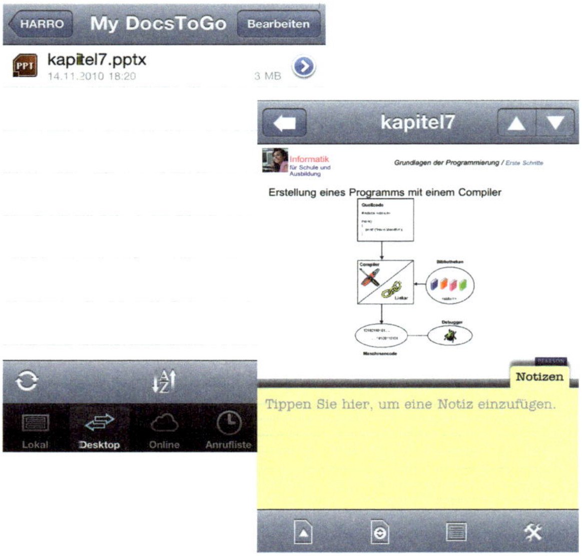

Abbildung 18.10: Die App Documents To Go erlaubt die Bearbeitung aktueller Microsoft Office-Dokumente auf dem Smartphone

Die Sache mit der Desktopanwendung ist Ihnen zu kompliziert? Nun, noch einfacher geht es, wenn Sie Ihre Dokumente auf *Dropbox* oder einem anderen Online-Speicheranbieter lagern. Besorgen Sie sich einen Account auf `www.dropbox.com` und laden Sie Ihre Dokumente auf den Dropbox-Server hoch. Um darauf von Documents To Go zugreifen zu können, starten Sie das Programm auf dem Smartphone und wählen dort den Menüpunkt *Online*. Hier können Sie Ihren speziellen Online-Dienstanbieter auswählen.

Geben Sie Benutzername und Kennwort Ihres Accounts an und schon können Sie auf Ihre Onlinedokumente zugreifen. Der Rest funktioniert wie gehabt.

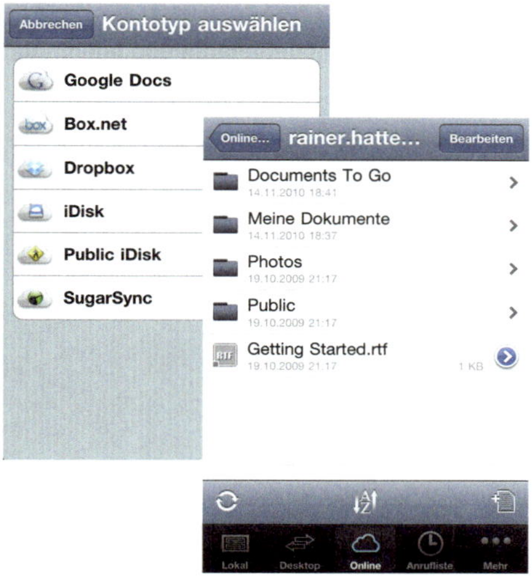

Abbildung 18.11: Datenreisende schätzen die Möglichkeit des Abgleichs mit einem Online-Speicheranbieter wie Dropbox. Auch Ihre Google-Dokumente können in Verbindung mit Documents To Go genutzt werden

NetTags

- portable »Programmname« deutsch
- google text und tabellen
- dropbox
- highspeed usb stick
- office für »Smartphonebetriebssystem«

MOBILE APPS
google texte tabellen dropbox
portable office USB STICK
Documents To Go
QUICKOFFICE

19 Das »richtige« Betriebssystem

Betriebssysteme sind wie Religionen – die Jünger von Windows, Mac OS und Linux sehen im selbst verwendeten System stets den alleinigen Heilsbringer. Ein wenig Ökumene tut hier not, denn jede Plattform hat ihre Vor- und Nachteile. Und wer weiß – vielleicht hilft Ihnen das vorliegende Kapitel ja dabei, das für Sie am besten geeignete System zu finden.

Microsoft Windows

Das Betriebssystem aus dem Hause Microsoft ist am weitesten verbreitet und steht dadurch auch im Fokus der Autoren von Viren, Trojanern und anderem digitalem Ungeziefer.

Mac OS X

Das moderne System, welches auf den schicken Apple iMacs, MacBooks und in einer abgespeckten Variante auch auf dem iPhone/iPod/iPad läuft, gilt als Inbegriff der intuitiven Benutzeroberfläche. In puncto Look and Feel ist Mac OS seinem Konkurrenten Windows meist eine Nasenlänge voraus.

Linux

Dem Betriebssystem, dessen Kern der finnische Student Linus Torvalds entwickelte und das zum größten Teil von Tools aus Richard Stallmans GNU-Bewegung basiert, haftet zu Unrecht immer noch der Geek-Nimbus an. Mittlerweile braucht sich das System weder optisch noch haptisch vor der übermächtigen Konkurrenz aus Redmond und Cupertino zu verstecken … und wär hätte es gedacht: Sogar das weit verbreitete Smartphone-Betriebssystem Android baut auf Linux auf.

Welches ist das beste Betriebssystem? Eine Frage, die in einschlägigen Computerforen (z.B. `heise.de` und `golem.de`) zu erbitterten Glaubenskriegen führt. Dabei ist die Antwort relativ einfach: Das hängt ganz von den persönlichen Fähigkeiten und Ansprüchen ab. Der Profi kann durch die Eingabe von getippten Befehlen in der spärlichen Kommandozeile unter Linux schneller zum Ziel kommen als unter den grafisch überladenen Desktops von Windows oder Mac OS. Andererseits wird ein Einsteiger, der noch nie einen Computer bedient hat, sich sofort auf dem Mac OS-Desktop zu Hause fühlen. Der leidenschaftliche Gamer wird dort allerdings die Möglichkeit vermissen, das allerneueste DirectX-PC-Spiel zu testen.

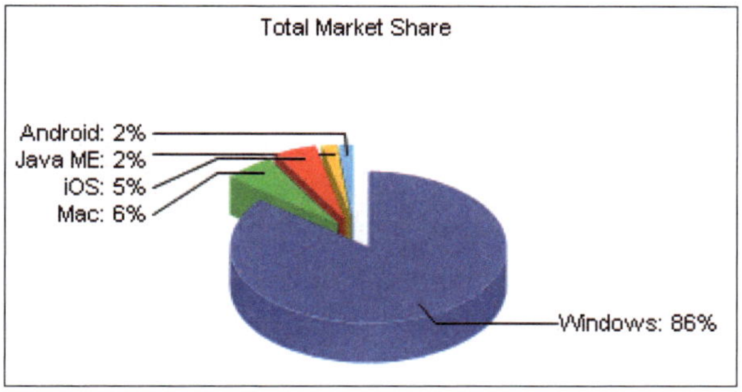

Abbildung 19.1: Verbreitung aktueller Betriebssysteme. Zu beachten ist, dass auch langsam, aber sicher die mobilen Betriebssysteme iOS und Android Fahrt aufnehmen (*Quelle: marketshare.hitslink.com, Stand: 02/2012*)

Wie viel Computer(-Betriebssystem) benötigt eigentlich der Durchschnittsnutzer? Die alltäglichen Aufgaben wie das Schreiben von Textdokumenten und E-Mails, das Surfen im Netz oder die Wiedergabe von CDs, DVDs, Video- und Audiodateien beherrschen mittlerweile alle Kandidaten. Unterschiedlich ist aber die Philosophie der Benutzerführung. Und da Sie sich nie ganz sicher sein können, welches System Sie an Ihrem neuen Arbeitsplatz erwartet, gibt es im Folgenden ein Survivaltraining im Umgang mit den drei wichtigen Betriebssystemen Windows, Mac OS X und Linux. Dabei werden wir einige Standardaufgaben aus dem Computeralltag in dreifacher Ausfertigung absolvieren. Sie werden feststellen: Es gibt bis auf die Optik nur wenige Differenzen – letztlich entscheidet die persönliche Sympathie, für welches System man sich entscheidet.

Was braucht man…

- **Einen PC mit Microsoft Windows 7:** Das dürfte nicht schwer sein, denn das System des Softwaregiganten läuft auf ca. 90 % aller PCs (Abbildung 19.1).
- **Optional: einen Apple-Computer mit Mac OS X:** Wer über das nötige Kleingeld verfügt, sollte sich durchaus auch einmal mit dem Mac-System auseinandersetzen. Allein die Tatsache, dass es momentan noch *keine potenziell gefährlichen Viren* für Mac OS gibt, macht das System zur Erstwahl für viele Computernutzer, die mit dem Rechner einfach nur arbeiten wollen, ohne ständige Updateorgien zur Aufrechterhaltung der Sicherheit absolvieren zu müssen.
- **Optional: einen PC mit Linux-Live-System:** Analysten bescheinigen Linux auf dem Desktop eine glänzende Zukunft, und in wirtschaftlich schwierigen Zeiten haben sie auch allen Grund dazu: Linux ist kostenlos. In Form einer Live-CD, die Sie einfach in Ihr DVD-Laufwerk einlegen und das Betriebssystem von dieser starten, haben Sie Gelegenheit, Linux ohne Risiko auf Ihrem PC auszutesten, das heißt: Das Originalbetriebssystem auf der Festplatte bleibt unangetastet. Ganz Clevere richten auf der Platte ein sogenanntes Dual-Boot-System ein und betreiben Windows und Linux parallel. Für den folgenden Vergleich verwende ich das besonders einsteiger- und umsteigerfreundliche *Ubuntu Linux*.

Was muss man können...

In dem Fall, dass das angesprochene Betriebssystem bereits vorinstalliert ist, benötigt man keine tief greifenden Computerkenntnisse. Das ist bei Windows und Mac OS in der Regel der Fall. Wer sich hingegen intensiver mit Linux beschäftigen und nicht nur in eine Live-CD hineinschnuppern möchte, muss das System selbst installieren. Die dazu notwendige Installations-CD erhalten Sie unter `www.ubuntu.com`. Für die Installation selbst sind mittlere Computerkenntnisse erforderlich. Insbesondere sollte man wissen, was man mit einer (falschen) Partitionierung der Festplatte anrichten kann: nämlich ein parallel auf der Platte befindliches System ins Datennirwana befördern. Wenn Sie stressfrei ohne tiefere Eingriffe in ein bestehendes Windows-System mit Linux arbeiten wollen, bietet sich auch die Installation in einer virtuellen Umgebung wie VirtualBox an (`www.virtualbox.org`). Die folgenden Ausführungen beschränken sich in jedem Fall auf vorinstallierte Systeme.

Die Oberflächen

Sehen wir uns zunächst einmal die Oberflächen der drei Systeme an, die Sie nach einer Standardinstallation vorfinden. Dabei wurde immer auch das jeweilige Programm zur Systemkonfiguration geöffnet.

- **Windows:** Der Windows-Desktop dürfte den meisten Lesern bekannt sein. In der linken unteren Ecke befindet sich der *Start*-Knopf, mit dem das Startmenü geöffnet wird. Von hier aus haben Sie Zugang zu allen Programmen. Diese lassen sich schnell durch Eingabe eines Suchbegriffs in das Suchfeld finden und öffnen. Im Startmenü führt ein direkter Link zur Systemsteuerung. Am unteren Rand befindet sich die Taskleiste, in der die geöffneten Programme erscheinen.

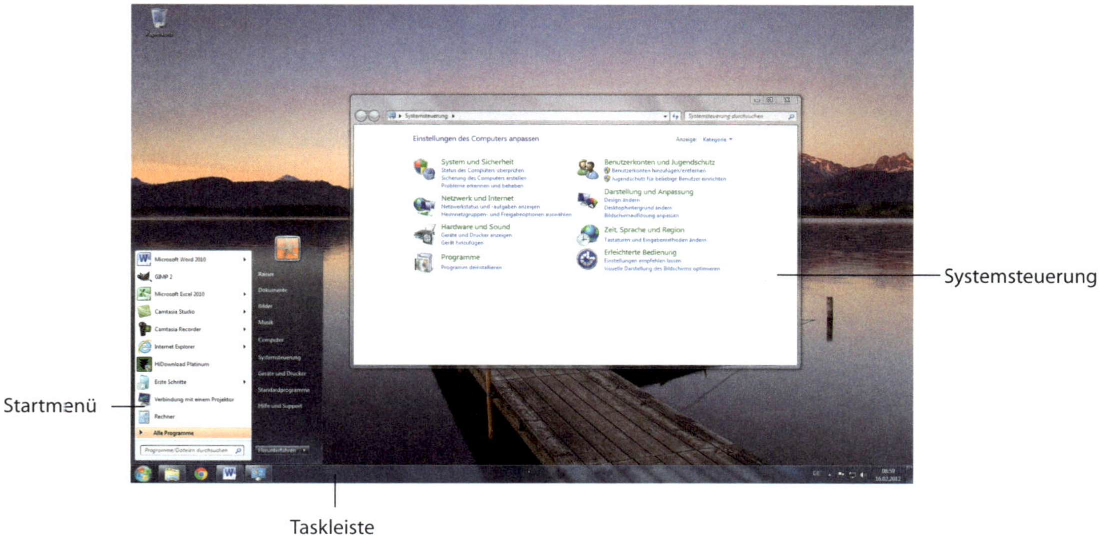

Nicht nur Freunde hat sich Microsoft mit der radikalen Überarbeitung seiner Oberfläche bei Windows 8 gemacht. Zum Zeitpunkt der Drucklegung des Buchs war gerade die Consumer Preview in aller Munde. Der neue Desktop zeichnet sich durch überdimensionale Kacheln aus, die das alte Startmenü ersetzen sollen (Abbildung 19.2).

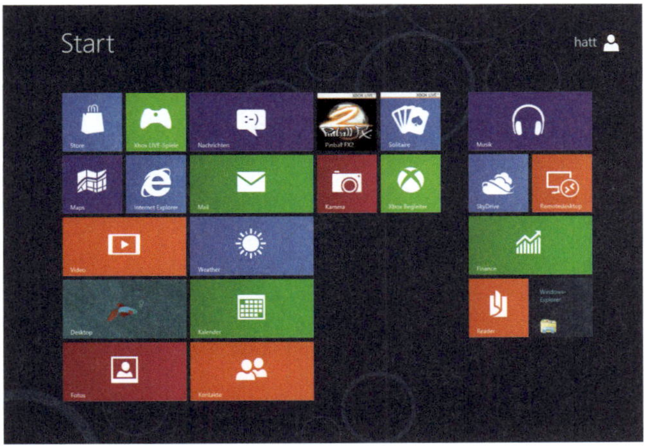

Abbildung 19.2: Geschmackssache:
Die Metro-Oberfläche von Windows 8

- **Mac OS:** Die Oberfläche des Mac OS ist ein Musterbeispiel für Ästhetik. Die Aqua-Oberfläche besticht durch ein diskretes, aber gefälliges Äußeres. Sie finden die wichtigsten Anwendungen am unteren Fensterrand im Dock. Anders als bei Windows befindet sich das Menü eines Fensters stets am oberen Bildschirmrand in der sogenannten Menüleiste. Dort sind auch die Statusanzeigen (Netzwerk, Lautstärkeregler, Zeit …) integriert. Mithilfe des *Spotlight*-Programms, welches sich hinter der Lupe am rechten oberen Fensterrand versteckt, finden Sie im Handumdrehen Programme oder auch wichtige Dokumente.

- **Ubuntu Linux:** *Ubuntu Linux* orientiert sich mittlerweile farbtechnisch und haptisch ein wenig an Mac OS: Der Desktop strahlt in violetten Tönen, die Knöpfe zur Bedienung eines Fensters sind links oben platziert. Seit 2011 verwendet Ubuntu die etwas gewöhnungsbedürftige Unity-Oberfläche. Hier befinden sich alle wichtigen Funktionen am linken Bildrand. Häufig benutzte Programme können dort ähnlich wie im Mac OS-Dock abgelegt werden. Nach einem bestimmten Programm wird durch Anklicken des Ubuntu Circles gesucht. Die Oberfläche ist insbesondere auch auf Netbooks mit geringer Bildschirmauflösung gut bedienbar.

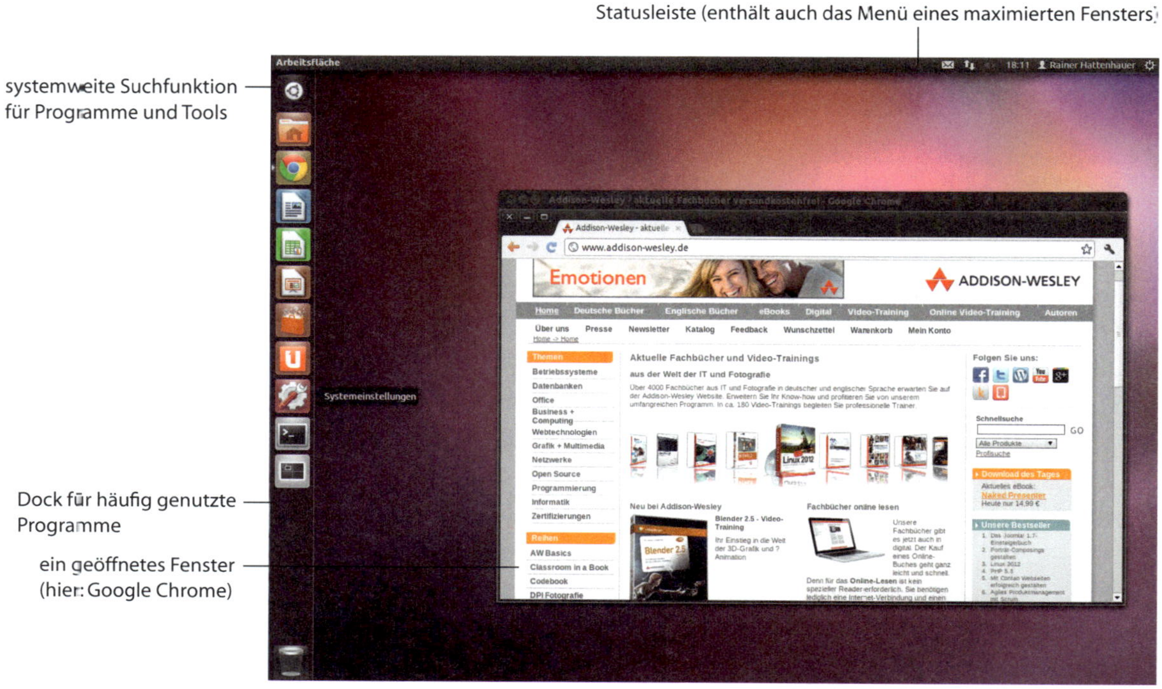

Programme installieren

Zur Installation von Programmen verfolgen Windows, Mac OS und Ubuntu Linux unterschiedliche Ansätze. Zum Vergleich installieren wir einmal ein Programm, das für alle drei Betriebssysteme erhältlich ist und nicht automatisch ins System integriert wurde: das Mailprogramm *Thunderbird*. Sie finden alle drei Versionen auf `thunderbird-mail.de` unter dem Link *Herunterladen*.

- **Windows:** Laden Sie die Setup-Datei herunter. Nach dem Download befindet sich das Programm im persönlichen Verzeichnis im Unterverzeichnis *Download*. Sie installieren das Programm durch Doppelklick auf die Datei. Dabei schaltet sich die Benutzerkontensteuerung ein, die zusätzlichen Schutz vor Schadprogrammen bietet (Abbildung 19.3). Bestätigen Sie die Sicherheitsabfrage durch Anklicken der Schaltfläche *Ja*, und das Programm wird installiert.

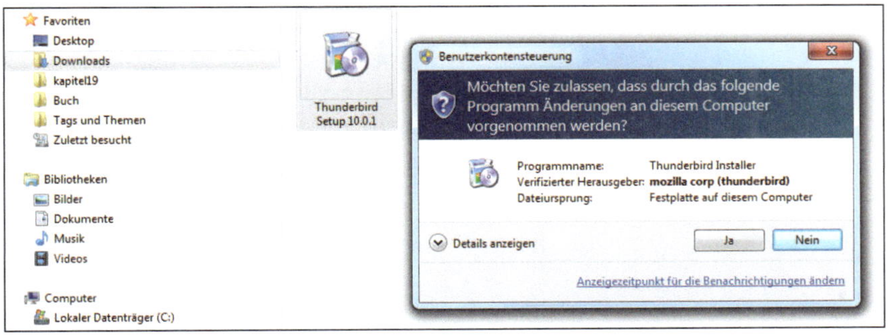

Abbildung 19.3: Die Benutzerkontensteuerung wacht darüber, was unter Windows installiert wird

- **Mac OS:** Mac OS-Programme kommen in der Regel in Gestalt von Disk Images (Endung: *dmg*) daher und werden wie Wechseldatenträger behandelt. Nachdem Sie das Image heruntergeladen und durch Anklicken geöffnet haben, wird der Installer gestartet. Die eigentliche Installation ist recht unspektakulär: Meist ziehen Sie die zu installierende Anwendung einfach nur in den Ordner *Programme* (Abbildung 19.4). Auch die Deinstallation eines Programms ist denkbar einfach: Ziehen Sie die Anwendung einfach aus dem Programmordner in den Papierkorb.

Abbildung 19.4: Einfacher geht's nicht: Programminstallation per Drag&Drop

- **Ubuntu Linux**[1]: Die Installation von Software unter Ubuntu ist ebenso einfach wie genial: Sämtliche Programme werden über das Ubuntu Software-Center aus dem Internet bezogen – und das in der Regel kostenlos! Dabei werden Abhängigkeiten, die die Nachinstallation weiterer Software erfordern, automatisch aufgelöst. Um das Programm Thunderbird unter Ubuntu Linux zu installieren, gehen Sie folgendermaßen vor: Starten Sie das Ubuntu Software-Center über das Dock-Icon *Ubuntu Software-Center* und suchen Sie nach der Anwendung *Thunderbird*. Nach dem Anklicken des Installationskandidaten können Sie das Programm durch Anklicken der Schaltfläche *Installieren* auf Ihren Rechner befördern.

1 Beachten Sie: Thunderbird ist mittlerweile fester Bestandteil des Ubuntu-Systems. Die beschriebene Installation hat also eher pädagogischen Charakter, kann aber nachvollzogen werden, wenn man Thunderbird zuvor löscht.

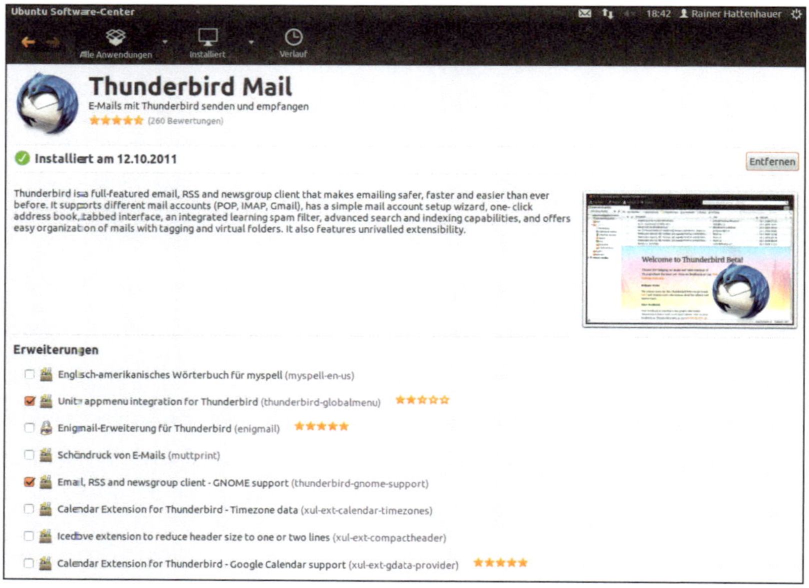

Abbildung 19.5: Unter Ubuntu Linux stehen ca. 20.000 Programme zur freien Auswahl. Sie lassen sich bequem über das Software-Center installieren

Ein Textdokument erstellen

Von Haus aus schauen die Anwender von Windows und Mac OS auf diesem Feld in die Röhre: Ihre Systeme kommen ohne spezialisierte Textverarbeitung daher. Lediglich ein schmalbrüstiger Editor ist mit an Bord:

- **Windows:** Geben Sie in das Suchfeld des Startmenüs *wordpad* ein. Darauf wird die eingebaute Minitextverarbeitung WordPad gestartet (Abbildung 19.6). Es bleibt Ihnen natürlich freigestellt, Ihr Windows-System in dieser Hinsicht mit dem kostenlosen OpenOffice- oder LibreOffice-Paket aufzupeppen.

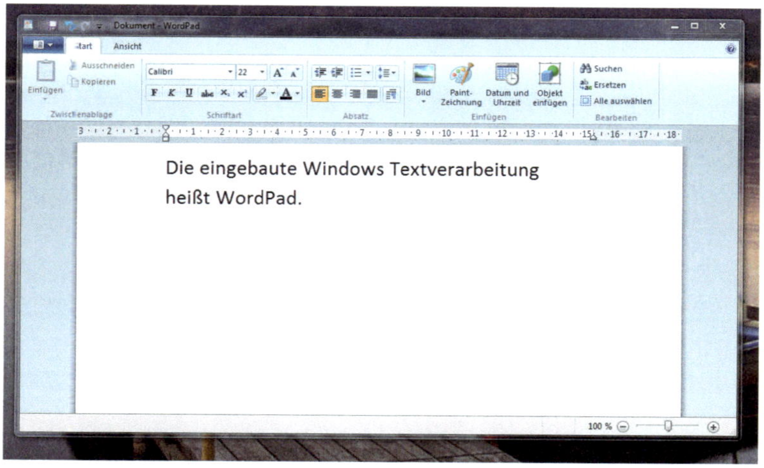

Abbildung 19.6: Kommt wie Microsoft Office 2010 mit Ribbons daher: WordPad unter Windows 7

- **Mac OS:** Das Textprogramm von Mac OS ist ähnlich spartanisch wie WordPad. Es heißt TextEdit und beherrscht einfache Formatierungsbefehle. Kleiner Tipp an dieser Stelle: Das freie Büropaket *LibreOffice* gibt es auch für den Mac. Und noch etwas besser wurde das (ebenfalls kostenlose) *NeoOffice*-Paket an den Mac angepasst.

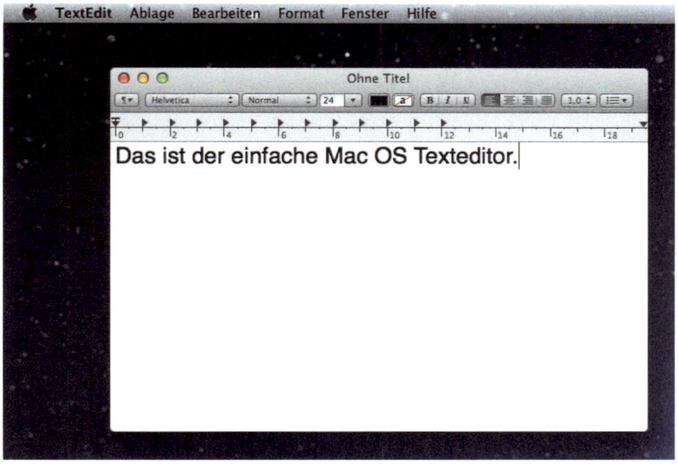

Abbildung 19.7: Erfüllt seinen Zweck: TextEdit unter Mac OS

- **Ubuntu Linux:** Ubuntu ist bereits in der Grundinstallation mit dem Officeprogramm *LibreOffice* ausgestattet. Sie starten z.B. die Textverarbeitung über das entsprechende Icon im Dock. Das Programm ist (bis auf die fehlende Unterstützung der Microsoft Office-VBA-Makros) vollständig kompatibel zu Microsoft Word.

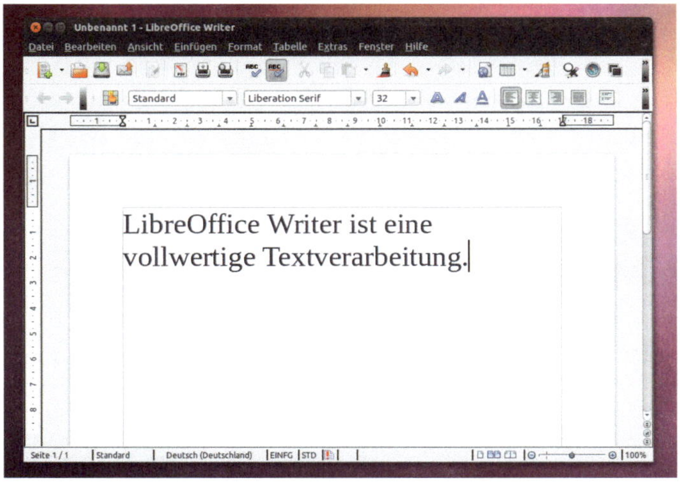

Abbildung 19.8: Ubuntu Linux ist stets mit der aktuellen Version des Büropakets LibreOffice ausgestattet

E-Mails schreiben

- **Windows:** Windows 7 besitzt kein eigenständiges Mailprogramm. Sie müssen also ein Programm für das Schreiben Ihrer elektronischen Post nachinstallieren. Wenn es nach Microsoft ginge, dann sollten Sie ein Mailprogramm namens *Windows Live Mail* über die *Windows Live-Essentials* nachinstallieren. Ich empfehle an dieser Stelle die Verwendung des freien Mailprogramms

Thunderbird oder, wenn Sie im Besitz des Microsoft Office-Pakets sind, die PIM(Personal Information Management)-Software *Outlook*, vgl. *Selbstorganisation mit PIM-Software.*

- **Mac OS:** Mac OS wird standardmäßig mit *Apple Mail* ausgeliefert. Sie starten das Programm durch Anklicken des Briefmarkensymbols im Dock.

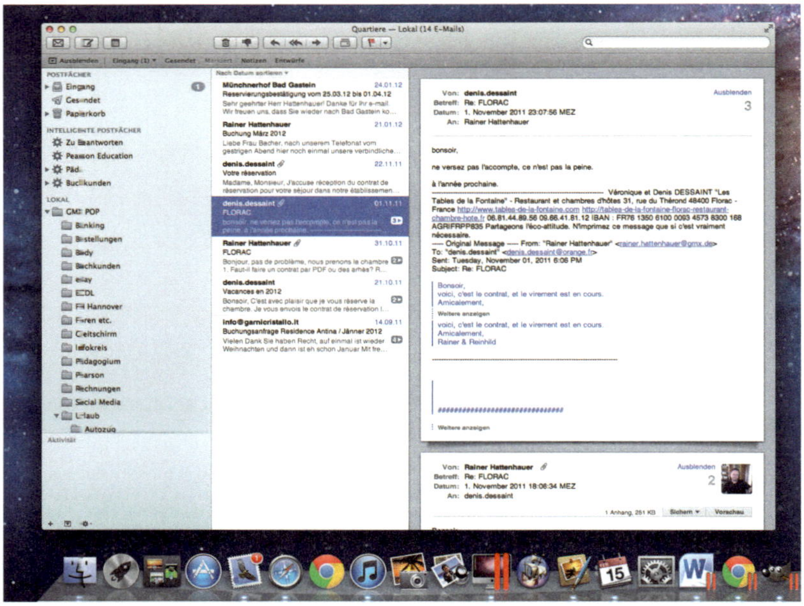

Abbildung 19.9: Apple Mail signalisiert im Dock, wenn neue Mails eingegangen sind. Die Konversationen werden im rechten Teil des Fensters übersichtlich zusammengefasst

- **Ubuntu Linux:** Ubuntu ist von Haus aus mit dem E-Mail-Programm *Thunderbird* ausgestattet. Dieses lässt sich mit dem Add-on Lightning (`http://www.thunderbird-mail.de/wiki/Lightning`) auch um einen Terminplaner erweitern (Abbildung 19.10).

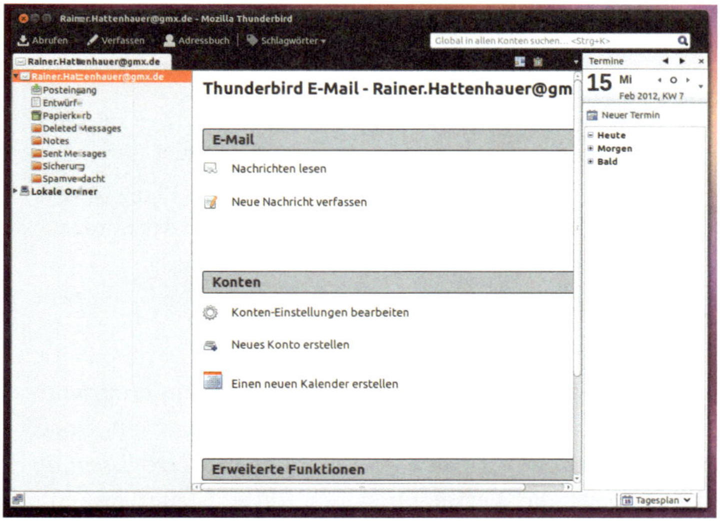

Abbildung 19.10: Thunderbird lässt sich mit dem Lightning-Plug-in zur vollständigen PIM-Lösung ergänzen

Im Internet surfen

Ein Browser ist auf jedem der drei Systeme vorinstalliert:

- **Windows:** Standardbrowser unter Windows 7 ist der Internet Explorer. Sie starten den Browser über die Schaltfläche in der Taskleiste.
- **Mac OS:** Hier verwenden Sie den äußerst flotten Safari-Browser. In der aktuellen Version 5 surfen Sie damit im Vergleich zu den anderen Kandidaten am schnellsten durchs Web. Safari starten Sie durch Anklicken des Kompasssymbols im Dock.
- **Ubuntu Linux:** Ubuntu setzt auf den bewährten Firefox-Browser. Dieser wird durch Anklicken des Firefox-Symbols im Panel oder aus dem Menü *Anwendungen/Internet* heraus gestartet.

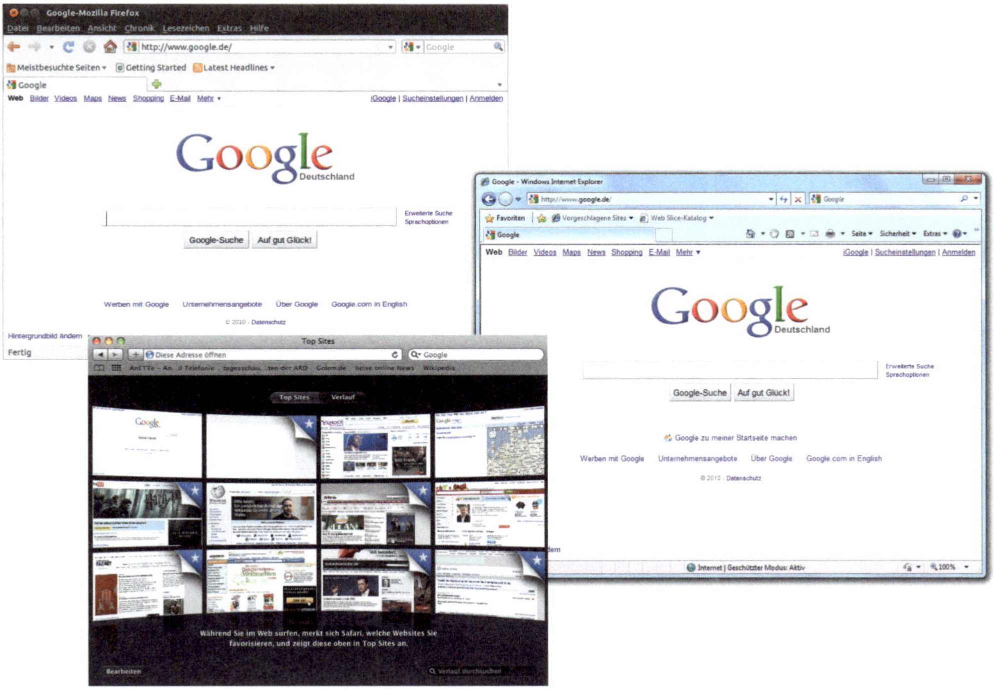

Abbildung 19.11: Browserparade: Links oben der Firefox-Browser für Linux, rechts der Internet Explorer für Windows und unten Apples Browser Safari im Favoriten-Modus. Damit werden die beliebtesten Websites in Form eines Exposés im Browserfenster dargestellt

Multimediainhalte wiedergeben

Aufgrund der patentrechtlichen Problematik einiger prominenter Codecs wie z.B. MP3 muss das freie System Linux »nachgerüstet« werden. Das kann schon während der Installation geschehen: Der Installer fragt dabei nach, ob Codecpakete zur Wiedergabe von Audiodateien von Drittanbietern geladen werden sollen. Die beiden anderen Kandidaten sind schon mit den wichtigsten Codecs ausgestattet:

- **Windows:** MP3-Dateien werden durch einfaches Anklicken im Media Player geöffnet. Auch die Wiedergabe von kommerziellen DVDs funktioniert ab der Variante Home Premium.

Abbildung 19.12: Unter Windows öffnet sich zur Wiedergabe von Musikdateien der Media Player

- **Mac OS:** Zentraler Anlaufpunkt für die Medienwiedergabe ist auf dem Mac natürlich *iTunes*. Das Programm wird automatisch geöffnet, wenn Sie eine Mediendatei doppelt anklicken. Zur Wiedergabe von DVDs gibt es den Apple-Player *iDVD*, der auch mit verschlüsselten DVDs umzugehen weiß.

- **Ubuntu Linux:** Früher war »Linux und Multimedia« eher ein Trauerspiel, heute gestaltet sich die Wiedergabe von Bildern und Tönen auch hier relativ schmerzfrei. Bereits während der Installation bietet das System die Installation von Codecs, die zur Wiedergabe der gängigen Audio-/Videodateien benötigt werden, an. Sollte ein Codec später fehlen, so wird dessen Nachinstallation angeboten. Zur Wiedergabe von DVDs gibt es die (kommerziellen) Programme *Fluendo DVD Player* oder *LinDVD*. Mittlerweile gibt es sogar den *ubuntu one musicstore*, in dem Sie Kaufmusik erwerben können. In diesen gelangen Sie durch Starten des Musikwiedergabeprogramms *Banshee* (Abbildung 19.14).

Abbildung 19.13: iTunes sorgt unter Mac OS für den guten Ton. Mit dem iTunes Store steht Ihnen ein Füllhorn an Kaufmusik zur Verfügung – die Synchronisation mit einem iPod geht spielend leicht

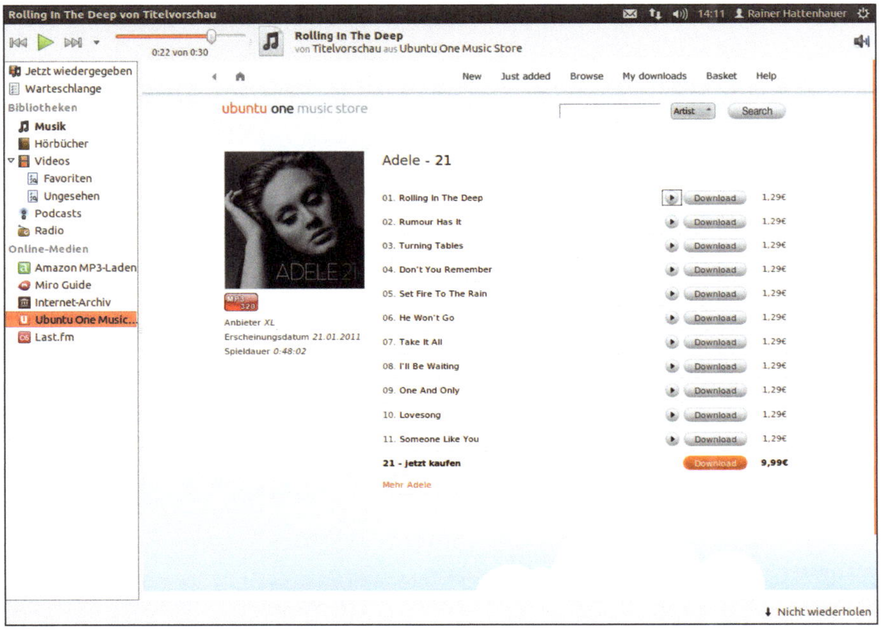

Abbildung 19.14: Der »ubuntu one music store« bietet Kaufmusik für das freie Betriebssystem

Support

Der Support für den Normalanwender läuft in der Regel über Spezialforen zum jeweiligen System im Internet. Auf diesem Gebiet hat Ubuntu Linux eindeutig die Nase vorn. Auch Mac OS verfügt über etliche kompetente Foren. Im Windows-Universum muss man schon etwas gründlicher suchen, um die Forenperlen zu entdecken.

- **Windows:** Interessante Tipps und kompetente Hilfe zu Windows in allen Varianten finden Sie in den Foren von `drwindows.de` und `www.wintotal.de`. Zur Lösung eines konkreten Problems gilt im Zweifelsfall: *Google ist dein Freund.*
- **Mac OS:** `macuser.de` und `apfeltalk.de` sind nur zwei Beispiele der äußerst aktiven Mac-Community. Fündig wird man ebenfalls auf den Websites bekannter Mac-Magazine wie z.B. *MacLife*.
- **Ubuntu Linux:** Im deutschsprachigen Raum finden Sie einen zentralen Anlaufpunkt für Support rund um Ubuntu Linux: Es ist die rege Community auf `ubuntuusers.de`. In den Foren finden Sie stets kompetente Hilfe, und nicht zuletzt wegen des Ubuntuusers-Wiki gehört Ubuntu zu den bestdokumentierten Betriebssystemen überhaupt. Freie Literatur gibt es obendrein: Das Standardwerk *Ubuntu GNU/Linux* von Marcus Fischer finden Sie mit Google als OpenBook im Netz.

NetTags

- download ubuntu »Aktueller Versionsname«
- download neooffice
- dvds unter linux anschauen
- forum »Betriebssystem«
- »Problembeschreibung« site:»Name eines Forums«

20 Software: kostenlos – aber nicht umsonst!

Mit dem Erwerb eines neuen PCs ist das Geldausgeben noch lange nicht beendet: Wer das Officepaket und die Grafikapplikation des jeweiligen Marktführers sein Eigen nennen möchte, muss noch einmal tief in die Tasche greifen. Andererseits kann man auch einfach Open-Source-Software verwenden …

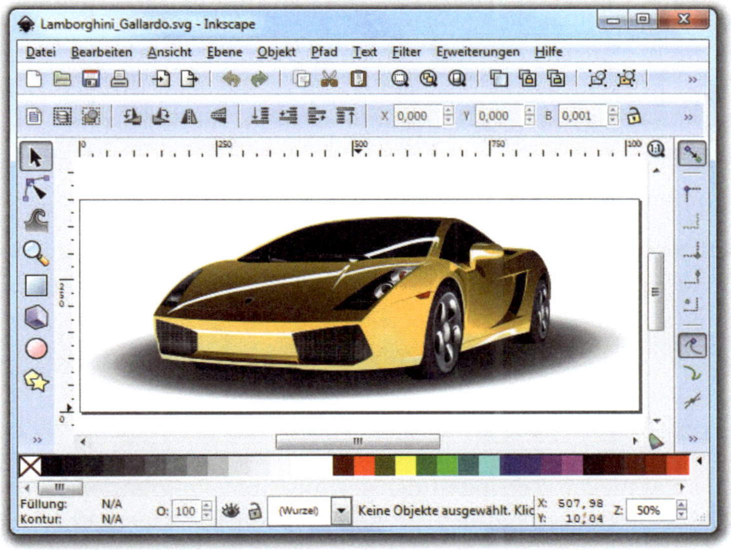

Open-Source-Software

Open-Source-Software ist freie, *quelloffene* Software. Jeder Programmierer, der sein fertiges Produkt quelloffen zur Verfügung stellt, akzeptiert die Weiterverwendung des Programmcodes von Dritten. Die von der *Open Source Initiative* festgelegte Definition deckt sich weitgehend mit der Definition *Freie Software*. Diese darf kostenlos genutzt, bearbeitet und in ursprünglicher oder veränderter Form weiterverbreitet werden.

Freeware

wird zwar kostenlos angeboten, darf aber nicht mit freier Software verwechselt werden, da sie unter anderem nicht quelloffen zur Verfügung gestellt wird und somit auch nicht verändert werden darf.

Kost nix – taugt nix: Von dieser goldenen Regel haben sich in den vergangenen Jahren schon viele Computeranwender verabschiedet – sehr zum Leidwesen der marktbeherrschenden Softwareunternehmen wie beispielsweise Microsoft. Das Unheil nahm für den Branchenprimus endgültig seinen Lauf, als der Firefox-Browser, das Paradestück der Open-Source-Szene, das Licht der Welt erblickte. Der Firefox ermöglicht im Gegensatz zu den älteren Varianten des Internet Explorers vergleichsweise sicheres Surfen und hält sich auch weitgehend an die Webstandards des W3C-Konsortiums. Mittlerweile teilen sich Firefox und Googles Browser Chrome 50 % des gesamten Browsermarkts.

Ein ähnliches Bild bietet sich im Bereich der Officesoftware: Selbst satte Rabattaktionen für das Office-Paket aus dem Hause Microsoft konnten nicht verhindern, dass gerade öffentliche Institutionen scharenweise in die Arme der freien Konkurrenz *OpenOffice.org* (bzw. neuerdings *LibreOffice*) gelaufen sind. Nicht zuletzt wurde der Wechsel auch durch die neu gestaltete Benutzeroberfläche des MS Office-Pakets in Form der berühmt-berüchtigten Ribbons begünstigt, die für manch eingefleischten Microsoft-Fan wohl die Grenze der Zumutbarkeit überschritten haben.

Was macht die Faszination der quelloffenen Software aus? Es ist nicht allein der Preis (der natürlich auch), vielmehr bedeutet quelloffen auch, dass die Programme von der großen Schar von Entwicklern sofort an geänderte Anforderungen angepasst werden können. Fehler oder gar Sicherheitslücken lassen sich dadurch leichter ausmerzen, man ist nicht auf den Goodwill eines einzigen Herstellers angewiesen. Die Programme lassen sich außerdem wesentlich schneller an verschiedene Plattformen anpassen. So läuft LibreOffice problemlos auf Windows, Mac OS und Linux, während z.B. die portierte Variante des Office-Pakets aus dem Hause Microsoft auf Mac OS nur hartgesottenen Microsoft-Fans zu empfehlen ist.

Das vorliegende Kapitel macht Sie mit einigen Alternativen aus dem Open-Source-Lager bekannt. Sie werden schnell bemerken, dass diese der kommerziellen Konkurrenz in nichts nachstehen.

Was braucht man...

- **Einen schnellen Internetzugang zum Download der Software:** Open-Source-Software wird von einem großen Heer internationaler Entwickler programmiert und betreut. Somit lädt man sich die aktuellen Versionen der gewünschten Programme idealerweise aus dem Netz. Dafür ist insbesondere bei den großen Paketen wie OpenOffice eine ausreichende Bandbreite erforderlich.
- **Die Opensource-DVD:** Darauf finden Sie eine Vielzahl von Open-Source-Programmen – derzeit leider ausschließlich für Windows. Sie erhalten die DVD entweder als ISO-Image-Download oder können das Medium auch direkt auf `www.opensource-dvd.de` bestellen.

Was muss man können...

Sie müssen in der Lage sein, ein Programm mithilfe der heruntergeladenen Setup-Datei zu installieren. Wenn Sie sich eingehender mit der Software beschäftigen wollen, so können englische Sprachkenntnisse nicht schaden, da ein Großteil der Dokumentation von Open-Source-Projekten auf Englisch verfasst wurde. Und wer weiß: Wenn Sie im Laufe der Zeit ein echter Experte geworden sind, möchten Sie vielleicht selbst bei einem Open-Source-Projekt mitarbeiten – sei es durch Beisteuern von Code oder durch das Übersetzen von Programmdokumentationen in die deutsche Sprache.

Im Folgenden stelle ich Ihnen die wichtigsten Open-Source-Lösungen zu Standardaufgaben am PC vor. Entscheidend für die spezielle Auswahl der Software war das Kriterium, dass alle vorgestellten Programme auf den drei wichtigen Plattformen Windows, Mac OS und Linux laufen. Auf ausführliche Schritt-für-Schritt-Anleitungen zur Installation und zur Anwendung verzichte ich aufgrund der umfangreichen Thematik. Ein wenig Googeln liefert Ihnen aber ausführliche Informationen zu den einzelnen Programmen.

Betriebssystem

Ein vollkommen freies Betriebssystem, das noch dazu mit allen wichtigen Applikationen ausgeliefert wird, ist Linux. Einsteiger verwenden *Ubuntu Linux*. Sie haben es bereits im Kapitel *Das »richtige« Betriebssystem* kennengelernt. Das System ist bis ins kleinste Detail dokumentiert und kann auf eine aktive Community aufbauen, siehe z.B. `ubuntuusers.de`. Wer die Herausforderung liebt, greift zu *Debian GNU/Linux* oder zur freien RedHat Linux-Variante *Fedora*. Im deutschen Raum hat das SUSE Linux viele Anhänger. Die aktuelle Linux-Beliebtheitsskala finden Sie auf `distrowatch.com`. Die aktuelle Version von Ubuntu Linux erhalten Sie auf `www.ubuntu.com`.

Linux Mint – die Multimediaalternative zu Ubuntu

Ubuntu wurde mittlerweile von Platz 1 der Linux-Distributionen verdrängt – von Linux Mint. Dieses System verfügt über sämtliche Audio-/Videocodecs, die zur Wiedergabe von Multimediadaten aller Art benötigt werden. Darüber hinaus orientiert sich Linux Mint (im Gegensatz zu Ubuntu) am klassischen Desktopkonzept von Windows. Sie können Linux Mint auf `www.linuxmint.com` herunterladen. Es empfiehlt sich, hier gleich die DVD-Version auszuwählen, da diese sämtliche Codecs enthält.

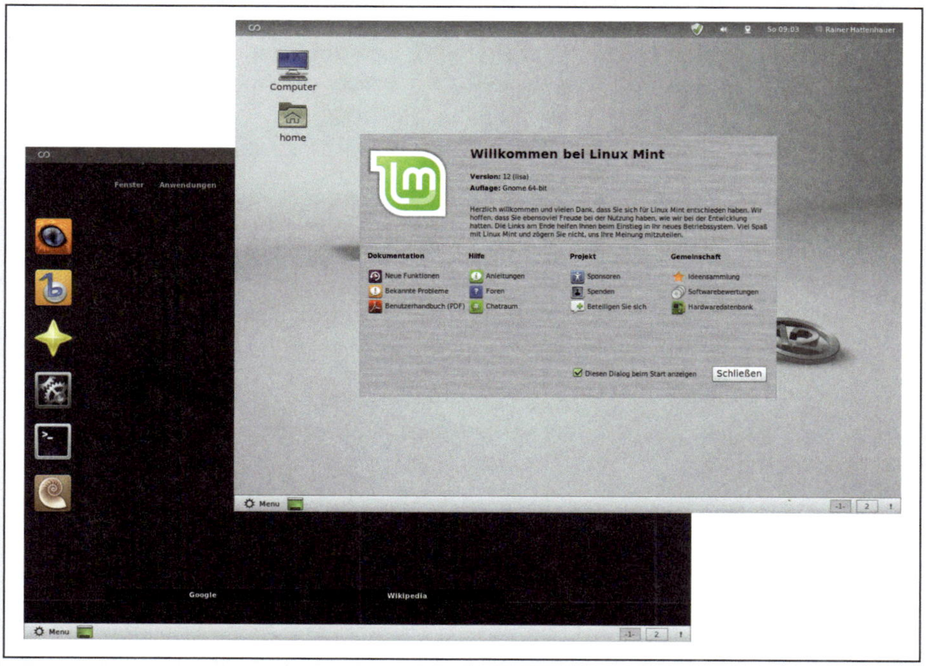

Abbildung 20.1: Linux Mint hat Ubuntu mittlerweile in puncto Beliebtheit abgelöst. Die Sprachlokalisierung ist stellenweise noch etwas holprig – dafür können beliebige Multimediadateien »aus dem Stand« wiedergegeben werden. Im vorliegenden Bild sehen Sie im Vordergrund den Standarddesktop, im Hintergrund die integrierte Suchfunktion, welche man durch Anklicken der liegenden Acht in der oberen linken Bildecke erreicht

Browser

Im Bereich der Browser dominiert im Open-Source-Bereich der *Firefox*, dicht gefolgt von Googles Browser *Chrome*. Deutsche Anwender laden Firefox in der deutschen Lokalisierung auf `www.mozilla-europe.org/de/firefox/` herunter. Chrome finden Sie auf `www.google.de/chrome/`.

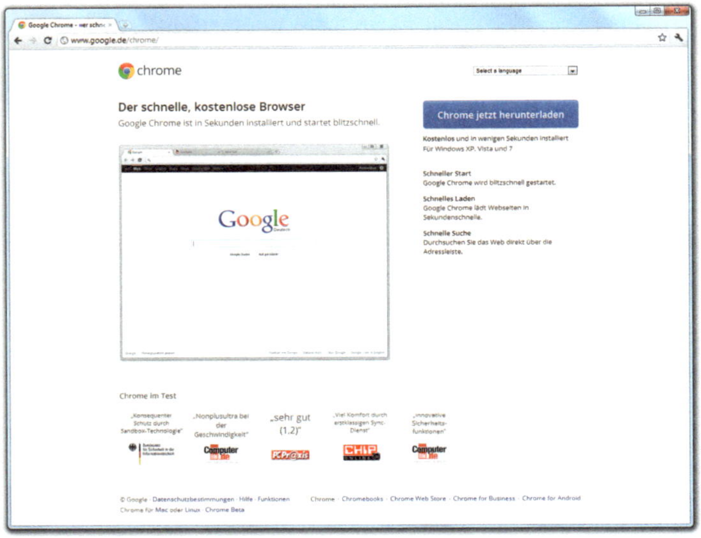

Abbildung 20.2: Googles Chrome schickt sich an, dem beliebten Firefox-Browser den Rang abzulaufen. Der schnelle Browser, der sich nach Belieben erweitern lässt, steht für alle prominenten Betriebssysteme zur Verfügung

Mailprogramm & Terminplaner

Ein Mailprogramm ist meist ein notwendiges Übel, mit dem man leben muss und dem allgemein wenig Aufmerksamkeit geschenkt wird. So stand der Mozilla-Abkömmling *Thunderbird* stets im Schatten der Browserlösung Firefox, der dem gleichen Projekt entsprang. Mit Add-ons wie *Lightning* mutiert die graue Maus aber zu einer vollwertigen PIM-Lösung. Sie erhalten die deutsche Lokalisierung des Thunderbird auf `www.thunderbird-mail.de`. Die Erweiterung Lightning finden Sie auf `www.thunderbird-mail.de/wiki/Lightning`.

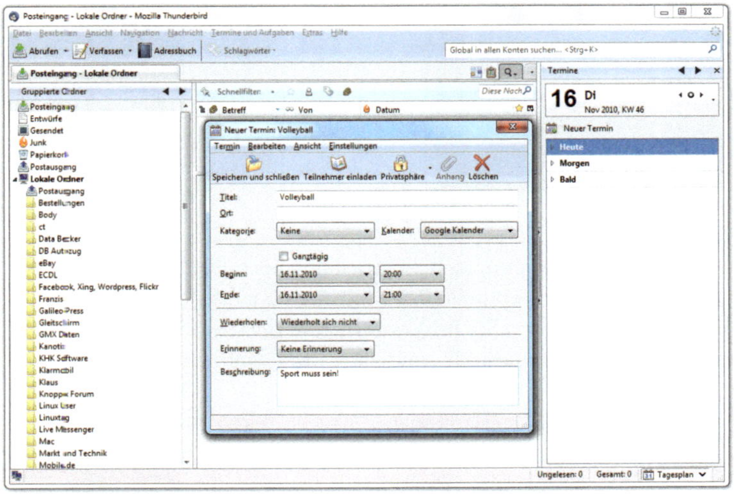

Abbildung 20.3: Mit der Lightning-Erweiterung wird Thunderbird zum perfekten Organisator

Freie Officepakete

OpenOffice.org hat sich zum Quasistandard unter den freien Officepaketen entwickelt. Das Officekomplettpaket erfüllt mustergültig den neuen robusten *Open Document*-Standard, ganz im Gegensatz zu Microsoft Office. Die aktuelle deutsche Version des OpenOffice-Büropakets finden Sie auf `www.openoffice.org/de/`. Aufgrund der Querelen des Rechteinhabers Oracle mit der Open-Source-Community ist dem Puristen an dieser Stelle aber LibreOffice (`de.libreoffice.org`) nahezulegen: Dieses Programm wird von einer großen Community gepflegt, die sich im Jahr 2010 vom OpenOffice-Sponsor Oracle getrennt hat. Wer ein Rundum-Sorglospaket herunterladen möchte, der sollte sich einmal die LibreOffice Box (`de.libreofficebox.org/`) näher anschauen, die mit einigen Ergänzungen aufwarten kann. Obwohl es OpenOffice und LibreOffice mittlerweile auch nativ für Mac OS auf Intel-Macs gibt, sei den Anwendern an dieser Stelle das *NeoOffice*-Paket (`www.neooffice.org`) ans Herz gelegt, das sich besser in die Mac OS-Oberfläche integriert und gefühlt stabiler läuft.

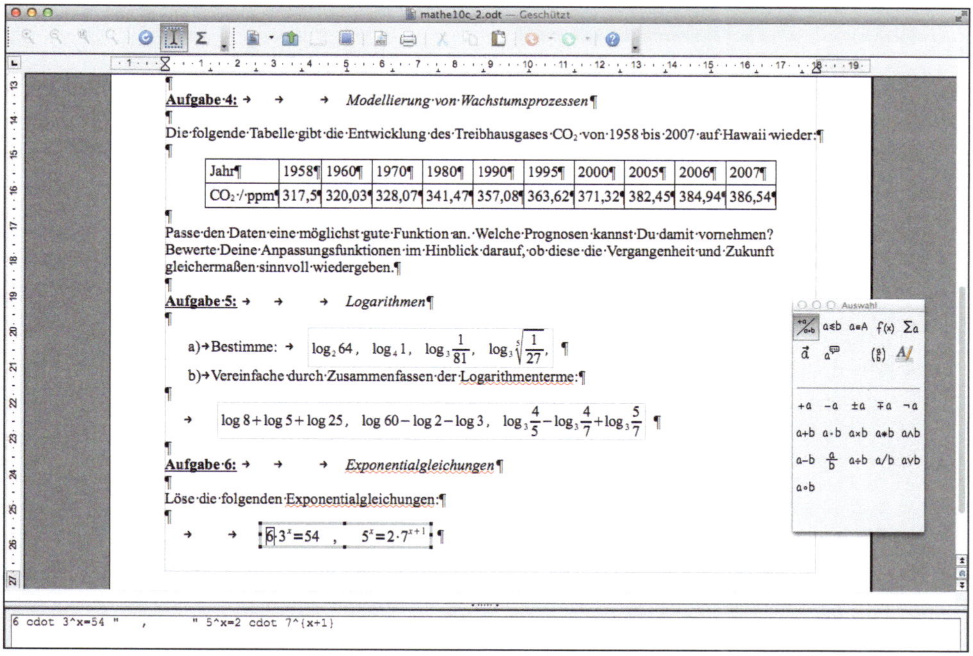

Abbildung 20.4: Open-Source-Officepakete (hier NeoOffice auf dem Mac) stehen Microsoft Office mittlerweile um nichts nach

Grafik

Auf dem Gebiet der pixelorientierten Grafik hat sich das Programm *The Gimp* mittlerweile einen Namen als Photoshop-Killer gemacht. Sie können das Programm in deutscher Lokalisierung auf `chip.de` herunterladen (einfach mit Google nach *gimp deutsch* suchen), Puristen und Liebhaber der englischen Sprache finden die Originalversion auf `gimp.org`.

Abbildung 20.5: Die Oberfläche des Programms The Gimp ist für Photoshop-Umsteiger etwas gewöhnungsbedürftig, da die Werkzeuge auf mehrere kleine Fenster verteilt sind. Man findet aber auch hier sämtliche wichtigen Funktionen, die für die Weiterverarbeitung von Digitalfotos erforderlich sind

Zeichenkünstler arbeiten mit vektorbasierten Grafikprogrammen. Hier bietet sich das Open-Source-Programm *Inkscape* an (Abbildung 20.6, `www.inkscape.org`). Auch mit *LibreOffice Draw* lassen sich perfekte Grafiken erstellen.

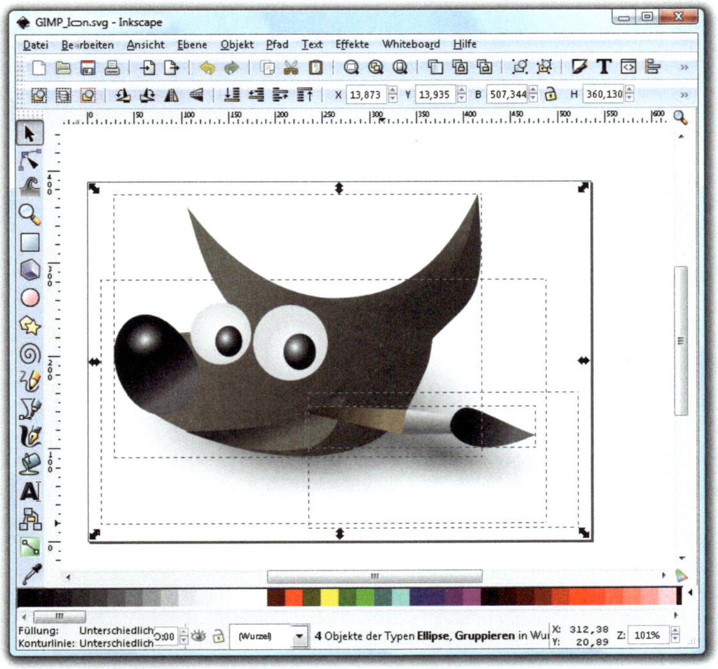

Abbildung 20.6: Zur Anfertigung frei skalierbarer Grafiken im Vektorformat eignet sich Inkscape

Medienwiedergabe

Das Mittel der Wahl zur Wiedergabe von Medien aller Art ist der *VideoLAN Client vlc*. Sie erhalten Versionen des VLC media player für alle prominenten Betriebssysteme. Wer die deutsche Version gleich finden und installieren möchte, sucht bei Google nach *vlc deutsch*. Das Programm kann mit nahezu allen aktuellen Audio- und Videocodecs umgehen (Abbildung 20.7).

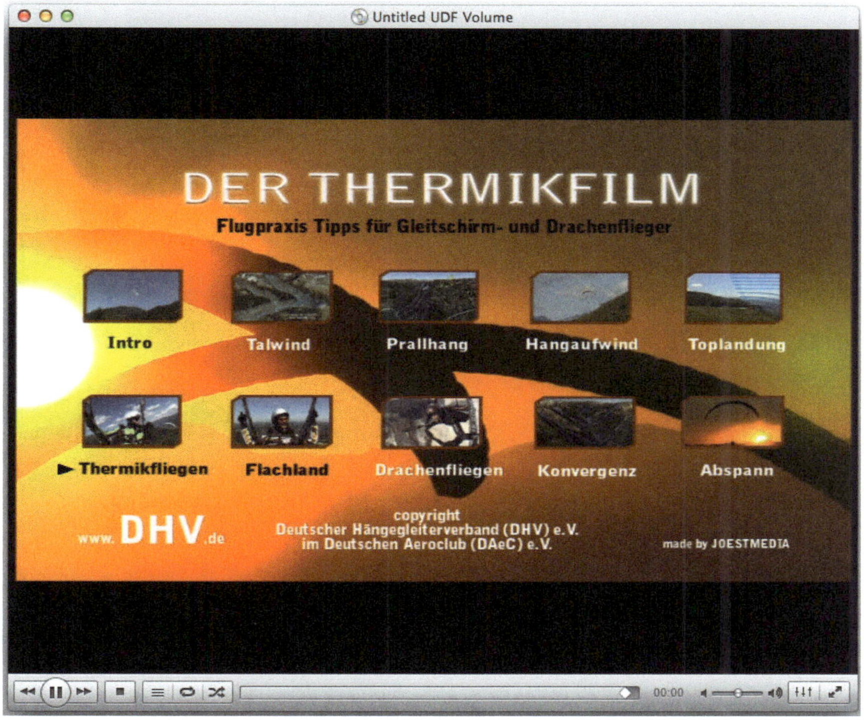

Abbildung 20.7: Der VLC media player – hier in der Version für MacOS – beherrscht eine Vielzahl aktueller Codecs. Er ist außerdem in der Lage, DVDs nebst Menüstruktur korrekt wiederzugeben (*Quelle: Charlie Jöst, www.dhv.de*)

Nützliche Anlaufstellen

Sie suchen eine Open-Source-Alternative zu einem kommerziellen Programm? Dann sollten Sie sich auf `osalt.com` begeben. *Osalt* steht für *Open Source as Alternative* und führt eine riesige Liste von Open-Source-Programmen, die bekannte teure Anwendungen ersetzen können.

Eine ähnliche (allerdings etwas betagte) Zusammenstellung findet man auf `www.angelfire.com/linux/liste/start.html` oder – schneller – wenn man nach dem Begriff *die linux liste* googelt. Einer der ersten Treffer führt unmittelbar zu einer Liste von Windows-Programmen, denen ein

Linux-Äquivalent gegenübergestellt wird. Da die Linux-Programme generell aus Open-Source-Projekten hervorgehen, stehen die Chancen nicht schlecht, dass von den beschriebenen Alternativprogrammen auch Versionen für andere Betriebssysteme erhältlich sind.

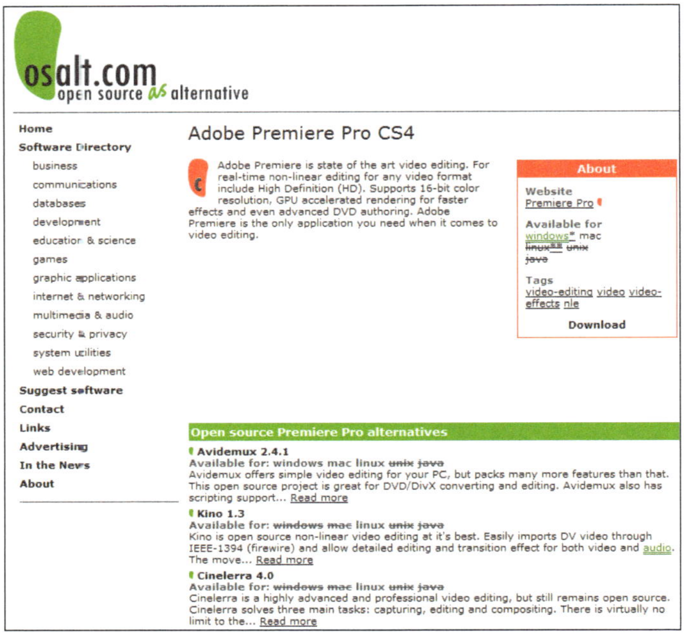

Abbildung 20.8: Auf `osalt.com` finden Sie schnell Alternativen zu teuren kommerziellen Programmen. Leider ist die Seite nur in englischer Sprache lokalisiert

NetTags

- opensource wikipedia
- opensource dvd download
- opensource alternative »Programmname«
- libreoffice templates
- video codecs vlc
- die linux liste
- »Programmname« deutsch download

OPEN SOURCE
Software OpenOffice
FREI Gimp VLC
Firefox INKSCAPE
LIBREOFFICE

21 Leben mit der Cloud

Stell dir vor, du kannst auf alle wichtigen persönlichen Dateien von jedem beliebigen Ort aus unabhängig vom gerade mitgeführten Gerät zugreifen: Das ist Cloud-Computing.

Cloud-Computing
Der Begriff Cloud umfasst im Computerbereich die Möglichkeit, Daten jenseits des lokalen Geräts (PC, Tablet, Smartphone) abzuspeichern und diese systemübergreifend zu nutzen. Darüber hinaus kann die Cloud auch Programme anbieten, die am Endgerät per Onlineverbindung genutzt werden können.

iCloud
Apples Onlinedienst bietet die Möglichkeit, seine Medien und Daten auf jedem Gerät synchron zu halten. Das funktioniert allerdings nur innerhalb des Apple-Universums, sprich mit iMac, iPhone/iPod und iPad: Geräte anderer Anbieter bleiben hier außen vor.

Früher pflegte ich alle wichtigen Erkenntnisse in einem kleinen DIN-A5-Büchlein festzuhalten – eine Marotte, die ich mir aus Studienzeiten, als es bei uns im Institut üblich war, Laborbücher zu führen, in den Alltag herübergerettet habe. Insbesondere wenn man häufig an Computern herumbasteln und konfigurieren muss, bewährt es sich, wichtige Erkenntnisse (*Wie war noch mal die Adresse der Google-Nameserver? Welche Netzmaske hat unser WLAN?*) kurz zu notieren – das erspart endlose Such- und Rechercheorgien. Der Nachteil des Verfahrens liegt auf der Hand: Nur selten befindet sich das besagte kleine Büchlein dort, wo man es gerade benötigt.

Ein anderer Fall tritt ein, wenn man als Lehrer seine Schutzbefohlenen mit aktuellen Arbeitsaufträgen versorgen möchte: Die Anzahl der Kopien, die pro Jahr von unseren Schulkopierern bewältigt werden muss, übersteigt nicht selten die 50.000er-Marke, Tendenz steigend. Da wäre es schon gut, einen Weg zu finden, die Verteilung der Materialien umweltfreundlich zu gestalten.

Im folgenden Kapitel lernen Sie Apps und Anbieter kennen, welche die obigen Szenarien durch Nutzung der Cloud zum wahren Vergnügen gestalten. Speichern Sie Ihre Dokumente auf dem *Dropbox*-Server und teilen Sie diese mit anderen, machen Sie sich per *Evernote* Notizen, auf die Sie mit jedwedem Endgerät an jedem Ort der Welt zugreifen können – die Zukunft der Computertechnik steht nicht in den Sternen, sondern liegt in der Wolke!

Was braucht man...

- **Einen PC/ein Smartphone/ein Tablet mit Onlinezugang:** Obwohl man die beschriebenen Apps auch offline verwenden kann, macht es natürlich insbesondere Sinn, diese mit den Cloud-Servern zu synchronisieren, sodass die Inhalte später auf allen verwendeten Endgeräten zur Verfügung stehen.
- **Die passende App eines Cloud-Dienst-Anbieters:** Die beschriebenen Programme gibt es mittlerweile für alle prominenten Plattformen.

Was muss man können...

Zur Nutzung der Cloud Apps sind diese zunächst auf den Endgeräten zu installieren – ein Kinderspiel. Der einzige Fallstrick besteht in einem allzu sorglosen Umgang mit den Dokumenten und Zugangsdaten beim Cloud-Dienst: Es versteht sich wohl von selbst, dass in der Cloud keine vertraulichen Dokumente oder gar Geschäftsgeheimnisse gespeichert werden sollten.

Beginnen wir unseren Rundgang durch die Welt der Online-Speicherdienste beim beliebtesten Anbieter kostenlosen Speicherplatzes:

Dropbox

Mein persönlicher Favorit zum Abspeichern von Dokumenten, die ich später an unterschiedlichen Orten zur Verfügung haben möchte, ist Dropbox. Die Nutzung des Dienstes geschieht folgendermaßen:

1. Begeben Sie sich auf `www.dropbox.com` und erstellen Sie dort zunächst über den Link *Anmelden/Ein Konto erstellen* ein Konto.

Es empfiehlt sich, die Dropbox zunächst am PC per Browser zu testen bzw. mit Dateien zu befüllen.

2. Loggen Sie sich nach der Eröffnung des Kontos via Browser bei Dropbox ein.

Sie haben zunächst die Möglichkeit, über den Link *Erste Schritte* ein Tutorial zum Umgang mit Dropbox zu absolvieren.

3. Legen Sie im Dropbox-Browserfenster einen Ordner an und laden Sie eine beliebige lokale Datei in diesen Ordner. Dazu begeben Sie sich in den Ordner und klicken die Schaltfläche *Hochladen* an. Sie können nun Ihre lokale Festplatte nach der gewünschten Datei durchsuchen und diese in den gewünschten Ordner befördern.

Ergänzen Sie Ihren Dropbox-Ordner ggf. durch weitere Dateien und Verzeichnisse (Abbildung 21.1).

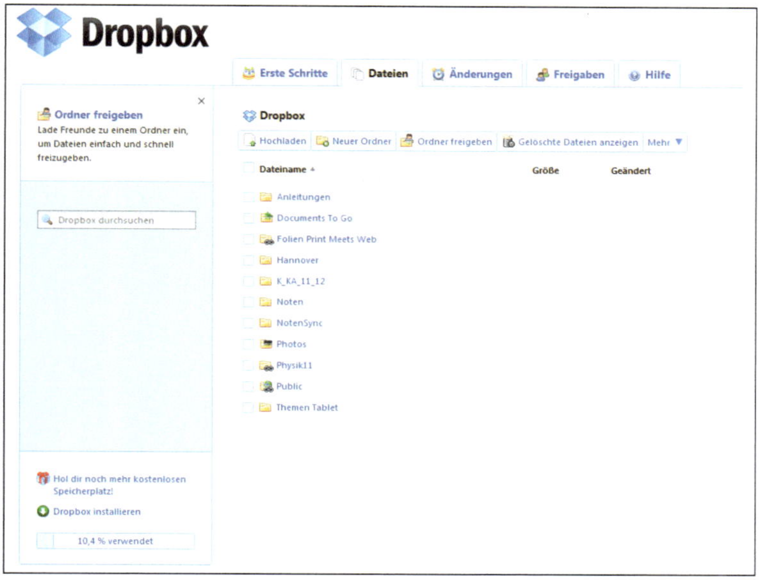

Abbildung 21.1: Die Dropbox wird zunächst vom heimischen PC per Browserschnittstelle befüllt

Die Dateien stehen Ihnen nun an jedem beliebigen Computersystem zur Verfügung.

4. Loggen Sie sich dazu einfach per Browser auf `dropbox.com` ein und wählen Sie die entsprechende Datei aus. Durch Anklicken der Datei wird eine Vorschau erstellt, in der Sie deren Inhalt einsehen können.

5. Möchten Sie die Datei auf das lokale Gerät herunterladen, so führen Sie einen rechten Mausklick über der Datei durch und wählen den Kontextmenüpunkt *Datei herunterladen* (Abbildung 21.2).

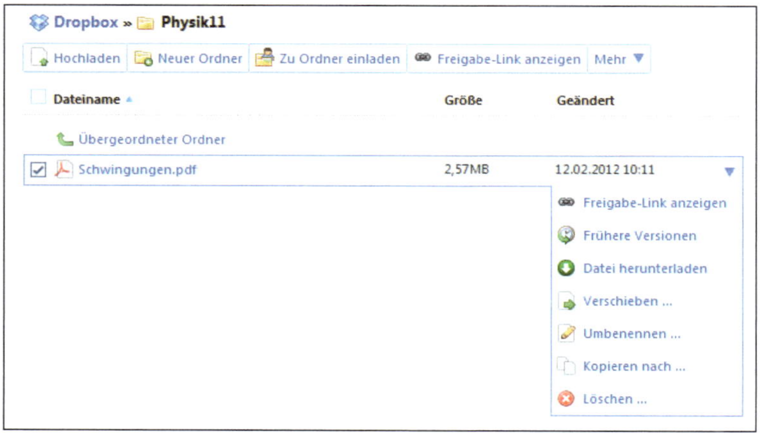

Abbildung 21.2: Per Kontextmenü können Sie die Datei herunterladen

Das Geniale am Dropbox-Konzept ist die Möglichkeit, das hochgeladene Material auf beliebigen Plattformen nutzen zu können. iPhone-Anwender finden eine entsprechende App im iTunes App Store, Android Smartphone-Nutzer werden im Market fündig. Suchen Sie dazu in den App Stores einfach nach dem Begriff *dropbox*.

Auch für Mac OS und Windows gibt es Programme, die es Ihnen nach der Installation gestatten, auf Ihr Dropbox-Verzeichnis wie auf ein reguläres Systemverzeichnis zuzugreifen. Sie finden diese sogenannten Clients auf `www.dropbox.com`.

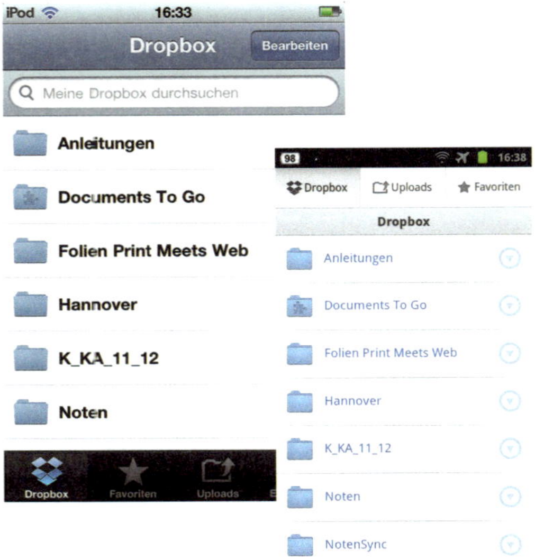

Abbildung 21.3: Der Dropbox-Client von iOS (links) und Android (rechts) im Vergleich

Nun sollten Sie in der Lage sein, Ihre Dokumente auch auf mobilen Geräten stets mit sich zu führen und diese auch bei etwaigen Veränderungen stets aktuell zu halten.

Dropbox als Backup und Versionskontrolle

Eine geniale Eigenschaft des Dropbox-Systems ist die automatische Protokollierung von Veränderungen an Dateien. Wenn Sie die Dropbox App auf Ihrem PC, Mac, iPhone oder Tablet installiert haben, werden Änderungen an Dateien, die sich im Dropbox-Verzeichnis befinden, stets protokolliert. Sie können nach Veränderungen zu einer alten Version der Datei zurückkehren, indem Sie einen rechten Mausklick über dieser durchführen und den Punkt *Frühere Versionen* auswählen. So lässt sich mancher Schaden, der durch unbeabsichtigte Veränderungen entstanden ist, in Windeseile beheben.

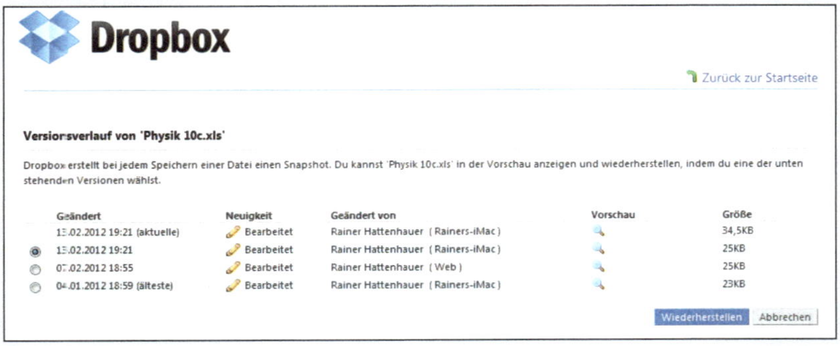

Abbildung 21.4: Dropbox verfügt über eine integrierte Versionskontrolle

Material teilen

Sie können per Dropbox auch Material teilen, indem Sie einen öffentlich zugänglichen Ordner einrichten. Ganz ohne weitere Konfigurationsarbeit funktioniert das mit dem Verzeichnis *Public*. Sie können aber auch beliebige andere Ordner freigeben. Gehen Sie dazu folgendermaßen vor:

1. Loggen Sie sich zunächst bei Dropbox wie gewohnt per Browser ein.
2. Geben Sie folgenden Link in die Adresszeile Ihres Browsers ein: `https://www.dropbox.com/enable_shmodel`.
3. Dadurch wird die Freigabe beliebiger, bereits vorhandener Ordner aktiviert.
4. Nun begeben Sie sich zu dem gewünschten Ordner und wählen per rechtem Mausklick im Kontextmenü den Punkt *Freigabe-Link anzeigen*.
5. Notieren Sie sich den Link und geben Sie diesen an diejenigen Personen weiter, denen Sie das Material zukommen lassen möchten.

Die freigegebenen Ordner lassen sich nun über den Menüpunkt *Freigaben* verwalten (Abbildung 21.5).

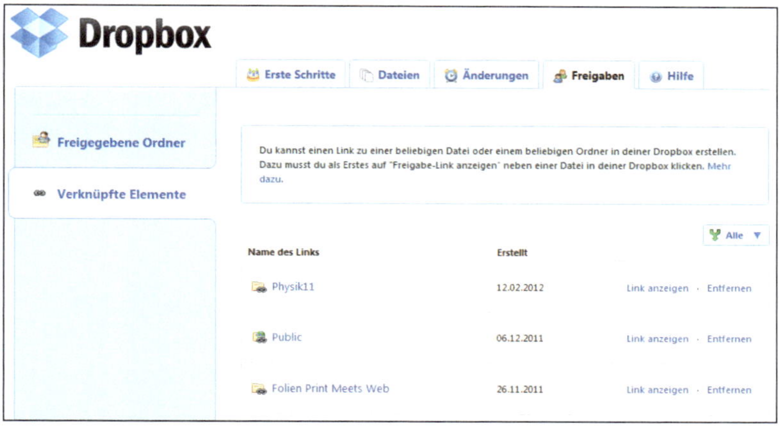

Abbildung 21.5: Im Bereich »Freigaben« lassen sich die öffentlichen Verzeichnisse verwalten

Evernote

Das universelle Notizbuchsystem *Evernote* hat meinen digitalen Alltag ungemein bereichert. Begleiten Sie mich daher auf dem folgenden Rundgang:

1. Erstellen Sie zunächst ein Konto auf `www.evernote.com`.
2. Loggen Sie sich mit den Daten Ihres Kontos zunächst per Browser über den Link *Webanmeldung* auf `www.evernote.com` ein.
3. Erstellen Sie neue Notizen mithilfe des Browserfrontends. Dies geschieht durch Betätigen des Knopfes *Neue Notiz*.

Den Aufbau der Evernote-Arbeitsfläche zeigt die folgende Abbildung. Sie können auch Abbildungen (Screenshots etc.) in Ihre Notiz einfügen.

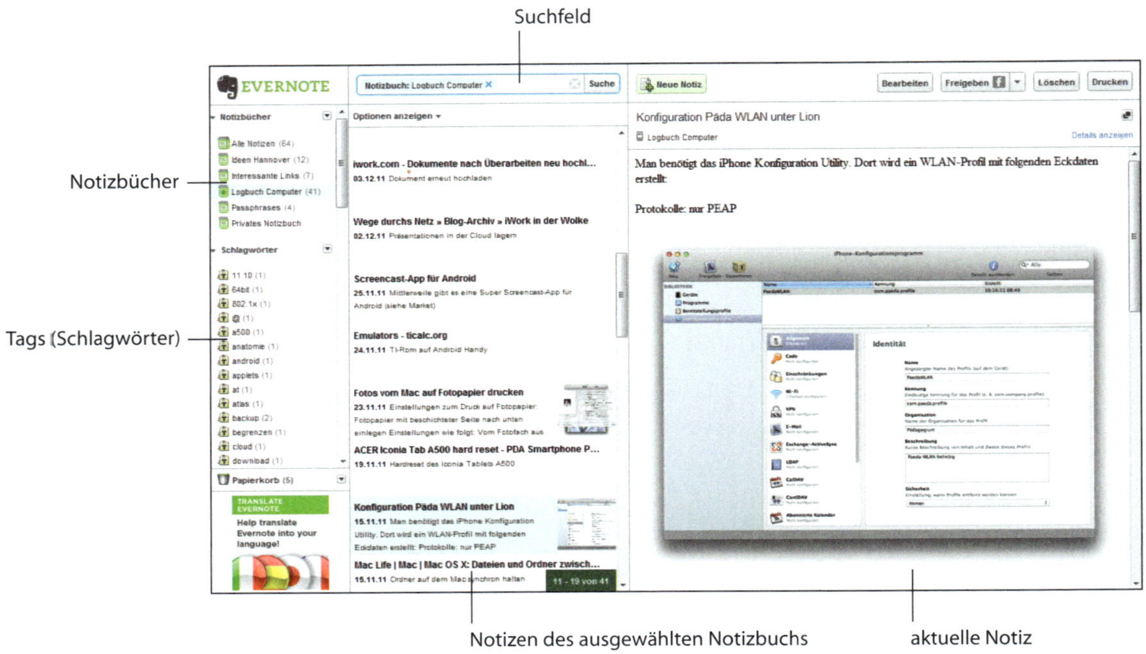

Obwohl Sie Ihre Notizen per Volltextsuche durchforsten können, empfiehlt es sich, beim Anlegen einer neuen Notiz ein oder mehrere Schlagworte (Tags) für Ihre Notiz zu vergeben. Dadurch können die Notizen später besser thematisch zugeordnet werden.

Webclipper und Chrome

Sie kennen das Szenario: Sie haben eine wunderbare Information auf einer Webseite beim Surfen entdeckt, können diese aber später nicht mehr wiederfinden. Das muss nicht sein: Installieren Sie den Browser Chrome und das Add-on *Webclipper*: Damit lassen sich interessante Links sofort per Evernote erfassen und mit Tags und Kommentaren versehen – so geht Ihnen nie wieder eine wichtige Information verloren.

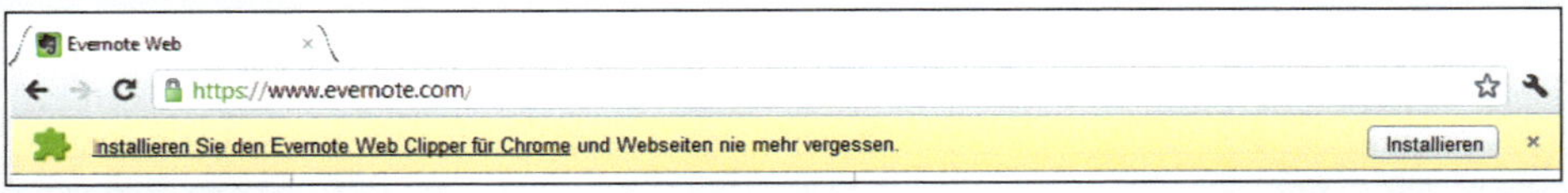

Abbildung 21.6: Die Installation von Webclipper wird Ihnen in Chrome automatisch angeboten

Evernote unterwegs

Selbstverständlich können Sie Ihre Evernote-Notizen auch auf mobilen Endgeräten nutzen. Dazu benötigen Sie lediglich die passende App, welche Sie wiederum im App Store Ihres Geräts finden.

Das Smartphone/Tablet benötigt nur zum Abgleich bzw. zur Synchronisierung der Notizen einen Internetzugang: Die Notizen werden in komprimierter Form auch lokal vorgehalten (Abbildung 21.7).

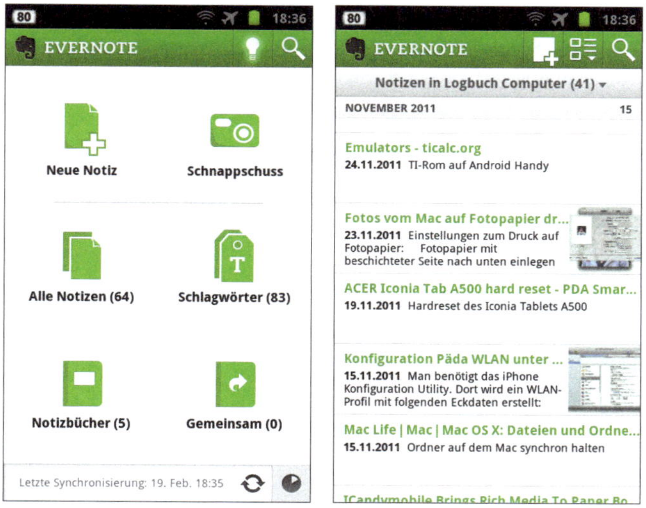

Abbildung 21.7: Evernote mobil – hier auf einem Android Smartphone – ermöglicht die Erfassung von Geistesblitzen unterwegs

Multimedia unterwegs – die iCloud

… und dann wäre da noch Apples geniale Idee, die den gnadenlos überfüllten CD-Ständern im Wohnzimmer den Garaus machen soll: das Ablegen Ihrer Lieblingsmusik in der Wolke, um darauf von jedem Ort mit jedem unterstützten Gerät zugreifen zu können.

Das Ganze funktioniert folgendermaßen: Sie erwerben Musik im iTunes Store und lassen diese per iCloud verwalten. Jedes Endgerät, auf dem der iCloud-Abgleich aktiviert wurde, synchronisiert sich mit Ihrer Cloud-Mediathek bei Vorhandensein einer Internetverbindung – Sie brauchen sich somit nicht mehr darum zu kümmern, die neu erworbenen Musikstücke händisch auf Ihren iPod bzw. Ihr iPhone zu kopieren. Und es kommt noch besser: Sämtliche Musiktitel, die Sie jenseits von iTunes erworben haben, lassen sich per iTunes-Match in Ihre iTunes-Sammlung integrieren – und das in bester Qualität. Mehr zu den (musikalischen) Möglichkeiten von iCloud und iTunes-Match erfahren Sie im Kapitel *Der digitale Musikladen*.

NetTags

- dropbox einrichten
- dropbox verzeichnis freigeben
- evernote rundgang
- webclipper chrome installieren
- icloud anwendung
- itunes match
- anbieter online speicher

22 Sicher unterwegs im Internet

Der PC läuft quälend langsam, und der Browser wechselt ohne Ihr Zutun auf dubiose Internetseiten. Höchste Zeit, die Gesundheit Ihres digitalen Freundes auf Herz und Nieren zu prüfen. Haben Sie den Blechkameraden schließlich reanimiert, sollten Sie endlich einmal das tun, was Sie sich stets vorgenommen hatten: eine Datensicherung durchführen.

Viren

Wie sein biologisches Vorbild nutzt ein Computervirus die Ressourcen seines Wirts (in diesem Fall des PCs), um diesem zu schaden und/oder sich zu verbreiten. Derzeit sind ca. 60.000 Windows-Viren bekannt, bei Mac OS X und Linux beläuft sich die Zahl auf ca. 20.

Spyware

Das Kunstwort beschreibt eine Software, die darauf aus ist, Ihr Surfverhalten zu studieren, um daraus Ihre Interessen abzuleiten und Ihnen gezielte Werbeeinblendungen in Form von Popup-Fenstern zu präsentieren.

Backup

Unter *Datensicherung* oder *Backup* versteht man das teilweise oder vollständige Kopieren von auf einem Computersystem befindlichen Daten auf ein alternatives Medium.

Wenn bei der Verwandtschaft oder den Kollegen gar nichts mehr geht, muss ich mit dem digitalen Notarztkoffer anrücken. Dann gilt es einen PC zu entwanzen, der über Monate, wenn nicht gar Jahre ungeschützt der Viren-, Trojaner und Spyware-Flut im Internet ausgesetzt war. Die Hitliste der beliebtesten Irrtümer und Leichtfertigkeiten, die zu einem derartigen Zustand führen, liest sich in etwa folgendermaßen:

1. Ich benötige auf meinem PC nur *ein* Benutzerkonto. Ich nehme einfach das Konto, das bei der Systeminstallation eingerichtet wurde.
2. Ich habe kurz nach dem Kauf des PCs ein Antivirenprogramm installiert. Das genügt, ich muss mich nicht weiter darum kümmern.

3. Windows-Updates? Wozu das denn? Die produzieren doch nur unerwünschte langwierige Downloads. Und jedes Mal nach einem Update muss ich das System neu starten …
4. Eine Firewall ist doch nur sinnvoll für Netzwerkserver in großen Unternehmen und darüber hinaus auch noch schwer zu konfigurieren.

… und schließlich noch das Argument, das alle anderen in den Schatten stellt:

5. Ich habe keine Geheimnisse. Was gibt's bei mir schon großartig zu holen?

Selbst dem unbedarftesten Anwender dürfte auffallen, dass man mit einer derartigen Einstellung schnell jede Menge digitales Ungeziefer anzieht. Das vorliegende Kapitel möchte Ihnen zweierlei beibringen: Zunächst einmal ist Vorbeugen stets besser als Heilen. Ein wasser- bzw. virendichter PC lässt den Adrenalinspiegel des Anwenders stets auf gesundem Niveau verharren. Und sollte sich doch einmal ein Virus, Trojaner oder Spyware durch eine Unachtsamkeit eingeschlichen haben, dann gibt es durchaus Mittel und Wege, den Parasiten den Garaus zu machen, ohne das Betriebssystem komplett neu aufzusetzen.

Abschließend kümmern wir uns noch darum, dass der nächste PC-GAU ohne große Folgen bleibt: Mit regelmäßigen Backups kann auch der gefürchtete Festplatten-Headcrash Ihrem Nervenkostüm nichts anhaben.

Was braucht man…

- **Einen PC mit Microsoft Windows (7 bzw. 8):** Die nachfolgenden Ausführungen zur Virenjagd beziehen sich auf die aktuellen Betriebssysteme aus dem Hause Microsoft, der Fokus liegt dabei auf Windows 7. Der Verbreitungsgrad von Windows ist im Übrigen nicht ganz unschuldig an dem besonderen Interesse, das die Autoren der Schadsoftware ihnen zukommen lassen. Mac OS- und Linux-Anwender können sich übrigens entspannt zurücklehnen: Ihre Systeme sind für Hacker und Virenautoren aufgrund des geringen Verbreitungsgrades einfach noch nicht interessant genug.[1]
- **Einen Virenscanner:** Die Windows-Betriebssysteme kommen in ihrer Grundkonfiguration nahezu schutzlos daher. Ein Virenscanner: Fehlanzeige. Immerhin bietet Microsoft aber mittlerweile mit den *Security Essentials* einen brauchbaren Scanner zur nachträglichen Installation an.
- **Eine korrekt konfigurierte Firewall:** Diese regelt den (Inter)netzwerkverkehr in beiden Richtungen und sorgt dafür, dass keine ungewünschte Kommunikation (z.B. durch Trojaner) vom eigenen PC aus stattfindet bzw. der PC nicht als Kettenglied eines Botnetzes missbraucht wird. Derartige Netze werden in der Regel zum Versand von Spam unbemerkt eingerichtet.
- **Backupsoftware:** Aktuelle Betriebssysteme sind meist von Haus aus mit Werkzeugen zur Datensicherung ausgestattet. Die wenigsten Anwender wissen aber, wie man diese einrichtet und nutzt.

1 Dazu eine Anmerkung in eigener Sache: Auch ich bin mittlerweile in das Lager der Mac-Anwender gewechselt – mein Windows habe ich in eine virtuelle Maschine verbannt. Sie glauben ja gar nicht, wie viel Zeit man im Alltag gewinnt, wenn man sich nicht ständig um die Abwehr digitalen Ungeziefers kümmern muss. ;-)

Was muss man können...

Das Absichern des Systems ist auch von Laien zu bewältigen. Schwieriger wird es, wenn das Kind in den Brunnen gefallen ist und sich ein Virus, Trojaner oder Spyware auf dem Rechner breitgemacht hat. Dann ist Überblick und Können gefragt, damit man nicht im Extremfall infizierte wichtige Systemdateien löscht und dadurch das System komplett unbrauchbar macht. Besser ist in solch einem Fall, das System neu aufzuspielen und mit einem unverseuchten Backup auf den letzten Stand zu bringen.

Das sichere Benutzerkonto

Moderne Betriebssysteme sind bestrebt, dem Anwender ein Maximum an Bequemlichkeit zu bieten. Leider steht Bequemlichkeit meist in krassem Gegensatz zur Systemsicherheit. Unter Windows wird beispielsweise das Standardkonto des ersten Anwenders stets mit Administratorrechten ausgestattet. Das ist für den Anwender bequem, da er von diesem Konto aus auf die Schnelle mal ein Programm oder ein Utility installieren kann. Dummerweise nickt man eine Nachfrage, ob das Programm installiert werden soll, schnell durch Anklicken der Bestätigungsschaltfläche ab, und blitzschnell findet dadurch auch Schadsoftware ihren Weg auf den Rechner.

Während unter Windows XP und seinen Vorgängern die Lage dadurch kritisch war, dass derartige Installationsvorgänge meist unbemerkt erfolgen konnten, wird der Anwender seit Windows Vista durch die Benutzerkontensteuerung gewarnt: Der Bildschirm verdunkelt sich, und die Installation startet erst nach dem Abnicken bzw. Anklicken des Warnhinweises. Ein Passwort ist hierzu von einem Administratorkonto aus nicht erforderlich. Das sollten Sie ändern, indem Sie ein Benutzerkonto mit geringstmöglichen Rechten erstellen und in der Regel mit diesem Konto arbeiten:

1. Begeben Sie sich in die Systemsteuerung und wählen Sie unter *Benutzerkonten und Jugendschutz* den Punkt *Benutzerkonten hinzufügen/entfernen*.

2. Wählen Sie im Kontoverwaltungsbereich die Option *Neues Konto erstellen* aus und legen Sie ein neues Konto an. Achten Sie darauf, dass als Kontotyp der Standardbenutzer ausgewählt wird (Abbildung 22.1).

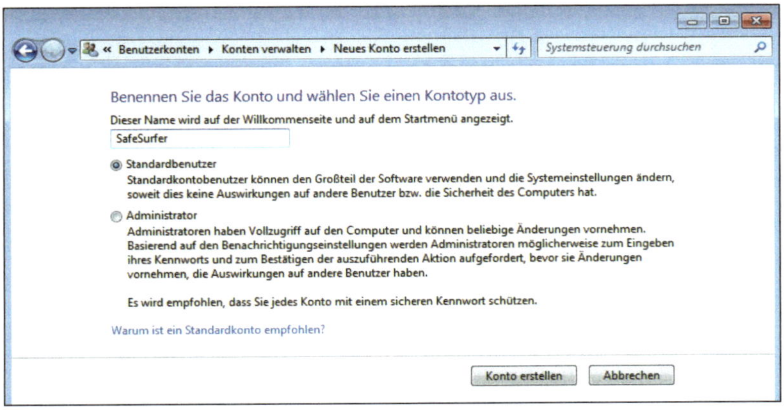

Abbildung 22.1: Für Ihre Ausflüge ins Internet sollten Sie nach Möglichkeit ein Standardkonto verwenden

3. Nachdem Sie das Konto erstellt haben, sollten Sie diesem auch ein Kennwort zuordnen. Dazu wählen Sie das Konto aus und setzen das Kennwort über den Link *Kennwort erstellen*.
4. Loggen Sie sich über den Startmenüpunkt *Abmelden* aus und melden Sie sich mit dem neu erstellten Konto/Kennwort wieder an.

Das neue Konto bietet Ihnen nun maximale Sicherheit beim Surfen.

Sollten Sie in Zukunft dazu aufgefordert werden bzw. versuchen, ein Programm zu installieren, müssen Sie nun stets den Administratoraccount für die Installation auswählen sowie dessen Passwort eingeben, was ein zusätzliches Hindernis für Unachtsamkeit darstellt (Abbildung 22.2).

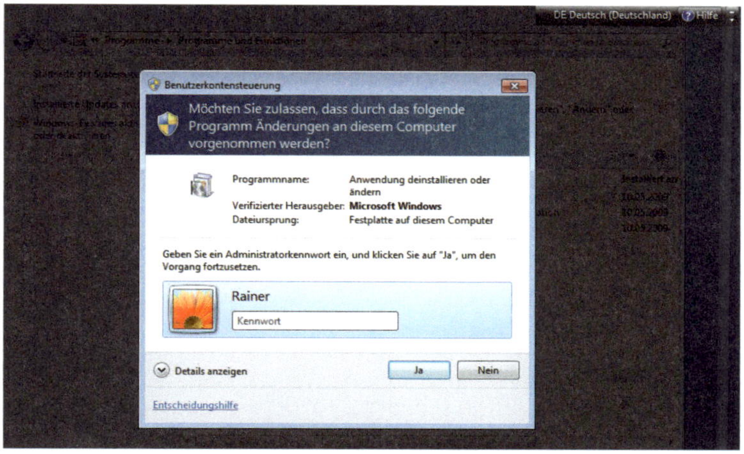

Abbildung 22.2: Für Manipulationen am System wird bei Standardkonten stets das Passwort eines Administrators benötigt

Virenscanner installieren/aktualisieren

In gewisser Weise ist es ja unverständlich, dass ausgerechnet das weit und breit virenanfälligste Betriebssystem ohne integrierten Virenscanner ausgeliefert wird. Das sollten Sie unmittelbar nach der Installation schleunigst ändern. Meine persönliche Paranoia geht dabei sogar so weit, dass ich einen PC, auf dem ich ein frisches Windows-System installiert habe, erst physikalisch durch Entfernen des Netzwerkkabels vom Internet trenne, bevor ich das Virenschutzprogramm von einem USB-Stick einspiele.

Für den Privatnutzer bieten sich die kostenlosen Produkte von *Avira* (`www.free-av.de`) oder *AVG* (`free.avg.de`) an. Aber auch Microsoft hat mittlerweile einen kostenfreien Virenscanner für Windows XP/Vista/7 im Angebot: Die *Microsoft Security Essentials*. Nachfolgend erläutere ich deren Installation.

1. Besorgen Sie sich die Security Essentials von `windows.microsoft.com/mse/` und installieren Sie diese.

Das Programm führt nach der Installation eine schnelle Systemüberprüfung durch. Danach ist die Software einsatzbereit. Die Funktionsfähigkeit des Programms wird durch ein kleines Icon in der Statusleiste angezeigt.

Nun folgt ein sehr wichtiger Schritt:

2. Das Windows Sicherheits- bzw. Wartungscenter zeigt nach der Installation in der Taskleiste eine Warnmeldung, die besagt, dass Ihre Antivirensoftware nicht mehr aktuell ist. Leiten Sie ein Update der Virenscannerdateien bzw. Signaturen durch Doppelklick über dem Symbol in der Statusleiste und Auswählen des entsprechenden Menüpunkts ein (Abbildung 22.3).

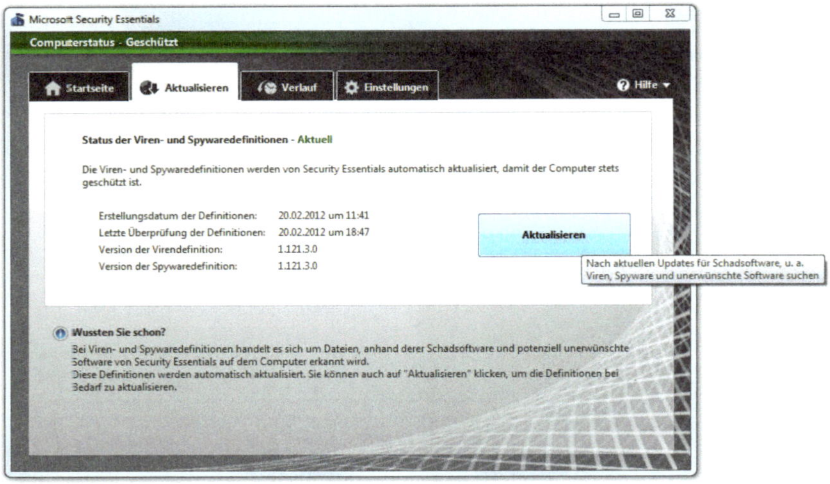

Abbildung 22.3: Ganz wichtig: Der Virenscanner muss regelmäßig aktualisiert werden. Das erledigt das Virenschutzprogramm normalerweise automatisch im Hintergrund, es kann aber nicht schaden, ab und zu einmal selbst die Aktualität zu überprüfen

Der Virenscanner verrichtet nun nach der Installation diskret im Hintergrund seinen Dienst.

Das System auf dem neuesten Stand halten

Durch den Einsatz eines Virenscanners sorgen Sie für aktive Sicherheit. Aber auch die passive Sicherheit des Systems darf nicht vernachlässigt werden: Windows muss regelmäßig mit Updates versorgt werden, um gefährliche Sicherheitslücken rechtzeitig zu schließen. Das geschieht am einfachsten mit dem Mechanismus der *automatischen Updates*. Dieser wird bei jeder Installation als Standard gewählt. Prüfen Sie, ob das auch auf Ihrem System der Fall ist:

1. Wechseln Sie in die Systemsteuerung und geben Sie in die Suchmaske den Begriff *updates* ein.

2. Wählen Sie im Menü *Windows Update* den Punkt *Automatische Updates aktivieren/deaktivieren*.

3. Stellen Sie sicher, dass der automatische Updatemechanismus aktiviert wurde (Abbildung 22.4).

Sollten nun Updates auf den Microsoft-Servern vorliegen, werden diese automatisch im Hintergrund aus dem Internet auf Ihren Rechner heruntergeladen. Den eigentlichen Updatevorgang nehmen Sie nur wahr, wenn Sie Ihren PC herunterfahren: Ein Symbol am Windows-Knopf *Herunterfahren* zeigt an, dass nun Updates installiert werden. Das nächste Hochfahren des Systems kann nun ein wenig länger dauern, da die Updates einmalig konfiguriert und integriert werden müssen. Auch ein erneuter Start des Systems ist möglich, falls systemrelevante Dateien ausgetauscht wurden.

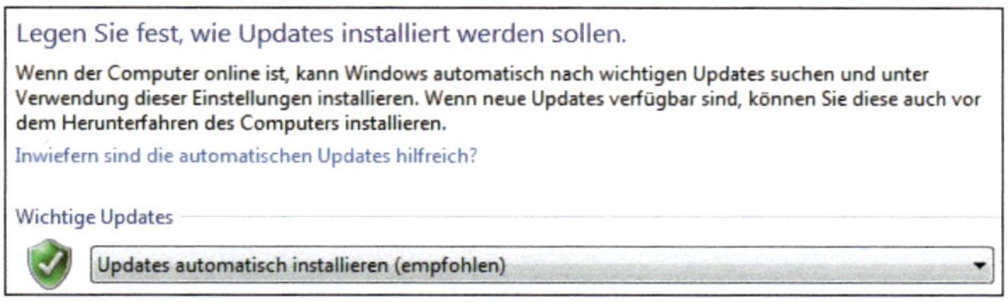

Abbildung 22.4: Halten Sie Ihr System mit automatischen Updates auf dem neuesten Stand

Benutzern von Microsoft Office empfiehlt sich darüber hinaus, auch dieses Produkt per Autoupdate warten zu lassen. Dies geschieht durch Aktivieren des Punktes *Updates für Microsoft-Produkte beim Ausführen von Windows Update bereitstellen und nach neuer, optionaler Microsoft-Software suchen.* In der Regel werden Sie aber direkt nach der Installation eines Microsoft Office-Produkts gefragt, ob dieses in den regelmäßigen Updateprozess einbezogen werden soll.

Eine Firewall einrichten

Die aktuellen Windows-Betriebssysteme besitzen eine eingebaute Firewall, die während der Installation eingerichtet wird. Den Status der Firewall können Sie folgendermaßen überprüfen:

1. Wechseln Sie in die Systemsteuerung und geben Sie dort den Suchbegriff *firewall* ein.
2. Wählen Sie hier den Link *Firewallstatus überprüfen* aus.

Im Sicherheitscenter können Sie sich nun informieren, ob Ihre Firewall aktiv ist.

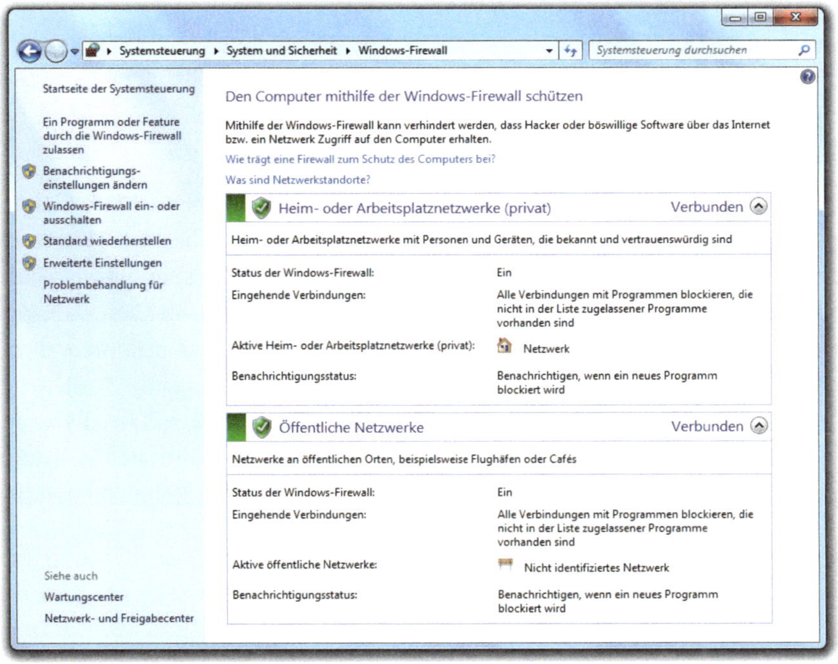

Abbildung 22.5: Das Windows-Sicherheitscenter ermöglicht die Verwaltung der integrierten Firewall

3. Sollte Ihre Firewall nicht aktiviert sein, so können Sie dies an dieser Stelle durch Anklicken des Links *Windows-Firewall ein- oder ausschalten* nachholen.

Im Sicherheitscenter können Experten die Firewall genau nach ihren Vorstellungen konfigurieren. Folgen Sie dazu einfach dem Link *Erweiterte Einstellungen*.

Als Normalanwender werden Sie dann mit der Firewall konfrontiert, wenn ein Programm versucht, spezielle Ports zur Kommunikation zu nutzen. Das ist beispielsweise bei den meisten Internettelefonie-Programmen (z.B. Skype, vgl. Kapitel *Internettelefonie und Videokonferenzen*) der Fall. In diesem Fall müssen Sie dem Programm explizit gestatten, die Firewall zu durchtunneln. Dazu ist eine entsprechende Schaltfläche auf dem Firewallwarnhinweis anzuklicken.

Zur integrierten Firewall gibt es im Übrigen auch Alternativen. An erster Stelle sei hier die Personal Firewall ZoneAlarm (`www.zonealarm.de`) genannt. Beachten Sie allerdings, dass bei der Verwendung eines Drittanbieterprodukts die integrierte Windows-Firewall deaktiviert werden sollte.

Sicherer surfen & mailen

Auch bei der Installation können Sie schon eine Menge tun, um ungebetene Gäste von Ihrem PC fernzuhalten. Das fängt mit der Wahl des Browsers an: Verwenden Sie stets die aktuellste Version. Das ist aber bei den Marktführern ohnehin kein Problem: Verwenden Sie den Internet Explorer, so wird dieser über den Mechanismus der automatischen Updates unter Windows automatisch auf dem Laufenden gehalten. Der Firefox-Browser kümmert sich selbst um Updates: Diese werden bei Vorliegen automatisch heruntergeladen und beim nächsten Start installiert. Auch Googles Browser Chrome verfügt über einen automatischen Updatemechanismus.

Weiterhin sollten Sie sich angewöhnen, den Cache Ihres Browsers regelmäßig zu leeren, insbesondere dann, wenn der von Ihnen verwendete PC an öffentlich zugänglichen Plätzen steht. Allzu leicht können Datenspione Ihre Formulareingaben rekonstruieren, wenn die entsprechenden Speicheroptionen im Browser aktiviert wurden.

Eine weitere Gefahr, die unter Windows von E-Mail-Programmen ausgehen kann, sind Makroviren. Dabei handelt es sich um Makrocode, der in der Skriptsprache VBA oder VBS, die bei den Windows Office-Produkten zum Einsatz kommt, geschrieben wurde. Mittlerweile unterbinden aber die gängigen Mailprogramme die automatische Ausführung derartiger Makros, die stets in Microsoft Office-Dokumenten verpackt daherkommen. Weiterhin ist es möglich, durch Links in Office-Dokumenten automatisch auf kritische Internetseiten gelockt zu werden. Und auch das hat es schon gegeben: Industriespionage durch das Öffnen eines Office-Dokuments von einem USB-Stick. Hierbei wurde ein Trojaner installiert, der dann dem neugierigen Mitbewerber Tür und Tor zu Firmeninterna öffnete. In jedem Fall stellt der Unsicherheitsfaktor Mensch bzw. dessen angeborene Neugier die eigentliche Gefahr dar. Überlegen Sie es sich also zweimal, ob Sie unbedingt ein Office-Dokument, das per Mail bei Ihnen eingetroffen ist, öffnen müssen.

Spyware-Tools

Ein großer Anteil der Schadprogramme (Malware) ist nicht unbedingt darauf aus, Ihr System zu schädigen. Vielmehr spionieren etliche Programme Ihr Surf- und Kaufverhalten aus und übermitteln diese Informationen, um Sie gezielt mit Werbung zuzuschütten. Um derartige Spyware kümmern sich unter Windows ebenfalls die *Microsoft Security Essentials*. Möchten Sie Ihren PC einmal gründlicher auf Spyware überprüfen, so bieten sich hierfür die Tools *HijackThis* und *Ad-Aware* an. Eine Google-Suche nach den beiden Tools führt Sie rasch zu den kostenlosen Downloads.

Backups: einige Anmerkungen

Beliebte Frage in einem Computerforum: »Wie stelle ich die versehentlich gelöschte Datei XY wieder her?« Antwort: »Mit dem Backup des gestrigen Tages.« Na toll. Gerade gestern hatten Sie aber keine Zeit, Ihre Daten zu sichern, ebenso vorgestern und vorvorgestern ...

Ich bekenne, dass ich selbst ein Sicherungspsychopath bin. Meine Datensicherungskarriere bekam einen wesentlichen Impuls, als ein Mitarbeiter an der Uni sich nach zwei arbeitsreichen Jahren anschickte, seine Dissertation zusammenzuschreiben. Just am Tag nach dem bedeutungsvollen Entschluss verabschiedete sich die Festplatte des Laborrechners mit einem lauten mechanischen Knarzen – und mit ihr sämtliche Messdaten. Nach Murphy war auch die einzige Sicherungsdiskette nicht mehr lesbar …

Welchem Sicherungsmedium kann man überhaupt trauen? Bekanntlich sollen ja auch unsere geliebten Urlaubsfotos, die wir mühsam auf CD-Rohlinge gebrannt haben, dort schon nach drei bis vier Jahren vom Verfall bedroht sein. »Digitale Demenz« nennt man das heutzutage. Also sichert man wichtige Daten wohl doch besser auf einer zusätzlichen externen Platte – um dann nach einigen Jahren festzustellen, dass deren Mechanik auch nicht unsterblich ist. Linus Torvalds, der Vater des freien Betriebssystems Linux, sagt: »*Only wimps use tape backup: real men just upload their important stuff on ftp, and let the rest of the world mirror it.*« Auf gut Deutsch: Nur Warmduscher machen Backups auf Bändern, der harte Kerl in der IT lädt seine wichtigen Dateien auf einen FTP-Server und lässt diese vom Rest der Welt spiegeln. In der Tat haben Onlinespeicherlösungen ihren ganz eigenen Charme.

Backupstrategien

Was muss eigentlich überhaupt gesichert werden? Arbeiten Sie nach folgender Reihenfolge:

1. Die sogenannten **persönlichen Daten**: Das sind Dokumente, die Sie persönlich verfasst haben, z.B. wichtige Texte oder Ihre Steuererklärung, aber auch Musik, die Sie teuer von einem Onlinestore wie z.B. iTunes erworben haben, oder Bilder und Videos des letzten Urlaubs.

Unter Windows finden Sie die persönlichen Daten bei einer Standardinstallation im Startmenü des angemeldeten Benutzers (Abbildung 22.6). Die persönlichen Daten sind beim Neueinspielen des Betriebssystems unwiederbringlich verloren.

2. Die **Einstellungen und Daten wichtiger Programme**: Das können z.B. die Konfiguration des Mailprogramms oder die über Jahre gesammelten Bookmarks Ihres Browsers sein.

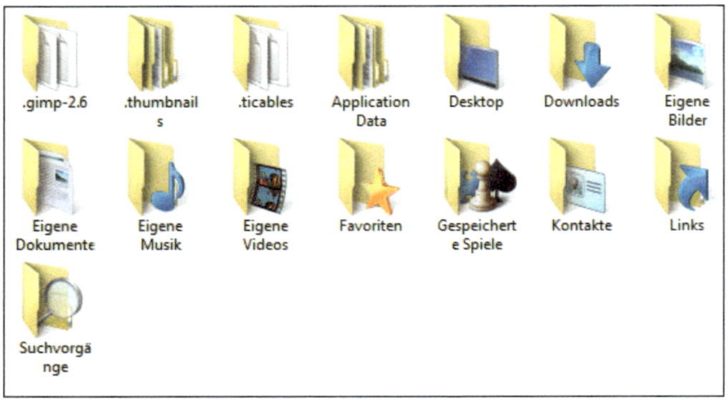

Abbildung 22.6: Wichtige persönliche Daten findet man unter Windows im persönlichen Verzeichnis des angemeldeten Benutzers

3. Im Zusammenhang mit Ihrem **Mailprogramm** bietet sich eine Google-Recherche an, wie Ihre wertvollen Kommunikationsstränge am einfachsten gesichert werden können – das Verfahren ist von Programm zu Programm unterschiedlich. Auf der sicheren Seite sind Sie, wenn Sie Ihr Postfach per IMAP verwalten: Dabei verbleiben die Mails auf dem Server und stehen auch bei einem Rechnerumzug sofort zur Verfügung.

4. Natürlich kann der PC auch komplett gesichert werden. In diesem Fall findet man nach dem Zurückspielen der Sicherung den letzten Zustand vor. Das geschieht mit sogenannten **Imaging-Werkzeugen**.

Beachten Sie bei Ihren Sicherungen stets das goldene Prinzip der *Medienstreuung*: Sehr wichtige Dokumente wie z.B. Ihre Doktorarbeit oder die Habilitationsschrift sollten auf verschiedenen Medien an verschiedenen Orten aufbewahrt werden. Dann kann Ihnen auch ein Wohnungsbrand nichts anhaben.

Für unterschiedliche Datentypen bieten sich auch unterschiedliche Sicherungsmedien an:

1. Persönliche Daten wie Texte oder Tabellen können zum Transport oder zur Aufbewahrung an verschiedenen Orten auf *USB-Memorysticks* gesichert werden. Diese sparen Platz und bieten mittlerweile auch ausreichend Speicherkapazität für wenig Geld.

2. Heruntergeladene Programme können auf beliebigen Medien (*Sticks, Festplatten, DVDs*) gespeichert werden. Die Sicherung von Programmen ist dann sinnvoll, wenn man ein installiertes Programm nach einer Fehlkonfiguration noch einmal von Grund auf neu installieren möchte. Wenn Sie Ihr System aber komplett neu aufsetzen möchten, ist zu überlegen, ob Sie die benötigten Programme nicht erneut aus dem Internet herunterladen, da es mit Sicherheit schon wieder neuere Versionen gibt.

3. MP3s oder Videodateien werden auf eine *externe Festplatte* gespeichert. Mit Kapazitäten von bis zu einem Terabyte passen nicht nur Ihre Urlaubsbilder, sondern auch die Ihrer Kinder und Kindeskinder drauf.

Auf diese Weise können Sie z.B. Ihren kompletten iTunes-Ordner sichern. Ein Restore der Daten erfolgt dann über den Punkt *Datei/Ordner zur Mediathek hinzufügen* im iTunes-Programmmenü. Apropos iTunes: Wenn Sie komplett auf die Apple-Lösung setzen, haben Sie auch die Möglichkeit, Ihre Musik per iTunes-Match in der iCloud zu sichern.

4. Abbilder des Systems (*Images*) sollten ebenfalls auf externen Festplatten gespeichert werden.

Der Sicherungsmarathon

Begleiten Sie mich im Folgenden auf meinem höchstpersönlichen Sicherungsmarathon, nach dem ich selbst beruhigt sagen kann: »So, der nächste Plattencrash kann kommen.«

Ich verwende dabei folgende zusätzliche Werkzeuge:

- Den *Windows-Explorer* zum einfachen Kopieren von Dokumenten (Texten, Tabellen etc.) auf ein externes Medium, z.B. einen USB-Memorystick.
- Das Microsoft-Programm *SyncToy* (derzeit aktuelle Version: 2.1). Sie finden es durch Eingabe von *microsoft sync toy* in das Google-Suchfeld. Das Programm ist zwar in englischer Sprache lokalisiert, bietet aber meines Erachtens die derzeit beste Funktionalität zum Datenabgleich auf verschiedenen Medien.
- Ein konventionelles Brennprogramm wie z.B. *CDBurnerXP* (kostenlos auf `cdburnerxp.se` erhältlich).
- Die integrierte Möglichkeit der *Komplettsicherung von Windows 7*.

… und los geht's:

1. Beginnen Sie mit der Sicherung Ihrer wichtigen Textdokumente auf einem USB-Memorystick oder einer externen Festplatte. Begeben Sie sich dazu im Windows-Explorer zum Verzeichnis *Dokumente* und ziehen Sie dessen Inhalt per Drag&Drop auf das Symbol des Sicherungsmediums in einer zweiten Instanz des Explorers. Ordentliche Menschen legen zu diesem Zweck auf dem Sicherungsmedium einen Ordner an.

Auf diese Weise können Sie eine Datensicherung mit Bordmitteln vornehmen. Möchten Sie die Sicherung etwas komfortabler gestalten und zwei Verzeichnisse auf dem PC und dem Sicherungsmedium synchron halten, bietet sich die Software *SyncToy* von Microsoft an.

2. Starten Sie SyncToy und definieren Sie über *Create New Folder Pair* ein neues Ordnerpaar, das synchron gehalten werden soll.

Der Quellordner ist dabei das Windows-Verzeichnis *Dokumente*, als Zielordner wählen Sie ein entsprechend neu erstelltes Verzeichnis auf dem Sicherungsmedium.

3. Mittels *Preview* können Sie sich zunächst anzeigen lassen, welche Dateien bei einem Abgleich synchronisiert würden. Mittels *Run* wird dann die eigentliche Synchronisation durchgeführt (Abbildung 22.7).

SyncToy ist für mich ein unverzichtbares Werkzeug zur Datensicherung geworden. Unter anderem gleiche ich damit auch meine iTunes-Sammlung mit einer externen Festplatte ab.

Theoretisch könnte man auf die beschriebene Weise die komplette Festplatte sichern, einige Programme wie z.B. das E-Mail-Modul verlangen allerdings nach besonderen Sicherungstechniken.

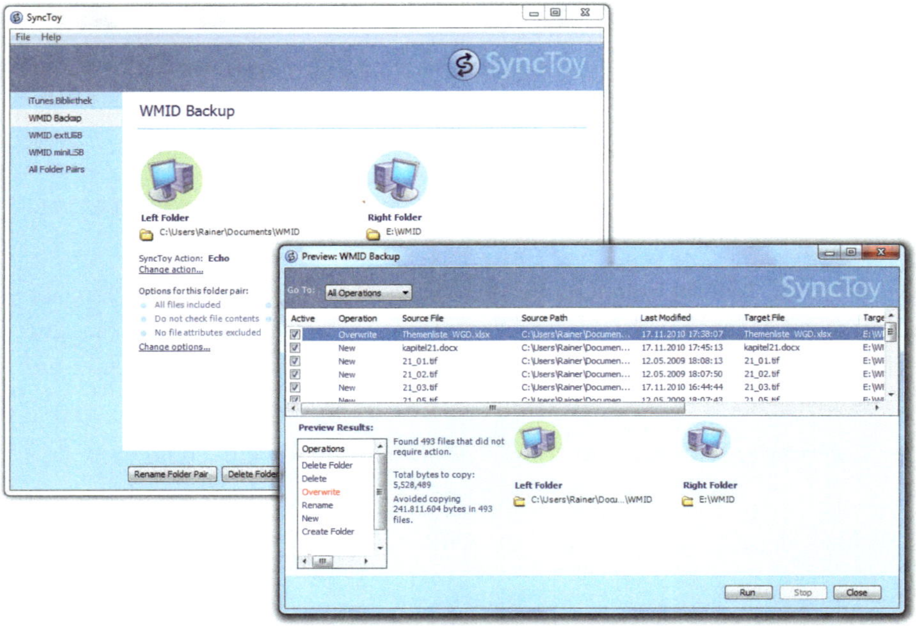

Abbildung 22.7: Mit Microsoft SyncToy lassen sich Verzeichnisse für ein Backup synchronisieren

4. Führen Sie zu diesem Zweck bezüglich Ihres Mailprogramms eine Google-Recherche durch, wie hier speziell zu verfahren ist (Google: *windows mail »Name des Mailprogramms« sichern*).

Einen Großteil meiner verwendeten Software erwerbe ich mittlerweile als Downloadversion. Die Installationsdateien der Programme sowie die Lizenzschlüssel speichere ich in einer Ordnerstruktur unterhalb des Systemordners *Download* ab. Der Ordner selbst wird von Zeit zu Zeit auf DVD gesichert. Dadurch hat man für den Fall, dass man das System einmal neu aufsetzen muss, einen Überblick darüber, was alles installiert werden muss. Die Installationsschlüssel sind somit ebenfalls zentral gesichert.

5. Legen Sie einen DVD-Rohling in Ihren Brenner ein und starten Sie Ihr bevorzugtes DVD-Brennprogramm. Ich verwende nachfolgend das kostenlose Programm *CDBurnerXP*, das auch unter Windows 7 klaglos seinen Dienst verrichtet.

6. Starten Sie das Brennprogramm und ziehen Sie den zu sichernden Ordner (im vorliegenden Fall *Download*) per Drag&Drop auf das Symbol des CD/DVD-Rohlings und brennen Sie die Sicherung (Abbildung 22.8).

Kommen wir zu einer etwas heiklen Geschichte: der Sicherung kompletter Systempartitionen. Guten Gewissens kann ich Ihnen an dieser Stelle die in Windows 7 eingebaute Komplettsicherung empfehlen: Diese funktioniert mittlerweile für nicht allzu komplexe Sicherungsszenarien einwandfrei.

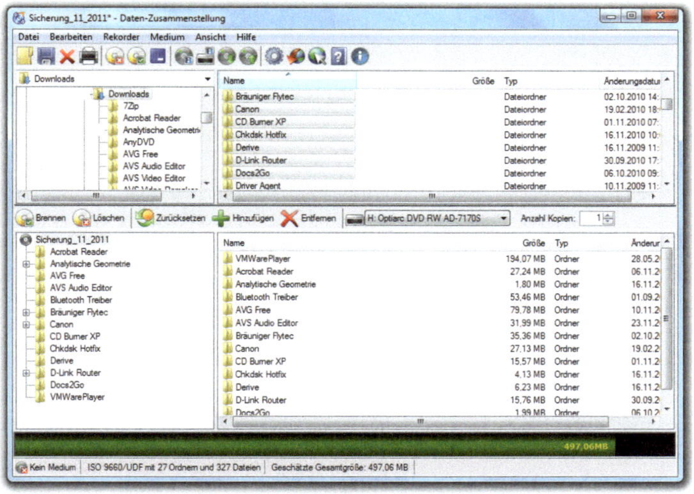

Abbildung 22.8: Die Software wird mit CDBurnerXP auf einem CD- oder DVD-Rohling gesichert

7. Schließen Sie zunächst eine externe Festplatte an einen USB-Port an. Stellen Sie sicher, dass die Platte über genügend Speicherplatz verfügt.

Am besten führen Sie über dem Symbol der zu sichernden Festplatte im Bereich *Computer* einen rechten Mausklick durch und wählen den Kontextmenüpunkt *Eigenschaften*. Dadurch finden Sie heraus, wie viel Speicherplatz das System einnimmt und somit für die Sicherung benötigt wird.

8. Begeben Sie sich nun in die Systemsteuerung und wählen Sie im Menü *System und Sicherheit* den Punkt *Sicherung des Computers erstellen*. Zum Durchführen einer Komplettsicherung in Form eines Systemabbildes (Image) wählen Sie den Menüpunkt *Systemabbild erstellen*. Bestätigen Sie die Meldung der Benutzerkontensteuerung.

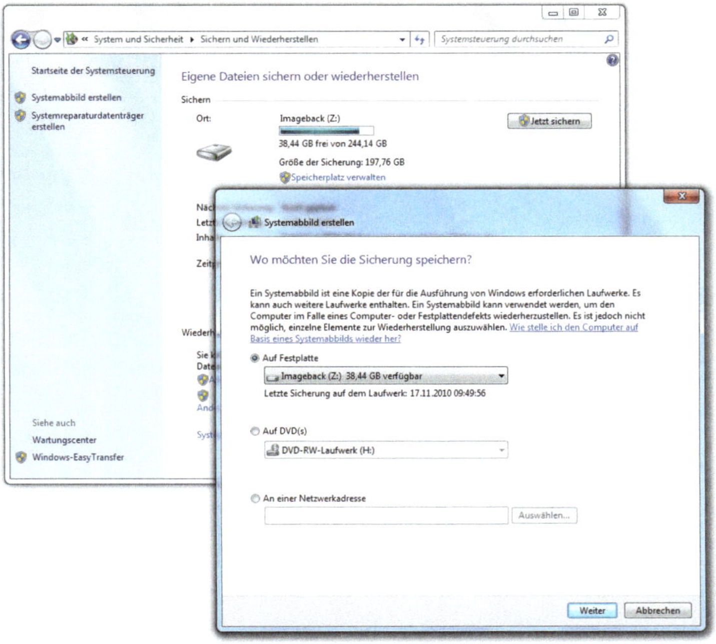

Abbildung 22.9: Windows bietet mittlerweile Bordmittel zur Erstellung von Backups an. Mit der Option *Systemabbild erstellen* sichern Sie ganze Partitionen

9. Definieren Sie Quelle und Ziel der Sicherung und starten Sie diese. Der Sicherungsvorgang kann je nach Datenmenge durchaus eine Stunde oder mehr Zeit in Anspruch nehmen.

Die Software ist dabei so intelligent, dass sogenannte inkrementelle Backups angefertigt werden. Es werden dabei nur die Daten gesichert, die sich zwischen zwei Sicherungen verändert haben.

Damit wären wir am Ende unserer Sicherungsrundtour. Belassen Sie es bitte nicht bei guten Vorsätzen – der nächste Headcrash lauert schon!

NetTags

- »Windows-Version« benutzerkontensteuerung
- übersicht test virenscanner
- konfiguration firewall »Windows-Version«
- anti spyware tools
- makroviren wiki
- download microsoft synctoy
- imaging tools übersicht

23 Die digitale Steuererklärung

Alle Jahre wieder schiebt man sie hinaus, so lange es nur geht: die ungeliebte Steuererklärung. Dabei ist deren Anfertigung mit moderner Software mittlerweile auch für Laien schnell zu erledigen – sehr zum Leidwesen der Steuerberaterbüros und Finanzämter.

Steuererklärung
Nach der Vision einiger Politiker sollte sie auf einen Bierdeckel passen. Die Realität sieht anders aus: Formulare über Formulare wollen ausgefüllt und mit Belegen versehen werden.

ELSTER
Die Abkürzung ELSTER steht für **El**ektronische **St**euer**er**klärung und bezeichnet ein System, das von den Finanzverwaltungen geschaffen wurde, um die Einkommensteuererklärung in digitaler Form über das Internet einreichen zu können.

Für viele Menschen ist sie so unangenehm wie ein Zahnarztbesuch: die alljährlich anzufertigende Einkommensteuererklärung. Fein raus ist, wer einen finanzwirtschaftlich begabten Freund oder Verwandten hat, der die ungeliebte Arbeit für eine gute Flasche Wein oder einen gepflegten Restaurantbesuch übernimmt. Wer nicht das Glück hat, derlei bewanderte Menschen zu kennen, dem bleibt immer noch der Gang zum Steuerberater. Dieser arbeitet jedoch nicht aus reiner Menschenliebe heraus, und oft wird die Steuerrückerstattung von den Beraterkosten wieder aufgefressen.

Das erste Mal, da tut‘s noch weh: Die allererste selbst angefertigte Steuererklärung kann schon mal einige Tage in Anspruch nehmen. Es dauert recht lange, bis man weiß, wo welche Belege hingehören und was es mit diesem eigenartigen Verpflegungsmehraufwand bei Dienstreisen auf sich hat. Aber schon im zweiten, dritten Jahr profitiert man von der wunderbaren Datenübernahme aus den Vorjahren: Hat sich nichts Wesentliches geändert, sucht man nur die jahresaktuellen Belege heraus, trägt die geänderten Beträge in das Programm ein, und die ganze Geschichte ist an einem verregneten Sonntagnachmittag erledigt.

Moderne Steuerprogramme sind in der Lage, die zu erwartende Steuerrückerstattung (oder auch -nachzahlung) auf den Cent genau vorauszuberechnen. Und das hat auf die Finanzbeamten eine nicht zu unterschätzende psychologische Wirkung: Werden die Steuerbelege nebst Ausdruck der mit einem Steuerprogramm ermittelten Zusammenfassung dem Finanzamt übersendet, gibt es vonseiten der Finanzverwaltung so gut wie keine tiefer gehende Prüfung mehr. Man weiß dort nämlich auch, dass die aktuellen Steuerprogramme über eine exzellente Plausibilitätsprüfung verfügen.

Wird die Steuererklärung per ELSTER via Internet abgegeben, genügt es, dem Finanzamt Quittungen und Belege nebst einer gedruckten Steuererklärung in Kurzform zuzusenden. Wer einige Jahre Routine mitbringt, der kann auch auf ein zusätzliches Steuerprogramm verzichten und seine Steuererklärung bei `elster.de` per Browser eingeben. In diesem Fall fällt aber die Datenübernahme aus dem Vorjahr weg, sodass jedes Mal doppelte Arbeit zu leisten ist.

Was braucht man...

- **Ein Steuerprogramm:** Ob für 5,– € von ALDI oder für 30,– € beim Branchenprimus Buhl Data/WISO: Alle Steuerprogramme erfüllen ihren Zweck. Mit dem Preis wächst allerdings auch der Komfort des Programms. Und wer es ganz spartanisch mag, bekommt mit dem *Elster-Onlinesystem* (`www.elster.de`) ein völlig kostenloses Werkzeug zur Hand.
- **Für ELSTER: einen Internetanschluss:** Wer das ELSTER-System nutzen möchte, benötigt einen Onlinezugang zum ELSTER-System. Bei der Abgabe der Steuererklärung auf elektronischem Weg erhält man eine persönliche *Telenummer*, die bei der Einsendung der Kurzsteuererklärung anzugeben ist.
- **Quittungen, Rechnungen und Belege:** Wohl dem, der diese über das Jahr gesammelt und an einem zentralen Ort verwahrt hat. Alles zusammen wird fein säuberlich geordnet in einem *Ordner* abgegeben. *Locher* und *Kleber* sollten ebenfalls bereitliegen. Möchte man sich nicht von seinen Originalrechnungen trennen, so ist die Anschaffung einer Scanner-Drucker-Kombination, die als *Kopierer* eingesetzt werden kann, ratsam.

Was muss man können...

Ein wenig Organisationstalent sollten Sie schon mitbringen, um bei der ganzen Zettelwirtschaft nicht den Überblick zu verlieren. Und bitte beachten Sie: Wir beschäftigen uns im Folgenden nur mit 08/15-Steuerfällen. Wer eine eigene Fabrik geerbt, sieben Kinder hat, die im Ausland leben, und dreimal geschieden wurde, sollte tunlichst einen Steuerberater aufsuchen.

Ein Steuerprogramm beschaffen und installieren

Steuerprogramme gibt es wie Sand am Meer, sodass es an dieser Stelle unmöglich ist, auf jedes einzelne genau einzugehen. Ich stelle Ihnen im Folgenden exemplarisch das weit verbreitete WISO Steuer-Sparbuch vor. Die einzelnen Stationen, die Sie dabei kennenlernen, werden Sie sicher in abgewandelter Form auch in anderen Steuerprogrammen wiederfinden. Wenn Sie sich einen Überblick verschaffen wollen: Die renommierte Computerzeitschrift c't testet regelmäßig am Jahresanfang diverse Steuerprogramme.

1. Beschaffen Sie sich ein Steuerprogramm. Im folgenden Beispiel wird das WISO Steuer-Sparbuch verwendet, siehe `www.wiso-steuer-sparbuch.de`. Sie können das Programm auf der genannten Seite als Sofortdownload erwerben.
2. Installieren Sie das Programm nach den Anweisungen des Herstellers.
3. Bei jedem Start des Programms wird überprüft, ob eine neue Version vorliegt. Führen Sie die angebotene Aktualisierung in jedem Fall durch (Abbildung 23.1).

Durch regelmäßige Updates wird sichergestellt, dass das Programm sowohl softwaretechnisch als auch steuerrechtlich stets auf dem neuesten Stand ist. Spätestens bei der Datenübertragung via ELSTER wird geprüft, ob die aktuellste Softwareversion vorliegt.

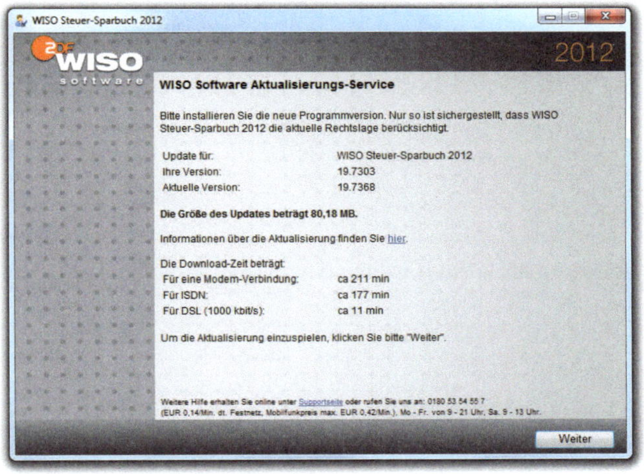

Abbildung 23.1: Steuerprogramme sollten regelmäßig aktualisiert werden

4. Starten Sie das Programm nach dem Update neu, um sicherzustellen, dass die Änderungen korrekt übernommen wurden.

Im Falle des WISO Sparbuchs erwartet Sie nach dem Programmstart die folgende Oberfläche:

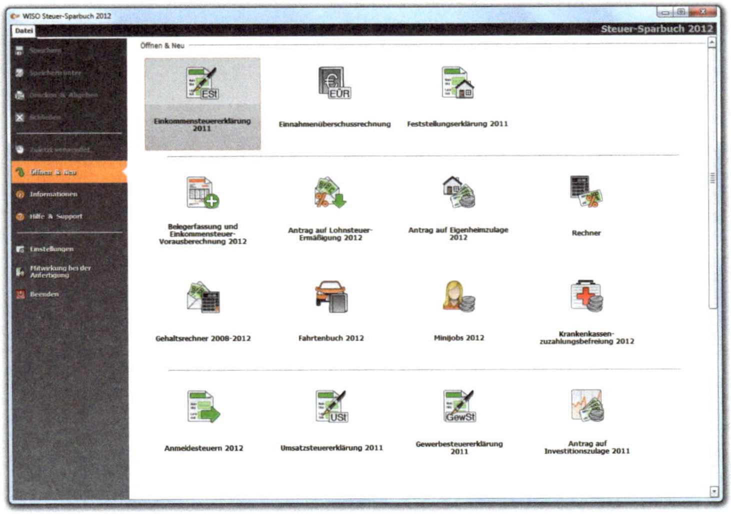

Abbildung 23.2: Oberfläche des Steuerprogramms WISO Sparbuch. Im Zentralbereich finden Sie Module für unterschiedliche Steuerfälle

Anfertigen der Steuererklärung

Wenn Sie noch nie mit einem Steuerprogramm gearbeitet haben, dann beginnen Sie an dieser Stelle von Grund auf:

1. Tragen Sie alle Ihre Rechnungen, Quittungen und Belege zusammen und sortieren Sie diese schon einmal grob nach Themengebieten (Telefonrechnungen, Büromaterial, Fachzeitschriften ...).

Der Feinschliff der Sortierung erfolgt im Rahmen der eigentlichen Steuererklärung. Zunächst ist es lediglich wichtig, sich einen groben Überblick zu verschaffen (Abbildung 23.3).

Abbildung 23.3: Das Ordnen der Belege ist die halbe Miete

2. Legen Sie je nach Sachlage einen neuen Steuerfall an oder übernehmen Sie mithilfe eines Importassistenten die Daten aus dem vorangegangenen Steuerjahr, falls Sie im Vorjahr auch schon mit einem Programm desselben Herstellers gearbeitet haben.

Je nach Situation verfährt man nun nach folgenden Strategien:

3. Einsteiger lassen sich das Ausfüllen der einzelnen Bereiche der Steuererklärung ausführlich mithilfe der im Programm enthaltenen Multimedia- oder Textsequenzen erklären.

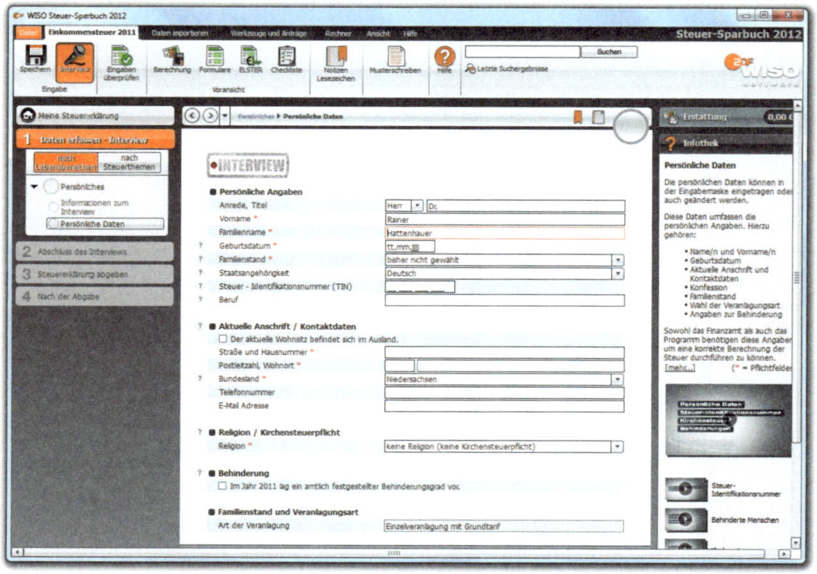

Abbildung 23.4: Im Interviewmodus werden Einsteiger Schritt für Schritt durch das Programm geführt.

Kurze Videosequenzen helfen an einigen Stellen bei der Erläuterung der Sachverhalte.

4. Experten, welche die Daten des Vorjahres übernommen haben, finden diese zur Überprüfung markiert vor. Passen Sie die Zahlen so an, dass sie mit den Belegen des aktuellen Steuerjahres korrespondieren.

Bei der Datenübernahme werden zunächst alle übernommenen Eintragungen mit einem speziellen Symbol dargestellt, im Falle des WISO Sparbuchs mit einem gelb unterlegten Pfeil. Sie müssen nun alle übernommenen Daten kontrollieren, indem Sie in die entsprechenden Untermenüs eintauchen und dort ggf. Anpassungen vornehmen. Erst nach Bestätigung der Daten über den Knopf *OK* werden die Untermenüs mit einem grün unterlegten Haken markiert (Abbildung 23.5).

Abbildung 23.5: Nach der Datenübernahme werden bereits kontrollierte Punkte (hier die persönlichen Daten und die Lohnsteuerbescheinigungen) mit einem grün unterlegten Haken versehen. Dadurch erkennt man leichter, was schon erledigt wurde

Hilfreich bei der Bearbeitung der Daten ist der Steuertacho: Dieser zeigt unmittelbar nach der Eingabe von Daten an, mit welcher Steuerersparnis bzw. welcher Rückzahlung zu rechnen ist (Abbildung 23.6). Insbesondere Planspiele à la »Wie viel bekomme ich zurück, wenn …« lassen sich damit hervorragend durchspielen.

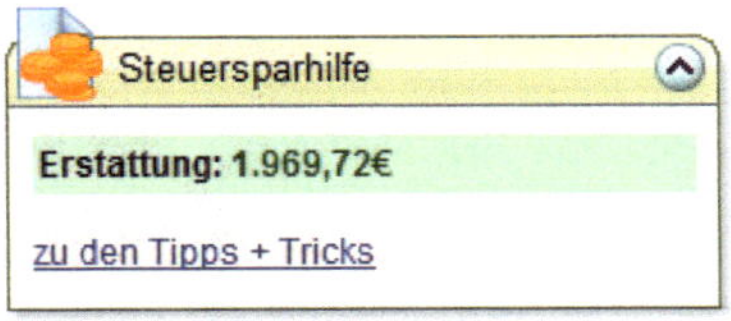

Abbildung 23.6: Der Steuertacho gibt zu jedem Zeitpunkt Auskunft darüber, ob man mit einer Rückerstattung rechnen kann

Ihren ausführlichen zu erwartenden Steuerbescheid können Sie sich übrigens jederzeit über den Punkt *Steuerbescheid* anzeigen lassen (Abbildung 23.7).

Einkommensteuererklärung 2011

Achtung: Nur für Ihre Unterlagen! Nicht an das Finanzamt abgeben.

Bescheid für 2011 über Einkommensteuer, Kirchensteuer und Solidaritätszuschlag sowie Feststellung der Steuerermäßigung nach § 10a Abs. 4 EStG

Festsetzung	**Einkommensteuer €**	**Kirchensteuer €**	**Solidaritätszuschlag €**
Festgesetzt werden	13.578,00	1.122,66	686,07
ab Steuerabzug vom Arbeitslohn	14.550,00	1.309,47	800,24
ab Steuerabzug vom Kapitalertrag	23,00	0,00	1,25
Verbleibende Beträge	-995,00	-186,81	-115,42
Abrechnung			
Abzurechnen sind	-995,00	-186,81	-115,42
bereits gezahlt (Vorauszahlungen)	0,00	0,00	0,00
Unterschiedsbetrag	-995,00	-186,81	-115,42
Ausgleich durch Verrechnung	0,00	0,00	0,00
demnach zu viel entrichtet	995,00	186,81	115,42

Erstattungsbetrag:	**1.297,23**
Durchschnittlicher Steuersatz (ohne Abgeltungsteuer)	26,2443 %
Grenzsteuersatz (ohne Abgeltungsteuer)	39,8738 %

Abbildung 23.7: Vorschau auf die Post vom Finanzamt

Nachdem Sie nun gewissenhaft Ihre Daten eingegeben und sämtliche Quittungen zugeordnet haben, kommt der spannende Moment der Prüfung.

Plausibilitätsprüfung und Abgabe

Nahezu alle Steuerprogramme verfügen über ein Modul zur Plausibilitätsprüfung Ihrer eingegebenen Daten. Obwohl diese Prüfung auch von ELSTER bei der elektronischen Abgabe vorgenommen wird, empfiehlt es sich, dies zunächst einmal manuell durchzuführen. Im Falle des WISO Sparbuchs geht das folgendermaßen:

1. Wählen Sie im Menü *Ansicht* den Punkt *Plausibilitätsprüfung.*

Sie haben hier zusätzlich die Möglichkeit, die Plausibilität Ihrer Erklärung auch im Hinblick auf die Verwendung des ELSTER-Systems zu prüfen (Abbildung 23.8).

Zur Abgabe der Steuererklärung haben Sie nun zwei Möglichkeiten: Entweder Sie drucken alles komplett aus, unterschreiben die Erklärung und werfen alles beim Finanzamt in den Briefkasten, oder aber Sie gehen den modernen elektronischen Weg mit ELSTER:

2. Prüfen Sie, ob eine Aktualisierung des ELSTER-Moduls vorliegt. Beim WISO Sparbuch geht das über *Update/ELSTER-Modul-Update.*

Dieser Schritt wird übrigens automatisch vorgenommen, wenn Sie planen, Ihre Erklärung per ELSTER abzugeben.

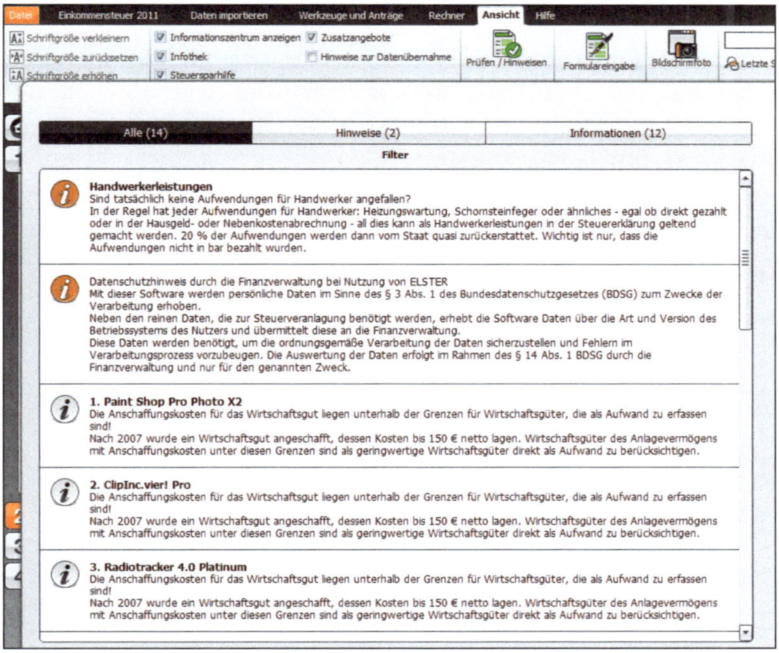

Abbildung 23.8: Die Plausibilitätsprüfung wurde erfolgreich durchlaufen, das Programm gibt abschließend noch einige Spartipps. Wichtig ist, dass das ELSTER-Modul keine Unstimmigkeiten entdeckt hat

Nun wird es ernst:

3. Schalten Sie Ihren Drucker ein und wählen Sie den für Sie zutreffenden Punkt zur Abgabe der Steuererklärung (Abbildung 23.9).

Sie können an dieser Stelle auch noch einmal die ELSTER-Plausibilitätsprüfung nachholen.

Abbildung 23.9: Ob konventionell auf Papier oder elektronisch via Internet – im Abgabemenü finden Sie den geeigneten Weg

Im Falle der Abgabe über ELSTER können Sie zwischen den Punkten *ELSTER-Schnellabgabe mit/ohne Signatur* wählen. Die elektronische Signatur ersetzt die Unterschrift. Sie müssen sich dafür allerdings erst bei `www.elster.de` registrieren. Da Sie die Steuerbelege sowieso noch dem Finanzamt zusenden müssen, können Sie hier ebenso gut die Variante ohne Signatur wählen und Ihren Quittungen die eigenhändig unterschriebene Kurzerklärung beifügen.

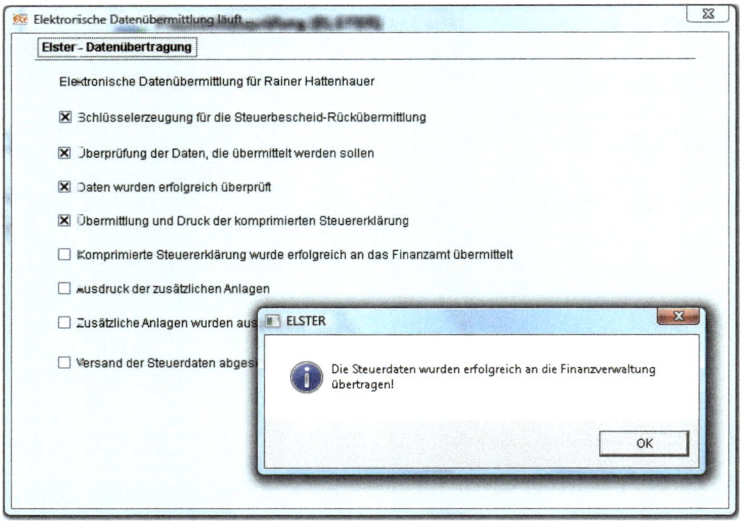

Abbildung 23.10: Die Daten wurden übertragen

Damit hätten Sie Ihre Steuererklärung erfolgreich hinter sich gebracht. Ich übrigens auch, denn ich habe das vorliegende Rezept parallel zur Erstellung meiner eigenen Steuererklärung verfasst. Und wenn Ihnen das jährliche Steuerspiel nach einigen Jahren zu langweilig wird, können Sie sich auch einmal an dem kostenlos im Internet zu findenden ELSTER-System auf `www.elster.de` versuchen – hier freilich ohne die bequemen Multimediahilfen der modernen Steuerprogramme.

NetTags

- vergleich steuerprogramme
- steuererklärung selbst anfertigen
- datenübernahme »Steuerprogramm«
- abgabefristen steuererklärung
- steuerlexikon online
- anleitung elster online

24 Webshopping

Der Schaufensterbummel durchs Internet ist eine Reise durch ein Kommerz-Schlaraffenland – alles, was das Herz begehrt, ist nur einen Mausklick entfernt. Aber stimmen Preis und Qualität der Ware? Die Webcommunity gibt Ihnen bereitwillig Auskunft …

Preissuchmaschine
Preissuchmaschinen ermöglichen den *Vergleich von Angeboten* zu einem Produkt, die über das Internet verstreut sind.

Shopping-Community
In Shopping-Communitys wie `ciao.de` werden *Erfahrungen und Tests* zu Produkten auf einer Netzplattform ausgetauscht.

Warenkorb
Genau wie sein reales Gegenstück dient der Warenkorb bzw. Einkaufswagen im Onlineshop zum Sammeln der Artikel, bis es an die Kasse geht. Dort wird man dann meist überrascht von den *Versandkosten*.

Versandkosten
Zusätzlich zum Kaufpreis fallen je nach Kaufobjekt mehr oder weniger hohe Versandgebühren an – für manche Händler eine willkommene Gelegenheit, das vermeintliche Schnäppchen und damit die Gewinnspanne preislich nach oben zu korrigieren.

In meiner Kindheit gab es in unserer kleinen Ortschaft vier Lebensmittelhändler. Niemand wäre wohl damals auf die Idee gekommen, für eine Dose Würstchen, die beim Händler im Oberdorf 50 Pfennig billiger war, den langen, zeitaufwendigen Weg vom Unterdorf zu Fuß oder mit dem Fahrrad für die magere Ersparnis auf sich zu nehmen. Im Internet der Gegenwart verschmelzen Raum und Zeit: Die Kostenersparnis wird heute instantan per Mausklick eingefahren, indem man zuvor nach dem gewünschten Produkt mit einem Preisagenten recherchiert. Und da man im Internet nicht unbedingt nur Würstchen, sondern auch Unterhaltungselektronik, Fahrzeuge und dergleichen kauft, kann man bei cleverer Recherche schon mal einige Hundert oder gar Tausend Euro sparen.

Der klassische Einkaufsdreisatz lautet: *recherchieren, Preis vergleichen, kaufen*. Besonders wichtig für mich ist die Recherche nach Testberichten zu einem Produkt, denn nichts ist ärgerlicher, als einen Haufen Euros für etwas auszugeben, was später in der Ecke herumliegt. Bei der Beurteilung eines Produkts sollte man sich nicht unbedingt nur auf die Tests von Fachredaktionen oder gar die Produktbeschreibung des Herstellers verlassen. Merke: Viele Redaktionen bekommen zur Platzierung von Produkten ausgewählte Exemplare nebst »Aufwandsentschädigungen« gesponsert. Und wie heißt es so schön: »*Wes Brot ich ess, des Lied ich sing …*«

Besser, man greift auf die Erfahrungsberichte einer Shopping-Community zurück. Das sind Menschen wie du und ich, die das Produkt, das sie beurteilen, selbst im normalen Handel erworben und im Alltag getestet haben. Sie können sicher sein, dass sich nur wenige Firmen die Mühe machen, gefälschte Erfahrungsberichte zu ihren Produkten in *allen* bekannten Communitys unterzubringen.

Wenn ein Produkt frisch auf den Markt kommt, so ist es sinnvoll, die ersten Berichte in der Community abzuwarten. Damit haben Sie zwei Fliegen mit einer Klappe geschlagen: Zum einen bleiben Sie von Kinderkrankheiten einer neuen Produktlinie verschont, zum anderen zahlen Sie nicht mehr den hohen Preis des *Early Adopters*, der auf Biegen und Brechen als Erster das funkelnagelneue Gadget sein Eigen nennen will.

Das vorliegende Kapitel beschäftigt sich zunächst mit den Möglichkeiten der allgemeinen Produktrecherche im Internet und gibt anschließend Tipps zum eigentlichen Kauf. Ein weiteres Kapitel des Buchs (*Auf Schnäppchenjagd*) beschäftigt sich mit der Schnäppchenjagd im Zusammenhang mit speziellen Onlineauktionen und Einkaufsplattformen.

Was braucht man…

- **Eine grobe Vorstellung, was man möchte:** Man sollte die eigenen Anforderungen schon genau kennen und wissen, ob das neue Handy nun zum Navigieren, Musikhören, Fotografieren, Videoschauen oder schlicht und einfach nur zum Telefonieren benötigt wird. Das spart Zeit, Geld und Nerven.
- **Eine Shopping-Community:** Startpunkt für Recherchen von Produkten, die sich schon einige Zeit auf dem Markt befinden, sind Shopping-Communitys wie z.B. `ciao.de`. Auch bei Amazon findet man unter den Rezensionen eine Vielzahlt von Produkttests.
- **Eine Preissuchmaschine:** Sie ist der Todesstoß für den klassischen Einzelhandel: Mit einem Preisagenten à la `guenstiger.de`, `smartshopping.de` oder `twenga.de` spüren Sie Schnäppchen zielsicher auf. Auch Google bietet mittlerweile ein Produktsuchmodul unter dem Namen *Google Shopping* an.
- **Für Einkäufe im Ausland: eine Kreditkarte:** Wer Geschäfte mit Onlineshops über dem großen Teich machen möchte, sollte bei seiner Bank zwecks Erwerb einer Kreditkarte (VISA, MasterCard …) vorstellig werden.

> **Was muss man können...**
>
> Man muss Zeit und Geduld haben. Lassen Sie sich von schönen neuen Produkten nicht blenden und warten Sie vor deren Erwerb die ersten Erfahrungsberichte zur Alltagstauglichkeit ab. In der Zwischenzeit können Sie redaktionelle Testberichte im Netz aufspüren und beurteilen, ob das Produkt Ihren Anforderungen entspricht. Ein netter Nebeneffekt: Es gibt so gut wie kein technisches Produkt, das mit der Zeit teurer wird.
>
> Technisch stellen Einkäufe im Netz heute keine hohen Anforderungen an den Anwender. Moralisch und ökonomisch erfordern sie einen gefestigten Charakter – man klickt halt schneller auf den *Bezahlen*-Knopf, als dass man ein Portemonnaie aus der Tasche holt und nachschaut, ob man sich die Ausgabe überhaupt leisten kann.

Produktrecherche

Starten wir mit einem praktischen Beispiel. Sie planen, sich ein neues Smartphone zu kaufen. Dieses soll mit dem Betriebssystem Android bestückt und einigermaßen ausgereift sein.

1. Geben Sie in Google die Suchbegriffe *android smartphone vergleichstest* ein.

Wer keine alten Kamellen vorgesetzt bekommen möchte, schränkt bei Google unter den erweiterten Suchoptionen die Anzeige auf Webseiten ein, die in den letzten Monaten aktualisiert wurden (Abbildung 24.1). Andererseits gilt natürlich: Je älter, desto günstiger.

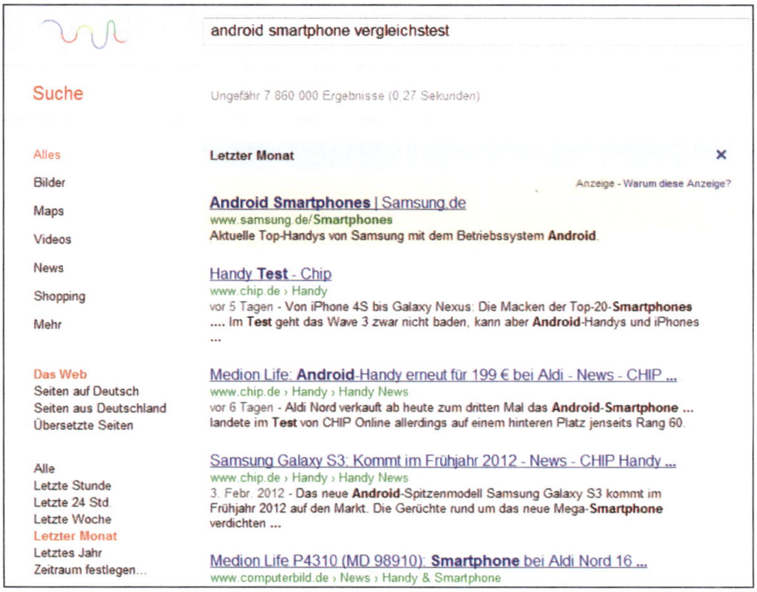

Abbildung 24.1: Zunächst halten Sie Ausschau nach Informationen und Vergleichstests über das Objekt der Begierde. Durch die Einschränkung der Suchergebnisse auf den letzten Monat erhalten Sie aktuelle Resultate

Nach dem Sichten der Tests mehrerer (scheinbar) unabhängiger Instanzen entscheiden Sie sich für ein spezielles Gerät, in meinem Fall soll es das Samsung Galaxy S II I9100 sein. Nun erfolgt die Nagelprobe: Welche Erfahrungen haben Kunden, die das Gerät bereits besitzen, damit gemacht? Hier bietet sich die Handelsplattform `amazon.de` an:

2. Schauen Sie zunächst auf `amazon.de` nach, ob es dort Erfahrungsberichte zu dem Gerät gibt (Abbildung 24.2). Die Faustregel dürfte klar sein: Je mehr positive Erfahrungen, desto besser!

Abbildung 24.2: Ein Blick auf die Kundenrezensionen zeigt, was Otto Normalverbraucher von der Technik hält. Dabei ist es wichtig, auch kritische Rezensionen aufmerksam durchzulesen

Nun ist das so eine Sache mit den Kundenrezensionen bei Amazon. Manche Unternehmen platzieren für ihre Produkte selbst erstellte positive Berichte. Diese können Sie aber meist leicht identifizieren: Hat der Rezensent bislang ausschließlich eine Rezension geschrieben, und zwar gerade für das betrachtete Produkt, so kann man seine Glaubwürdigkeit infrage stellen. Anders sieht es aus, wenn der Rezensent mehrere Berichte zu ganz unterschiedlichen Dingen geschrieben hat.

Wie so oft im Leben kann es nicht schaden, eine zweite Meinung einzuholen. Und die finden Sie in einer Shopping-Community:

3. Begeben Sie sich auf `ciao.de` und suchen Sie dort nach Erfahrungsberichten zu dem gewünschten Gerät (Abbildung 24.3).

Bei `ciao.de` und ähnlichen Communitys finden Sie Erfahrungsberichte aus erster Hand, die die Verwendung des Geräts im Alltag wiedergeben: also ziemlich genau das, was Sie benötigen.

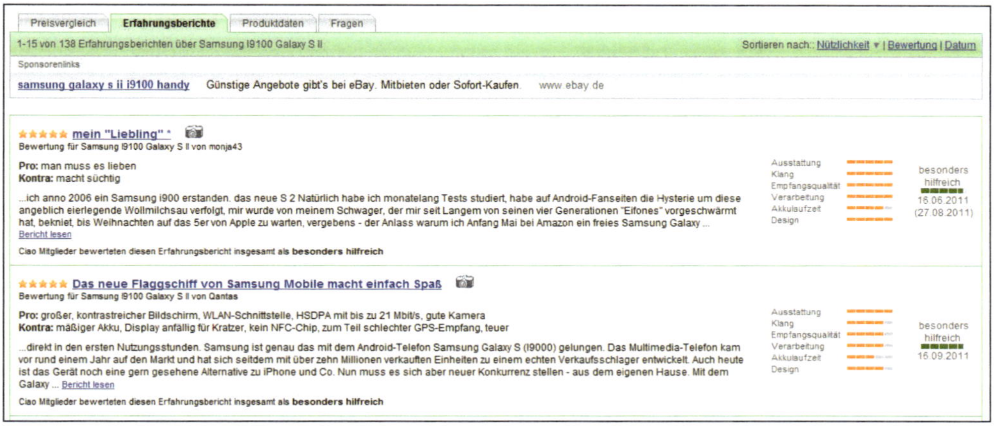

Abbildung 24.3: Erfahrungsberichte zu einem Produkt aus einer der großen Shopping-Communitys, hier: `ciao.de`

Preisrecherche

Nachdem Sie nun Ihr gewünschtes Produkt ausfindig gemacht haben, gilt es dieses so günstig wie möglich zu erstehen. Dazu werfen wir einen Preisagenten an:

1. Begeben Sie sich auf `guenstiger.de` und geben Sie dort als Suchbegriff Ihr gewünschtes Produkt ein.

Alternativ können Sie auch die *Google Shopping*-Funktion nutzen. Diese finden Sie auf Google unter der Rubrik *Shopping*. Wir führen unseren Rundgang aber weiter bei `guenstiger.de` fort:

Die Suchmaschine listet stets das Angebot mit dem günstigsten Preis als Erstes auf.

2. Klicken Sie auf das abgebildete Gerät und sehen Sie sich auf der folgenden Seite die Preise weiterer Anbieter an. Achten Sie bei der Suche darauf, dass ein Haken bei *Preis inkl. Versand anzeigen* gesetzt ist (Abbildung 24.4).

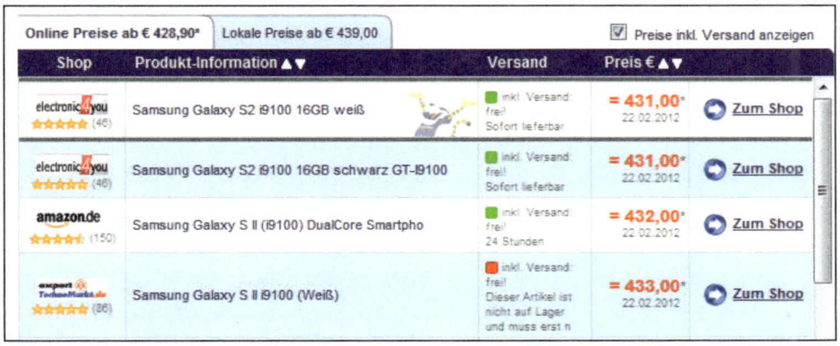

Abbildung 24.4: Preisvergleich bei `guenstiger.de`. Beziehen Sie bei Ihrer Kalkulation auch die Versandgebühren mit ein!

Zusätzlich haben Sie auch hier die Möglichkeit, durch Anklicken der Webshop-Links Erfahrungsberichte von Kunden einzusehen, die sich auf die Zuverlässigkeit der einzelnen Shops beziehen.

Nachdem Sie sich für einen Anbieter entschieden haben, können Sie das Produkt kaufen. Oder aber nach Sondierung der Preisstruktur zu einem lokalen Händler gehen und ihn fragen, welchen Preis dieser Ihnen für das gewünschte Produkt machen kann. Beachten Sie: Service vor Ort kann mitunter unbezahlbar sein. Und zwar dann, wenn Sie auf das entsprechende Gerät tagtäglich angewiesen sind. In diesem Fall kann sich ein geleisteter Mehrpreis von 100,– € schnell amortisieren.

... und eBay?

... ist bei Neuanschaffungen in der Regel nicht zu empfehlen. Einige eBay-Händler bieten bei neuen Artikeln zwar einen geringen Preisnachlass gegenüber dem UVP an, den sie dann aber über die Versandkosten wieder reinholen.

Macht es Ihnen andererseits nichts aus, einen (wenig) gebrauchten Artikel zu erwerben, dann können Sie bei eBay oft fündig werden und Geld sparen. Sie glauben gar nicht, wie viele Menschen sich Digitalkameras und iPods kaufen, die nach 3- bis 4-maligem Gebrauch in der Ecke herumliegen und bei eBay darauf warten, ein neues Zuhause zu finden. Mehr zu eBay finden Sie im Kapitel *Auf Schnäppchenjagd*.

Kontaktaufnahme

Einen guten Eindruck von dem Service eines Onlineshops erhalten Sie, wenn Sie Kontakt bezüglich eines Kaufs aufnehmen. Dies geschieht meist per E-Mail oder Webformular. Beim Kauf von Bekleidung sollten Sie beispielsweise vereinbaren, dass Sie die Ware bei ungenügender Passform umtauschen können. Das dafür notwendige Porto können sich Käufer und Händler teilen. Apropos Rückgabe: Das Fernabsatzgesetz gestattet es Ihnen generell, Ware bei Nichtgefallen innerhalb von 14 Tagen mehr oder weniger kommentarlos zurückzuschicken, bei voller Erstattung des Kaufpreises, versteht sich. Die hierfür notwendigen Modalitäten vereinbaren Sie im Bedarfsfall direkt mit dem Verkäufer.

Bücher, CDs und DVDs bei Amazon einkaufen

Unser nächster Einkauf führt in den Amazon-Shop. Um diesen nutzen zu können, müssen Sie als Erstes ein Konto anlegen:

1. Begeben Sie sich auf `amazon.de`. Falls Sie noch kein Konto bei Amazon haben, legen Sie über den Link *Neukunde? Bitte hier starten.* ein neues Konto an.

Dazu hinterlegen Sie im Wesentlichen Ihre E-Mail-Adresse. Der Name, den Sie für das Konto wählen, kann auch ein Fantasiename sein. Beachten Sie aber, dass der Name später bei eigenen Rezensionen auftaucht.

2. Definieren Sie ein Passwort für Ihr Konto und schließen Sie die Anmeldung durch Anklicken des Bestätigungsknopfes ab.

Damit ist Ihr Konto schon voll funktionsfähig. Sie können nun Ihr Profil bearbeiten (Link *Mein Profil*) und dort z.B. Ihre Bankverbindung eintragen, um beim ersten Einkauf nicht danach gefragt zu werden. An dieser Stelle ist eine erste Warnung angebracht: Ihr Amazon-Passwort ist bares Geld wert. Wenn sich jemand mit Ihrer E-Mail-Adresse und Ihrem Passwort bei Amazon einloggt und Ihre Bankverbindungen dort von Ihnen hinterlegt wurden, so kann er gemütlich auf Ihre Rechnung einkaufen. Die Produkte lässt er dann einfach an eine Deckadresse schicken. Freilich haben Sie die Möglichkeit, sich bei Missbrauch direkt bei Amazon zu melden. Das ganze Verfahren ist aber mit Unannehmlichkeiten verbunden.

3. Bummeln Sie nun durch den Shop und legen Sie die Dinge, die Sie gerne kaufen möchten, durch Anklicken in Ihren Einkaufswagen.

Ich möchte beispielsweise meine DVD-Sammlung vervollständigen und mir außerdem einen bequemen Bluetooth-Kopfhörer zum Skilaufen zulegen. Der Einkaufswagen (Abbildung 24.5) zeigt Ihnen zu jedem Zeitpunkt die darin befindlichen Einkäufe sowie die Zwischensumme. So behalten Sie das Finanzielle stets im Blick.

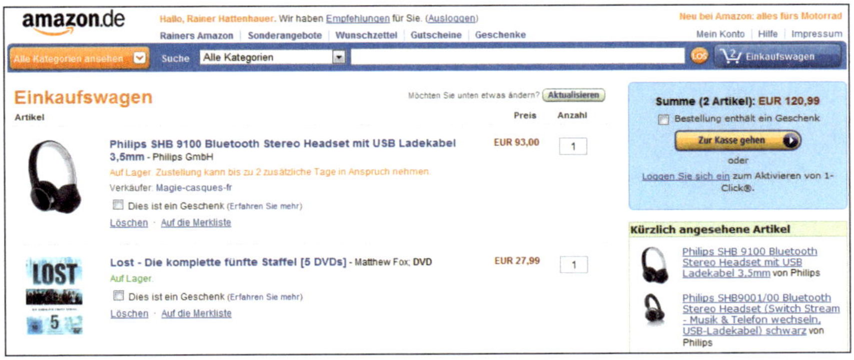

Abbildung 24.5: Der Einkaufswagen zeigt stets die aktuelle Zwischensumme

4. Wenn Sie mit dem Einkauf fertig sind, klicken Sie einfach auf die Schaltfläche *Zur Kasse gehen*.

5. Im folgenden Dialog werden Sie noch einmal aufgefordert, sich für den Abschluss der Bestellung mit Ihrer E-Mail-Adresse und Ihrem Passwort zu identifizieren.

Die erneute Identifizierung ist eine Sicherheitsmaßnahme: Etliche Zeitgenossen vergessen an öffentlichen Orten wie z.B. Internetcafés, sich korrekt auszuloggen. In diesem Fall könnte der Nachfolger die per Cookie gespeicherten Daten für eine Bestellung verwenden.

6. Geben Sie Ihre Lieferadresse sowie die Zahlungsmodalitäten an. Sie haben außerdem die Gelegenheit, Ihre Bestellung noch einmal zu prüfen und ggf. Artikel zu löschen.

7. Ein Klick auf *Bestellung abschicken* leitet den Kauf schließlich in die Wege.

Sie erhalten nach Kaufabschluss eine Bestätigungsmail über Ihre Bestellung, und ein, zwei Tage später trudelt dann ein kleines oder großes Amazon-Päckchen bei Ihnen ein. Der Versand lässt sich bei Amazon über eine Prime-Mitgliedschaft beschleunigen: Für eine Pauschale von 30,– € erhalten Sie bestellte Ware, sofern entsprechend markiert, innerhalb von 24 Stunden nach Bestelleingang. In diesem Fall erhalten Sie auch Bestellungen unterhalb der magischen 20-Euro-Grenze versandkostenfrei.

Übrigens: Ihr Amazon-Konto gilt auch bei `amazon.co.uk` in Großbritannien bzw. `amazon.com` in den USA. Und es kann oft günstig sein, dort nach Büchern oder DVDs in Originalsprache Ausschau zu halten. Anfang 2009 gab es einen regelrechten virtuellen Blu-ray-Tourismus bei `amazon.co.uk`, da die begehrten hochauflösenden Videoscheiben trotz höherer Versandgebühr aufgrund des günstigen Pfundwechselkurses um einiges günstiger als in Deutschland waren. Amazon hat prompt darauf reagiert und die Preise im deutschen Shop nach unten korrigiert.

Schnäppchenvergleich unterwegs – per Smartphone

Den nachfolgend beschriebenen Trick sollten Sie bei den großen Unterhaltungselektronikdiscountern besser nicht anwenden – dort ist er gelinde gesagt unerwünscht: Die mobile Preisrecherche per Smartphone beim Shoppen unterwegs.

Wer kennt nicht die folgende Situation? Sie entdecken ein vermeintliches Schnäppchen im »Ich bin doch nicht blöd«-Markt, haben aber ein komisches Gefühl im Bauch, dass Sie das Objekt Ihrer Begierde anderenorts evtl. günstiger erwerben können. Hier schlägt die Stunde der Scanner-App *Barcoo*:

1. Installieren Sie die Barcoo-Scanner-App per App Store auf Ihrem Smartphone.

Die App ist für alle prominenten Mobilplattformen (Android, iOS …) erhältlich.

2. Starten Sie die App und scannen Sie den Barcode (Strichcode) des Artikels ein. Dieser befindet sich auf der Verpackung.

Binnen kürzester Zeit liefert Ihnen die App Informationen zum Produkt sowie den momentan günstigsten Preis bei einem Onlineanbieter (Abbildung 24.6).

In der Regel ist es dann ratsamer, sich ein wenig in Geduld zu üben und das gute Stück gemütlich von zu Haus aus per Internet zu bestellen.

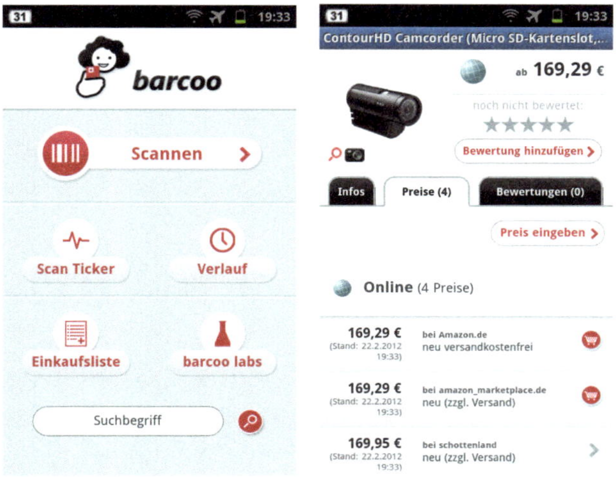

Abbildung 24.6: Mobil auf Schnäppchenjagd – mit der Barcoo-Scanner-App

NetTags

- »Produkt« vergleichstest
- »Produkt« erfahrungsbericht
- übersicht preissuchmaschinen
- amazon »Produktname«
- amazon konto anlegen
- barcoo scanner app »Smartphone-Plattform«

guenstiger.de
AMAZON Preissuchmaschine
Warenkorb Ciao Community
Versandkosten BARCOO
Google Shopping

25 Onlinebanking? Aber sicher!

Vorbei sind die Zeiten, in denen man für jede kleine Überweisung den Gang zur Bank antreten musste: Onlinebanking wird heute von ca. 26 Millionen Bundesbürgern genutzt, Tendenz steigend.

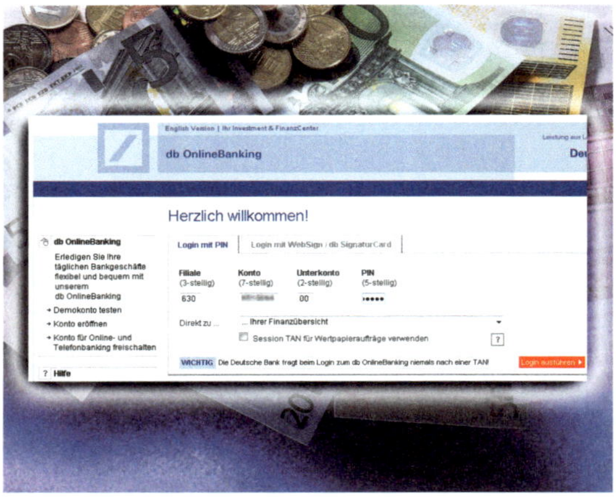

Onlinebanking

Onlinebanking, auch *Electronic Banking* (eBanking) genannt, ist der Sammelbegriff für Geldgeschäfte und Transaktionen, die per PC erledigt werden.

PIN

Um Zugriff zu Ihrem Konto zu erhalten und die Kontostände einzusehen, benötigen Sie eine *Persönliche Identifikationsnummer*, kurz *PIN*. Diese bekommen Sie von der Bank. Sie kann in der Regel in ein »normales« Passwort geändert werden. Eine Überweisung können Sie damit allerdings noch nicht tätigen, dazu bedarf es mindestens einer *TAN*.

TAN

Eine Transaktionsnummer ist vergleichbar mit einem Passwort, das nach einmaligem Gebrauch seine Gültigkeit verliert. Die TAN ist üblicherweise eine sechsstellige Zahl, die für eine Transaktion beim Onlinebanking verwendet wird.

SSL

Der *Secure Sockets Layer* (auch: *Transport Layer Security*, *TLS*) ist ein Protokoll zur Verschlüsselung von Inhalten beim Datentransfer im Internet. Es wird dort verwendet, wo Bedarf nach einer sicheren Datenübertragung besteht – insbesondere also dort, wo Banking betrieben wird.

Phishing

Beim Phishing versucht der Datendieb, den unbedarften Anwender auf eine gefälschte Internetseite zu leiten, um ihm dort unter Vorspiegelung falscher Tatsachen Zugangskennungen zu entlocken.

Immer mehr Banken schließen ihre örtlichen Filialen und verlagern diese in die Finanzdienstleistungszentren der nächstgelegenen Großstadt. Besonders hart trifft es die Postbankkunden: Kaum eine Ortschaft, die noch eine eigenständige Postfiliale besitzt, sogar die Postbankgeldautomaten verschwinden nach und nach mit dem lapidaren Verweis, doch bitteschön für Barabhebungen zur Deutschen Bank zu wechseln. Ein Ausweg bietet in diesem Fall das Onlinebanking-Verfahren.

Sie gehören noch nicht zu den rund 26 Millionen Menschen in Deutschland, die die Vorzüge des Onlinebanking für sich entdeckt haben? Vielleicht sogar aus Angst, das Ganze sei nicht sicher genug? Dazu eine kleine Kalkulation aus dem Gebiet der Wahrscheinlichkeitsrechnung: Sicher verfügen Sie über eine EC-Karte, von der Sie auch regen Gebrauch machen. Die Wahrscheinlichkeit, dass jemand durch reines Ausprobieren den PIN Ihrer Karte errät, beträgt $1/10\,000 = 1/10^4$. Geht man davon aus, dass es der Trickdieb am Automaten dreimal probieren kann, sogar nur 1/3 333[1]. Beim Onlinebanking ist für den Zugang zum Konto zunächst eine 6-stellige PIN anzugeben. Die Wahrscheinlichkeit, diese zu erraten, beträgt $1/10^6$. Will der Dieb nun noch eine Überweisung tätigen, so muss eine 6-stellige TAN eingegeben werden. Die resultierende Wahrscheinlichkeit, beide Zahlen richtig zu treffen, multipliziert sich zu $1/10^{12}$ – ungefähr genauso unwahrscheinlich, wie an zwei aufeinanderfolgenden Wochenenden jeweils sechs Richtige im Lotto zu haben.

Freilich habe ich bei der Kalkulation den Faktor Mensch außer Acht gelassen. Wer nicht sorgfältig mit seiner PIN und seinen TANs umgeht und diese z.B. bei Phishingattacken preisgibt, ist vor kriminellen Übergriffen nicht gefeit. Das ist dann ungefähr genauso wie bei den Menschen, die sich ihre EC-PIN direkt hinten auf die Karte schreiben, um sie sich nicht merken zu müssen. Mit der notwendigen Vorsicht werden Sie aber Onlinebanking schnell schätzen lernen und bald nicht mehr missen mögen.

Was braucht man...

- **Einen PC mit Virenscanner, der mit sämtlichen Updates versehen wurde, und eine korrekt konfigurierte Firewall:** Ohne eine sichere Plattform sollten Sie gar nicht daran denken, Ihre Finanzgeschäfte online abzuwickeln. Eine ganz schlechte Idee ist es, vom Internetcafé des Urlaubsorts aus Überweisungen zu tätigen. Sie wissen nie, wer hier mitliest und zumindest Ihre PIN ausspähen kann. Wenn überhaupt, dann sollten Sie Onlinebanking im Ausland nur von eigener Hardware aus vornehmen, z.B. mit Ihrem Smartphone.
- **Ein phishingsicheres E-Mail-Programm:** Das kann z.B. Mozilla Thunderbird sein (`http://www.thunderbird-mail.de/wiki/Herunterladen`). Dieses Mailprogramm verfügt über eine ausgefeilte Erkennungstechnik für Phishingmails. Letztere verlocken Sie durch Vortäuschen getürkter dramatischer Ereignisse (*Ihr Konto wurde soeben geplündert. Loggen Sie sich über den folgenden Link bei Ihrer Bank ein, um den Transfer rückgängig zu machen!*) zur Preisgabe einer PIN/TAN-Kombination.

1 Natürlich hinkt dieser Vergleich ein wenig: Nach dreimaliger Falscheingabe der PIN wird die EC-Karte eingezogen.

- **Optional: Zusatzhardware für das Onlinebanking:** Wer auf Nummer sicher gehen will, verwendet Zusatzhardware wie z.B. einen EC- bzw. Chipkartenleser, der per USB an den PC angeschlossen wird. Um eine Überweisung zu tätigen, muss nun stets die EC-/Chipkarte in das Lesegerät eingeführt werden. Auf diese Weise können Kriminelle nur dann Überweisungen tätigen, wenn sie auch im Besitz der EC-/Chip-Karte sind. In der Regel genügen aber moderne TAN-Verfahren (iTAN, Sm@rtTAN, mTAN) schon, um sicheres Onlinebanking zu gewährleisten. Auch der neue elektronische Personalausweis kann als Legitimation für Onlinegeschäfte verwendet werden.
- **Optional: spezielle Bankingsoftware:** Es gibt natürlich auch eine Vielzahl von Programmen, die das Homebanking bequem machen, z.B. *StarMoney*. Um das vorliegende Kapitel aber möglichst allgemein zu halten, werde ich lediglich auf das Banking per Browser eingehen

Was muss man können...

Die vorgestellten Verfahren sind auch von Einsteigern mühelos zu beherrschen.

Anmeldung bei der Bank

Der Einstieg ins Onlinebanking führt in der Regel zum Berater Ihrer Bank[2]:

1. Vereinbaren Sie einen Termin mit einem Kundenberater bei der Bank Ihres Vertrauens und lassen Sie sich über die speziellen Möglichkeiten zum Onlinebanking beraten. Sprechen Sie dabei auch über mögliche Risiken.
2. Nachdem Sie sich für eine Onlinebanking-Variante entschieden haben, erhalten Sie die Banking-PIN, eine TAN-Liste oder auch ein Gerät zur Erstellung von Sm@rtTANs. Eine Alternative sind mTANs: Hier erhalten Sie die TANs für Transaktionen per SMS an Ihr Mobiltelefon geschickt.

Danach könnten Sie unmittelbar loslegen – aber lassen Sie uns zunächst einige Sicherheitsvorkehrungen checken:

Sichere Transaktionen im Browser

Es ist äußerst wichtig, den Datenverkehr zwischen Ihrem PC und dem Server der Bank zu verschlüsseln. Dafür sorgen seriöse Bankingseiten ganz automatisch: Beim Onlinebanking wird der Datentransfer vonseiten des Anbieters auf eine SSL-Verbindung umgestellt. Das erkennen Sie entweder an der Adresse der Seite, die nun mit `https://` beginnt, oder an einem symbolisierten Schloss im Infobereich oder in der Adresszeile des Browsers (Abbildung 25.1).

2 Einige Onlinebanking-Institute (z.B. Cortal Consors) erlauben es mittlerweile, ein Konto komplett online einzurichten. Um die Bestätigung des Vorgangs per Postweg kommen Sie aber auch hier nicht herum.

Abbildung 25.1: Das Schloss in der Adresszeile und die https-Adresse kennzeichnen eine verschlüsselte Verbindung, hier zu sehen beim Google-Browser Chrome

Damit sind Sie schon einmal halb im grünen Bereich. Was Ihnen nun beim Surfen noch gefährlich werden kann, sind sogenannte aktive Inhalte wie JavaScript oder ActiveX-Controls. Durch derartigen bösartigen Programmcode kann Ihr Rechner ausspioniert werden. Als Anwender haben Sie die Möglichkeit, die Ausführung derartiger aktiver Inhalte zu kontrollieren. Dies soll nachfolgend exemplarisch für den Firefox-Browser beschrieben werden:

1. Begeben Sie sich beim Mozilla Firefox-Browser in das Menü *Firefox/Einstellungen* und hier zum Tab *Inhalt*.

Hier besteht zunächst die Möglichkeit, JavaScript temporär zu deaktivieren, falls Ihnen eine Sache bzw. Seite fragwürdig vorkommt.

2. Im Tab *Sicherheit* muss beim Firefox die Option zur Warnung bei der Installation von Add-ons aktiviert werden. Add-ons bieten Angreifern ebenfalls die Möglichkeit, Schadcode einzuschleusen.

Darüber hinaus können Sie an dieser Stelle die Speicherung von Zugangspasswörtern aktivieren. Die Meinungen über dieses Komfortmerkmal sind geteilt: Loggt sich ein potenzieller Datendieb auf Ihrem Rechner ein, kann er mithilfe der gespeicherten Passwörter ohne Probleme auf Ihre privaten Bereiche/Zugänge im Internet zugreifen.

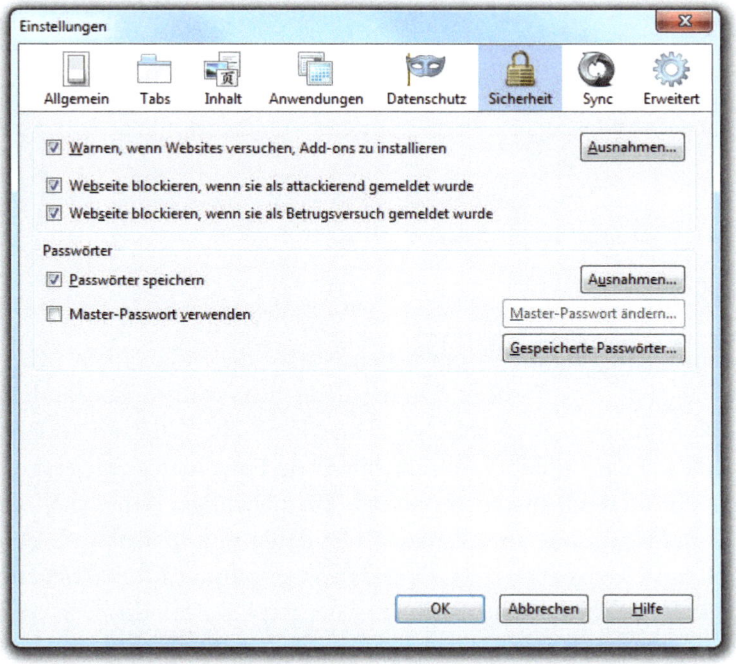

Abbildung 25.2: Anpassen der Sicherheit beim Firefox …

Der Internet Explorer verfolgt eine etwas andere Konfigurationsstrategie:

3. Begeben Sie sich beim Internet Explorer in das Menü *Extras/Internetoptionen* und dort zum Tab *Sicherheit*.

Hier können Sie mithilfe eines Schiebereglers die Sicherheitsstufe in drei Stufen (*mittel, mittelhoch, hoch*) anpassen. In der Regel genügt die Einstellung *mittelhoch*. Wenn Sie die Sicherheitseinstellungen individueller anpassen möchten, kann dies über den Schalter *Stufe anpassen* geschehen. Damit kann z.B. die Ausführung sämtlicher ActiveX-Inhalte unterbunden werden. Das ist allerdings nicht ganz unproblematisch, da durch diese Maßnahme die Windows Update-Seite im Browser nicht mehr funktioniert. Generell kann man empfehlen, den Internet Explorer auf der mittelhohen Sicherheitsstufe zu belassen, es sei denn, man plant bewusst den Aufruf von »kritischen« Seiten.

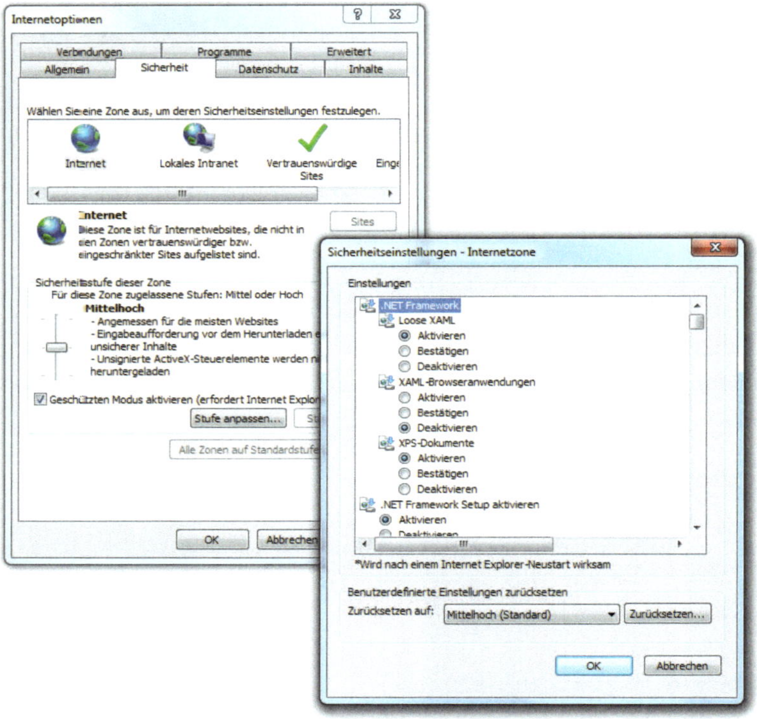

Abbildung 25.3: … und beim Internet Explorer

Beide Browser bieten, wie schon erwähnt, dem gedächtnisschwachen Nutzer die Möglichkeit, Passwörter für häufig benutzte geschützte Zugänge zu speichern. Dieses Gedächtnis kann insbesondere auch in Verbindung mit Cookies, die Formulareingaben speichern, an öffentlichen Plätzen äußerst tückisch sein: Im ungünstigsten Fall wird das Login auf der Mailseite durch ein Formularcookie gespeichert, das Passwort haben Sie im Schlüsselbund des Browsers hinterlegt. Ein böswilliger Arbeitskollege kann sich dadurch flugs auf Ihrem Webmail-Account umschauen. Es ist daher empfehlenswert, den Browser-Cache regelmäßig zu löschen. Beim Firefox erfolgt das über den Menüpunkt *Chronik/Neueste Chronik löschen* (hier sollte dann *Alles* ausgewählt werden), beim Internet Explorer erledigen Sie das Löschen des Caches über *Extras/Internetoptionen/Allgemein/Browserverlauf löschen*.

Das Mailprogramm schützen

Schließlich möchte ich Ihnen noch zeigen, wie Sie sich vor Phishingattacken per E-Mail schützen. Dabei versuchen Angreifer, Sie zum Anklicken eines Links innerhalb einer scheinbar seriösen E-Mail zu verführen. Das Szenario sieht üblicherweise folgendermaßen aus: Es wird behauptet, jemand hätte unberechtigt auf Ihr PayPal-Konto, Ihr FirstGate-Konto oder Ihr Bankkonto zugegriffen. Sie werden aufgefordert, die Kontobewegungen zu kontrollieren, indem Sie einen Link zu einer täuschend echten Kopie der Anbieterseite anklicken sollen, um dort Ihre Zugangsdaten einzugeben. Folgen Sie der Aufforderung, erlangen die Angreifer Kontrolle über Ihr echtes Konto. Aktuelle Beispiele für derartige Attacken finden Sie auf `https://www.bsi-fuer-buerger.de` im Bereich *Phishing*.

Um Phishingangriffe schon beim Erhalt einer entsprechenden E-Mail zu identifizieren, bieten moderne Mailclients wie der Mozilla Thunderbird einen integrierten Phishingfilter an. Dieser wird beim Thunderbird über *Extras/Einstellungen/Sicherheit/Betrugsversuche* aktiviert (Abbildung 25.4).

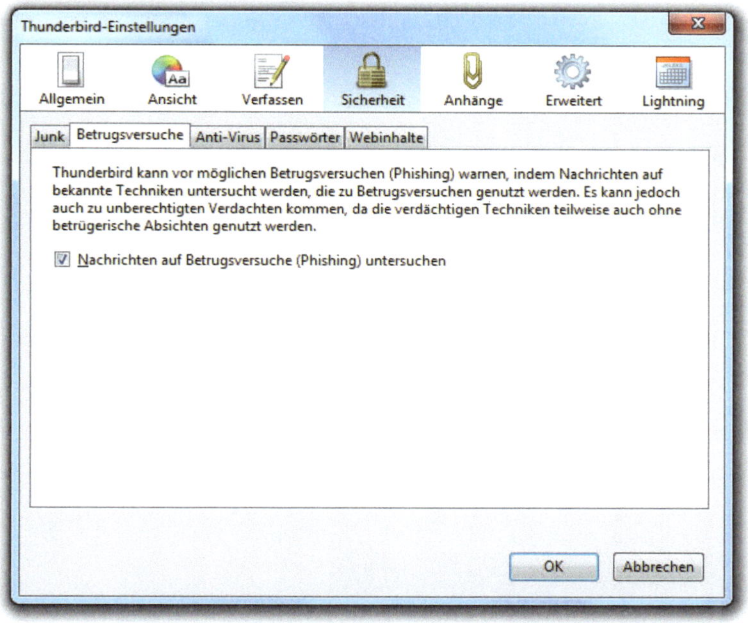

Abbildung 25.4: Moderne Mailprogramme besitzen einen integrierten Phishingfilter

Als Überlebensregel bezüglich des Phishing gilt: Klicken Sie niemals Links in E-Mails an, die zu einem Bankinstitut, PayPal oder ähnlichen Bezahlsystemen führen, sondern besuchen Sie im Zweifelsfall die entsprechenden Seiten durch manuelle Eingabe der Ihnen bekannten URL, z.B. `www.»Meine Bank«.de`.

Nach diesen sicherheitstechnischen Vorarbeiten können wir uns nun getrost dem ersten Bankingversuch widmen.

Den Kontostand checken

Das Aha-Erlebnis kommt beim ersten Login: Sie sind nun und in Zukunft in der Lage, Ihren Kontostand in Echtzeit abzurufen.

1. Begeben Sie sich auf die Startseite Ihrer Bank und halten Sie dort nach dem Link *Kunden-Login* Ausschau.

2. Loggen Sie sich mit Ihrer Kontonummer sowie der PIN, die Sie von der Bank für das Onlinebanking erhalten haben, ein (Abbildung 25.5).

Bei einigen Banken (z.B. der Deutschen Bank) ist zusätzlich eine Filialnummer einzugeben. Mehr dazu erfahren Sie von Ihrem Bankberater.

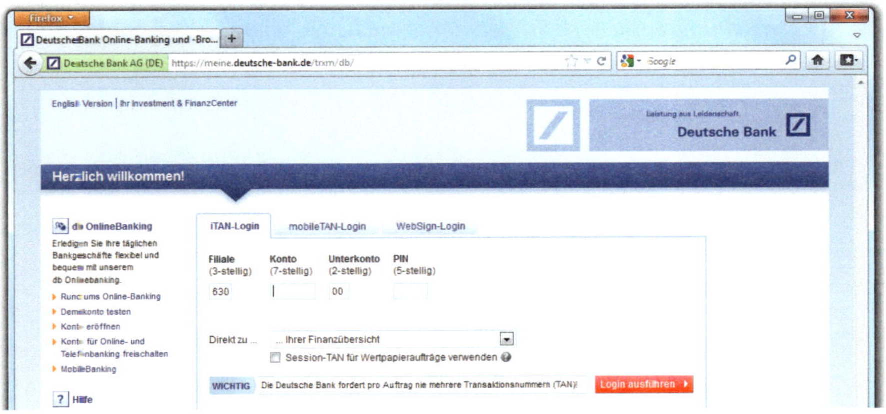

Abbildung 25.5: Am Login der Bank sind Kontonummer, PIN und ggf. die Filialnummer einzugeben

3. Nach dem Login erscheint Ihr Live-Kontostand (Abbildung 25.6). Möchten Sie sich über die Umsätze eines Kontos informieren, folgen Sie dem entsprechenden Link. Haben Sie mehrere Konten bei der Bank, so erscheinen diese in der Auflistung.

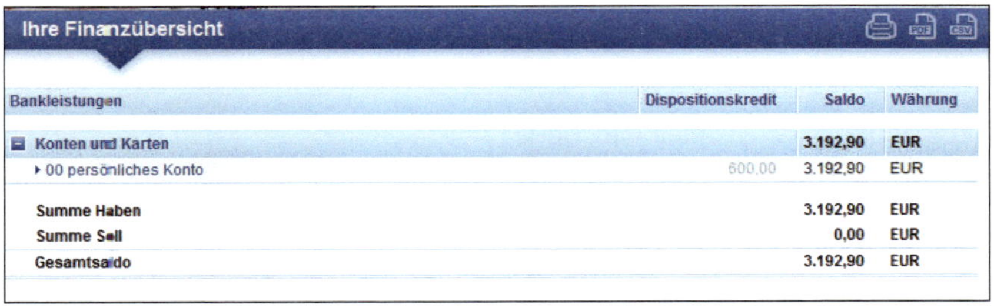

Ihre Finanzübersicht

Bankleistungen	Dispositionskredit	Saldo	Währung
Konten und Karten		3.192,90	EUR
00 persönliches Konto	600,00	3.192,90	EUR
Summe Haben		3.192,90	EUR
Summe Soll		0,00	EUR
Gesamtsaldo		3.192,90	EUR

Abbildung 25.6: Durch Anklicken eines Links im Bereich der Finanzübersicht können Sie sich die Kontenumsätze anzeigen lassen. Kleiner Tipp: Halten Sie den Dispositionskredit beim Onlinebanking möglichst klein: Dadurch begrenzen Sie den Schaden, falls doch einmal ein Unbefugter an Ihre Zugangsdaten gelangen sollte

4. Um die Umsätze für einen bestimmten Zeitraum zu listen, geben Sie diesen in der vordefinierten Maske ein (Abbildung 25.7).

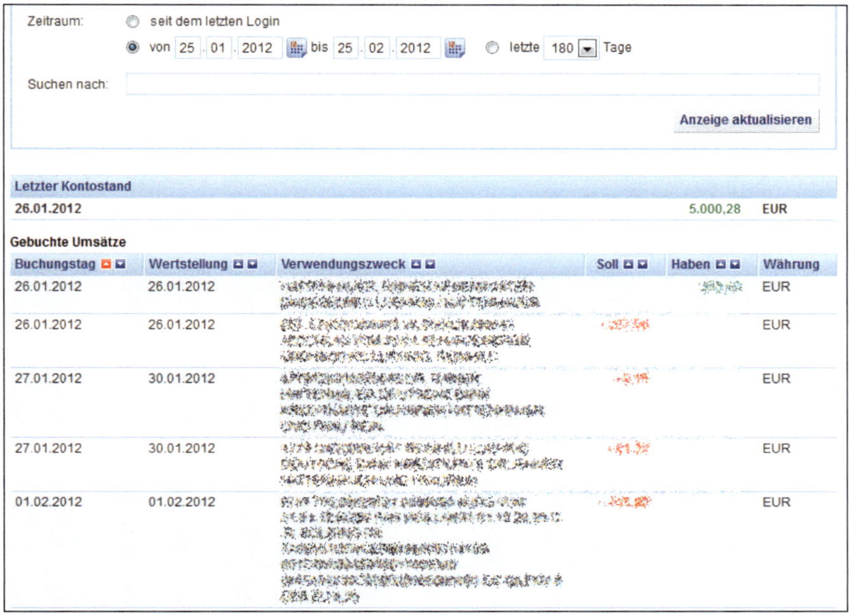

Abbildung 25.7: Die Umsätze können für einen definierten Zeitraum dargestellt werden. Die Vorhaltezeit der Banken beträgt meist 180 Tage

Beachten Sie, dass die Banken Ihre Kontenumsätze nicht für unbegrenzte Zeit online zur Verfügung stellen. Drucken Sie diese von Zeit zu Zeit aus, falls Sie auf Kontoauszüge in Papierform bei der Einrichtung des Onlinebanking verzichtet haben. Das ist insbesondere wichtig, wenn Sie Belege über getätigte Überweisungen im Rahmen Ihrer Steuererklärung benötigen, vgl. Kapitel *Die digitale Steuererklärung*.

Eine Überweisung durchführen

Nun werden Sie Ihre erste Überweisung durchführen. Der Einfachheit halber soll das zunächst eine Inlandsüberweisung sein.

1. Halten Sie die Bankleitzahl, Kontonummer und ggf. Kunden- und Rechnungsnummer des Empfängers für die Überweisung bereit.

2. Folgen Sie dem Link *Inlandsüberweisung* und füllen Sie das erscheinende Formular aus.

Es genügt, die Bankleitzahl anstelle des vollen Namens der Bank einzugeben: Dieser wird anhand der Bankleitzahl identifiziert. Der Verwendungszweck der Überweisung sollte Ihre Kundennummer sowie die Rechnungsnummer des Zahlungsempfängers enthalten.

3. Klicken Sie auf den Link *Weiter* und kontrollieren Sie noch einmal die Daten der Überweisung, insbesondere den Überweisungsbetrag. Geben Sie nun die TAN entsprechend Ihres gewählten TAN-Verfahrens ein (Abbildung 25.8).
4. Schließen Sie die Überweisung mittels *Überweisung ausführen* ab.

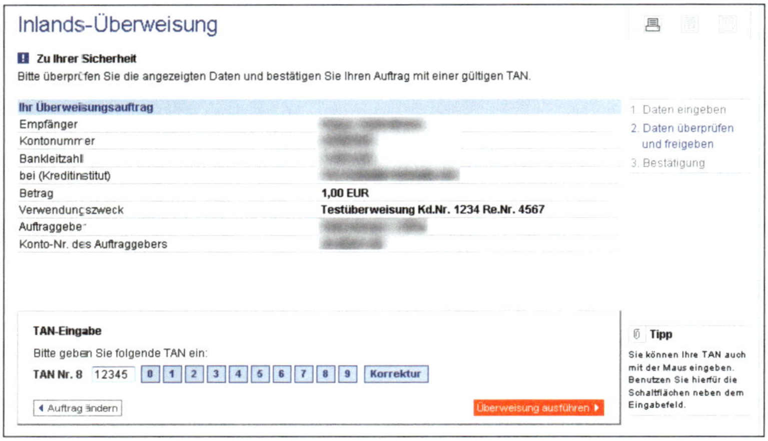

Abbildung 25.8: Im vorliegenden Fall werden nummerierte TANs (sogenannte iTANs) verwendet

Für Überweisungen ins Ausland benötigen Sie einige weitere Informationen: Die IBAN (*International Bank Account Number*) ist die standardisierte Kontonummer des Empfängers im internationalen Zahlungsverkehr, der SWIFT-BIC (BIC = *Bank Identifier Code*) dient der Identifizierung des ausländischen Bankinstituts. Dieses Verfahren wird in naher Zukunft auch bei Inlandsüberweisungen zwingend erforderlich sein.

Damit hätten Sie Ihren Freischwimmer im Onlinebanking absolviert.

Banking mobil

Auch auf Ihrem portablen Gerät müssen Sie nicht auf die Möglichkeit des Onlinebanking verzichten. Prüfen Sie, ob Ihre Bank eine App für Ihr Smartphone im entsprechenden App Store anbietet (Abbildung 25.9). Auch hier sind mahnende Worte angebracht: Achten Sie hier stets darauf, dass Sie sich korrekt abmelden. Im Falle eines Handyverlusts geraten Sie so nicht in Gefahr, dass auch noch Ihr Konto abgeräumt wird.

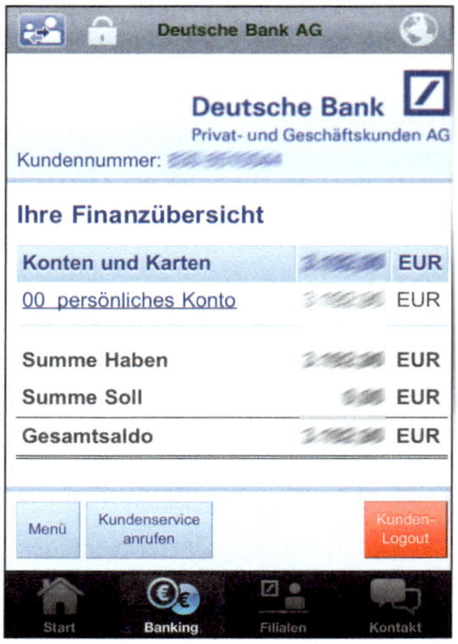

Abbildung 25.9: Onlinebanking lässt sich mittlerweile auch bequem vom Smartphone von unterwegs aus erledigen – vorausgesetzt, Ihre Bank bietet eine entsprechende App für Ihr Handy an

Werkzeuge für Broker

Auch das Aktiendepot lässt sich bequem von unterwegs aus verwalten. Die meisten Smartphones bringen von Haus aus eine App mit, die das eigene Portfolio nahezu in Echtzeit überwacht. Wesentlich geeigneter für derartige Zwecke sind allerdings Apps, die Ihr Onlinebroking-Anbieter selbst zur Verfügung stellt (Abbildung 25.10).

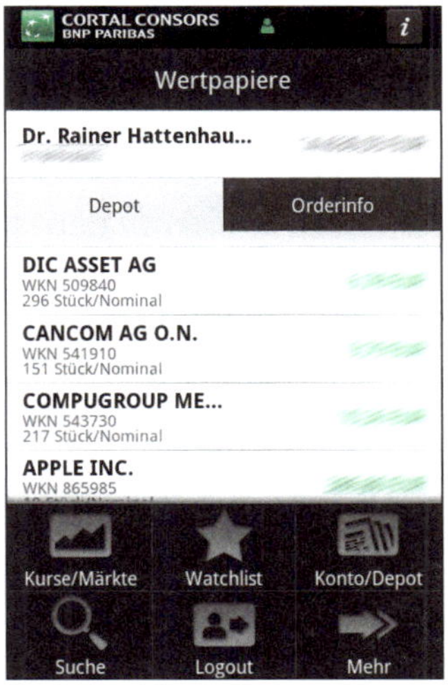

Abbildung 25.10: Etliche Onlinebroker bieten eigene Apps zur Depotverwaltung an, hier Cortal Consors

NetTags

- übersicht tan verfahren
- übersicht homebanking software
- elektronische auszüge finanzamt
- homebanking programm »Betriebssystem«
- sicherheitsmaßnahmen online banking
- vergleich online broker

ONLINE BANKING
https PIN PHISHING
TAN IBAN Aktien
BIC

26 Auf Schnäppchenjagd

3...2...1... meins! Sie kennen den Slogan des bekannten Auktionshauses eBay. Onlineauktionen versprechen hochwertige Waren zum Schnäppchenpreis. Aber auch jenseits von eBay können Sie in virtuellen Outletstores so manches Schnäppchen machen ... und wenn's ein neuer fahrbarer Untersatz sein soll, dann halten die Fahrzeugbörsen im Internet so manche Überraschung parat!

eBay
Der Platzhirsch unter den Onlineauktionshäusern ist eBay. Das Unternehmen wurde 1995 von Pierre Omidyar gegründet. Gerüchten zufolge wollte der findige Unternehmer lediglich eine Tauschplattform für seine Frau schaffen, die mit Leidenschaft PEZ-Spender sammelte.

Shoppingclubs und Outlets
Shoppingclubs wie Vente Privée, brands4friends, BuyVIP oder PrivateOutlet sind Paradiese für Schnäppchenjäger. In speziellen Onlineoutlets können Sie Markenware zu satten Preisnachlässen erwerben.

Fahrzeugbörsen
Auf Fahrzeugbörsen finden Sie Ihr Traumauto zu Schnäppchenpreisen oder erzielen für Ihr betagtes Vehikel selbst einen ordentlichen Preis.

Zunächst eine Warnung: In meinem Freundeskreis gibt es mindestens drei Personen, die eBay-süchtig sind. Deren PC läuft rund um die Uhr, und hektisch werden per Browser die eigenen Gebote auf Objekte verfolgt, die man im normalen Handel sicher stressfreier und manchmal sogar günstiger erwerben könnte. Aber der Kick mit dem Klick bleibt dort aus ...

Fakt ist, dass sich viele schwarze Schafe auf den Onlineauktionsplattformen tummeln. Bislang war es beispielsweise so, dass geschickte Verkäufer den Preis einer Ware durch überteuerte Versandgebühren nach oben korrigieren konnten. Die meisten Käufer schauen nun mal in erster Linie auf den

Auktionspreis selbst. Mitte 2008 deckelte eBay die Versandkosten, sodass man nun zumindest vor Wucher geschützt ist. Unter welchen Umständen lohnt sich eigentlich das Shopping bei eBay? Dazu kann man sich von folgenden Grundregeln leiten lassen:

- Prüfen Sie, ob der eBay-Händler die Möglichkeit anbietet, dass der Käufer einen Preis für die Ware vorschlägt. Ist das der Fall, so kann man versuchen, die Schmerzgrenze des Händlers durch Abgabe von Dumpingangeboten auszuloten. Geht der Händler auf das Angebot ein, dann kommt der Handel zustande.
- Fordern Sie bei Gebrauchtartikelkäufen den Verkäufer per E-Mail auf, Ihnen weitere (hochaufgelöste) Bilder zukommen zu lassen. Entsprechen diese Ihren Vorstellungen, können Sie in die Auktion einsteigen.
- Jenseits von eBay stehen Ihnen eine Vielzahl von Shoppinggemeinschaften und virtuellen Outletstores zur Verfügung, um Neuware zu konkurrenzlosen Preisen zu erwerben. Hier lohnt sich der Vergleich von Produkten, die bei eBay feilgeboten werden, mit entsprechenden Angeboten in der Community.

Ein eigenes Kapitel ist der Erwerb eines Gebrauchtfahrzeugs in einer der zahlreichen Fahrzeugbörsen im Netz: Hier muss im Vorfeld sorgfältig recherchiert werden, damit sich nicht der alte Spruch bewahrheitet: *Auto fängt mit »A« an und hört mit »o« auf.*

Was braucht man…

- **Einen Browser nebst Internetzugang:** Sämtliche besprochenen Plattformen lassen sich bequem per Browser bedienen. Bei den weit verbreiteten Hilfsprogrammen/Bietagenten zu eBay heißt es: Finger weg. Einerseits gelangen Sie auch manuell zum Ziel, andererseits werden diese von eBay nicht gern gesehen bzw. sind sogar verboten.
- **Für Anbieter bei eBay: eine Digitalkamera:** Wenn Sie selbst etwas verkaufen wollen, gilt das alte Sprichwort »Ein Bild sagt mehr als tausend Worte«. Und da ist ein exzellentes Produktfoto schon die halbe Miete für einen ordentlichen Verkaufspreis.

Was muss man können…

Die Plattformen der Auktionshäuser und virtuellen Shoppingmalls sind einsteigerfreundlich gestaltet, sodass hier keine technischen Probleme zu erwarten sind. Die goldene Regel für Onlineauktionen und virtuelle Geschäfte lautet ähnlich wie beim Roulette: Setzen Sie sich vor der Auktion bzw. dem Kauf ein Limit, das Sie keinesfalls überschreiten werden. Dieses Limit trennt die cleveren Geschäftsleute von den Spielern …

Ein Konto bei eBay eröffnen

Zunächst schauen wir uns einmal beim Marktführer der Onlineauktionen um, nehmen selbst an einer Auktion teil und verkaufen auch etwas.

Das ist schnell erledigt:

1. Begeben Sie sich auf `ebay.de` und folgen Sie dem Link *Neu anmelden*.
2. Geben Sie in das Formular Ihre persönlichen Daten ein, wählen Sie einen eBay-Mitgliedsnamen aus und erstellen Sie ein Passwort.

Der eBay-Name kann zwar später jederzeit geändert werden, eine häufige Namensänderung macht aber auf die künftigen Auktionspartner einen schlechten Eindruck. Bemühen Sie sich bereits bei der Erstellung des Accounts um einen möglichst seriösen Namen. Merke: Der eBay-Name ist Ihre Visitenkarte beim Onlinehandel.

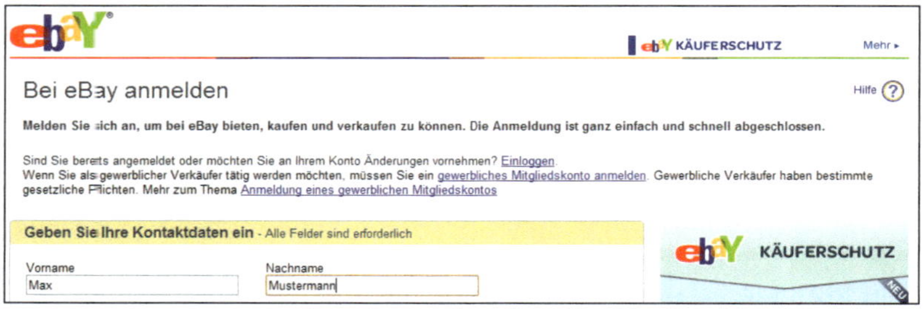

Abbildung 26.1: Das Anlegen eines Kontos bei eBay ist kinderleicht

3. Bestätigen Sie die eBay-Geschäftsbedingungen und betätigen Sie den Knopf *Ich bin einverstanden*.

Existiert kein Konto mit dem gleichen eBay-Namen bzw. der angegebenen E-Mail-Adresse, so wird das neue Konto im nächsten Schritt erstellt.

4. In einem weiteren Schritt müssen Sie nun entweder Ihre Kontodaten oder aber Ihre Kreditkartendaten hinterlegen.

eBay verdient an den Auktionsgebühren[1], und diese werden nach einer Auktion direkt von Ihrem Konto abgebucht. Für eine Übersicht geben Sie *ebay gebühren site:ebay.de* in Google ein.

Nun können Sie loslegen.

An einer Auktion teilnehmen

Nachfolgend nehme ich beispielhaft an einer Auktion zum Erwerb eines gebrauchten Smartphones teil. Das Mitbieten funktioniert folgendermaßen:

1. Loggen Sie sich auf eBay mit Ihrem eBay-Namen und dem zugehörigen Passwort ein und suchen Sie sich einen Artikel aus, der Sie interessiert und dessen Auktionspreis nicht in astronomischer Höhe liegt.
2. Machen Sie sich ein Bild vom Anbieter, indem Sie dessen Bewertungsprofil aufrufen. Folgen Sie dazu dem Link zum Verkäufer (Abbildung 26.2.).

1 Die Auktionsgebühren bei ebay betrugen zum Zeitpunkt der Drucklegung 9 % des Auktionspreises, maximal sind 45 Euro pro Auktion zu entrichten.

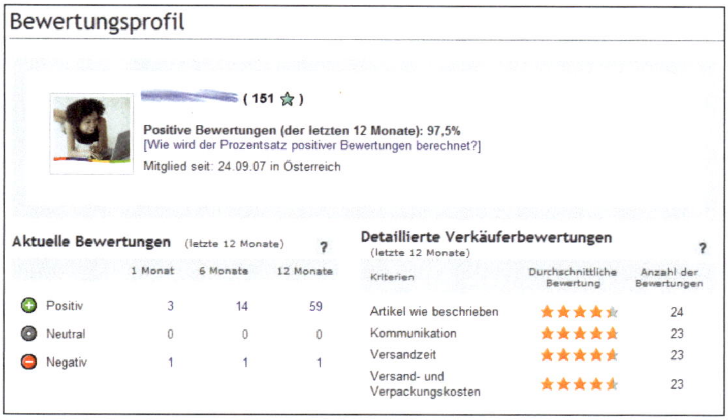

Abbildung 26.2: Dieses Profil macht einen relativ guten Eindruck. Sollte wie im vorliegenden Fall eine negative Bewertung abgegeben worden sein, so können Sie sich diese durch Anklicken genauer ansehen. Schauen Sie sich im Profilbereich aber auch die einzelnen, abgeschlossenen Auktionen an

Die letzten Auktionen geben Aufschluss darüber, ob der Verkäufer bereits ähnliche Waren erfolgreich und zur Zufriedenheit seiner Kunden verkauft hat. Sehen Sie sich die ersten Artikel genauer an. Sind die zugehörigen Auktionen nicht einzusehen (sogenannte *Private Auktionen*), so ist das meist ein schlechtes Zeichen. Hier heißt es im Zweifelsfall: Finger weg.

3. Steigen Sie in die Auktion ein, wenn Sie einen guten Eindruck von Verkäufer und Ware haben (Abbildung 26.3).

Abbildung 26.3: Günstige Unterhaltungselektronik gibt's bei eBay

Dazu geben Sie einen Betrag, der über dem letzten Gebot liegt, ein. Dieser Betrag sollte den Preis markieren, welchen Sie maximal zu zahlen gewillt sind. Außerdem sollte man ein relativ »krummes« Gebot (z.B. 192,83 €) machen. Das erhöht bei dicht beieinanderliegenden Angeboten die Gewinnchance, da die meisten Bieter aus psychologischen Gründen oft nur glatte Beträge eingeben.

4. Vergessen Sie nun die Auktion und warten Sie ab, bis diese beendet wird. Sie werden im Falle eines erfolgreichen Gebots automatisch per Mail benachrichtigt.

Spätestens an dieser Stelle werden eBay-Profis aufschreien: Die sitzen in der Regel live am Bildschirm und fiebern dem Auktionsende entgegen. Werden sie dabei überboten, legen sie auf die Schnelle noch ein Gebot nach … und noch ein Gebot … und noch ein Gebot … Sie ahnen schon, wie so etwas ausgeht. Setzt man aber bereits zu Beginn sein Maximalgebot ein und zeigt der Auktion fortan die kalte Schulter, kann man nicht in die Bieterfalle geraten.

5. Nehmen Sie nach einer erfolgreichen Auktion sofort Kontakt mit dem Verkäufer auf, um die Zahlungsmodalitäten zu vereinbaren.

In der Regel werden von Privatanwendern erworbene Artikel per Überweisung auf das Bankkonto des Verkäufers bezahlt. Dadurch ist allerdings der alte Kaufmannsgrundsatz »Geld gegen Ware« nicht gewährleistet. Misstrauische Naturen verwenden daher (falls vom Verkäufer angeboten) den eBay-eigenen PayPal-Service. Dabei kommt das Geld zunächst auf ein Treuhandkonto und wird erst nach Eingang der Ware an den Verkäufer überwiesen. Der Nachteil: PayPal kassiert bei den Transaktionen ebenfalls mit.

Nach dem erfolgreichen Geschäft kommt der krönende Abschluss:

6. Bewerten Sie den Verkäufer bzw. seine Ware.

Im Gegensatz zum Verkäufer dürfen Käufer auch negative Bewertungen abgeben. Ziel ist es für beide Parteien natürlich, für zukünftige Auktionen mit reiner Weste dazustehen und 100 % positive Bewertungen aufweisen zu können.

Artikel selbst verkaufen

Ich persönlich nutze eBay in erster Linie als Verkaufsplattform. Es ist schon erstaunlich, was man dort alles in bare Münze verwandeln kann: Selbst mein Computerveteran, der gute alte Atari ST, ging nach der letzten Dachbodenentrümpelung für 50,– € über den digitalen Ladentisch. Möchten Sie selbst etwas verkaufen, gehen Sie folgendermaßen vor:

1. Fertigen Sie mithilfe einer Digitalkamera einige Fotos des Gegenstands an, den Sie verkaufen möchten.

eBay bietet bei Massenprodukten wie Büchern, CDs oder DVDs fertige Bilder an, die Sie nach Angabe der genauen Bezeichnung des Produkts direkt in Ihre Auktion einbinden können. Davon ist abzuraten, da der potenzielle Kunde erst durch ein selbst erstelltes Foto einen genauen Eindruck von der Beschaffenheit Ihrer Ware erhält. Es ist zu empfehlen, die Produktfotos bei Tageslicht anzufertigen.

2. Loggen Sie sich bei eBay ein und suchen Sie zunächst nach ähnlichen Auktionen, um ein Gespür zu bekommen, welchen Erlös Ihr Objekt vermutlich erzielen wird. Außerdem lohnt es sich, die Artikelbeschreibungen der Konkurrenz zu inspizieren.

Eventuell lässt sich etwas Arbeit sparen, wenn man Teile der Beschreibungen per Copy&Paste übernimmt.

3. Klicken Sie nun auf den Link *Verkaufen* und füllen Sie das Verkaufsformular aus.

Sie können zwischen einer kurzen und einer langen Version wählen (Abbildung 26.4). Erstere ist in weniger als drei Minuten ausgefüllt und bietet sich für Kleinigkeiten und Allerweltsartikel wie Bücher, CDs oder DVDs an.

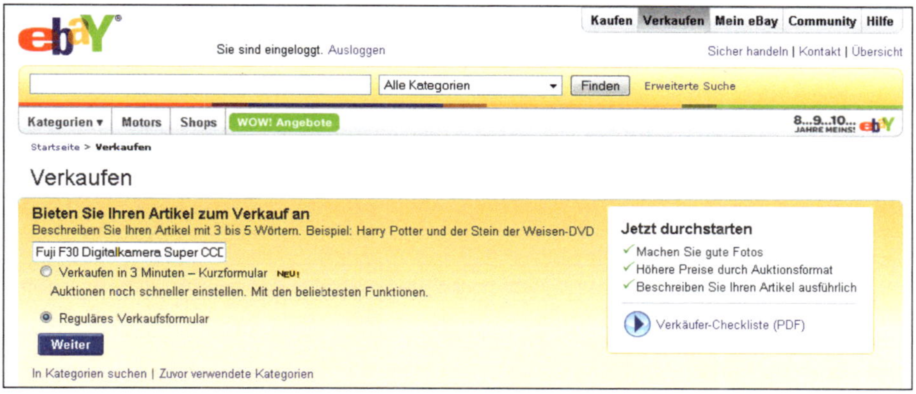

Abbildung 26.4: Zum Einstellen Ihres Artikels können Sie zwischen dem Kurz- und dem Langformular wählen. Die Checkliste für Verkäufer bietet Ihnen zusätzliche wertvolle Tipps

4. Es folgt der wichtigste Punkt: Legen Sie den Startpreis für Ihr Angebot fest.

Haben Sie bereits mehrere erfolgreiche eBay-Auktionen hinter sich gebracht, so können Sie auch einen *SofortKaufen*-Preis festlegen. Klickt ein Interessent später den entsprechenden Knopf in Ihrem Angebot an, wird der Artikel zum festgelegten Preis verkauft. Meiner Erfahrung nach schreckt ein solcher Fixpreis potenzielle Interessenten oft ab, da die meisten Bieter der Meinung sind, das Objekt in einer regulären Auktion günstiger zu erstehen, was aber in der Regel nicht der Fall ist. Beginnen Sie also die Auktion mit dem bewährten eBay-Startpreis von einem Euro.

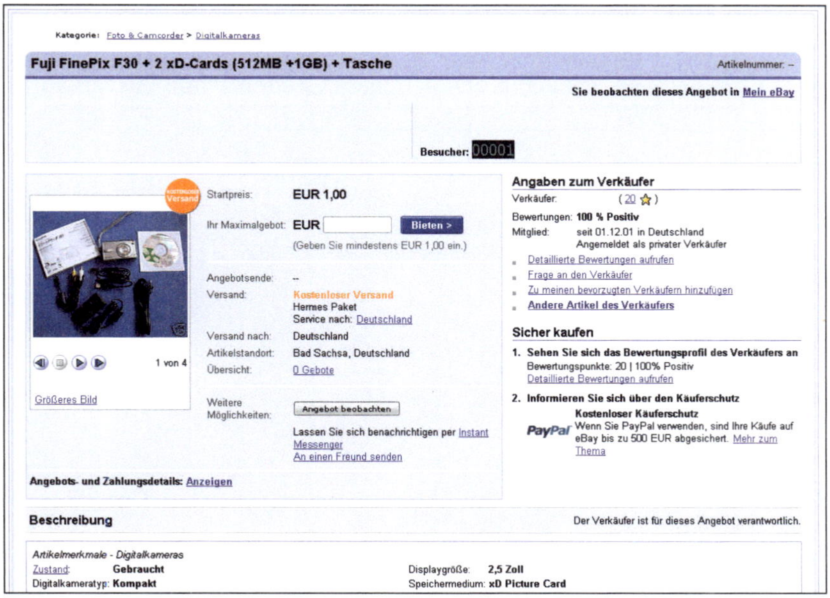

Abbildung 26.5: Der Artikel in der Vorschau

Den Verlauf der Auktion können Sie bequem unter *Mein eBay* verfolgen. Lehnen Sie sich nun entspannt zurück und warten Sie auf das Ende Ihrer Auktion.

5. Treten Sie nach dem Ende der Auktion mit dem Käufer in Verbindung und teilen Sie diesem Ihre Bankverbindung mit.

Alternativ können Sie auch eine Abwicklung über PayPal anbieten. Dazu benötigen Sie ein gültiges PayPal-Konto. Legen Sie dieses im Bedarfsfall bei `www.paypal.de` an.

Nachdem die Zahlung eingegangen ist, geht es an den Versand.

6. Verpacken Sie das versteigerte Objekt und verschicken Sie es an den Käufer. Misstrauische Naturen fertigen an dieser Stelle noch ein Digitalfoto von der Ware in der Verpackung an, falls beim Transport etwas zu Bruch gehen sollte. In jedem Fall sollten Sie den versicherten Versand wählen.

Fertig! Sie haben Ihren ersten eBay-Deal erfolgreich hinter sich gebracht. Vergessen Sie nicht, eine Bewertung für den Käufer abzugeben.

Shoppingclubs und Outletstores

Ein interessantes Tummelbecken für Schnäppchenjäger stellen exklusive Shopping-Communitys wie *Vente Privée*, *brands4friends*, *BuyVIP* oder *PrivateOutlet* dar. Hier gehen Markenklamotten mit satten Preisnachlässen über den virtuellen Ladentisch. Die Ware stammt dabei aus Produktionsüberschüssen oder auslaufenden Kollektionen, die schnell unters Volk gebracht werden sollen. Früher gab es einen kleinen Haken: Um an den Schnäppchenverkäufen teilnehmen zu können, musste man dazu eingeladen werden. Mittlerweile gelangen Sie aber ohne Probleme über die Startseite der genannten Plattformen an einen eigenen Account.

Eine Übersicht über die beliebtesten Shoppingclubs finden Sie auf `shoppingclubs.net`. Für die Verkäufe, die in den Clubs durchgeführt werden, gilt die alte Regel *Der frühe Vogel fängt den Wurm*. Denn bereits wenige Minuten nach Verkaufsstart sind Artikel in den gängigen Größen schon ausverkauft.

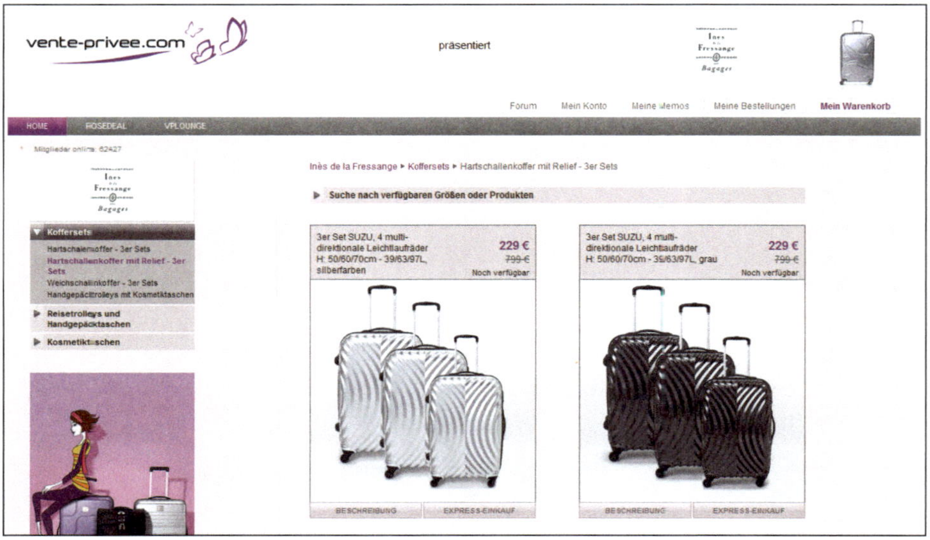

Abbildung 26.6: Bin ich schon drin oder was? Das ging ja einfach. Private Shoppingclubs sind nicht mehr so ganz privat: Hier können Sie Luxusartikel zum Discounterpreis erwerben: in diesem Fall Rollkoffer von Inès de la Fressange – wer's braucht … (*Quelle: vente-privee.com*)

Sie möchten ohne die Teilnahme an einem Shoppingclub an Schnäppchen kommen? Dann sollten Sie sich nach einem Online-Outletstore umsehen. Diese werden erfreulicherweise auch von den gängigen Preissuchmaschinen erfasst. Ein Beispiel: Sie suchen eine neue Outdoor-/Treckingjacke und haben sich schon für ein bestimmtes Modell entschieden. Geben Sie dessen Beschreibung bei Google Shopping ein und suchen Sie dort den günstigsten Anbieter – die Spur führt Sie dann nicht selten zu einem günstigen Online-Outletstore.

Abbildung 26.7: Artikel aus einer Musterkollektion erhalten Sie in Online-Outletstores besonders günstig (*Quelle: www.finnmark-outlet.de*)

Fahrzeugmarkt

Nichts ist spannender als die Jagd nach einem ansprechenden Mobil in einer der vielen Onlinefahrzeugbörsen. Mit etwas Verhandlungsgeschick können Sie hier satte Rabatte erzielen. Die Strategie läuft in etwa folgendermaßen ab:

1. Halten Sie frühzeitig (ca. 6 Monate vor dem geplanten Kauf) in einer Autobörse, z.B. `mobile.de`, Ausschau nach Ihrem Wunschfahrzeug. Verfolgen Sie das Angebot etwa eine Woche.

Sollte das Fahrzeug nun noch vorhanden sein:

2. Bieten Sie dem Verkäufer per E-Mail einen Preis an, der deutlich unter seinem Verkaufspreis und natürlich auch deutlich unterhalb Ihrer persönlichen Schmerzgrenze liegt.

Der Händler wird Ihr Angebot beim ersten Kontakt ablehnen.

3. Fassen Sie nach ein, zwei Wochen noch einmal nach, indem Sie Ihr Angebot leicht erhöhen.

Wenn der Händler noch nicht einsteigt, lassen Sie die Zeit für sich arbeiten und fordern Sie ihn auf, Sie bei Verkaufsinteresse zu kontaktieren. Haben Sie noch mehrere Eisen im Feuer, ist es eine Frage der Zeit, bis irgendein Verkäufer schwach wird und aus Angst, das Fahrzeug gar nicht mehr loszuwerden, auf Ihr Angebot eingeht.

Ein letzter Hinweis zum Autokauf: Verzichten Sie nie auf die obligatorische Probefahrt. Es gibt trotz Web 2.0 noch Dinge, die man nicht virtuell erledigen kann.

Abbildung 26.8: Der Traum vom Porsche lässt sich im Gebrauchtwagensektor auch für durchschnittlich gefüllte Geldbeutel erfüllen (*Quelle: mobile.de*)

Selbstverständlich können Sie Ihren Gebrauchten ebenfalls über die Autobörse loswerden. Bei Geschäftsabschluss streichen Sie in der Regel einen höheren Preis ein, als Ihnen ein Autohändler für Ihr gutes Stück bieten würde. Es soll an dieser Stelle aber nicht verschwiegen werden, dass gerade der Verkauf von Autos gute Nerven erfordert. Hier kann Zeitdruck fatale Folgen haben.

NetTags

- ebay gebühren site:ebay.de
- ebay tipps »Käufer/Verkäufer« site:ebay.de
- paypal konto einrichten
- übersicht online fahrzeugbörsen

mobile.de
EBAY **PayPal**
Startpreis **Vente Privée**
Outlet **AUKTION**

27 Der digitale Musikladen

Topaktuelle Hits, die man erst kürzlich im Radio gehört hat, aber auch verschollen geglaubte Lieblingstitel aus vergangenen Zeiten kauft man binnen weniger Sekunden per Mausklick im Onlinemusikladen – und darf sie mittlerweile auch beliebig oft kopieren und weitergeben. Der portable Musikplayer lässt sich aber auch kostenlos betanken: mit einem Streamripper-Programm.

iTunes
Das Multimedia-Verwaltungsprogramm iTunes von Apple bietet Zugang zu einem der größten Onlinemusikarchive der Welt, dem *iTunes Store*. Der europäische iTunes Store bietet mittlerweile über fünf Millionen Titel zum Download an.

Webradio
Die Übertragung von Musik in Form von MP3- oder Windows WMA-Audiodaten (sogenannten *Streams*) via Internet.

Streamripping
Das Aufzeichnen der Webradio-Streams auf die Festplatte.

iTunes Match
Der neue Service von Apple gestattet den legalen Abgleich Ihrer Mediensammlung mit Apples iTunes Store – und das in exzellenter Qualität!

Der Weg zum Plattenladen ist für die Internetgeneration kurz geworden: Vorbei sind die Zeiten, in denen man als Landbewohner zig Kilometer lange Anfahrten in die große Stadt auf sich nahm, nur um das brandneue Album der Lieblingsband sein Eigen nennen zu können. Und das oft nur, um dort festzustellen, dass die begehrte Scheibe »derzeit vergriffen ist«. Auch das Probehören einer interessanten CD scheiterte meist infolge nicht vorhandener CD-Player im Plattenladen.

Früher galten ja reichhaltig bestückte CD-Ständer in der Wohnung als Statussymbole, aber seien wir ehrlich: Derartige Staubfänger passen einfach nicht mehr in das Ambiente 2.0 des Internetbürgers. Wer heute etwas auf sich hält, führt seine gesamte Musikkollektion im Umfang von mehreren Tausend Titeln bequem auf iPod oder Handy in der Jackentasche mit sich.

Woher Musik nehmen und nicht stehlen? Zum einen steht Ihnen eine Vielzahl an digitalen Musikshops à la iTunes im Internet zur Verfügung, die Ihnen die Wunschmusik als Download zur Verfügung stellen. Erfreulich, dass die Anbieter mittlerweile auch komplett auf das lästige *Digital Rights Management* (kurz: DRM) verzichten: Dadurch können Sie die Musik auf beliebig vielen Endgeräten abspielen. Und mit 99 bis 129 Cent pro Musikstück bzw. 9,99 bis 12,99 € pro Album liegt der Preis in bezahlbaren Regionen. Darüber hinaus lassen sich opulente Musiksammlungen für schlappe 25 € im Jahr per iTunes Match in der Cloud speichern und daraus auf verschiedenen Endgeräten abrufen.

Wem das alles zu teuer ist, findet in Streamripper-Software wie *ClipInc* oder *Audials One Radiotracker* eine kostengünstige Alternative: Einmal in ein entsprechendes Programm investiert, können Sie fortan Internetradiosender mitschneiden und deren Musik feinsäuberlich nach Interpreten und Stücken geordnet in digitaler Qualität auf Ihrem PC einfangen. Das Beste daran ist: Die Aufzeichnung von MP3- oder WMA-Material von Webradiostationen ist gestattet, sogar CDs dürfen aus den Aufzeichnungen angefertigt werden: Durch den Kauf eines CD-/DVD-Brenners bzw. der CD-/DVD-Rohlinge wurde ein entsprechender Obolus an den Urheber bereits entrichtet. Lassen Sie uns also auf die Jagd nach den Kronjuwelen der Musikbranche gehen!

Was braucht man...

- **Apple iTunes nebst Account im Store:** Anbieter digitaler Musik gibt es viele. Platzhirsch ist aber eindeutig der *Apple iTunes Store*. Um diesen nutzen zu können, benötigen Sie das Programm **iTunes**. Wenn Sie gedenken, Musik im iTunes Store zu kaufen, muss ein Store-Account eingerichtet werden.
- **Alternative Anbieter:** Es soll ja Menschen geben, die sich mit Apple aufgrund der doch recht rigiden Fixierung auf Apple-eigene Hardware à la iPod nicht so recht anfreunden können. Diese Zeitgenossen werden vielleicht mit dem Onlineangebot von `amazon.de` glücklich werden. *Amazon* bietet seit Anfang 2009 DRM-freie Musik in Form von MP3-Dateien zum Herunterladen an – z. T. günstiger als der iTunes Store.
- **iTunes Sync:** Möchten Sie per iTunes erworbene Musik auf Playern jenseits der Apple iPods nutzen, sollten Sie Ausschau nach dem Programm *iTunes Sync* halten. Dieses gleicht Ihre iTunes-Musikbibliothek mit nahezu jedem MP3-Player, insbesondere auch mit Musikhandys, ab.
- **Ein Streamripper-Programm:** Mittlerweile gibt es kommerzielle Programme wie z.B. ClipInc (`www.tobit.com`) oder Audials One Radiotracker (`www.radiotracker.com`), mit denen Sie nicht nur kontinuierlich Webradiosender mitschneiden, sondern auch mithilfe einer Suchliste gezielt nach Ihren Lieblingsstücken suchen können. Dabei werden mehrere Tausend Radiosender parallel überprüft. Sobald ein gesuchtes Stück auftaucht, wird es zielsicher auf die Festplatte befördert.

Was muss man können...

Die Bedienung von iTunes ist intuitiv und einfach. Zu einfach. Mit ein, zwei unbedachten Klicks hat man einen Kauf getätigt. Man sollte also insbesondere seine Finanzen gut im Blick haben. Ein kommerzielles Streamripper-Programm wie Radiotracker ist ebenfalls leicht zu bedienen – hier sollten Sie allerdings dafür sorgen, dass bei längerer Mitschnittdauer genügend Speicherplatz auf Ihrer Festplatte zur Verfügung steht.

iTunes installieren und im Shop anmelden

Das Konzept wurde oft kopiert, aber letztlich gibt es nur ein Original: die iTunes-Software von Apple. Sie wird unter Windows folgendermaßen installiert:

1. Begeben Sie sich auf `www.apple.com/de` und wählen Sie dort den Bereich *iTunes*. Wählen Sie hier den Punkt *iTunes/Kostenloser Download* und laden Sie das Programmpaket auf Ihren PC. Apple-Nutzer finden iTunes bereits fest im Mac OS integriert vor.
2. Starten Sie die Installation durch Anklicken der Installationsdatei. Im ersten Dialog ist zunächst die Lizenzvereinbarung zu bestätigen.
3. Im nächsten Dialogfenster können einige Optionen (z.B. die Definition des QuickTime Players als Standardmedienplayer) ausgewählt werden. Belassen Sie es am besten bei den vorgewählten Standards.
4. Ein Klick auf die Schaltfläche *Installieren* startet schließlich die Installation.

Das Programm iTunes startet automatisch nach der Installation. Beim ersten Start ist erneut der Lizenzvertrag zu akzeptieren. Anschließend tritt der iTunes-Konfigurationsassistent in Aktion.

5. Lassen Sie den Assistenten zunächst die auf dem PC vorhandenen Audiodateien aufspüren.

Die Dateien können in den Formaten MP3, AAC und WMA vorliegen. Diese werden in die iTunes-Bibliothek integriert.

6. Im nächsten Schritt weisen Sie iTunes schließlich an, die Medienbibliothek automatisch zu verwalten.
7. Durch Betätigen der Schaltfläche *Fertigstellen* schließen Sie die Konfiguration ab.

Daraufhin wird iTunes gestartet. Nun können Sie Ihre Musikbibliothek mit weiteren vorhandenen externen Audiodateien füllen. Das geschieht über *Datei/Ordner* bzw. *Datei zur Mediathek* hinzufügen. Wenn Sie eine Audio-CD einlegen, bietet Ihnen iTunes an, diese automatisch zur Medienbibliothek hinzuzufügen und sie in das AAC-Format umzuwandeln. Es empfiehlt sich, vor einem Import von weiteren Medien die folgende Einstellung zu ändern:

8. Begeben Sie sich in das Menü *Bearbeiten/Einstellungen*[1] und wählen Sie dort die Option *Bei Hinzufügen zur Mediathek Dateien in den iTunes-Musikordner kopieren* (Abbildung 27.1). Auf diese Weise kann iTunes Ihren Originaldateien nichts anhaben, und es werden Kopien im iTunes-Ordner angelegt.

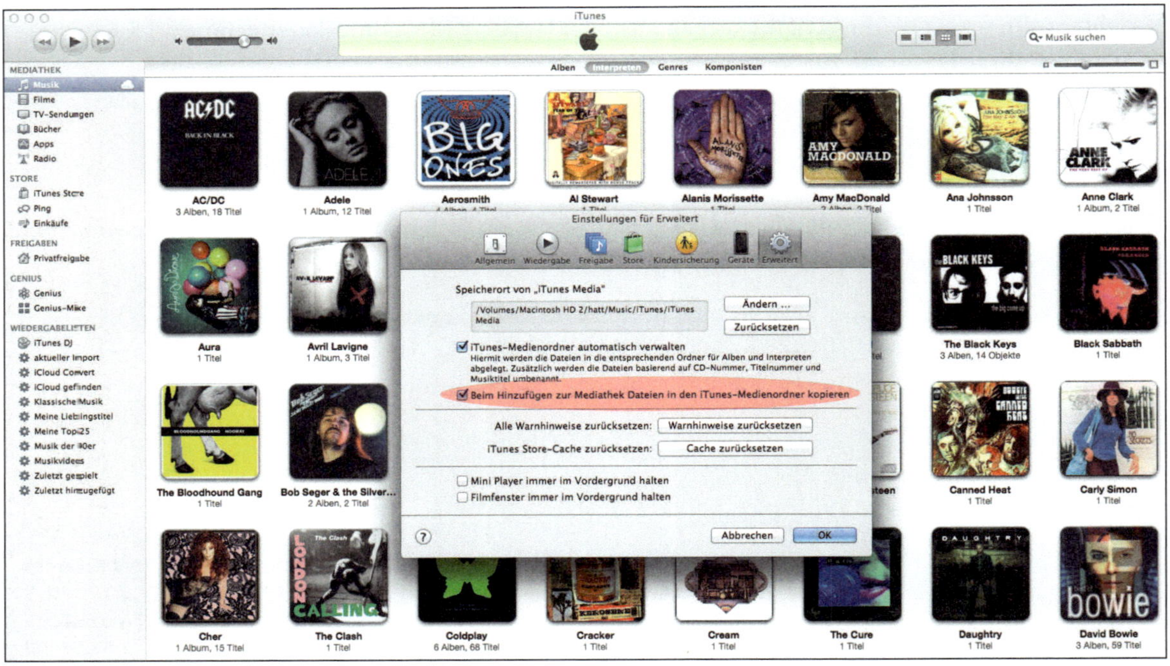

Abbildung 27.1: iTunes sollte so konfiguriert werden, dass sämtliche importierten Medien in die iTunes-Bibliothek kopiert werden

Damit hätten Sie zunächst einmal das Grundgerüst für Ihre neue Musiksammlung geschaffen. Um nun Musik aus dem iTunes Store zu erwerben, benötigen Sie ein iTunes-Konto. Das ist im Handumdrehen angelegt:

1. Wählen Sie im iTunes-Menü den Punkt *Store/Account erstellen.*
2. Ein Assistent führt Sie durch die verschiedenen Stufen der Anmeldung. Zunächst erklären Sie sich mit den Geschäftsbedingungen des Stores einverstanden.
3. Anschließend geben Sie Ihre E-Mail-Adresse sowie ein Kennwort und eine Sicherheitsfrage an.
4. Schließlich wählen Sie noch die gewünschten Zahlungsmodalitäten. Zur Auswahl stehen Kreditkarte oder das Click-and-Buy-System.

Nachdem Sie einen Account für den Shop erstellt haben, können Sie nach Herzenslust Musik einkaufen. Wählen Sie dazu auf der linken Fensterhälfte den Link *iTunes Store* und bummeln Sie durch die verschiedenen Abteilungen des Shops.

1 Beachten Sie: Je nach iTunes-Version (z.B. Windows oder Mac OS) können die Menüpunkte voneinander abweichen.

Musik vor dem Kaufen anhören

Um Musikstücke bei iTunes ausschnittweise anzuhören, meldet man sich im Shop an und führt einen Doppelklick auf das gewünschte Stück durch. Darauf wird ein 90 Sekunden langes Sample wiedergegeben.

Abbildung 27.2: iTunes bietet mittlerweile Höreindrücke in akzeptabler Länge

Wer sich einen weiteren Eindruck verschaffen möchte, begibt sich anschließend zu `amazon.de`. Und wer weiß, vielleicht ist das gewünschte Album ja dort günstiger? Nahezu alle dort angebotenen Audios-CDs lassen sich bei Amazon ebenfalls in Gestalt von kurzen Audiostreams probehören. Mittlerweile ist dort die Installation der RealPlayer-Software zur Wiedergabe der Streams überflüssig geworden, da Amazon in Form des *Music Samplers* eine eigene browsertaugliche Software verwendet.

Musik kaufen

Nachdem Sie sich für ein Album entschieden haben, können Sie dieses per Mausklick erwerben. Bei iTunes erfolgt dies aus der iTunes-Umgebung heraus: Klicken Sie einfach auf den Knopf *Album kaufen* – den Rest erledigt das System für Sie. Dabei ist es egal, ob Sie die Musik auf Ihrem heimischen PC oder unterwegs auf Ihrem iPod/iPhone erwerben (Abbildung 27.3): Nach einer Synchronisation des Musikabspielgeräts werden die Mediatheken vereint.

Abbildung 27.3: Musik aus dem iTunes Store können Sie auch unterwegs mit einem iPod, iPad oder iPhone erwerben

Amazon bietet zum Kauf von Musik den *Amazon MP3 Downloader* kostenlos an: Nachdem Sie bei Amazon Kaufmusik erworben haben, befördert der MP3-Downloader diese auf die Festplatte Ihres PCs – mit dem angenehmen Nebeneffekt, dass die Stücke auch in die iTunes-Mediathek kopiert werden, sofern iTunes installiert wurde.

Gekaufte Musik auf CDs brennen

Das Brennen von heruntergeladenen Musikstücken auf eine CD ist mithilfe von iTunes-Wiedergabelisten (engl.: *playlists*) ein Kinderspiel.

1. Starten Sie iTunes und legen Sie mittels *Datei/Neue Wiedergabeliste* (Hotkey: Strg + N) eine neue Wiedergabeliste an.
2. Ziehen Sie die einzelnen Stücke, die Sie auf CD brennen wollen, per Drag&Drop aus der *Mediathek* im Bereich *Musik* auf die neue Playliste im linken Teilfenster. Wollen Sie ein komplettes Album brennen, so ziehen Sie das Bild des Albums im Coverflow-Modus auf den Bereich *Wiedergabelisten*.
3. Legen Sie eine leere CD in Ihr Brennerlaufwerk ein und wählen Sie den Menüpunkt *Datei/Wiedergabeliste auf Medium brennen*. Der Rest ist selbsterklärend.

Praktisch ist, dass die Anzahl der CDs, die Sie auf diese Weise brennen können, nicht begrenzt ist. Ebenso praktisch: iTunes lädt automatisch ein Cover des online erworbenen Albums auf den Rechner, welches ausgedruckt und als CD-Label verwendet werden kann. Dazu vergrößern Sie einfach das iTunes-Fenster im Modus *Cover Flow* und fertigen daraus einen Screenshot der Albengrafik an (Abbildung 27.4).

Abbildung 27.4: Die »Cover-Flow«-Bilder in iTunes können auch als CD-Einleger genutzt werden – dazu drucken Sie einfach einen Screenshot in der passenden Größe aus

MP3-Player befüllen

Wenn Sie in der glücklichen Lage sind, einen Apple iPod Ihr Eigen zu nennen, so müssen Sie diesen lediglich per USB-Kabel an Ihren Computer anschließen. iTunes sorgt vollautomatisch dafür, dass der iPod mit Ihrer Musikbibliothek synchronisiert wird. Zickig präsentiert sich iTunes immer dann, wenn es darum geht, die teuer erstandene Musik auf portable Wiedergabegeräte jenseits von iPod/iPhone zu befördern. Hier gibt es aber eine einfache Lösung, die nachfolgend am Beispiel der Synchronisation eines Smartphones/Handys mit integrierter Flash-Speicherkarte erläutert werden soll:

1. Beschaffen Sie sich die freie Software *iTunes Sync*, am einfachsten über eine Suche in Google.
2. Installieren Sie das Programm durch Anklicken der Installationsdatei.
3. Schließen Sie Ihr Handy über ein USB-Kabel im sogenannten Datentransfermodus an Ihren PC an. Kontrollieren Sie, ob Sie über den Dateimanager auf das Handy bzw. dessen Speicherkarte zugreifen können.
4. Starten Sie iTunes und erstellen Sie dort eine Wiedergabeliste der Titel, die Sie mit Ihrem Handy abgleichen wollen.
5. Starten Sie iTunes Sync. Es sollte ein kleines Icon von iTunes Sync im Icon-Bereich der Taskleiste erscheinen. Mit einem rechten Mausklick auf das Symbol stellen Sie zunächst die Sprache des Programms auf Deutsch ein.
6. Anschließend wählen Sie den Punkt *MP3-Player konfigurieren* und definieren über die Schaltfläche *Hinzufügen* die zu synchronisierende iTunes-Wiedergabeliste sowie den Pfad zum Musikspeicherbereich Ihres Handys (das ist zumeist eine Flash-Speicherkarte), vgl. Abbildung 27.5.
7. Führen Sie nach der Konfiguration einen Doppelklick auf das Taskleisten-Icon von iTunes Sync durch und synchronisieren Sie den Handyspeicher mittels *MP3-Player synchronisieren* mit der ausgewählten iTunes-Wiedergabeliste.

Prinzipiell funktioniert das beschriebene Verfahren mit jeder beliebigen Synchronisationssoftware, z.B. auch mit SyncToy von Microsoft, vgl. Kapitel *Sicher unterwegs im Internet*.

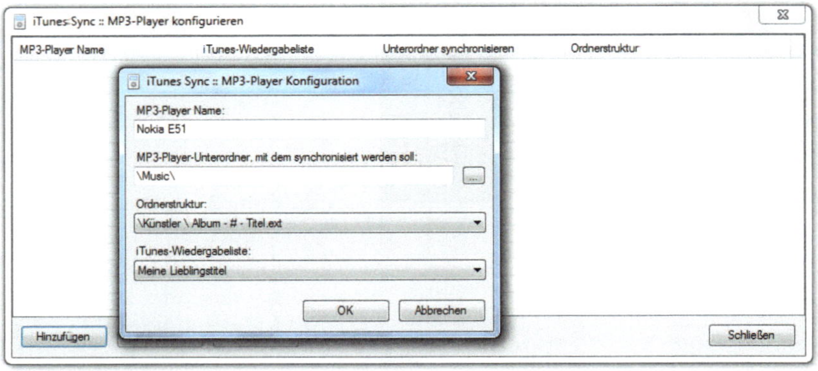

Abbildung 27.5: iTunes ein Schnippchen schlagen: Synchronisation eines gewöhnlichen Handys mit dem Programm iTunes Sync

Musik kostenlos: Webradio mitschneiden

Kommerzielle Webradioripper wie z.B. ClipInc oder Audials One Radiotracker sind fantastische Werkzeuge, wenn es darum geht, sich kostenlos mit Musik einzudecken. Nachfolgend stelle ich Ihnen am Beispiel des Programms *Radiotracker* einige Möglichkeiten dieser Softwaregattung vor.

1. Besorgen Sie sich das Programm *Audials One Radiotracker* von `audials.com`. Das Programm kostet ca. 30,– €. Nach der Installation und Registrierung suchen Sie sich zunächst Ihren Lieblings-Internetradiosender aus ca. 2000 zur Verfügung stehenden Stationen aus: Klicken Sie dazu auf das Pluszeichen im Hauptfenster. Es öffnet sich der Senderauswahl-Dialog (Abbildung 27.6).

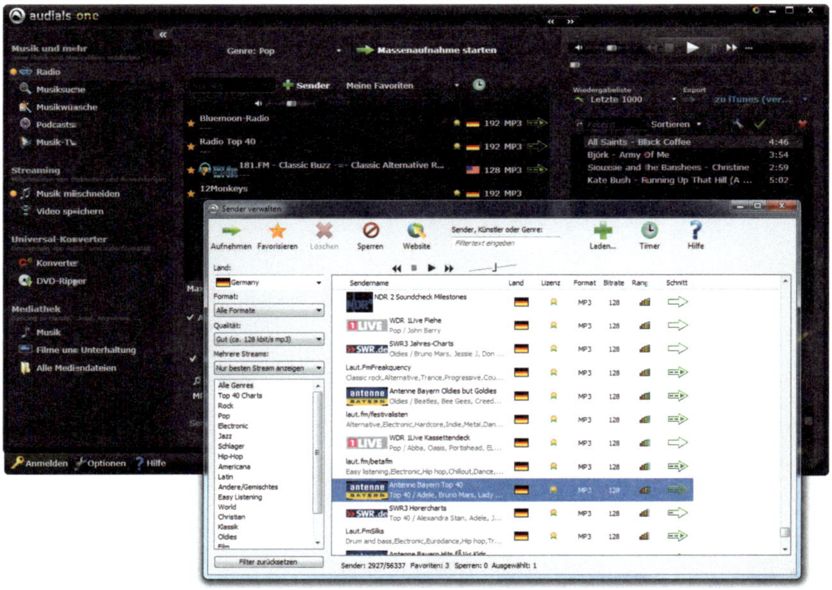

Abbildung 27.6: Suchen Sie sich zunächst einen Sender aus, der »Ihre« Musik spielt. Die Sender sind im Dialog nach Genres geordnet. Achten Sie darauf, dass die Schnittfunktion von Radiotracker unterstützt wird (Symbol in letzter Spalte)

2. Über die Schaltfläche *Favorisieren* fügen Sie den Sender zu Ihrer Lieblingsliste hinzu. Gehen Sie zurück ins Hauptprogramm und führen Sie einen rechten Mausklick über dem Sender durch. Wählen Sie den Punkt *Aufnehmen*.

Lassen Sie das Programm nun ein paar Stündchen laufen. Es sammelt sich eine stattliche Anzahl von Musikstücken auf Ihrer Platte an (Abbildung 27.7).

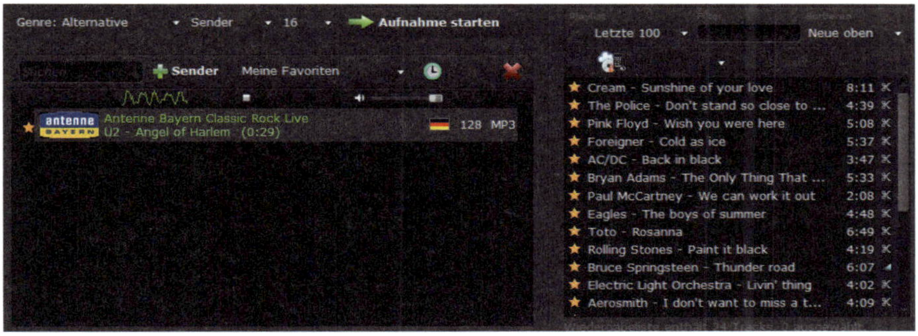

Abbildung 27.7: Nach einer Weile füllt sich das Radiotracker-Verzeichnis mit einer stattlichen Anzahl von Songs

Das Highlight des Programms ist die Funktion *Wunschliste*: Damit können Sie sämtliche Sender nach Musik Ihres Lieblingsinterpreten abscannen lassen. Sobald diese entdeckt wird, beginnt das Programm mit der Aufzeichnung.

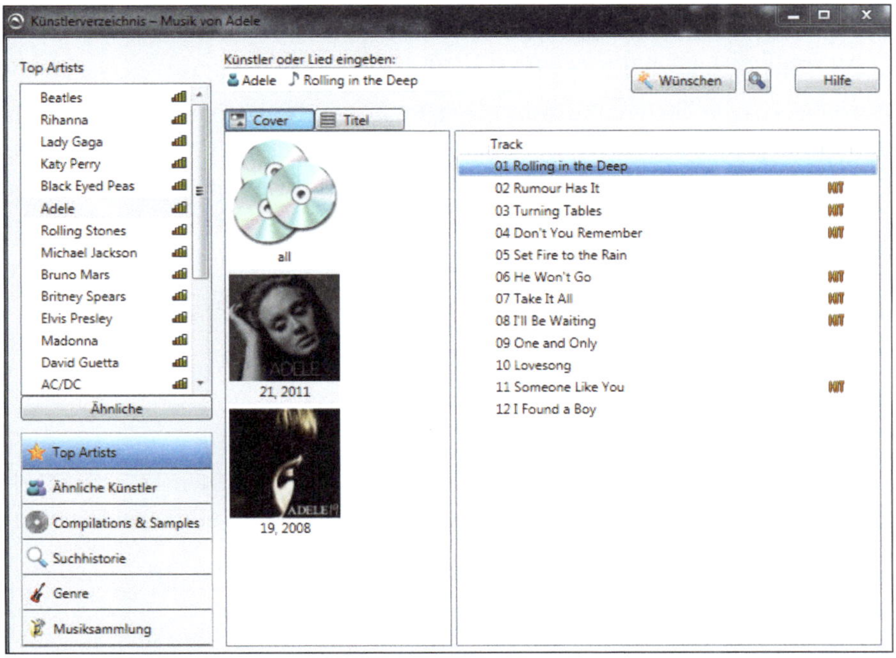

Abbildung 27.8: Mit einer Wunschliste können Sie sich mit der neuen Version des Radiotrackers ganze Alben Ihrer Lieblingsinterpreten kostenlos beschaffen

Nach Fertigstellung der Aufnahmen geht es an die Feinarbeit:

3. Prüfen Sie, bei welchen Stücken die Ein-/Ausblendungen noch nachgearbeitet werden müssen. Das zeigt das Programm durch eine entsprechende Markierung an. Mithilfe des integrierten Schnittwerkzeugs können Sie die Musikstücke »feintunen« (Abbildung 27.9).

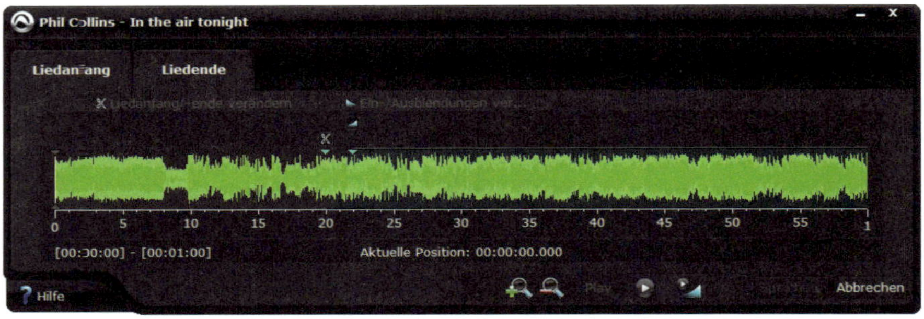

Abbildung 27.9: Die integrierte Schnittfunktion erlaubt selektives Schneiden sowie Ein- und Ausblendungen. Verschieben Sie dazu die entsprechenden Markierungen mit der Maus

Nachdem die Stücke fein säuberlich bearbeitet wurden, kann man schließlich noch ein wenig an den ID3-Tags feilen. Das sind die Textmarkierungen, mit denen die Stücke im Display des MP3-Players identifiziert werden können. Auch hier gibt es etliche freie Lösungen, z.B. *MP3tag*. Die kommerziellen Werkzeuge bieten neben dem direkten Bearbeiten der Tags sogar noch die Möglichkeit, die zugehörigen Liedtexte aus dem Internet automatisch aus sogenannten Lyrics-Datenbanken zu beschaffen. Das Verfolgen des Textes auf dem iPod mag auf monotonen Zugfahrten recht interessant sein; vom Einsatz dieser Technik im Autoradio ist aus naheliegenden Gründen abzuraten.

Die meisten aktuellen Betriebssysteme bieten die Möglichkeit, die Audiodateien per Hand mit speziellen Attributen, z.B. Gütesiegeln in Form von Sternen oder erläuternden Tags, zu versehen. Der Haken an der Sache: Nur selten hat der Anwender Lust, eine derart aufwendige Katalogisierung selbst vorzunehmen. Die automatisch vom Radiotracker erstellten ID3-Tags garantieren dennoch ein Mindestmaß an Ordnung.

Nun sollten Sie in der Lage sein, eine ansehnliche Sammlung erlesener Musikstücke auf Ihre Festplatte zu zaubern.

Musik aus der Wolke: iTunes Match

Seit 2011 bietet Apple mit *iTunes Match* für eine Jahresgebühr von 25,– € einen Dienst an, der Ihre Musiksammlung auf Apple-eigenen Servern in der iCloud lagert. Das Prinzip ist so einfach wie genial:

1. Aktivieren Sie den iTunes Match-Service über *Store/iTunes Match aktivieren*. Sie werden dabei aufgefordert, Ihr iTunes Store-Passwort einzugeben.

2. Anschließend findet ein Abgleich Ihrer lokal gespeicherten Musiksammlung mit dem Apple iCloud-Server statt.

Das wirklich Innovative an dieser Form der Speicherung ist die spezielle Art des Abgleichs: Es werden nicht etwa alle lokal vorhandenen Lieder auf den Server hochgeladen: vielmehr werden die Musikstücke mit bereits existierenden Audiodateien des iTunes Store verglichen. Findet das System eine Übereinstimmung, so wird das betreffende Stück »gematched«: Sie können es nun jederzeit in bester iTunes-Qualität an jedem beliebigen Ort auf jedem beliebigen Gerät nutzen, nachdem der iPod mit der iCloud synchronisiert wurde.

Wird ein Musikstück im Store nicht gefunden, so wird die lokal vorhandene Datei hochgeladen. Ihnen geht also nichts verloren.

Abbildung 27.10: iTunes Match ist eine ideale Möglichkeit, Ihre bestehende Musiksammlung vor Datenverlust zu schützen

Der digitale Musikladen

iTunes Match ausreizen – mit Social Webradio und Radiotracker

iTunes Match ist es relativ egal, aus welchen Quellen Ihre Musik stammt. So gibt es einen (im Übrigen legalen) Workflow, Ihre bestehende Sammlung aufzustocken:

1. Besorgen Sie sich einen Zugang bei `www.last.fm`, dem sozialen Webradio-Dienst.
2. Aktivieren Sie mithilfe der Zugangsdaten in Audials One Radiotracker die Mitschnittfunktion für last.fm.

Dabei werden die Mitschnitte in mittlerer Qualität auf Ihren PC befördert.

3. Importieren Sie die Songs nun in iTunes und lassen Sie diese per iTunes Match abgleichen.
4. Löschen Sie die Songs nach dem Abgleich aus Ihrer iTunes-Bibliothek, nicht aber aus der iCloud.

5. Laden Sie die Songs schließlich durch erneuten Abgleich aus der iCloud in bester Qualität herunter.

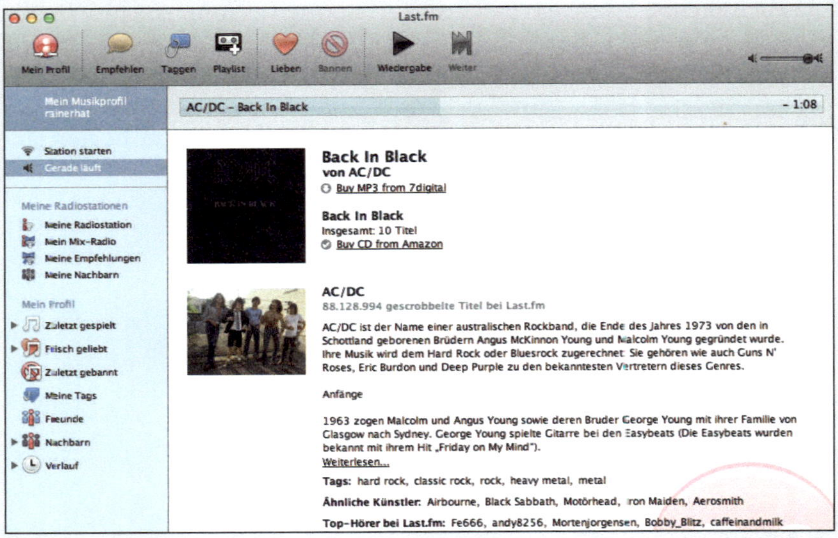

Abbildung 27.11: Mitschnitte aus last.fm eignen sich hervorragend zum Abgleich mit iTunes Match

NetTags

- download itunes
- itunes playlists
- itunes cd brennen
- download itunes sync
- amazon downloader
- webradio aufzeichnen
- mp3 schneiden normalisieren
- mp3 id3 tags bearbeiten
- itunes match anleitung

AAC
iTunes Match
MP3
iTunes Sync
ITUNES
amazon.de
last.fm
iPod
Radiotracker
CLIPINC
ID3

28 Die moderne Dunkelkammer

Mittlerweile besitzt jeder zweite Deutsche einen digitalen Fotoapparat – von der Verbreitung der beliebten Fotohandys einmal ganz abgesehen. Die meisten Hobbyfotografen scheitern jedoch oft auf dem steinigen Weg von der Aufnahme zum brauchbaren Abzug. Grund genug, das Thema einmal näher zu beleuchten …

JPEG

Die meisten Digitalkameras speichern ihre Bilder im komprimierten JPEG(*Joint Photographic Experts Group*)-Dateiformat ab. Das spart Platz auf dem Datenchip, reduziert aber gleichzeitig die gespeicherte Informationsmenge.

RAW

Der Profi greift zum *RAW*-Format (engl.: »roh«), welches deutlich speicherintensiver als JPEG ist, andererseits aber alle Bildinformationen in unkomprimierter Form konserviert.

Megapixel

Ebenso wie bei der Taktfrequenz von Prozessoren gilt bei der Pixelanzahl von Digitalkamera-CCDs längst nicht mehr der Grundsatz »Viel hilft viel«. Der Durchschnittsanwender ist mit einer 6-*Megapixel*-Kamera (= 6 Millionen Bildpunkte) mehr als gut bedient – und die hat mittlerweile auch schon Einzug in Oberklassehandys gehalten.

Es ist schon erstaunlich, mit welch geringem Aufwand der Hobbyfotograf des 21. Jahrhunderts zu ansehnlichen Bildern gelangt. Musste man in vergangenen Zeiten stets die komplette Spiegelreflexausrüstung in schweren Koffern mitschleppen, so findet heute eine qualitativ ebenbürtige Kompaktkamera Platz in der Jackentasche. Unliebsame Überraschungen nach zweiwöchiger Entwicklungszeit des Filmmaterials sind dem modernen Fotografen fremd: Die Bilder werden schon vor Ort auf dem eingebauten LCD-Monitor begutachtet und notfalls so lange neu geschossen, bis die Qualität passt. Der ambitionierte Fotograf läuft dabei höchstens Gefahr, sein künftiges Publikum mit einer unangemessenen Anzahl von Bildern zu überfrachten – bedingt durch die Tatsache, dass auf modernen

Speicherchips Tausende von Bildern Platz finden, und das, ohne zusätzliche Kosten zu verursachen. Aber auch hier lässt sich ein Riegel vorschieben: Die allabendliche Sichtung und Ausdünnung der am Tag angefertigten Fotos auf dem Kameradisplay bewahren den Fotografen davor, zu Hause aus Hunderten von Bildern die für die Präsentation geeigneten auswählen zu müssen.

Einiges ist aber auch komplizierter geworden: Warf man früher den Film einfach in den Briefkasten und wartete geduldig auf das Resultat in Form der Abzüge, so ist man heute geneigt, die Bildgröße, Schärfe und ggf. Farbe der Fotos zu optimieren, bevor die Bilder mithilfe des internetfähigen PCs zum Onlinefotoshop übertragen werden.

Das vorliegende Kapitel zeigt Ihnen den Weg vom digitalen Foto bis zum fertigen Abzug bzw. zur Diashow. Dabei kommen in erster Linie kostenfreie Programme zum Einsatz, die den mehreren Hundert Euro teuren kommerziellen Platzhirschen à la Photoshop in nichts nachstehen.

Was braucht man...

- **Eine Digitalkamera/ein Smartphone:** Irgendein Gerät, das die Umgebung per CCD-Chip in digitaler Form speichert, ist die Grundausstattung zur Erstellung von Digitalfotos. Dabei benötigen Sie nicht unbedingt eines der von den Werbestrategen angepriesenen Auflösungsmonster mit mehr als 12 Megapixeln: Bereits ein *6-Megapixel-Chip* ist in der Lage, DIN-A4-Abzüge mit ausreichendem Detailreichtum zu versehen.
- **Treiber:** Bei einigen Digitalkameras ist es erforderlich, vor dem ersten Anschließen an den PC einen speziellen Treiber zu installieren. Steckt man die Kamera ohne derartige Vorbereitungen an den Computer, werden unter Umständen unangepasste Systemtreiber verwendet, die eine erfolgreiche Bildübertragung verhindern.
- **Ein einfaches Bildbearbeitungsprogramm:** Windows kommt zwar schon mit einer Bildverwaltung in Gestalt des Explorers und des Systemordners *Bilder* daher; für eine optimale Verwaltung Ihres Bildmaterials empfiehlt sich aber das Google-Programm *Picasa*. Picasa verfügt auch über elementare Möglichkeiten der Bildbearbeitung.
- **Für Fortgeschrittene: ein professionelles Bildbearbeitungsprogramm:** Wer mehr aus seinen Bildern machen möchte, benötigt ein professionelles Werkzeug. Hier bietet sich das kostenlose *GNU Image Manipulation Program* (kurz: *The Gimp*) an.
- **Einen Fotodienst:** Zum Anfertigen von Bildabzügen nutzen Sie entweder einen der vielen *Fotoonlinedienste* oder Sie bringen Ihre Speicherkarte bzw. die auf CD gebrannten Bilder direkt zum Fotoladen um die Ecke, um dann nach ca. einer Stunde das fertige Ergebnis in den Händen halten zu können. Es bleibt Ihnen natürlich freigestellt, die Fotos auf dem heimischen Drucker auf Papier zu befördern. Die Qualität hinkt hier aber deutlich hinter den professionellen Lösungen her – vom hohen Preis infolge des Verbrauchs teurer Druckertinte ganz zu schweigen.
- **Ein Diashowprogramm:** Für die professionelle Diashow unter Windows nutzen Sie entweder die im *Explorer/Bilder* eingebaute Diashow oder Sie verwenden *Google Picasa*.

Was muss man können...

Bildbearbeitung am PC ist mittlerweile kinderleicht. Für komplizierte Bearbeitungsprojekte (z.B. das Freistellen von Objekten vor einem Hintergrund) empfiehlt sich ein ruhiges (Maus-) Händchen.

Fotos auf den PC übertragen

Zunächst gilt es das Bildmaterial von der Digitalkamera auf den PC zu befördern. Sehr bequem geht das über die USB-Schnittstelle:

1. Schauen Sie zunächst im Handbuch nach, ob für Ihre Kamera spezielle Treiber für die Bildübertragung per USB-Kabel benötigt werden. Ist das der Fall, dann müssen zunächst die Treiber von der beiliegenden CD installiert werden.

Die meisten Kameramodelle benötigen aber speziellen Treiber mehr, Sie können in diesem Fall direkt loslegen:

2. Stellen Sie auf Ihrer Kamera den Bildwiedergabemodus ein und schließen Sie die Kamera mit dem beiliegenden USB-Kabel direkt an den PC an. Beim ersten Anschließen der Kamera erscheint eine Meldung, dass entsprechende USB-Treiber für das verwendete Modell installiert werden.

Achtung: Verwenden Sie für den Kameraanschluss keinen USB-Hub, das geht in der Regel schief.

In den meisten Fällen erscheint nun auf dem Kameradisplay die Nachfrage, welcher Modus zur Übertragung der Bilder verwendet werden soll. Im *Picture Transfer Protocol (PTP)*-Modus wird das Gerät optimal an die Bildimportsoftware des Betriebssystems angebunden, der USB-Modus bietet einen direkten Zugriff auf die Speicherkarte. Wir verwenden im Folgenden den PTP-Modus.

3. Es öffnet sich die automatische Wiedergabe. Wählen Sie dort den Punkt *Bilder und Videos importieren*.

4. Geben Sie der Gruppe der zu importierenden Bilder im nächsten Dialog einen aussagekräftigen Namen. Nach Betätigen des Dialogs startet der Bildimport.

Es empfiehlt sich, die Option *Nach dem Importieren löschen* nicht zu aktivieren. Schließlich könnte beim Bildimport etwas schiefgehen, und die Bilder wären in diesem Fall verloren.

Nach dem Import öffnet sich der Windows-Browser für importierte Bilder und Videos und zeigt Ihnen das importierte Bildmaterial (Abbildung 28.1). Sie haben zunächst die Gelegenheit, Bilder zu sichten, zu drehen und ggf. auch zu löschen. Beim Drehen eines Bildes schreibt das Betriebssystem eine entsprechende Metainformation in das Verzeichnis, sodass die Bilder beim Kopieren des kompletten Verzeichnisses auf ein anderes Medium stets in der richtigen Orientierung dargestellt werden. Das Drehen und Sortieren können Sie aber später auch noch in Google Picasa vornehmen.

Sollte es Probleme beim Import der Bilder geben, so könnten falsch installierte Kameratreiber die Ursache sein. In diesem Fall können Sie die Bilder einfach per USB-Cardreader übertragen. Entnehmen Sie der Kamera den Speicherchip und stecken Sie diesen in einen der im Handel erhältlichen

Multicardreader, die mittlerweile für wenige Euros erhältlich sind. Die Fotos erreichen Sie dann unter Windows über den Ort *Computer*. Halten Sie dort Ausschau nach einem neuen externen Laufwerk. Sie können das Bildmaterial von dem Laufwerk, das die Speicherkarte repräsentiert, per Drag&Drop in ein lokales Verzeichnis Ihrer Wahl kopieren.

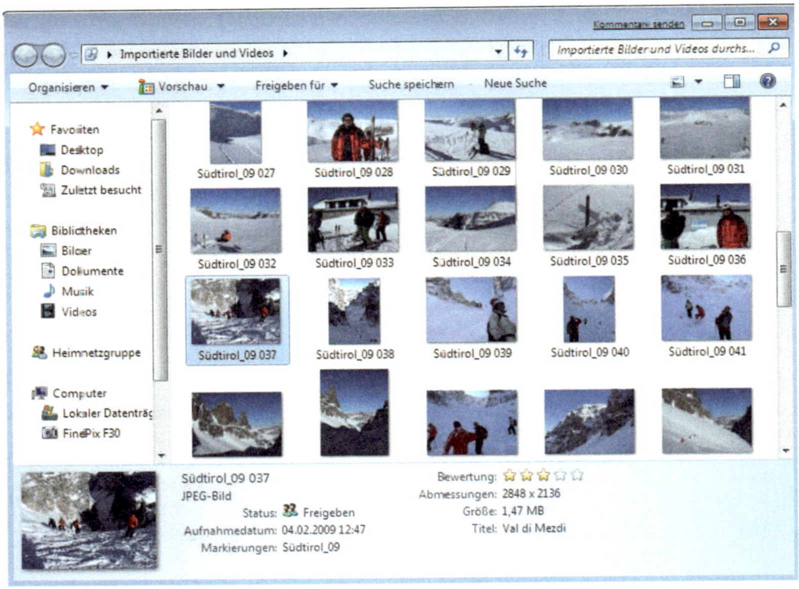

Abbildung 28.1: Importierte Bilder im Windows-Explorer. Sie haben dort die Möglichkeit, die Bilder mit Bewertungen zu versehen

Bilderverwaltung mit Google Picasa

Ein hervorragendes Allzwecktool zur Bilderverwaltung und -bearbeitung kommt vom Suchmaschinenbetreiber Google und heißt *Picasa*. Mit Picasa können Sie Ihre Digitalfotos bequem verwalten, bearbeiten, drucken, auf CD/DVD brennen oder auch entwickeln lassen.

1. Laden Sie das Programm Picasa von `picasa.google.de` herunter und installieren Sie es durch Anklicken der Datei. Wählen Sie bei der Installation die vorgeschlagenen Standardoptionen aus.

2. Beim ersten Start des Programms bietet Picasa an, Ihren Computer entweder vollständig nach Bildern oder nur das Verzeichnis *Eigene Dateien* sowie den *Desktop* zu durchforsten. Wählen Sie die für Sie zutreffende Option. Hinweis: Sie können die Ordnerauswahl später noch über den Menüpunkt *Tools/Ordnermanager* feintunen.

3. Abschließend wird nachgefragt, ob Picasa zukünftig als Standardfotoviewer verwendet werden soll. Das ist Geschmacksache, probieren Sie Picasa ruhig einmal als Viewer aus. Wenn Ihnen das Programm nicht gefällt, können Sie die Bildanzeige über den Menüpunkt *Tools/Photo Viewer konfigurieren* im Picasa-Programmmenü jederzeit wieder auf die Standardeinstellung zurücksetzen.

Picasa importiert nun alle Bilder, die im vorgegebenen Pfad gefunden werden. Die Bilder werden nach Erstellungsdatum und Ordner sortiert. Das Picasa-Hauptfenster gliedert sich in folgende Bereiche:

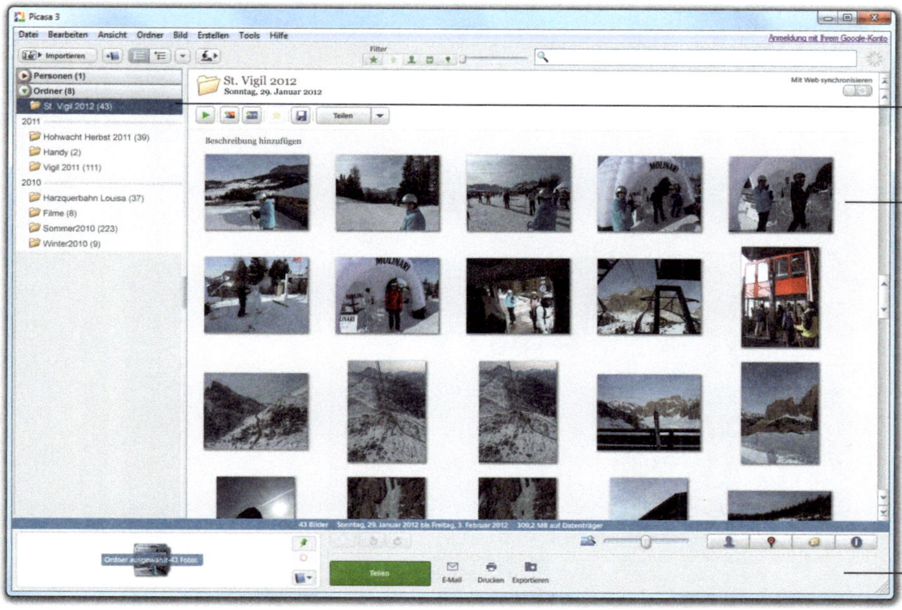

Im Ordnerbrowser auf der linken Seite wechseln Sie in die thematisch oder datums-orientiert geordneten Bilderverzeichnisse. Sie haben nun Gelegenheit, über *Datei/Neues Album* neue Bildersammlungen bzw. Kollektionen zu erstellen. Aus einer solchen Kollektion können Sie beispielsweise eine Geschenk-CD für Freunde erstellen (*Erstellen/Geschenk-CD erstellen*) oder ein Onlinealbum veröffentlichen. Letzteres ist mit Sicherheit umweltfreundlicher und erreicht darüber hinaus ein größeres Publikum. Gehen Sie dazu folgendermaßen vor:

Bilderalben online zur Verfügung stellen

1. Erstellen Sie ein neues Album über *Datei/Neues Album*.
2. Füllen Sie das Album per Drag&Drop mit Bildern, die Sie gern freigeben möchten.
3. Klicken Sie auf die Schaltfläche *Mit Web synchronisieren*. Sie werden nun aufgefordert, sich mit Ihrem Google-Login anzumelden. Geben Sie den Benutzernamen und das Passwort ein. Sollten Sie noch keinen Google-Zugang besitzen: Dessen Einrichtung ist unter anderem im Kapitel *Das mobile Büro* beschrieben.

Die Fotos werden nun in Ihrem Google+-Account unter der Rubrik *Fotos* zunächst für Sie privat zur Verfügung gestellt. Ein Synchronisationssymbol am entsprechenden Album zeigt, dass dieses nun permanent mit Ihrem lokalen Album abgeglichen wird.

Um das Album auch Ihren Freunden bzw. der Familie zugänglich zu machen, gehen Sie wie folgt vor:

4. Laden Sie (falls nicht schon geschehen) Ihre Freunde ebenfalls zu Google+ ein.
5. Begeben Sie sich per Browser in Ihr Google+-Konto, und zwar in den Bereich *Fotos*. Hier können Sie die Privatsphäre Ihrer Fotos anpassen, indem Sie diese für bestimmte Kreise, oder auch öffentlich freigeben (Abbildung 28.2).

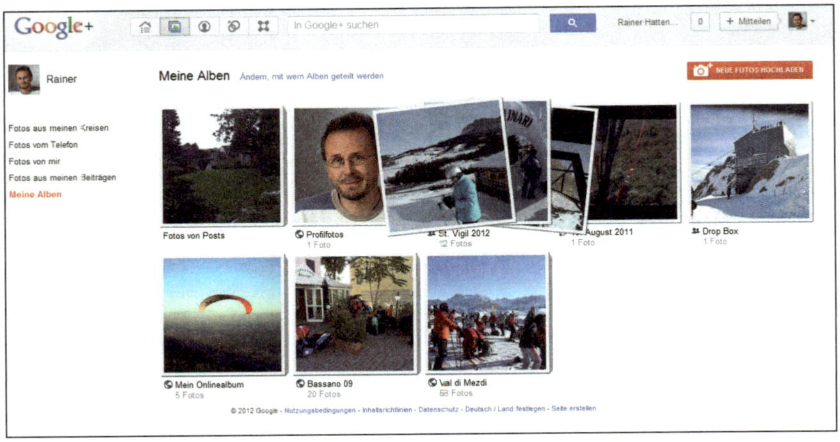

Abbildung 28.2: Per Google+ können Sie die Sichtbarkeit Ihrer Onlinealben anpassen. Folgen Sie dazu einfach dem Link »Ändern, mit wem Alben geteilt werden«

Folgende Aufgaben können Sie außerdem mit Picasa erledigen:

- Vorführen einer Diashow
- Erstellen einer Diashow
- Erstellen einer Fotocollage
- Erstellen einer Filmpräsentation
- Erstellen einer Geschenk-CD
- Auswählen aller Bilder, auf denen ein Gesicht abgebildet ist

Durch Anklicken des roten Markers im unteren Fensterbereich von Picasa können Sie Ihre Fotos mit sogenannten Geotags versehen. Das sind GPS-Daten, die von einem GPS-Empfänger zum Zeitpunkt der Aufnahme registriert wurden. Die getaggten Bilder werden von Picasa automatisch in Google Earth/Panoramio eingebunden. Beachten Sie: Einige moderne Kameras verfügen bereits über eine integrierte Geotagging-Funktion, sodass sich hier diese Prozedur erübrigt.

Bilder mit Picasa bearbeiten

Picasa bietet eine Vielzahl an Bildbearbeitungsmöglichkeiten. Um ein einzelnes Bild bearbeiten zu können, klicken Sie dieses einfach doppelt an. Darauf öffnet sich der Bearbeitungsmodus von Picasa, und Sie finden etliche Optionen zur elementaren Bildbearbeitung wie z.B. das Zuschneiden des Bildausschnitts, den Rote-Augen-Filter sowie etliche Spezialeffekte.

Abbildung 28.3: Die Picasa-Bildbearbeitung bietet Ihnen die gebräuchlichsten Funktionen zur Optimierung Ihrer Schnappschüsse

Die Bearbeitung erfolgt dabei so, wie Sie es von den meisten Bildbearbeitungsprogrammen gewohnt sind, jedoch mit einem kleinen Unterschied: Sie müssen nicht an unzähligen Parametern herumschrauben, um optimale Korrekturen zu erzielen, das Programm macht alles vollautomatisch. Sie brauchen außerdem keine Angst zu haben, dass Ihre wertvollen Originalbilder bei der Bearbeitung zerstört werden: Picasa speichert jede Änderung als interne Kopie ab.

Ein Beispiel zur Bildbearbeitung mit Picasa: Sie möchten die unschönen roten Augen eines mit Blitzlicht fotografierten Menschen auf einem Bild entfernen. Gehen Sie folgendermaßen vor:

1. Öffnen Sie das Bild durch einen Doppelklick im Picasa-Bibliotheksfenster.
2. Wählen Sie im auftretenden Bearbeitungsmenü den Reiter *Allgemeine Optimierungen*, dort die Option *Rote Augen*.
3. Picasa sucht nun automatisch und intelligent im Bild nach roten Augen. Diese werden sofort entfernt (Abbildung 28.4).
4. Durch Anklicken der Schaltfläche *Anwenden* werden die Änderungen schließlich endgültig durchgeführt, und eine korrigierte Kopie des Bildes wird abgespeichert.

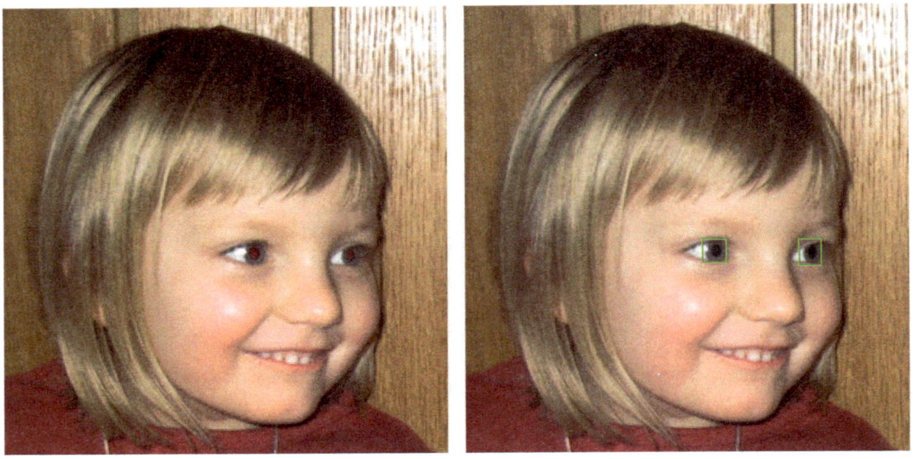

Abbildung 28.4: Picasa korrigiert rote Augen mit einem einzigen Klick

Erstaunlich ist dabei die Präzision, mit der die Roten-Augen-Bereiche im Bild automatisch erkannt werden.

Testen Sie ruhig einmal spielerisch die Retuschiermöglichkeiten und Effekte, die Ihnen die Picasa-Bildbearbeitung bietet. Sollten Sie mit einer Änderung am Bild nicht zufrieden sein, so führen Sie im Bibliotheksbrowser einen Doppelklick auf das betreffende Bild durch. Sämtliche angewendeten Effekte erscheinen in der linken Fensterhälfte im Effektbrowser und können durch Anklicken der entsprechenden Schaltflächen wieder rückgängig gemacht werden.

Bildbearbeitung für Profis: Gimp

Picasa erledigt viele Aufgaben vollautomatisch. Wenn Sie aber tiefer in die Kunst der digitalen Bildbearbeitung eintauchen möchten, dann sei Ihnen das Open-Source-Programm Gimp empfohlen. Gimp glänzt mit einer unerschöpflichen Anzahl von Effekten und Filtern und braucht sich vor Photoshop und Co. nicht zu verstecken. Der nachfolgend vorgeführte Effekt verhilft Ihrem Kind zu einer guten Note im Kunstunterricht, sofern der Lehrer nicht selbst mit den Segnungen der modernen Technik vertraut ist:

1. Laden Sie Gimp in seiner deutschen Lokalisierung vom Server der Computerzeitschrift CHIP herunter (Eingabe in Google: *gimp deutsch chip*) und installieren Sie das Programm durch Doppelklick auf die Installationsdatei.
2. Starten Sie Gimp und öffnen Sie ein Bild über *Datei/Öffnen*. Alternativ können Sie das Bild auch vom Explorer per Drag&Drop in das Gimp-Hauptfenster ziehen.
3. Wählen Sie aus dem Menü des Hauptfensters den Punkt *Filter/Künstlerisch/Ölgemälde*.
4. Belassen Sie es bei den Voreinstellungen im nun auftauchenden Filterkonfigurationsdialog und führen Sie den Filter durch Betätigen der Schaltfläche *Ok* aus. Das Ergebnis kann sich durchaus sehen lassen (Abbildung 28.5).

Abbildung 28.5: Da würde Claude Monet staunen: Gimp verleiht Ihnen die Fähigkeiten der großen Meister

Studieren Sie nun die verschiedenen Möglichkeiten von Gimp auf eigene Faust. Als erste Anlaufstelle bei auftretenden Fragen bietet sich das Gimp-Benutzerhandbuch an (`docs.gimp.org/de`).

Abzüge online anfertigen lassen

Nach der Bildoptimierung geht‘s ins Labor – und das möglichst schnell. Ich persönlich bevorzuge echte Papierabzüge, zumal an den selbst erstellten Abzügen aus dem heimischen Drucker schnell der Zahn der Zeit nagt. Onlinefotoshops gibt‘s wie Sand am Meer, am Einfachsten bestellen Sie Ihre Abzüge direkt aus Picasa heraus.

1. Wählen Sie zunächst das Album bzw. die Bildkollektion aus, welche Sie auf Papier bringen möchten.
2. Klicken Sie in der Werkzeugleiste von Picasa auf *Datei/Abzüge bestellen*. Wählen Sie nun einen der zahlreichen Fotodienste aus (Abbildung 28.6).
3. Sollten Sie für den Onlinefotoshop noch kein Benutzerkonto angelegt haben, so bekommen Sie im nächsten Dialogfenster die Gelegenheit, dies nachzuholen. Klicken Sie dazu einfach auf den Link *Konto anlegen*.

Abbildung 28.6: Picasa ist an eine Vielzahl von Onlinefotoshops angebunden

Ein Tipp: Das Anlegen des entsprechenden Kontos geht meist schneller, wenn Sie sich direkt per Browser auf die Homepage des Fotohändlers begeben und dort die Registrierung durchlaufen. Picasa aktualisiert zuweilen die Links der Anbieter nicht zeitnah.

4. Loggen Sie sich nach der Registrierung mithilfe des Anmeldedialogs von Picasa beim Onlinefotohändler ein. Nach dem Einloggen lädt Picasa sofort die ausgewählten Bilder zum Fotohändler hoch.
5. Nach Abschluss des Uploads öffnet sich ein Browserfenster, in dem Sie noch einmal Ihren Warenkorb kontrollieren und insbesondere das Abzugsformat festlegen können (Abbildung 28.7). Dort können Sie auch die Liefermodalitäten wählen.
6. Danach gehen Sie zur Kasse, um Ihre Bestellung abzuschließen. Sie erhalten daraufhin eine Versandbestätigungsmail vom Fotoshop.

Abbildung 28.7: Im Onlinefotoshop wählen Sie das Format der Abzüge aus

Ein persönliches Geschenk: das Fotobuch

Sie suchen nach einem persönlichen Geschenk für Ihre Lieben? Dann bietet sich ein Fotobuch an! Damit können Sie Ihren Aufnahmen einen persönlichen Anstrich verpassen. Auf diesem Sektor hat sich unter anderem der Anbieter CEWE einen Namen gemacht. Gehen Sie zur Erstellung eines Fotobuchs folgendermaßen vor:

1. Sollten Sie Ihre Bildkollektion für das Fotobuch in Picasa erstellt haben, so exportieren Sie diese zunächst in einen eigenen Ordner (Bilder auswählen, Schaltfläche *Exportieren* betätigen).
2. Laden Sie die Fotobuchsoftware (erhältlich für Windows, Mac OS und Linux) von `www.cewe-fotobuch.de` herunter und installieren Sie das Programm.
3. Starten Sie das Programm und wählen Sie zunächst das Ihnen genehme Format für das Fotobuch.

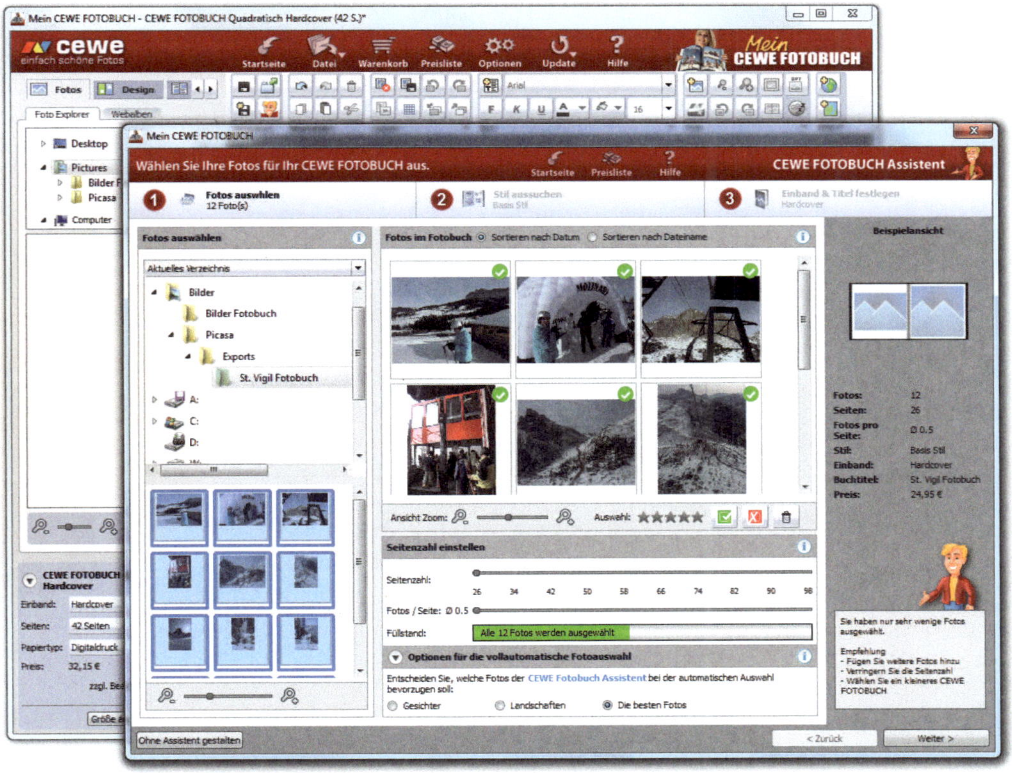

Abbildung 28.8: Ein Assistent führt Sie durch die einzelnen Schritte zur Erstellung des Fotobuchs

Ein Assistent führt Sie nun durch die einzelnen Schritte zur Erstellung des Fotobuchs. Dabei fügen Sie Bilder von der Festplatte dem Fotobuch hinzu, und der Assistent kümmert sich um das Layout. Lediglich die Texte müssen von Ihnen ergänzt werden. Wer mag, kann auch alles manuell gestalten und das Arrangement der Bilder selbst vornehmen.

4. Das fertige Fotobuch kann schließlich wie gewohnt online in Auftrag gegeben werden.

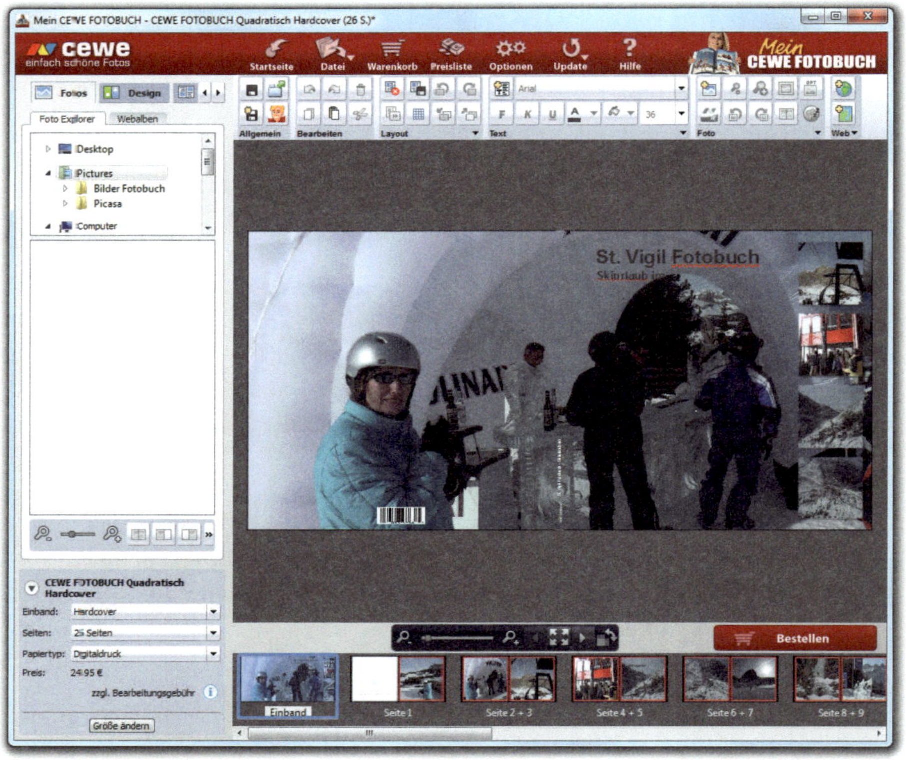

Abbildung 28.9: Der Vorschlag des Assistenten kann noch nachträglich bearbeitet werden

Damit sollten Sie den kompletten Workflow vom Drücken des Auslösers bis zum Abholen der fertigen Bilder bzw. des Fotobuchs aus dem Briefkasten im Griff haben.

NetTags

- download picasa
- anleitung picasa
- download gimp deutsch
- handbuch gimp
- vergleich online fotoshops
- fotobuch anbieter

PICASA
Rote Augen Geotags
Fotobuch Kontrast
schärfen verkleinern
GIMP

29 Digitaler Videoschnitt

Mittlerweile verfügt fast jede Fotodigitalkamera und jedes Smartphone über die Möglichkeit, Videos aufzuzeichnen – Grund genug, das folgende Kapitel der Nachbearbeitung und dem Export von Videos zu widmen.

Codec

Würde man das digitale Filmmaterial während der Aufzeichnung nicht komprimieren, so müssten Sie für Ihre Aufzeichnungen diverse Terabyte-Festplatten mit sich herumschleppen. Die Coder-Decoder-Software (kurz: *Codec*) sorgt für die Kompression des Videomaterials beim Abspeichern und für die Dekompression bei der Wiedergabe.

MJPEG

Das *Motion JPEG*-Verfahren wird gern bei der Codierung von Filmsequenzen in digitalen Videokameras verwendet.

AVCHD

Wer's etwas höher aufgelöst mag, verwendet einen Codec, der in der Lage ist, mit Auflösungen jenseits der PAL-üblichen 720 x 576 Bildpunkte aufzuzeichnen. Darüber hinaus sollte das Datenmaterial ausreichend stark komprimiert werden, um wertvollen Speicherplatz auf dem mobilen Speichermedium zu sparen. Das gelingt mit dem *Advanced Video Codec High Definition*. Übliche Auflösungen sind hier HD (1280 x 720 Bildpunkte) und Full HD (1920 x 1080 Bildpunkte).

Es geht nichts über Konserven der Urlaubs- und Jugenderinnerungen in Gestalt von bewegten Bildern. So kann sich meine Familie bis zum heutigen Tage an den verkratzten Super-8-Filmen erfreuen, die mein Vater seinerzeit von den verschiedensten wichtigen und weniger wichtigen Ereignissen des Familienlebens angefertigt hat. Eines aber habe ich selbst noch schmerzhaft in Erinnerung: das Schleppen der voluminösen Kameraausrüstung, wenn es z.B. darum ging, die unvergleichliche Tourenskiabfahrt in den Alpen oder den Segeltörn im Mittelmeer auf Celluloid zu bannen. Wie einfach hat es dagegen der Hobbyfilmer des 21. Jahrhunderts: Die Kameraausrüstung steckt im Smartphone oder in der zigarettenschachtelgroßen Digitalkamera – stets griffbereit, um jedwede Action sofort zu verewigen.

Der Schnitt des Videomaterials hat sich ebenfalls grundlegend geändert: Heute wird kein Film mehr mit der Schere geschnitten. Die digitalen Schnipsel werden vielmehr im Storyboard eines modernen Schnittprogramms aneinandergereiht, geschnitten und mit hübschen digitalen Effekten versehen, die selbst Steven Spielberg vor Neid erblassen lassen.

Dem heimischen Publikum wird das Endergebnis in Form einer DVD oder sogar Blu-ray Disc mit ausgefeiltem Menü präsentiert. Wer meint, ein größeres Publikum ansprechen zu müssen, der lädt sein Material bei YouTube hoch und wartet auf den Anruf aus Hollywood. Das folgende Kapitel nimmt Sie für die ersten Schritte auf dem Gebiet der Videoproduktion an die Hand.

Was braucht man...

- **Eine Digitalkamera/ein Smartphone mit Videoaufzeichnungsmodus:** Es muss keine spezialisierte Videokamera sein: Mittlerweile bieten auch *digitale Fotokameras*, ja sogar aktuelle *Smartphones* ausreichende Videoqualität an. Einige Profifilmer nutzen mittlerweile die Videofunktion digitaler Spiegelreflexkameras als Videoquelle. Freizeitsportler bedienen sich darüber hinaus sogenannter »wearable Cams«, in der Regel Helmkameras wie GoPro Hero oder ContourHD.
- **Videoschnittsoftware:** Oft ist es notwendig, das Material, welches die Kamera liefert, weiterzubearbeiten. Hierzu bedient man sich eines Videoschnittprogramms wie z.B. dem *AVS Video Editor*, siehe dazu `www.avs4you.com/de/`.[1] Auf dieser Seite finden Sie auch Links zu Videotutorials (leider nur in englischer Sprache verfasst).
- **Authoringsoftware:** Wer sein Material zur einfachen Vorführung auf DVD oder Blu-ray Disc brennen möchte, benötigt eine *Authoringsoftware*. Damit werden unter anderem Menüs und Kapitel erstellt, und das fertige Ergebnis wird auf den Rohling befördert. Hierfür können Sie das Programm AVS DVD Authoring verwenden, welches Sie ebenfalls als Testversion auf `www.avs4you.com/de/` finden.
- **Einen Account bei YouTube:** Lassen Sie die Welt an Ihren Abenteuern teilhaben: YouTube ist die größte Videothek der Welt – erstellt von Privatanwendern für Privatanwender.

Was muss man können...

Während die Bearbeitung von digitalem Fotomaterial auch von Einsteigern zu bewältigen ist, stellt das Schneiden von Videomaterial und das Mastern von DVDs bzw. Blu-ray Discs schon höhere Ansprüche an den Anwender. Das gilt umso mehr, wenn Sie hochaufgelöstes Material weiterverarbeiten wollen. In diesem Fall empfiehlt es sich, einen leistungsfähigen Rechner mit Mehrkernprozessor zu verwenden, denn die Transcodierung von hochaufgelösten Videos zum Export des Materials ist sehr rechenintensiv.

1 Das Komplettpaket sämtlicher AVS-Media-Programme kostet derzeit 59,– US-Dollar, der Europreis variiert mit dem aktuellen Kurs. Sie erwerben mit dem Komplettpaket eine lebenslange Updategarantie.

Videos auf den PC übertragen und sichten

Sie haben eine digitale Fotokamera mit eingebauter Videofunktion, einen Camcorder oder ein Smartphone. Nun sollen die ersten Aufnahmen auf den PC befördert und anschließend bearbeitet werden.

1. Erkunden Sie zunächst die Bedienungsanleitung des Geräts und installieren Sie ggf. Spezialsoftware zur Übertragung bzw. zur Wiedergabe des Filmmaterials.
2. Schließen Sie das Gerät an den PC an und warten Sie, bis es vom Betriebssystem erkannt wird.

Aktuelle Systeme wie z.B. Windows 7 starten sofort nach der Erkennung des Geräts einen Assistenten, der Ihnen dabei hilft, das Bild- bzw. Videomaterial auf den PC zu übertragen. In jedem Fall funktioniert das problemlos mit der beiliegenden Software des Herstellers. Die meisten Geräte im Heimanwenderbereich werden heute per USB-Schnittstelle an den PC angeschlossen, im Profibereich findet man Videokameras mit FireWire-Anschluss.

3. Übertragen Sie das Filmmaterial entweder mit dem Assistenten des Betriebssystems oder mit der Software des Herstellers (Abbildung 29.1). Letzteres bietet sich an, wenn das Filmmaterial in einem neueren Kompressionsformat vorliegt.

Die nachfolgend verwendete Kamera speichert die Videos im Format *AVCHD Lite*. Der entsprechende Codec ist nicht im Betriebssystem integriert. Zur ersten Sichtung des Materials bietet sich die Installation des VideoLAN Media Players *vlc* an (`www.videolan.org`), der mit nahezu allen aktuellen Codecs umgehen kann.

Nachdem das Material auf den Rechner befördert wurde, geht es an den Schnitt und das Zusammenfügen von einzelnen Filmteilen.

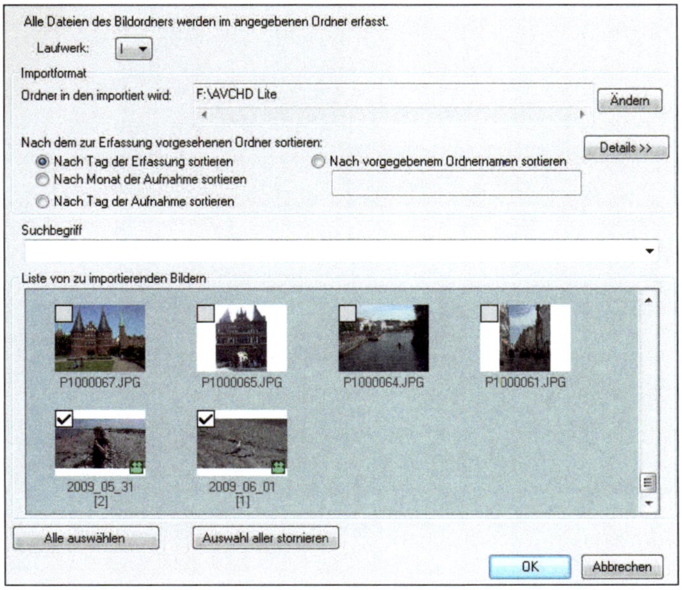

Abbildung 29.1: Der Import des zu bearbeitenden Videomaterials erfolgt idealerweise mit der beiliegenden Software des Kameraherstellers. Dadurch ist sichergestellt, dass auch weniger gebräuchliche Videocodecs vom Betriebssystem erkannt werden

Das Videomaterial schneiden

Die erste Sichtung und der Schnitt des Materials erfolgen entweder mit der Software des Kameraherstellers oder einer Alternativsoftware, die in der Lage ist, mit dem verwendeten Codec umzugehen. Zur Demonstration des Videoschnitts verwende ich nachfolgend das Programm *AVS Video Editor*, welches Sie unter `www.avs4you.com/de/` in Form einer Demoversion herunterladen können. Die Demoversion ist voll funktionsfähig, allerdings wird das später exportierte Material mit einem Schriftzug des Herstellers versehen. Wer die Vollversion des Programms erwerben möchte, bei der die exportierten Videos frei von dem erwähnten Schriftzug sind, muss ca. 50,– € investieren. Damit erwirbt man eine unbegrenzte Lizenz für sämtliche von AVS4You vertriebenen Produkte, unter anderem auch ein DVD-Authoringprogramm, das später noch eingesetzt wird.

1. Starten Sie den Videoeditor und importieren Sie die zu schneidenden Videosequenzen durch Betätigen der Schaltfläche *Mediendateien laden*. Wählen Sie über den Dateimanager die zu importierenden Dateien aus.

2. Ziehen Sie den Film oder die Filmsequenzen in der gewünschten Reihenfolge auf die Linie für das Hauptvideo.

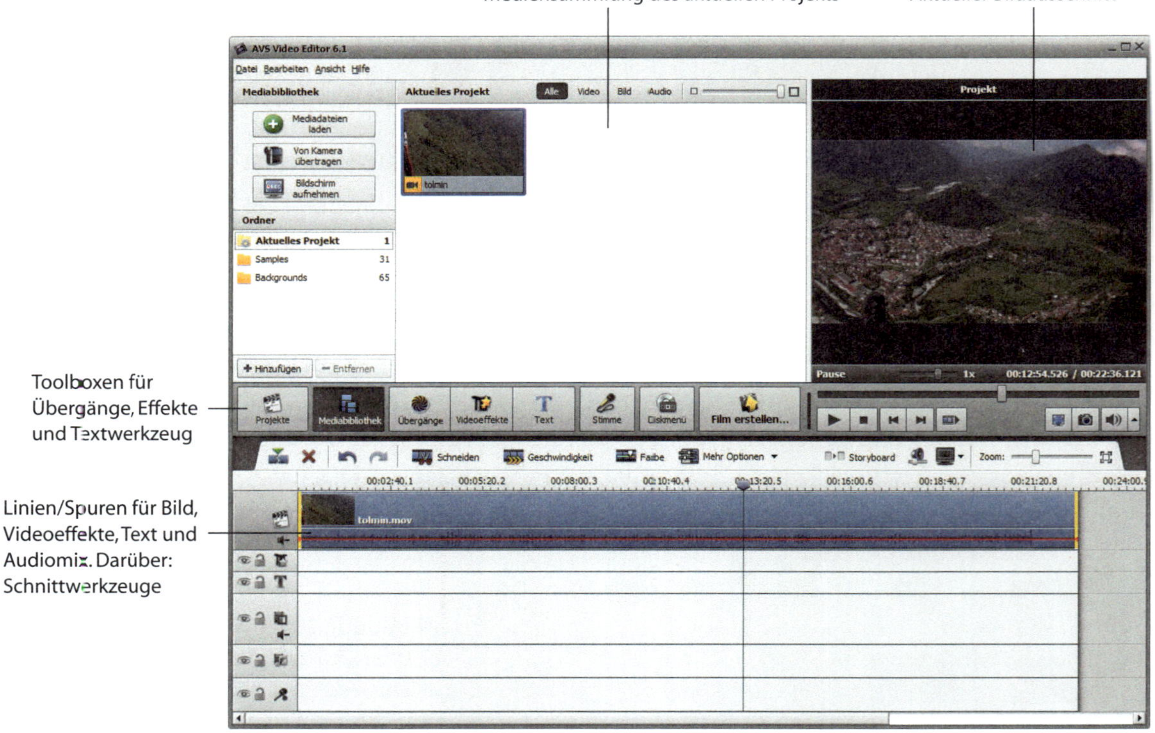

Ein Schnitt lässt sich am einfachsten folgendermaßen durchführen:

1. Teilen Sie den Film am Anfang der herauszuschneidenden Sequenz mithilfe der Schaltfläche *Objekt an aktueller Cursorposition aufteilen* auf. Teilen Sie anschließend den Film am Ende der Sequenz auf. Das Material ist nun in drei Teile gesplittet. Klicken Sie auf die zu entfernende Sequenz und betätigen Sie die `Entf`-Taste – fertig.

Alternativ können Sie auch das im Programm integrierte Schnittwerkzeug folgendermaßen verwenden:

2. Wählen Sie durch Anklicken die Szene aus, die Sie schneiden möchten. Betätigen Sie den Knopf *Schneiden* und wählen Sie mithilfe der Markierer den Bereich aus, der **bestehen bleiben soll** (Hotkeys für die Markierer: `Alt`+`L` für den linken Rand und `Alt`+`R` für den rechten Rand, Abbildung 29.2.). Führen Sie den Schnitt schließlich durch Betätigen von *OK* durch.

Und keine Angst: Wenn Sie sich einmal »verschnitten« haben, können Sie dies jederzeit durch die Tastenkombination `Strg`+`Z` widerrufen. Das gilt im Übrigen für alle Aktionen, die innerhalb des Schnittprogramms durchgeführt wurden.

Abbildung 29.2: Beim Schnitt bleibt der Bereich übrig, der mit den Markern begrenzt wurde

Nachdem Sie nun das Material geschnitten haben, können Sie es durch Übergänge zwischen den Szenen ein wenig aufpeppen.

Übergänge, Effekte und Vertonung

1. Teilen Sie den Film an der Stelle wie oben beschrieben auf, an der Sie einen Übergang wünschen.
2. Wechseln Sie in den *Storyboard*-Modus, um einen besseren Überblick bezüglich der Schnittstellen zu erhalten.
3. Wählen Sie aus der Toolbox *Übergänge* einen interessanten Übergang aus und ziehen Sie diesen auf das Feld zwischen die erste und zweite Szene.
4. Begutachten Sie den Übergang, indem Sie den Film an der entsprechenden Stelle wiedergeben (Abbildung 29.3).

Abbildung 29.3: Der Videoeditor bietet eine Vielzahl spektakulärer Szenenübergänge, die im »Storyboard«-Modus einfach per Drag&Drop an die Schnittstellen gezogen werden

5. Um einem Filmbereich einen bestimmten Effekt hinzuzufügen, ziehen Sie diesen aus der Toolbox *Videoeffekte* auf die Videoeffektleiste.

Abbildung 29.4: Effekte und Texte werden ebenfalls per Drag&Drop zur Videoeffektleiste hinzugefügt. Dies geschieht idealerweise im »Timeline«-Modus, damit die Länge des Effekts besser angepasst werden kann

Fehlt nur noch ein knackiger Soundtrack. Dazu wechseln Sie in den Bereich *Mediabibliothek* und importieren dort ein entsprechendes Musikstück per Drag&Drop aus der Medienbibliothek Ihres PCs. Hier ist allerdings Vorsicht geboten: Planen Sie, den fertigen Film später auf YouTube und Co. zu veröffentlichen, so sollten Sie es tunlichst vermeiden, Kaufmusik aus iTunes etc. zu verwenden. Ihr

Video würde evtl. später aufgrund von Rechtekonflikten mit der GEMA gesperrt werden. Als Alternative bietet sich freie Musik an. Eine Liste von Websites, die sogenannte *Creative Commons*-Musik anbieten, finden Sie auf `http://creativecommons.org/legalmusicforvideos`.

6. Ziehen Sie das gewünschte Musikstück aus dem Medienbereich des Schnittprogramms auf die Tonspur (Abbildung 29.5). Sie haben nun noch die Möglichkeit, die rot markierte Hüllkurve der Musik, also deren Lautstärke, in den einzelnen Bereichen anzupassen. Außerdem können Sie das Musikstück ähnlich wie das Videomaterial aufteilen und schneiden.

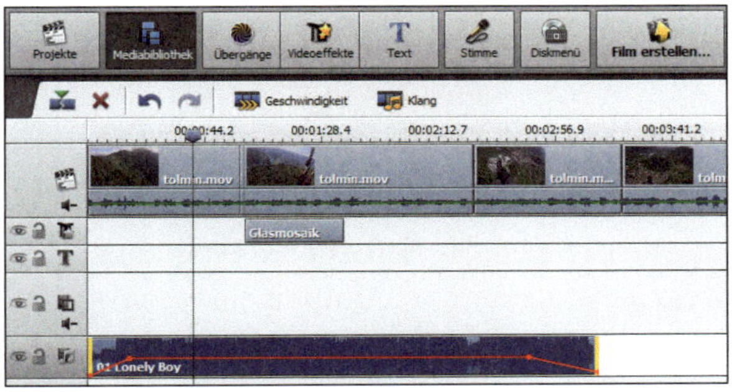

Abbildung 29.5: Die musikalische Untermalung wird einfach auf die Tonspur gezogen. Durch Doppelklick auf die rote Linie können Ein- bzw. Ausblendemarken gesetzt werden

Experimentieren Sie nun selbst mit den Möglichkeiten des Programms. Sie werden feststellen, dass Sie schon nach kurzer Zeit die wesentlichen Techniken der Filmbearbeitung beherrschen.

Den fertigen Film exportieren

Sie haben Ihr erstes filmisches Meisterwerk erstellt und möchten es veröffentlichen?

1. Leiten Sie den Export des fertigen Films durch Betätigen der Schaltfläche *Film erstellen* in die Wege.
2. Wählen Sie im folgenden Dialog aus, auf welchem Medium Ihr Werk publiziert werden soll. Als Exportmöglichkeiten stehen *Datei* (Export in eine Datei), *Disk* (Export im DVD-/Blu-ray-Format), *Gerät* (Export für iPod) oder *Web* (Export für YouTube etc.) zur Verfügung.
3. Wählen Sie schließlich das entsprechende Profil für den Export aus (Abbildung 29.6).

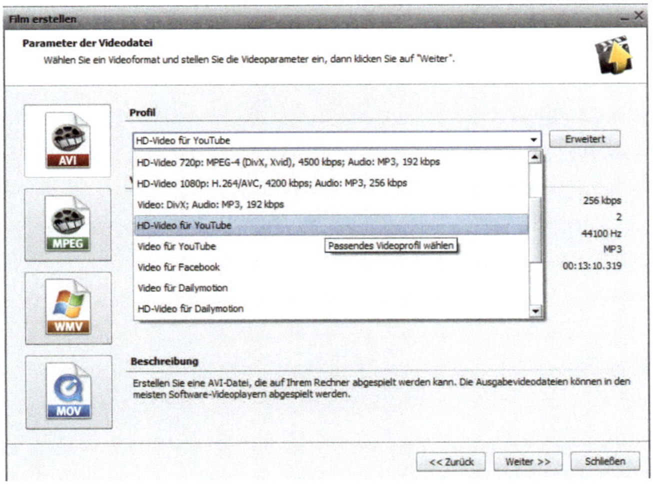

Abbildung 29.6: Das Profil für den Videoexport wird dem Verwendungszweck entsprechend ausgewählt. Über die Schaltfläche »Erweitert« finden Profis noch weitere Möglichkeiten zum Feintuning

4. Im letzten Schritt werden schließlich der Name der Datei und der Ort, an dem sie gespeichert werden soll, definiert. Mittels *Erstellen* wird die Konvertierung gestartet.

Dies ist übrigens der Punkt, an dem es wirklich lohnt, über die Anschaffung eines leistungsfähigen Mehrkernrechners nachzudenken: Dieser erledigt die Codierung von Videomaterial besonders schnell, wenn die Software auf diesen Plattformtyp abgestimmt wurde. Das ist z.B. beim freien Encodierprogramm *Handbrake* der Fall.

DVDs mastern[2]

Im Prinzip können Sie das Videoschnittprogramm veranlassen, den fertig bearbeiteten Film in einer DVD-konformen Struktur abzuspeichern. Diese lässt sich dann anschließend mit Brennprogrammen wie *CDBurnerXP* (vgl. *Sicher unterwegs im Internet*) auf einen DVD- oder Blu-ray-Rohling brennen. Schöner ist es aber, wenn man sich eine DVD mit einem ausgefeilten Menü selbst zusammenstellt. Dazu verwenden Sie ein DVD-Authoringprogramm. Dieses finden Sie in Form des Programms *AVS DVD Authoring* (Abbildung 29.7) ebenfalls auf `www.avs4you.com/de/`. Mithilfe eines Assistenten gelangen Sie in wenigen Schritten zur ersten professionell anmutenden DVD.

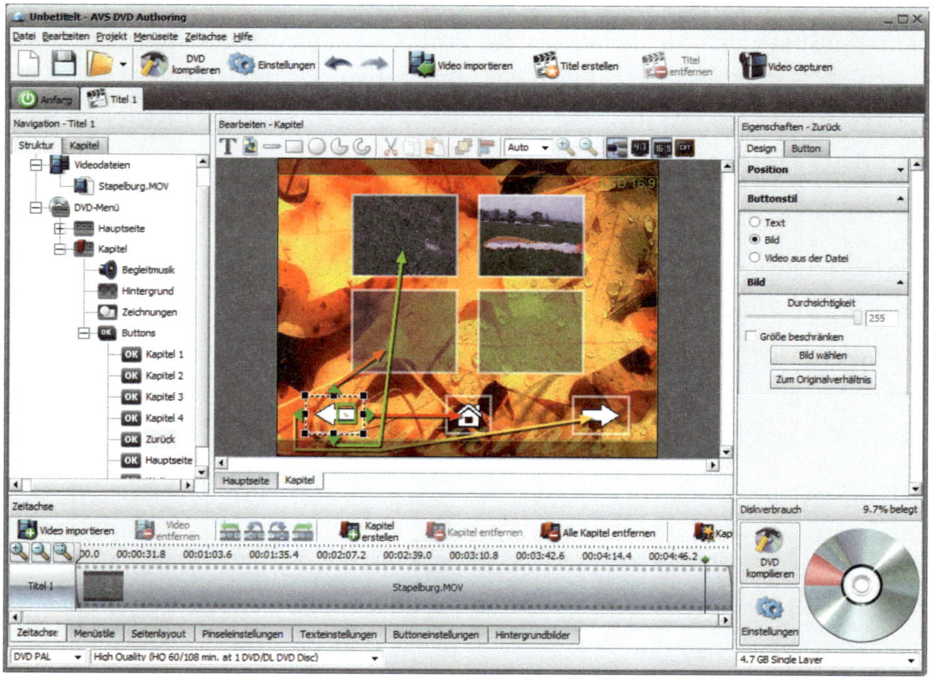

Abbildung 29.7: Mithilfe eines Authoringprogramms legt man die Menüstruktur der DVD bzw. Blu-ray Disc fest

2 Zugegeben: In Zeiten von YouTube und Facebook mutet die Weitergabe von Videomaterial auf DVD beinahe schon antiquiert an.

Videos auf YouTube hochladen

Möchten Sie Ihr fertiges Video schließlich der Webciety zur Verfügung stellen, besorgen Sie sich einen Account bei `youtube.de` oder nutzen Sie dort alternativ Ihr Google-Konto. Das Hochladen des Videos ist in wenigen Schritten erledigt:

1. Loggen Sie sich bei YouTube mit Ihren Accountdaten ein.
2. Betätigen Sie nach dem Login die Schaltfläche *Video hochladen* und wählen Sie mithilfe des sich öffnenden Dateimanagers die Videodatei aus, die Sie hochladen möchten.
3. Laden Sie das Video schließlich hoch und versehen Sie es mit Kommentaren und Stichworten, die das Finden für andere Anwender erleichtern. Äußerst bequem geht das Hochladen übrigens mit dem *AVS YouTube Uploader*.

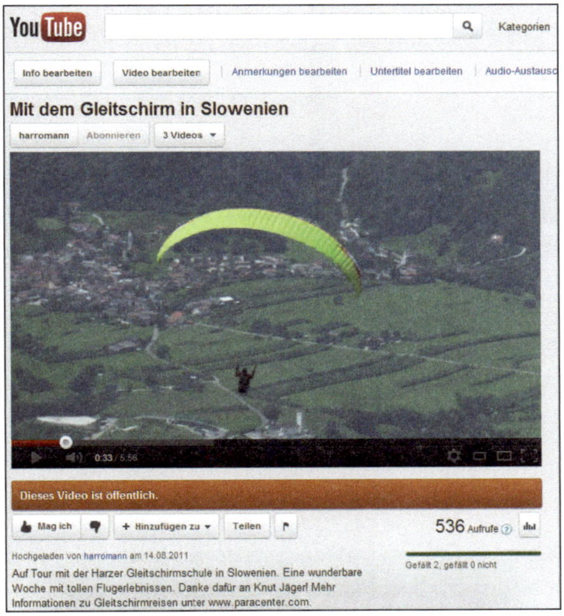

Abbildung 29.8: Das fertige Video kann mit dem AVS YouTube Uploader schnell auf YouTube publiziert werden

Fertig! Damit wäre der Grundstein für Ihre Karriere als international anerkannter Regisseur gelegt.

NetTags

- übersicht video codecs
- vergleich videoschnitt programme
- anleitung dvd mastern
- video bei youtube hochladen
- tutorial »Name des Videoschnittprogramms«
- creative commons musik

AVCHD VIDEO Authoring DVD SCHNITT MJPEG AVS Blu-ray

30 Der PC als Videothek

Mit wenig Aufwand verwandeln Sie Ihren PC in ein Fernsehgerät – mit der Option, sämtliche Sendungen auch noch in digitaler Qualität aufzeichnen zu können. Und wer auf zusätzliche Hardware am PC verzichten möchte: Die großen Filmverleihe und Fernsehanstalten haben längst das Internet als Vertriebskanal entdeckt.

DVB

Das moderne Fernsehen kommt in digitaler Form daher: *Digital Video Broadcasting* (DVB) kann über Kabel (DVB-C), Satellit (DVB-S) oder über Zimmerantennen (DVB-T) empfangen werden.

HDTV

Das *High Definition TV* bietet TV-Inhalte in höherer Auflösung (bis zu 1920 x 1080 Bildpunkte).

IPTV

IPTV bezeichnet die Übertragung von Fernsehinhalten über Datennetze. Wenn bei Ihnen also YouTube die gute alte Flimmerkiste ersetzt, dann gehören Sie bereits zur Technikavantgarde, die sich dieses Verfahrens bedient.

Als Kind lebte ich im Tal der Ahnungslosen. Wenige Fernsehsender drangen bis in unser kleines Dorf vor: ARD, DDR1 und DDR2, mit viel Glück manchmal auch das ZDF. Stand eine wichtige Fußballübertragung auf dem ZDF an, dann wurde die Dachantenne so lange justiert, bis man im wilden Rauschen auf der Glotze zumindest die Spieler der eigenen und der gegnerischen Mannschaft voneinander unterscheiden konnte.

Welch ein Luxus dagegen im Digitalzeitalter: Sie können zwischen Hunderten digitaler Sender mit gestochen scharfem Bild wählen, und wenn Ihnen Netzer und Delling als Kommentatoren nicht passen, dann schalten Sie eben kurzerhand auf Eurosport zum selben Spiel um.

Auch die Aufzeichnungstechnik hat sich grundlegend geändert: Die alten verrauschten VHS-Videos sind vom Markt verschwunden und wurden durch selbst gebrannte DVDs oder Blu-rays ersetzt, die das TV-Material ohne Qualitätsverlust konservieren können. Im Zeitalter der Terabyte-Festplatten muss man auch keine Angst mehr vor Überziehungen haben: Soll der spannende Spätfilm aufgezeichnet werden, dann programmiert man die Aufzeichnung einfach mit einem großzügigen Nachlauf von ein bis zwei Stunden.

Genial ist die Möglichkeit, digitale Fernsehaufzeichnungen bildgenau schneiden zu können: Dadurch lässt sich der Blockbuster im Handumdrehen von lästigen Werbepausen befreien und anschließend ohne Unterbrechung für den späteren Konsum speichern.

Unsere Fernsehgewohnheiten werden sich in naher Zukunft radikal verändern: Vorbei sind die Zeiten, in denen man sehnsüchtig auf die nächste Werbepause warten musste, um das stille Örtchen oder den Kühlschrank zwecks Biernachschub aufzusuchen. Videoinhalte können im Internetzeitalter an beliebiger Stelle gestoppt werden. Die globale Videothek hat sieben Tage in der Woche rund um die Uhr geöffnet, und dabei ist eine Vielzahl der Angebote völlig kostenlos. Freilich muss das Ganze irgendwie finanziert werden – daher findet man bei frei im Internet publizierten Serien und Spielfilmen auch Werbeblöcke wieder. Deren Konsum kann aber gezielter als im konventionellen TV gesteuert werden.

Im folgenden Kapitel möchte ich Ihnen einen groben Überblick über den Einsatz des PCs als Fernsehgerät geben. Dabei werden Sie mit der Erstellung eigener Fernsehkonserven ebenso vertraut gemacht wie mit dem per Internet erhältlichen Angebot.

Was braucht man...

- **Hardware zum Empfang von Digital-TV:** Die benötigte Hardware hängt von Ihrer Anbindung an das TV-Netz ab. Befinden Sie sich in einer Stadt, die über ein reichhaltiges terrestrisches Digital-TV-Angebot verfügt, so genügt *ein USB-Stick mit DVB-T-Empfänger und Miniantenne*. Wer auf dem Land wohnt, findet eine entsprechende Sendervielfalt nur über Kabel oder Satellit. Die Anbindung an die Schüssel oder das Kabelfernsehen erfolgt in der Regel mit einem USB-Adapter. Derartige Hardware gibt es in unüberschaubarer Vielfalt, sodass ich eine Google-Recherche nach den Begriffen *test dvb hardware pc* empfehle.
- **Software für den Empfang von digitalem Fernsehen:** Windows 7 bietet zwar in den Premium-Versionen die Möglichkeit, über das Windows Media Center Digital-TV-Hardware zu nutzen, ich empfehle Ihnen an dieser Stelle aber die Verwendung der TV-Software *ProgDVB*. Sie finden eine kostenlose Testversion auf `www.progdvb.com`. Zur Darstellung von HDTV benötigen Sie die Vollversion der Software, die Sie für 25,– € auf der gleichen Seite erwerben können.
- **Videoschnitt- und Transcodingsoftware:** Möchten Sie Ihre Aufzeichnungen schneiden, also z.B. von Werbung befreien, und anschließend auf eine DVD/Blu-ray Disc brennen oder für den Einsatz auf iPod und Co. transcodieren, dann benötigen Sie spezielle Software. Hierfür empfehle ich die Videosuite von *AVS4You*, vgl. *Digitaler Videoschnitt*.

- **Für Internetvideos/-mediatheken: einen schnellen DSL-Anschluss:** Videoübertragung kostet Bandbreite. Im Falle von HD-Videos sollten Sie mindestens einen *3000er-DSL-Anschluss* Ihr Eigen nennen, niedrig aufgelöstes Material lässt sich auch schon mit einer 1000er-Verbindung relativ ruckelfrei betrachten.
- **Für Internetvideos/-mediatheken: diverse installierte Plug-ins:** Grundvoraussetzung zum Betrachten der meisten Videoangebote im Browser ist das Flash-Plug-in von Adobe. Möchten Sie das Video-on-Demand-Angebot von Maxdome nutzen, so benötigen Sie das Silverlight-Plug-in von Microsoft. Andere Video-over-IP-Anbieter streamen *H264/MPEG4-Material*, welches am besten mit Apples QuickTime-Plug-in betrachtet wird. Eine Alternative dazu ist der VideoLAN-Client (vlc).

Was muss man können...

Ich müsste lügen, wenn ich behaupten würde, das Thema »PC und Video« wäre mit einigen wenigen Mausklicks zu beherrschen. Die Abstimmung von Hardware und Software für den reibungslosen Workflow zum Basteln einer DVD/Blu-ray bzw. einer transcodierten Datei aus einer Videoaufzeichnung kostet Zeit, manchmal Geld und oft Nerven. Die unten vorgestellten Softwarekomponenten führten bei mir in kürzester Zeit zu einem ansehnlichen Ergebnis.

Zur einfachen Wiedergabe von Streaming- oder Download-Videos, die per Internet angeboten werden, genügen Basiskenntnisse.

TV-Hardware und -Software installieren

Sie haben entweder einen USB-TV-Stick, eine USB-TV-Box oder eine PC-Karte mit integriertem Empfänger erworben.

1. Installieren Sie die Hardware nach den Anweisungen des Herstellers.
2. Prüfen Sie im Windows-Geräte-Manager (Eingabe von *gerätemanager* in das Suchfeld des Startmenüs), ob die Hardware korrekt erkannt wurde.

Sie finden TV-Hardware im Bereich *Audio-, Video- und Gamecontroller* (Abbildung 30.1).

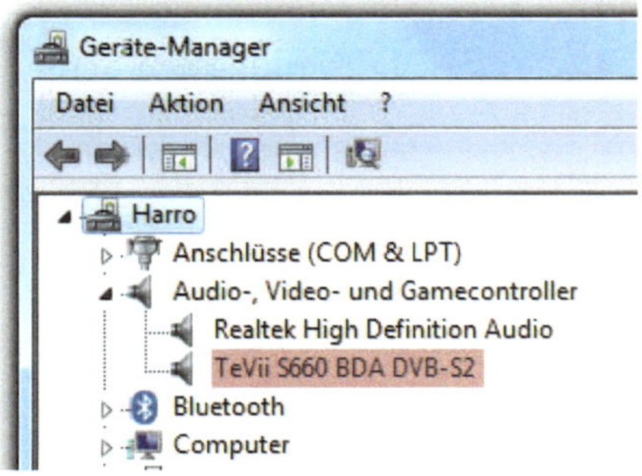

Abbildung 30.1: Die Hardware (in diesem Fall eine USB-TV-Box) wurde korrekt erkannt

3. Begeben Sie sich auf `www.progdvb.com` und laden Sie die Anwendung ProgDVB herunter. Installieren Sie die Anwendung durch Doppelklick über der Installationsdatei.

4. Starten Sie ProgDVB. Zunächst sollten Sie prüfen, ob die Hardware korrekt erkannt wurde. Begeben Sie sich dazu in das Menü *Einstellungen/Geräteoptionen* und wählen Sie dort (falls nicht automatisch richtig erkannt) den korrekten Adapter aus. Sollten Sie Ihr TV-Signal per Satellit empfangen, ist zusätzlich sicherzustellen, dass im Menü *Einstellungen/TV-Sources/LNB* der korrekte Satellit ausgewählt wurde, in Mitteleuropa ist das in der Regel der Astra Satellit auf 19,2°.

Optional können Sie abschließend auch noch einen Senderscan durchführen: Dies geschieht über den Menüpunkt *Senderliste/Sendersuche*. Im Normalfall sind aber die gängigen Senderfrequenzen schon voreingestellt.

Fernsehen am PC

Nachdem Sie sichergestellt haben, dass die Hardware korrekt eingebunden wurde und der Senderscan diverse Sender gefunden hat, ist es an der Zeit, ein erstes TV-Bild auf den Monitor zu zaubern.

1. Starten Sie die TV-Software und prüfen Sie, ob Sie ein Bild erhalten.

Ist das nicht der Fall, so wechseln Sie den Sender:

2. Sie wechseln zwischen den Sendern, indem Sie auf den gewünschten Sendereintrag in der Liste klicken.

Mittlerweile können die meisten Satelliten-TV-Karten auch HDTV empfangen (Abbildung 30.2). Die Senderauswahl im kostenfreien Bereich ist allerdings sehr begrenzt. Wer mehr Auswahl möchte, muss zu Hardware greifen, die sich über einen sogenannten CI-Modulschacht mit einer Smartcard erweitern lässt, die dann den Empfang kommerzieller Sender wie z.B. Premiere gestattet. Dieser Spaß ist allerdings nicht gerade preiswert.

Abbildung 30.2: Hochauflösendes Fernsehen am PC unter ProgDVB. Das Angebot freier, unverschlüsselter HD-Sender ist noch recht überschaubar (© arte.tv)

3. Die meisten TV-Programme bieten die Möglichkeit, Sendungen direkt aus der Applikation heraus aufzeichnen zu können. Führen Sie einen Aufnahmetest mit ProgDVB durch: Dies geschieht über *Dienste/Aufnahme starten*. Die Aufnahme wird durch Betätigen der *Stopp*-Taste im unteren Bereich des Fensters beendet (vgl. Abbildung 30.2).

Das von einem digitalen TV-Sender mitgeschnittene Material liegt meist im MPEG2- oder H264-Format vor. Diese Videocodecs werden in abgewandelter Form auch auf DVDs oder Blu-rays eingesetzt.

Eine Sendung programmieren und aufzeichnen

Mit ProgDVB lassen sich leicht Aufnahmen programmieren. Dazu verwendet man das eingebaute EPG-Modul: Der *Electronic Program Guide* liefert ähnlich einer TV-Zeitung Informationen über das TV-Programm.

1. Starten Sie das EPG-Modul über *Dienste/EPG* und wählen Sie dort eine interessante Sendung durch Anklicken aus. Betätigen Sie anschließend die Schaltfläche *Record/Recording*.

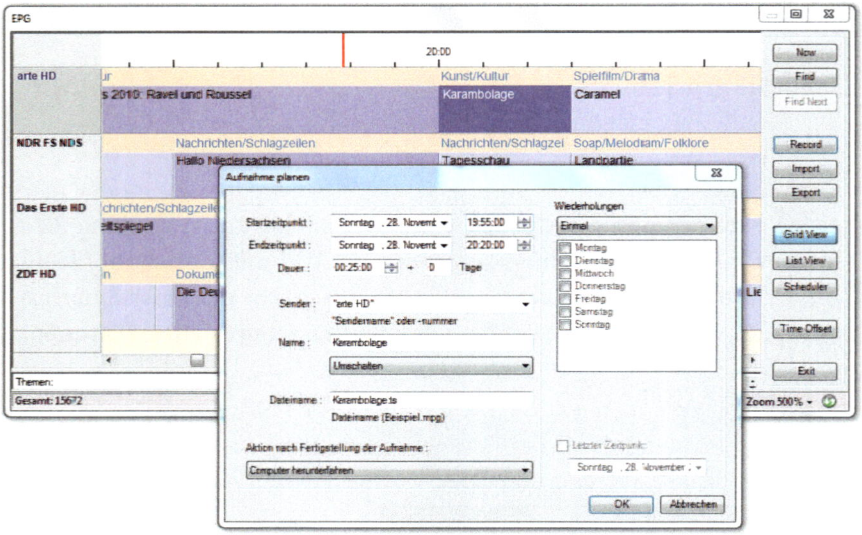

Abbildung 30.3: Die Programmierung einer Aufzeichnung erfolgt bei ProgDVB durch Auswahl der Sendung und Anklicken der Schaltfläche »Record«. Sie haben bei Spätsendungen die Möglichkeit, den PC nach Fertigstellung der Aufnahme automatisch herunterfahren zu lassen

2. Achten Sie darauf, dass der PC während der geplanten Aufzeichnung eingeschaltet ist.

Das Programm selbst muss für die Aufnahme nicht notwendigerweise gestartet sein, das übernimmt dann ein sogenannter Scheduler automatisch. Bei einigen PCs funktioniert die Aufnahme sogar aus dem Standby-Modus heraus.

3. Nach Fertigstellung der Aufzeichnung finden Sie eine MPEG2- oder TS-Datei im Aufzeichnungsordner des Programms. Diesen finden Sie über *Einstellungen/Optionen/Aufnahme* heraus. Sie können hier auch einen eigenen Pfad eintragen und das Format der Aufzeichnung anpassen (Abbildung 30.4).

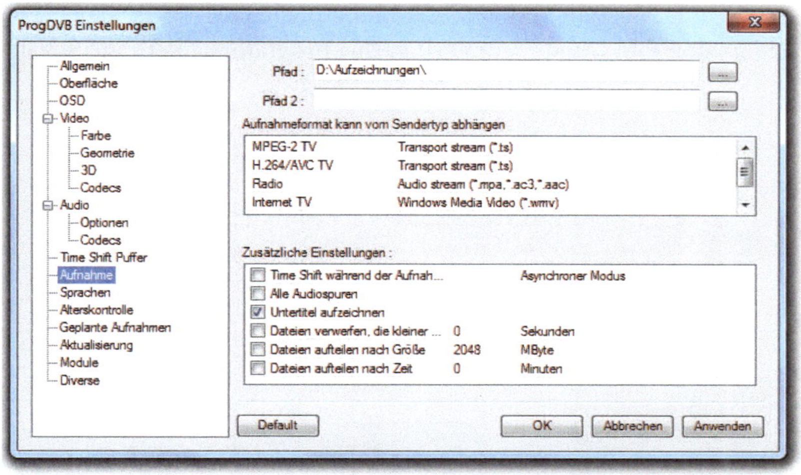

Abbildung 30.4: Im Optionsmenü von ProgDVB können Sie das Aufnahmeformat sowie den Ausgabepfad einstellen. Für die Weiterbearbeitung in der Videoschnittsoftware empfiehlt es sich, es bei den Voreinstellungen zu belassen

Werbung entfernen

Nachdem Sie nun aufgezeichnetes Material auf Ihrem PC vorliegen haben, gilt es dieses zu sichten und ggf. zu schneiden. Dazu gibt es zwei Strategien: Wenn Sie planen, das Material ohnehin am PC weiterzuverwenden, genügt es, mit einem einfachen Werkzeug die Werbeblöcke zu entfernen.[1] Das Material muss in diesem Fall nicht erneut codiert werden. Ich verwende dazu nachfolgend das Werkzeug *AVS Video ReMaker*, welches in der AVS-Videosuite (`www.avs4you.com/de/`) enthalten ist:

1. Sichten Sie das aufgenommene Filmmaterial zunächst in einem Videoplayer wie z.B. VLC oder dem Windows Media Player.

Dabei werden Sie feststellen, dass Spielfilme, die von Privatsendern aufgezeichnet wurden, vor Werbung strotzen.

2. Installieren Sie nun das Programm *AVS Video ReMaker* oder ein gleichwertiges Schnittprogramm.

3. Importieren Sie die Aufzeichnung in Ihr Videoschnittprogramm. Das geht beim AVS Video ReMaker über die Schaltfläche *Datei hinzufügen* oder per Drag&Drop in das Hauptfenster des Programms.

1 Es gibt auch Dienste/Anbieter, die versprechen, anhand von Schnittlisten automatisch die Werbung aus Ihren Aufzeichnungen zu entfernen. Das funktioniert mal mehr, mal weniger gut …

4. Navigieren Sie mithilfe der Markierung zu einer Stelle im Film, an der ein Werbeblock beginnt. Teilen Sie den Film an dieser Stelle auf. Fahren Sie fort an der Stelle, an welcher der Hauptfilm erneut beginnt.

Beachten Sie: MPEG-Videos werden stets an einer Schlüsselbildstelle geschnitten. Der *Video ReMaker* bietet hier zwei Schaltflächen an, die die Navigation von Schlüsselbild zu Schlüsselbild gestattet. Die Schaltflächen erkennt man am Schlüsselsymbol. Außerdem verfügt das Programm über eine Schaltfläche zur Szenenerkennung.

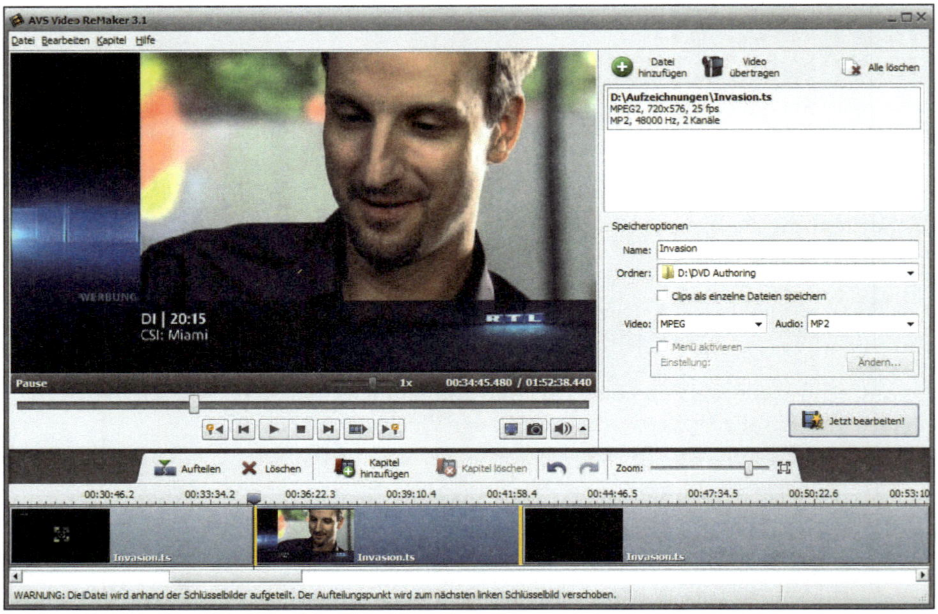

Abbildung 30.5: Das Herausschneiden der Werbeblöcke mit einem Videoschnittprogramm steigert den Filmspaß. Dazu wird der Film in Blöcke aufgeteilt. Die Werbeblöcke werden durch Anklicken und Betätigen der Entf-Taste entfernt

5. Sie können nach erfolgtem Schneiden auch Kapitel vom Programm zur späteren Verwendung in einer DVD-Struktur generieren lassen. Am einfachsten geschieht das über den Menüpunkt *Kapitel/Kapitel automatisch erstellen*.

6. Exportieren Sie das geschnittene Material entweder als MPEG-Datei oder in eine VIDEO_TS/AUDIO_TS-Ordnerstruktur, die später zum Erstellen einer DVD verwendet werden kann.

Beim Mastern einer DVD/Blu-ray sollten Sie auf eine Transcodierung (Umwandlung) des Videomaterials verzichten, es sei denn, Sie möchten etwas an der Auflösung ändern. Das spart Zeit und ist bei dem vorliegenden Programm Video ReMaker automatisch erfüllt.

Sie haben schließlich noch die Möglichkeit, das geschnittene Material weiter als DivX- oder MPEG-4-Video zur Verwendung auf einem mobilen Videoplayer (auch iPhone oder iPod) zu konvertieren. Zu diesem Zweck verwenden Sie entweder den *AVS Video Converter* oder das kostenlos erhältliche Programm *Handbrake* (`handbrake.fr`, Abbildung 30.6). Dieses Tool ist auf die Transcodierung von Videomaterial in Verbindung mit Multicore-Prozessoren optimiert.

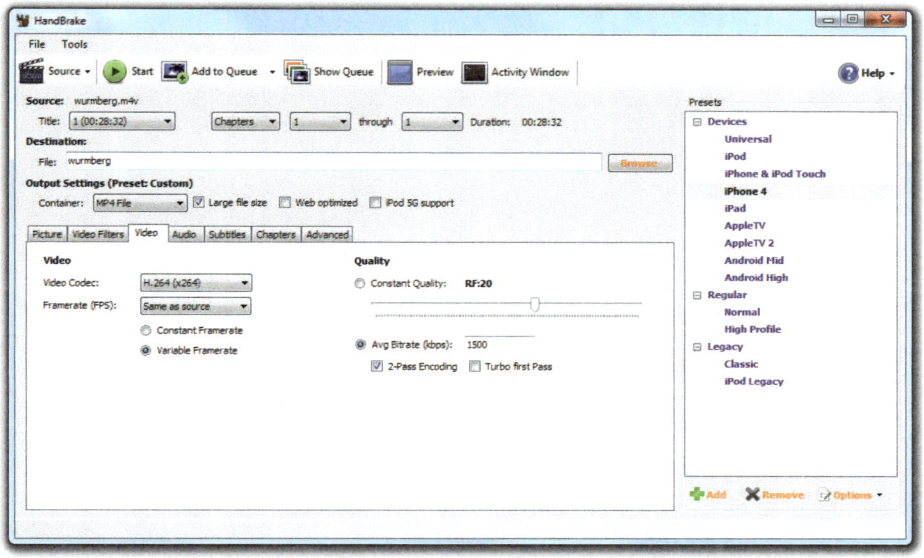

Abbildung 30.6: Handbrake ist bei Experten erste Wahl, um Videomaterial für Plattformen wie beispielsweise das iPhone zu transcodieren

Eine DVD herstellen

Nachdem Sie das Material vom Schnittprogramm in ein DVD-konformes Format gebracht haben, können Sie dieses auf einen DVD-Rohling brennen. Dazu verwenden Sie ein gängiges Brennprogramm wie z.B. *CDBurnerXP*.

Aktuelle Brennprogramme verfügen über Standardvorlagen zur Erstellung von Video-DVDs: Sie müssen lediglich das gemasterte Material per Drag&Drop in die korrespondierenden Ordner des Brennprogramms schieben. Wer höhere Ansprüche an das Endprodukt stellt, verwendet ein Authoringprogramm wie z.B. *AVS DVD Authoring*, vgl. Kapitel *Digitaler Videoschnitt*.

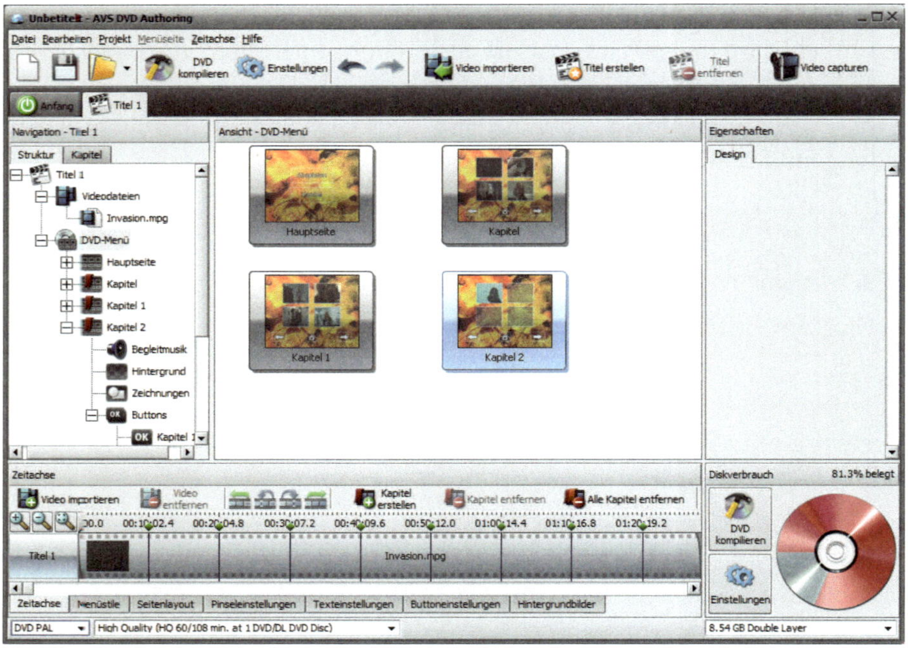

Abbildung 30.7: Mit dem geschnittenen Filmmaterial kann man auch eine ansprechende DVD erstellen – hier mit dem Programm AVS DVD Authoring

Kostenlose Videoangebote im Netz

Eine wichtige Sendung verpasst? Die meisten wichtigen Fernsehsender bieten mittlerweile eine Onlinevideothek an, in der bereits gesendetes Material maximal sieben Tage nach der Ausstrahlung vorgehalten wird. Dazu ein Beispiel:

Der deutsche und französische Intellektuelle liebt ARTE. Die Mediathek von ARTE heißt ARTE+7.

1. Begeben Sie sich auf `www.arte.tv` und dort in den Bereich ARTE+7.
2. Suchen Sie sich eine Sendung oder einen Film aus (Abbildung 30.8).

Auf ARTE+7 finden Sie eine Vielzahl hochinteressanter Dokumentationen. Aber auch im Internetangebot von ARD, ZDF und den diversen Privatsendern finden Sie frisches Videomaterial zur kostenlosen Verwendung (Abbildung 30.8). Mittlerweile gibt es Programme, die es gestatten, derartiges Material während des Streamings auf die Festplatte des heimischen PCs zu befördern. Ein bekannter Vertreter ist z.B. das Programm *HiDownload*. Die rechtliche Situation bezüglich des Mitschnitts von Online-TV-Angeboten ist allerdings unklar, sodass ich auf weitergehende Tipps diesbezüglich verzichten möchte.

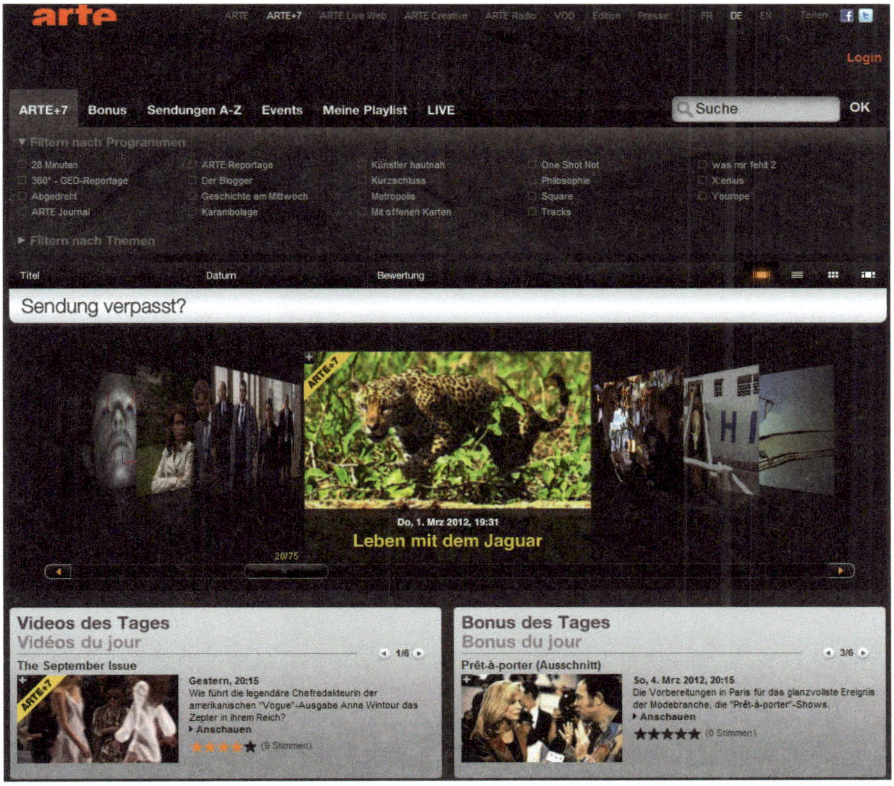

Abbildung 30.8: Sendung verpasst? Die meisten Sender halten ausgestrahlte Inhalte bis zu sieben Tage vor. Die obige Mediathek von ARTE ist dem Cover Flow von iTunes nachempfunden

Kostenpflichtige Onlinevideotheken

Sie möchten die neuesten Filme ohne Gang zur Videothek sofort auf Ihrem PC genießen? Benutzen Sie zu diesem Zweck eine der zahlreichen Onlinevideotheken. Dabei unterscheidet man Angebote, bei denen man zunächst den Film komplett auf den PC herunterladen muss, von denen, die Videos als Stream anbieten.

Zu Ersteren gehört der iTunes Videostore (Abbildung 30.9). Starten Sie zum Ausleihen iTunes und begeben Sie sich im Store zum Menüpunkt *Filme* oder *TV*. Leihen Sie sich hier entsprechendes Material aus. Der Zahlbetrag wird über Ihr iTunes-Konto abgerechnet. Der Nachteil des Verfahrens: Auch wenn der Film nur geliehen werden soll, muss er komplett heruntergeladen werden. Das kostet viel Bandbreite und erfordert (insbesondere bei HD-Material) einen schnellen Internetzugang.

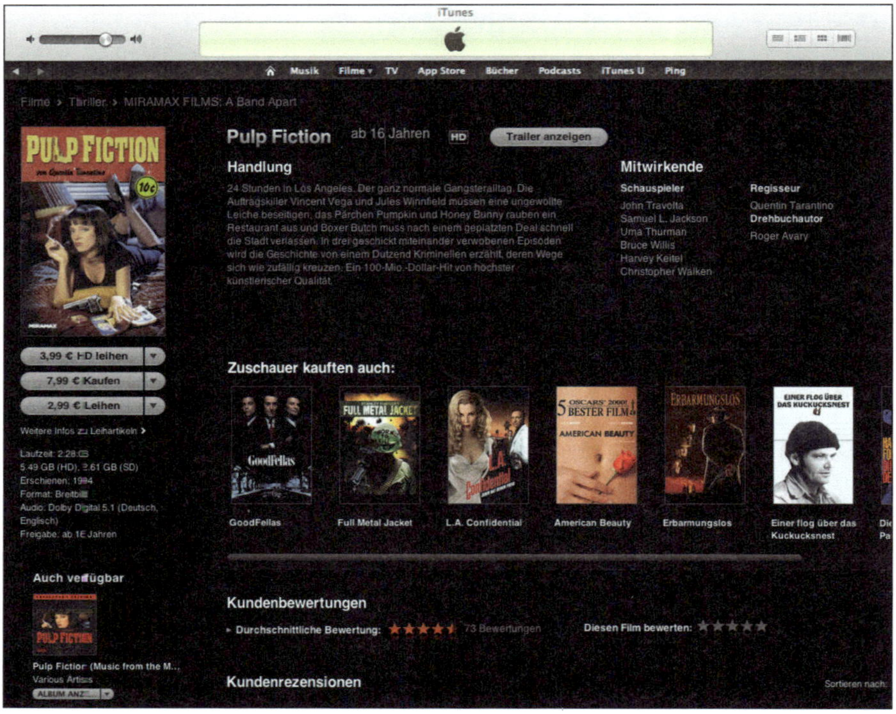

Abbildung 30.9: Im iTunes Store finden Sie aktuelle Filme und Klassiker zum Kaufen oder Leihen sogar in HD-Qualität. Der Nachteil dabei: Der Film muss zunächst auf den lokalen PC heruntergeladen werden, im vorliegenden Fall bedeutet das 5,49 GB Datentransfer für das HD-Format

Einen anderen Ansatz verfolgen Videotheken, die ihr Angebot über Streaming-Technologien via Internet unters Volk bringen. Die Major Players in Deutschland sind *videoload*, *Lovefilm* und *maxdome* (Abbildung 30.10). Sie leihen sich einen Film zu einem zuvor festgelegten Preis (meist ca. 4,– €) aus und können diesen in den folgenden 48 Stunden beliebig oft anschauen bzw. an einer Stelle pausieren und die Vorführung später fortsetzen.

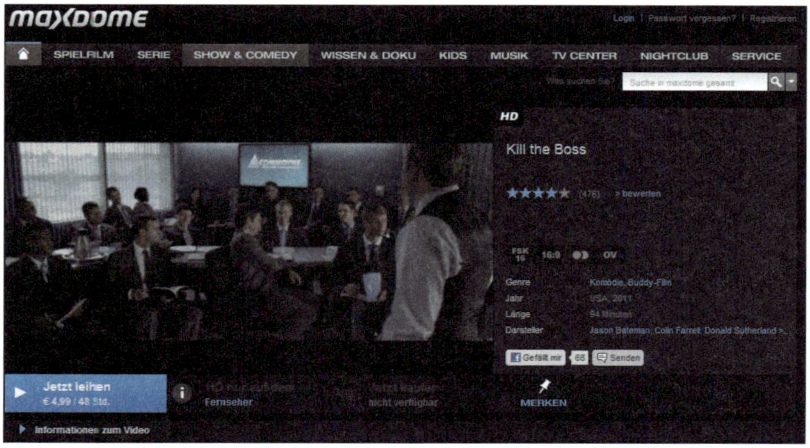

Abbildung 30.10: Das Onlineangebot von maxdome. Mit zusätzlicher Hardware können Sie die Blockbuster via Internet auch einfach auf einen Fernseher streamen (© www.maxdome.de)

Unterwegs fernsehen mit dem Smartphone: Zattoo

Auch das ist mittlerweile möglich: Schauen Sie sich via Internet das reguläre Fernsehprogramm der großen Sender ohne Extraempfänger an. Die IPTV-Lösung für dieses Vorhaben heißt Zattoo.

1. Besorgen Sie sich zunächst auf `zattoo.com` einen kostenlosen Account zur Nutzung des Dienstes.
2. Laden Sie sich anschließend im App Store Ihrer Smartphone-Plattform die Zattoo App herunter.
3. Starten Sie das Programm und loggen Sie sich mit Ihren Zugangsdaten ein. Wählen Sie einen Sender aus der Liste aus und starten Sie die Wiedergabe.

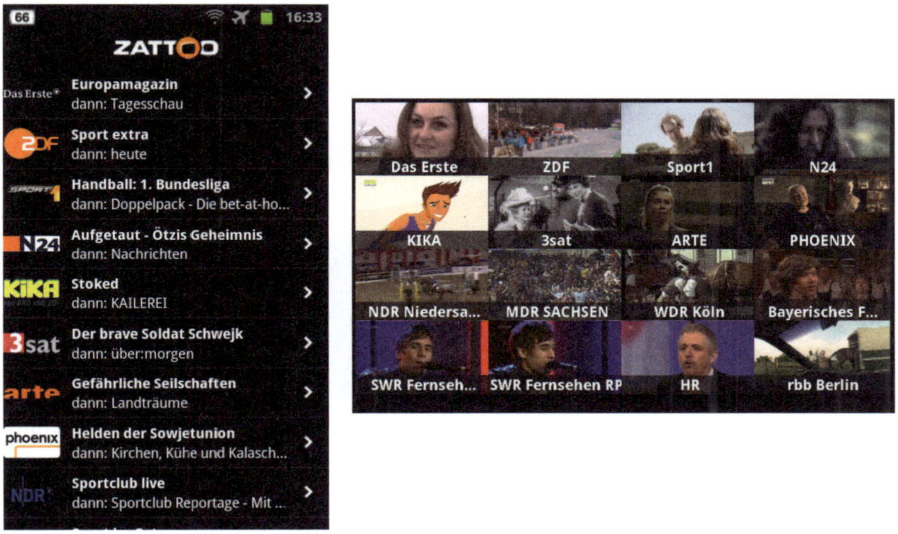

Abbildung 30.11: Mit dem Internet-TV-Dienst Zattoo können Sie auch unterwegs fernsehen – momentan allerdings hauptsächlich öffentlich-rechtliche Sender

Mit den vorgestellten Methoden sind Sie nun für lange Winterabende und anstrengende Bahnfahrten gerüstet und verfügen über eine schier unerschöpfliche Quelle von Videos.

NetTags

- test dvb hardware pc
- freie tv applikation
- werbung aus film entfernen
- dvd selbst erstellen
- download handbrake
- <Sender> mediathek
- übersicht video on demand

H264
HDTV MEDIATHEK
MPEG4 video on demand
schnitt DVB DVD
ZATTOO

31 Browserspiele

Ein wenig Zerstreuung kann nicht schaden, nachdem Sie alle Kapitel durchgearbeitet haben. Die neue Generation der Browserspiele ist kostenlos und lässt sich auch auf betagter Hardware einigermaßen flüssig spielen.

Bild aus Drakensang Online (© de.bigpoint.com)

Browserspiel

Ein Spiel, das online gespielt und innerhalb des Browserfensters dargestellt wird. Die meisten Browserspiele werden in *Adobe Flash* realisiert, anspruchsvollere Titel werden im *Shockwave*-Format dargeboten. Um Flash- bzw. Shockwave-Inhalte nutzen zu können, ist die Installation der entsprechenden Browser-Plug-ins erforderlich. Einige Spiele benötigen eine installierte Java-Umgebung, so z.B. *Drakensang Online*.

MMORPG

Die Abkürzung steht für *Massively Multiplayer Online Role-Playing Game*. Zu gut Deutsch: Tausende, wenn nicht gar Millionen von Spielern tummeln sich in virtuellen Welten und schlagen sich die digitalen Schädel ein. Derartige Spiele im Stil von *World of Warcraft* (kurz: WOW) rauben ihren Anhängern den Schlaf und lassen sich mittlerweile auch im Browser ganz passabel spielen.

Wer zur Generation 40+ gehört, kann sich sicher noch an die Perlen der ersten Generation von Videospielen erinnern: *Space Invaders*, *Missile Command* und *Breakout* fesselten die Spieler, und in endlosen Nachtschichten wurden heiße Konsolenwettkämpfe ausgefochten. Später tauchten die ersten Adventures auf: Der Protagonist des Grafikabenteuers musste durch die pixelige 320 x 200 punktaufgelöste Grafiklandschaft der PCs der ersten Generation bewegt werden, und mit geschriebenen Kommandos wie *untersuche Kiste* versuchte man, die fesselnden Rätsel der Adventures zu lösen. Es folgten die ersten Flugsimulatoren und schließlich auch brauchbare Rollenspiele wie *Diablo* und *Neverwinter Nights*. Warum fesselten uns diese Spiele damals, obwohl deren Grafik im Vergleich zu heutigen Spielekonsolen geradezu vorsintflutlich anmutete? Die Seele eines Spiels wird durch die Spielidee bestimmt, und die war perfekt. So manches moderne Spiel wirkt öde gegen die pfiffigen Storys aus *Sam & Max Hit the Road* oder *Maniac Mansion*.

Wer heute Zeitvertreib im Computerspiel sucht, muss keine Unsummen mehr ausgeben und seine Festplatte auch nicht gigabyteweise mit Programmen zuschaufeln. Im Onlinezeitalter treffen sich Gelegenheitsspieler zu *Onlinegames*. Einige Anlaufstellen möchte ich Ihnen im Folgenden vorstellen.

Was braucht man...

- **Einen PC mit Browser und Internetzugang:** Logisch, dass Browsergames online gespielt werden. Dadurch erhält man auch Zugang zu großen Spielergemeinschaften, mit denen man auf die Jagd nach Orks durch Mittelerde gehen kann.
- **Das aktuelle Flash- bzw. Shockwave-Plug-in von Adobe:** Die grafischen Inhalte von Browserspielen werden in der Regel mit Flash umgesetzt. In einigen Fällen wird das Shockwave-Plug-in benötigt.
- **Die Java-Laufzeitumgebung (JRE):** Einige Spiele erfordern die Installation der JRE. Diese erhalten Sie auf `www.java.com/de/download/`.
- **Einen Account bei dem Spieleanbieter:** Die meisten Anbieter von Browserspielen verlangen eine Registrierung, bevor man sich auf ihrer Plattform vergnügen darf. Den Zugang erleichtert dabei:
- **Einen Facebook-Account:** Viele Browserspiel-Anbieter, darunter auch Bigpoint, erlauben das Login mit Ihren Facebook-Kontodaten. Dadurch ersparen Sie sich die Verwaltung mehrerer Accounts. Darüber hinaus bietet Ihnen Facebook die meisten der vorgestellten Spiele auch als Game-App an.

Was muss man können...

Einige Spiele verfolgen ein recht komplexes Gameplay. Hier sollten Sie einige Zeit darauf verwenden, sich die Anleitungen durchzulesen und sich ggf. auch Demovideos anzuschauen. Außerdem sollten Sie rechtzeitig aufhören können: Computerspielsucht ist mittlerweile eine anerkannte Krankheit.

Back in Time

Sie möchten die Spiele aus der guten alten Zeit noch einmal spielen? Kein Problem: Geben Sie dazu einfach bei Google die Begriffe *»Spielname« online* ein: Nahezu alle Klassiker gibt es heute als Browserversion. Dazu einige Beispiele:

1. Suchen Sie bei Google nach *spaceinvaders online* und erfreuen Sie sich an dem beliebten Ballerspielveteranen. Alternativ finden Sie das Game auch im reichhaltigen Spiele-Portfolio auf Facebook (Abbildung 31.1).

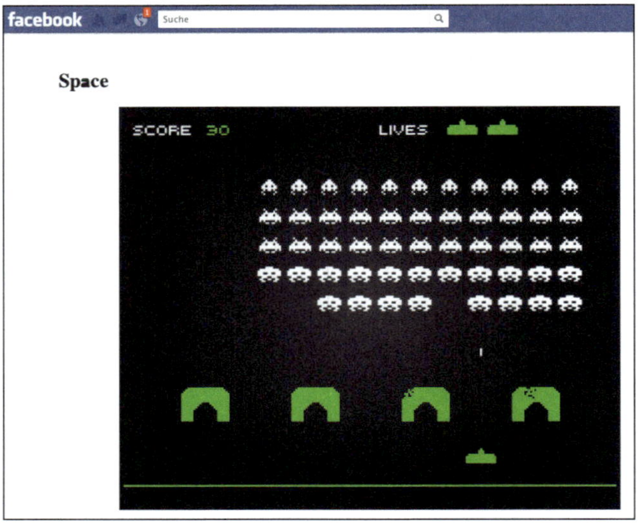

Abbildung 31.1: Spielen im Retro-Look: Kämpfen Sie gegen außerirdische Aggressoren auf Facebook

Das Gameplay ist mehr als simpel: Mit den Pfeiltasten steuern Sie das eigene Raumschiff nach links und rechts, geschossen wird mit der Leertaste. Aber Vorsicht, es ist Eile geboten: Die Reihen der gegnerischen Raumschiffe bewegen sich beständig auf Sie zu.

2. Den nächsten Klassiker finden Sie durch Eingabe von *tetris online* in Google bzw. der Facebook-Spielesammlung.

Bei Tetris geht es darum, mithilfe der vom Himmel fallenden Bausteine komplette Kästchenreihen zu bilden. Dabei haben Sie die Möglichkeit, die Bauelemente mithilfe der [→]-/[←]-Taste zu dirigieren und mit der [↑]-/[↓]-Taste zu drehen. Den nächsten Baustein sieht man bereits in der Vorschau in der oberen rechten Fensterecke. Mit der Taste [C] können Sie einen Baustein zurückstellen.

Abbildung 31.2: Das beliebte Tetris-Spiel finden Sie in vielen Variationen im Netz (*Quelle: www.freetetris.org*)

Sportspiele

Nun wird es sportlich. Stürzen Sie sich zunächst eine steile Abfahrtspiste herunter.

1. Suchen Sie nach den Stichworten *ski3D online*. Sie gelangen zu einem Skiabfahrtsrennspiel, dessen grafische Umsetzung recht realistisch ist. Zur Nutzung des Spiels müssen Sie noch das Shockwave-Plug-in installieren. Bestätigen Sie die entsprechende Aufforderung, und schon kann es losgehen.

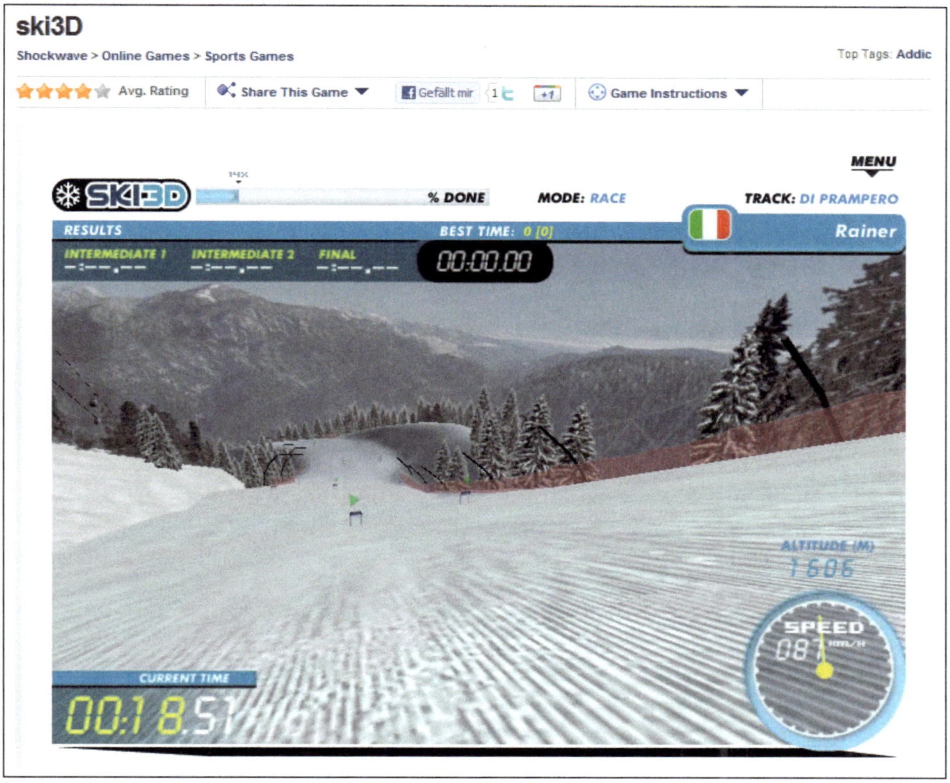

Abbildung 31.3: ski3D – eine realistische Skiabfahrtssimulation im Shockwave-Format

Das Spiel wird wieder mit den Pfeiltasten gesteuert.

Zu viel Bewegung beim Sport schadet nur? Dann sollten Sie sich einmal den *OnlineFussballManager* anschauen: Hier haben Sie Gelegenheit, einen kleinen Verein von der Pike auf zu formen und den Gang durch die Ligen anzutreten.

2. Begeben Sie sich auf `onlinefussballmanager.de` und registrieren Sie sich zunächst dort für das Spiel. Lesen Sie sich anschließend das Regelwerk auf der Seite durch und steigen Sie in das Spielgeschehen ein.

Abbildung 31.4: Der OnlineFussballManager ist eines der beliebtesten Spiele aus dem Sportbereich – wenngleich sich die sportlichen Aktionen dort in Grenzen halten

Das komplexe Managerspiel liegt voll im Trend, verlangt Ihnen aber eine gewisse Einarbeitungsphase ab.

Rollenspiele

Was als abendlicher Zeitvertreib mit Bleistift, Papier und Würfeln in Studenten-WGs begann, hat sich zu einem mächtigen Spielezweig entwickelt: das Rollenspiel. Hier schlüpfen ganz normale Bürger in eine zweite Identität als Schwertkämpfer, Zauberer oder gar Kommandant einer Sternenflotte. Nicht selten verlieren für die beteiligten Spieler Raum und Zeit an Bedeutung. Die nachfolgend genannten Spiele erfreuen sich zumindest bei meinen Schülern sehr großer Beliebtheit:

1. **Die Stämme:** Ziel des Spiels ist die Eroberung von Dörfern in einem mittelalterlichen Umfeld. International kennt man das Browserspiel unter dem Namen *Tribal Wars*.
   Homepage: `www.die-staemme.de`.
2. **Earth Lost:** Hierbei handelt es sich um ein Weltraumsimulationsspiel, bei dem der Spieler eine von vier verschiedenen Lebensformen als Charakter auswählen kann.
   Homepage: `www.earthlost.de`.
3. **OGame:** Ein weiteres Browserspiel, das im Weltall angesiedelt ist. Im deutschen Bereich von OGame stehen Ihnen derzeit 77 Universen als eigenständige Spielewelten zur Verfügung.
   Homepage: `www.ogame.de`.

4. **World of Dungeons:** Hier bewegen Sie sich in einem Mittelerde-Szenario à la »Herr der Ringe«. In etlichen Welten können Sie dabei Ihr Kampfgeschick unter Beweis stellen. Homepage: `world-of-dungeons.de`. Klassische Action à la World of Warcraft ist hier allerdings nicht zu finden: Das Spiel läuft textbasiert ab.

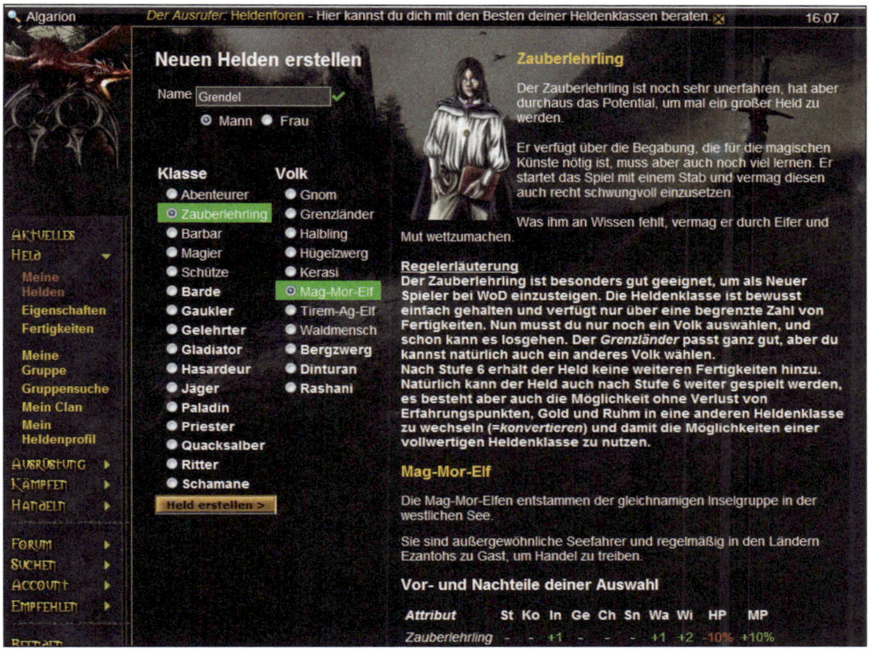

Abbildung 31.5: In der Welt der Dungeons erstellen Sie zunächst einen Charakter und schließen sich anschließend einer Gruppe an. Mit dieser bestehen Sie dann künftige Abenteuer

5. **War of Dragons:** Wer es lieber etwas bunter und lebendiger mag, begibt sich auf `www.warofdragons.de`: In diesem Onlinerollenspiel werden zumindest die Kampfszenen animiert dargestellt.

6. **Drakensang Online**: Das Bigpoint-Spiel, das Sie auf `www.drakensang-online.de` finden, besticht durch sein »World of Warcraft«-Flair und bietet ebenfalls jede Menge Action im Browser.

Beachten Sie stets: Die aktive Teilnahme an MMORPGs kann sehr viel Zeit in Anspruch nehmen, und es herrscht teilweise der Zwang innerhalb einer Gruppe, zu festgesetzten Zeiten präsent bzw. online zu sein. Dass sich derartige Anforderungen an den Spieler nicht gut mit Realaktivitäten wie z.B. Schule, Studium oder Arbeit vertragen, liegt auf der Hand.

Angry Birds im Browser

Wer hätte das gedacht? Die Idee, mit kleinen, frechen Vögeln auf Schweine zu schießen, entwickelte sich auf den Smartphone-Plattformen zum absoluten Hit. Mittlerweile hat der nette Zeitvertreib auch auf dem Browser Einzug gehalten (Abbildung 31.6).

Abbildung 31.6: Mittlerweile auch im Browser (hier Google Chrome) spielbar: Angry Birds

FarmVille

Der mittlerweile börsennotierte Anbieter Zynga hat mit *FarmVille* einen Riesenhit gelandet: Werden Sie Bauer und leiten Sie eine Farm! Kaum zu glauben, wie viele Menschen sich diesem Browsergame verschrieben haben: Zeitweilig verzeichnete das Spiel ca. 70 Millionen Mitspieler.

Zur Nutzung genügt ein Facebook-Konto: Begeben Sie sich auf `www.farmville.com`, loggen Sie sich dort mit Ihren Facebook-Daten ein und schon kann's losgehen.

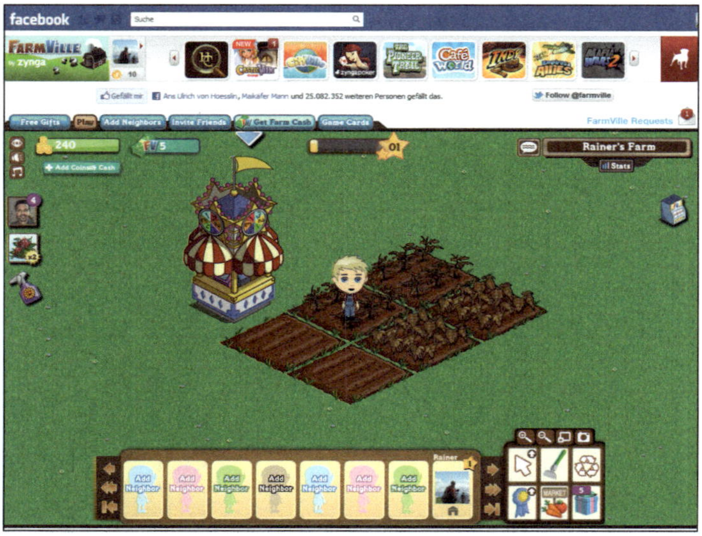

Abbildung 31.7: Mehr als 70 Millionen Fans können nicht irren: FarmVille ist der Hit unter den Facebook-Spielen

Bigpoint – der große Browsergame-Anbieter

Sie suchen eine reichhaltige Auswahl an professionellen Browsergames? Dann sind Sie bei Bigpoint goldrichtig: Hier finden Sie Spiele aus allen erdenklichen Genres – und das völlig kostenlos. Selbstverständlich können Sie sich auch hier mit Ihrem Facebook-Account registrieren bzw. einloggen.

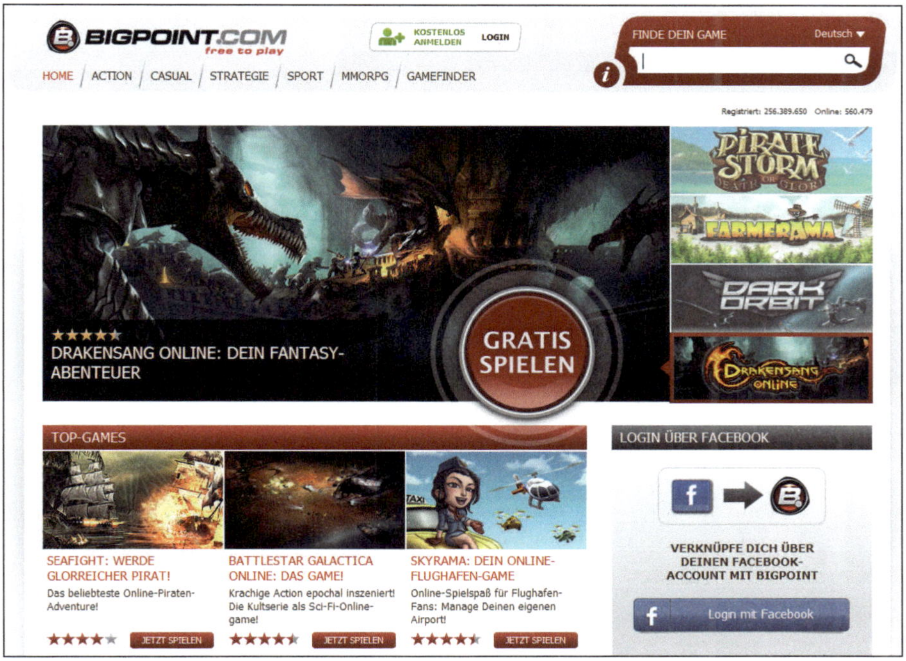

Abbildung 31.8: Eine reichhaltige Sammlung professioneller Browsergames bietet Bigpoint. Loggen Sie sich einfach mit Ihrem Facebook-Account ein

Ausblick: die Onlive-Gameplattform

Hardcore-Gamer mussten sich in den guten alten Zeiten nahezu im Jahrestakt einen neuen High-End-PC zulegen, um den wachsenden Anforderungen der immer aufwendiger programmierten Spiele gerecht zu werden. Damit wird wohl in naher Zukunft Schluss sein: Der Anbieter Onlive (`www.onlive.com`) stellt eine Plattform in der Cloud zur Verfügung, welche die anspruchsvollen Berechnungen teurer Hochleistungsspiele übernimmt und das Ergebnis an relativ schwachbrüstige Endanwender-Hardware, so z.B. auch iPad und Co., per Videostream übermittelt. Damit das allerdings so wie vorgesehen klappt, dürfen die Latenzzeiten (sprich: die Verzögerung) der Internetanbindung nicht allzu großzügig sein. Damit kommt man schon der Vorstellung des reinen Cloud-Systems recht nahe. Interessanterweise bietet Onlive auch die Nutzung von Betriebssystemen auf seinem Cloud-Park mit an – ein interessanter Ansatz für die Zukunft.

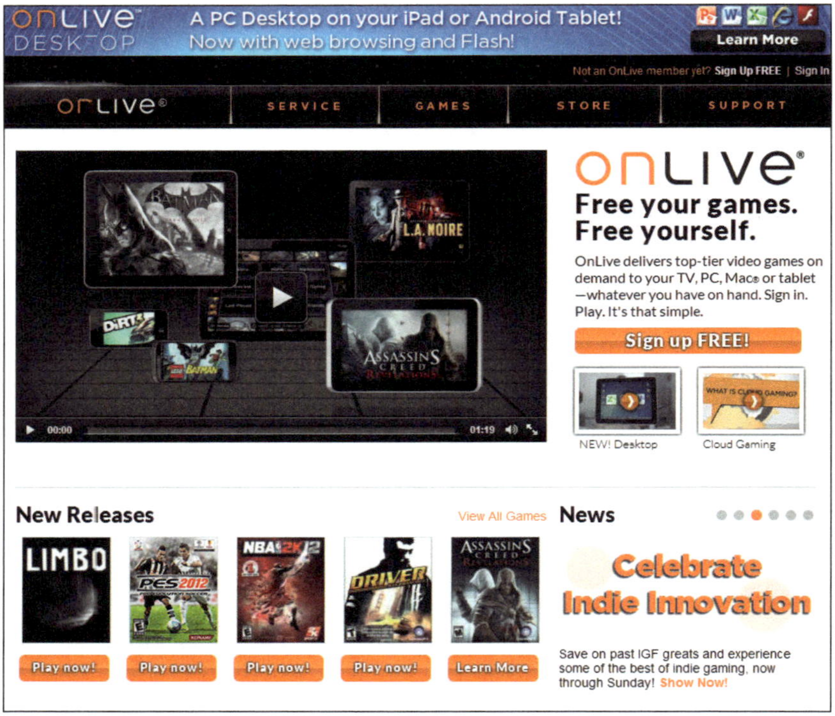

Abbildung 31.9: Nicht nur Spiele, sondern auch eine komplette Windows-Arbeitsumgebung mit PowerPoint, Word, Excel und Co. lassen sich auf schwachbrüstiger Hardware wie Smartphones, Netbooks oder Tablets nutzen

NetTags

- liste browsergames
- »Spieltitel« online
- browserspiel des jahres
- onlive demo
- übersicht browserspiel »Genre«

BROWSERGAMES
Dungeon Shockwave
Adventure Onlive
Java MMORPG
BIGPOINT Flash

Stichwortverzeichnis

H

I

J

L

M

N

O

P